두드림기획

엑셀에 관련된 전문 사이트인 두드림기획(www.edodream.com)은 이형범 저자가 엑셀 자동화 서식을 비롯한 다양한 엑셀 자료 및 강좌와 자격증 강좌를 구축하고, 대학이나 기업 연구소 등에 초빙 강의를 많이 나가는 엑셀을 전문으로 하는 회사이다.

저서 ▶ 엑셀 함수 완전 정복 : 똑소리 나는 직장인의 성공 비밀 노트 (정보문화사)
  ▶ 돈 되는 엑셀 2007 실무활용기술 (영진닷컴)
  ▶ 똑! 소리나게 배워보는 엑셀 2010 (영진닷컴)
  ▶ 독하게 배워 바로 써먹는 엑셀 2007 함수매크로 VBA (북앤라이프)
  ▶ 회사 실무에 힘을 주는 엑셀 2010 (정보문화사)
  ▶ 최상의 업무 활력을 찾아주는 엑셀 2007 실무 활용 길라잡이
  ▶ 핵심 기능과 실전 예제만 골라 배우는 엑셀 파워포인트 2010
  ▶ 정보화기초 시리즈 엑셀2007, 엑셀2010, 파워포인트2007, 파워포인트2010, 인터넷 등 다수 (교학사)
  ▶ OKOKOK 알찬예제로 배우는 엑셀 2013 (교학사)
  ▶ 365일이 편한 엑셀 실무 자동화 서식 (정보문화사)
  ▶ 다양한 예제로 배우는 엑셀 2013 기초+활용 (아티오)
  ▶ 원리쏙쏙 IT실전 Workbook 시리지 엑셀 2010 (아티오) 외 다수

● 실습 파일 받는 법, 도서 문의

소스 자료 다운
예제 소스는 아티오(www.atio.co.kr) [자료실]이나 두드림기획(www.edodream.com) [도서 정보] 메뉴에서 다운받을 수 있습니다.

도서 내용 문의
두드림기획(www.edodream.com) 홈페이지 [도서 정보]를 클릭한 후 나타난 화면에서 [엑셀 매크로 VBA 300제] 도서를 클릭하여 도서 내용에 대해 문의하면 저자분이 직접 설명을 해드립니다.

머리말

엑셀을 사용하여 업무를 처리하는 분들이라면 반복적인 작업을 자동화할 수 있다는 엑셀 매크로에 대해 알고 있을 것입니다. 실제로 매크로를 사용하지는 않더라도, 혹은 못하더라도 말입니다. 매크로는 엑셀 작업 과정을 모아 놓은 명령어 집합입니다. 한 번 만들어 놓은 매크로는 언제든지 필요하면 실행시켜 자동으로 작업 과정을 되풀이할 수 있습니다.

그렇다면 매크로와 항상 함께 이야기되는 VBA란 무엇일까요? VBA(Visual Basic for Applications)는 마이크로 소프트 오피스 응용 프로그램에서 사용하는 프로그래밍 언어입니다. 즉, 매크로를 만들기 위한 컴퓨터 언어라는 뜻입니다. 엄격하게 말해 매크로와 VBA는 서로 다른 용어지만 현재는 두 용어를 거의 구분하지 않고 같은 의미로 사용합니다.

엑셀 VBA는 엑셀을 구성하고 있는 개체에 대한 프로그래밍이라고 할 수 있습니다. 통합 문서나 시트, 차트, 피벗 테이블 등과 같은 엑셀 개체를 다루는 것입니다. 이 책은 여러분이 VBA를 이용하여 엑셀 개체를 다루기 위해 참고하고 응용할 수 있는 다양한 프로그래밍 기술을 담고 있습니다. 모든 예제는 주제를 가장 명확하고 쉽게 이해할 수 있도록 꼭 필요한 명령어들로만 구성되어 있습니다. 긴 설명을 읽지 않아도 예제 코드와 실행 결과를 보고 어떤 의도로 VBA 명령어가 사용되었는지 알아차릴 수 있을 것입니다. 또한 예제를 더 확장하고 응용할 수 있도록 중요한 VBA 요소에 대한 표준 형식을 제공합니다.

여러분이 VBA로 업무 자동화를 구현하기 위해 고민할 때, 여러분에게 많은 힌트와 도움을 주는 책으로 함께 하길 바랍니다.

두드림기획 이형범

엑셀 매크로 EXCEL VBA 300제

CHAPTER 001 VBA 코드 입력하기 …………………………………………… 14
CHAPTER 002 VB 편집기의 구성 …………………………………………… 16
CHAPTER 003 개체 내보내기 ………………………………………………… 18
CHAPTER 004 개체 가져오기 ………………………………………………… 19
CHAPTER 005 직접 실행 창에서 명령 실행하기 …………………………… 20
CHAPTER 006 편집기 옵션 설정 ……………………………………………… 22
CHAPTER 007 편집기 형식 옵션 ……………………………………………… 24
CHAPTER 008 VBAProject 보호하기 ……………………………………… 25
CHAPTER 009 도움말 보기 …………………………………………………… 27
CHAPTER 010 매크로 기록하기 ……………………………………………… 28
CHAPTER 011 상대 참조로 매크로 기록하기 ……………………………… 30
CHAPTER 012 개체와 컬렉션 ………………………………………………… 32
CHAPTER 013 개체 참조하기 ………………………………………………… 33
CHAPTER 014 활성화되어 있는 개체의 참조 ……………………………… 34
CHAPTER 015 개체의 속성 …………………………………………………… 35
CHAPTER 016 개체의 메서드 ………………………………………………… 36
CHAPTER 017 With 문으로 개체 참조 생략하기 ………………………… 38
CHAPTER 018 변수 선언하기 ………………………………………………… 39
CHAPTER 019 변수의 데이터 형식 …………………………………………… 40
CHAPTER 020 변수의 사용 범위 ……………………………………………… 41
CHAPTER 021 상수 선언하기 ………………………………………………… 42
CHAPTER 022 개체 변수(Object Variable) ……………………………… 43
CHAPTER 023 배열의 선언과 사용 …………………………………………… 45
CHAPTER 024 2차원 배열의 선언과 사용 …………………………………… 46
CHAPTER 025 동적 배열 사용하기 …………………………………………… 47
CHAPTER 026 If 문으로 조건 판단하기 …………………………………… 48
CHAPTER 027 If 문의 조건이 참일 때 여러 명령 실행하기 ……………… 50
CHAPTER 028 조건이 참일 때와 거짓일 때 다른 명령 그룹 실행하기 … 51
CHAPTER 029 IIf 함수 사용하기 …………………………………………… 52

C·O·N·T·E·N·T·S

CHAPTER 030 If 문으로 여러 조건 판단하기 …………………………… 53
CHAPTER 031 GoTo 문으로 이동하기 …………………………………… 55
CHAPTER 032 Select Case 문으로 조건 판단하기 ……………………… 56
CHAPTER 033 For...Next 문으로 반복 실행하기 ……………………… 59
CHAPTER 034 For...Next 문을 겹쳐 사용하기 ………………………… 61
CHAPTER 035 For Each...Next 문으로 개체 순환하기 ………………… 63
CHAPTER 036 Do While 문으로 조건을 만족하는 동안 반복 ………… 65
CHAPTER 037 Do While 문의 사용 형식 ……………………………… 67
CHAPTER 038 Do Until 문으로 조건을 만족할 때까지 반복 ………… 68
CHAPTER 039 에러 처리하기 …………………………………………… 69
CHAPTER 040 에러 무시하기 …………………………………………… 71
CHAPTER 041 에러 메시지 표시하기 …………………………………… 72
CHAPTER 042 에러 처리 루틴 만들기 ………………………………… 73
CHAPTER 043 셀 또는 범위 참조하기 ………………………………… 74
CHAPTER 044 Range 속성의 사용 예 ………………………………… 75
CHAPTER 045 행과 열 번호로 셀 참조하기 …………………………… 76
CHAPTER 046 Cells 속성의 사용 예 …………………………………… 77
CHAPTER 047 셀의 선택과 활성화 ……………………………………… 78
CHAPTER 048 ○행 ○열 떨어진 셀 참조 ……………………………… 79
CHAPTER 049 Offset 속성의 사용 예 ………………………………… 80
CHAPTER 050 상하좌우 마지막 셀 참조하기 ………………………… 81
CHAPTER 051 End 속성의 사용 예 …………………………………… 82
CHAPTER 052 현재 영역 참조하기 ……………………………………… 83
CHAPTER 053 지정한 범위의 크기 조절 ……………………………… 84
CHAPTER 054 시트의 사용 영역 참조하기 …………………………… 85
CHAPTER 055 여러 범위 참조하기 ……………………………………… 86
CHAPTER 056 셀 유형에 따라 참조하기 ……………………………… 87
CHAPTER 057 셀 주소 알아내기 ………………………………………… 89
CHAPTER 058 다중 범위 안의 영역 개수 ……………………………… 91
CHAPTER 059 행과 열 참조하기 ………………………………………… 92
CHAPTER 060 현재 행/열 참조하기 …………………………………… 93

CHAPTER 061 셀에 값 입력하기 · · · · · · · 94
CHAPTER 062 셀에 수식 입력하기 · · · · · · · 96
CHAPTER 063 셀 값 읽어오기 · · · · · · · 98
CHAPTER 064 배열 수식 입력하기 · · · · · · · 99
CHAPTER 065 자동 채우기 · · · · · · · 100
CHAPTER 066 입력 값의 범위 제한하기 · · · · · · · 102
CHAPTER 067 유효성 검사 구문 · · · · · · · 103
CHAPTER 068 목록에서 선택하여 입력하기 · · · · · · · 105
CHAPTER 069 배열을 셀에 쓰기 · · · · · · · 106
CHAPTER 070 배열을 셀 범위에 쓰기 · · · · · · · 107
CHAPTER 071 2차원 배열을 셀에 쓰기 · · · · · · · 108
CHAPTER 072 셀 값을 배열로 가져오기 · · · · · · · 109
CHAPTER 073 동적 범위를 배열로 가져오기 · · · · · · · 110
CHAPTER 074 VBA 함수와 워크시트 함수 · · · · · · · 111
CHAPTER 075 메시지 표시하기 · · · · · · · 112
CHAPTER 076 MsgBox 함수 구문 · · · · · · · 113
CHAPTER 077 InputBox 함수 · · · · · · · 115
CHAPTER 078 InputBox 메서드 · · · · · · · 117
CHAPTER 079 InputBox 메서드로 셀 참조하기 · · · · · · · 119
CHAPTER 080 데이터 형식 변환 함수 · · · · · · · 121
CHAPTER 081 데이터 형식을 확인하는 함수 · · · · · · · 122
CHAPTER 082 Format 함수로 표시 형식 지정 · · · · · · · 124
CHAPTER 083 문자열 추출 함수 · · · · · · · 125
CHAPTER 084 대소문자 변환 함수 · · · · · · · 126
CHAPTER 085 문자와 숫자의 상호 변환 · · · · · · · 127
CHAPTER 086 특정 문자열의 위치 계산 · · · · · · · 128
CHAPTER 087 다른 문자열로 바꾸기 · · · · · · · 130
CHAPTER 088 숫자 처리 함수 · · · · · · · 131
CHAPTER 089 현재 날짜와 현재 시간 · · · · · · · 132

C·O·N·T·E·N·T·S

- CHAPTER 090 날짜의 년, 월, 일 ········ 133
- CHAPTER 091 날짜에 특정 시간 간격 더하기 ········ 134
- CHAPTER 092 날짜 간격 계산하기 ········ 136
- CHAPTER 093 배열에 값 지정하기 ········ 138
- CHAPTER 094 구분 기호로 배열에 값 지정하기 ········ 140
- CHAPTER 095 배열 값 연결하기 ········ 142
- CHAPTER 096 글꼴 서식 지정하기 ········ 144
- CHAPTER 097 셀의 일부 문자에 대한 글꼴 서식 ········ 145
- CHAPTER 098 글꼴 색과 채우기 색 설정 ········ 146
- CHAPTER 099 색 번호로 색 설정하기 ········ 147
- CHAPTER 100 테마 색 사용하기 ········ 148
- CHAPTER 101 테두리 그리기 ········ 150
- CHAPTER 102 Borders 속성과 BorderAround 메서드 ········ 151
- CHAPTER 103 표시 형식 지정하기 ········ 153
- CHAPTER 104 셀의 맞춤 서식 지정하기 ········ 154
- CHAPTER 105 셀 병합하기 ········ 156
- CHAPTER 106 셀 병합 해제하기 ········ 158
- CHAPTER 107 셀 서식 지우기 ········ 160
- CHAPTER 108 셀 값 조건부 서식 ········ 161
- CHAPTER 109 수식 조건부 서식 ········ 163
- CHAPTER 110 평균 초과 조건부 서식 ········ 164
- CHAPTER 111 Top 10 조건부 서식 ········ 166
- CHAPTER 112 중복 값에 대한 조건부 서식 ········ 167
- CHAPTER 113 데이터 막대 조건부 서식 ········ 168
- CHAPTER 114 색조 조건부 서식 ········ 169
- CHAPTER 115 아이콘 집합 조건부 서식 ········ 170
- CHAPTER 116 범위를 엑셀 표로 변환하기 ········ 171
- CHAPTER 117 엑셀 표에 요약 행 추가하기 ········ 172
- CHAPTER 118 엑셀 표를 범위로 변환하기 ········ 173
- CHAPTER 119 엑셀 표의 행/열 참조 ········ 174
- CHAPTER 120 행/열 크기 설정 ········ 176

CHAPTER 121 자동으로 행/열 크기 설정··· 177
CHAPTER 122 행/열 숨기기··· 178
CHAPTER 123 셀 삽입하기··· 179
CHAPTER 124 3행마다 행 삽입하기··· 180
CHAPTER 125 특정 행 위에 행 삽입하기·· 181
CHAPTER 126 셀 삭제하기··· 184
CHAPTER 127 조건에 맞는 행 삭제하기··· 185
CHAPTER 128 중복 값 제거하기··· 186
CHAPTER 129 셀 범위 복사하기··· 187
CHAPTER 130 셀 범위 이동하기··· 188
CHAPTER 131 클립보드 내용 붙여넣기·· 189
CHAPTER 132 선택하여 붙여넣기·· 191
CHAPTER 133 일괄적으로 5,000씩 더하기·· 193
CHAPTER 134 행과 열을 바꿔서 붙여넣기··· 194
CHAPTER 135 데이터 찾기·· 195
CHAPTER 136 다음 데이터 찾기·· 198
CHAPTER 137 데이터 찾아 바꾸기··· 201
CHAPTER 138 서식을 찾아 바꾸기··· 202
CHAPTER 139 시트의 개수와 이름··· 203
CHAPTER 140 시트 삽입하기··· 204
CHAPTER 141 시트 복사하기··· 205
CHAPTER 142 시트 이동하기··· 206
CHAPTER 143 시트 삭제하기··· 207
CHAPTER 144 시트 숨기기·· 209
CHAPTER 145 시트 보호하기··· 210
CHAPTER 146 시트 선택과 활성화··· 211
CHAPTER 147 인쇄 미리 보기·· 212
CHAPTER 148 용지 크기와 방향 설정·· 213
CHAPTER 149 페이지에 맞춰 인쇄하기·· 214

C·O·N·T·E·N·T·S

CHAPTER 150 인쇄 영역과 인쇄 제목 · · · · · · · · · · · · · · · · · · 216
CHAPTER 151 머리글/바닥글 설정 · · · · · · · · · · · · · · · · · · 217
CHAPTER 152 페이지 나누기 · · · · · · · · · · · · · · · · · · 219
CHAPTER 153 페이지 개수 계산하기 · · · · · · · · · · · · · · · · · · 221
CHAPTER 154 프린터로 인쇄하기 · · · · · · · · · · · · · · · · · · 222
CHAPTER 155 파일 이름과 경로 · · · · · · · · · · · · · · · · · · 223
CHAPTER 156 파일 열기 · · · · · · · · · · · · · · · · · · 224
CHAPTER 157 파일이 열려 있는지 확인하기 · · · · · · · · · · · · · · · · · · 226
CHAPTER 158 파일 닫기 · · · · · · · · · · · · · · · · · · 227
CHAPTER 159 현재 워크북만 빼고 모두 닫기 · · · · · · · · · · · · · · · · · · 228
CHAPTER 160 새 통합 문서 만들기 · · · · · · · · · · · · · · · · · · 229
CHAPTER 161 새 통합 문서의 시트 수 · · · · · · · · · · · · · · · · · · 230
CHAPTER 162 통합 문서 저장하기 · · · · · · · · · · · · · · · · · · 231
CHAPTER 163 복사하여 저장하기 · · · · · · · · · · · · · · · · · · 232
CHAPTER 164 모든 파일을 한 번에 저장하기 · · · · · · · · · · · · · · · · · · 233
CHAPTER 165 통합 문서 보호하기 · · · · · · · · · · · · · · · · · · 235
CHAPTER 166 대화 상자로 파일 열기(1) · · · · · · · · · · · · · · · · · · 237
CHAPTER 167 대화 상자로 파일 열기(2) · · · · · · · · · · · · · · · · · · 239
CHAPTER 168 여러 개의 파일 열기(1) · · · · · · · · · · · · · · · · · · 241
CHAPTER 169 여러 개의 파일 열기(2) · · · · · · · · · · · · · · · · · · 242
CHAPTER 170 대화 상자를 통해 저장하기 · · · · · · · · · · · · · · · · · · 243
CHAPTER 171 작업 폴더 변경하기 · · · · · · · · · · · · · · · · · · 244
CHAPTER 172 폴더 및 파일의 존재 여부 · · · · · · · · · · · · · · · · · · 245
CHAPTER 173 특정 폴더의 파일 목록 알아내기 · · · · · · · · · · · · · · · · · · 247
CHAPTER 174 파일 복사하기 · · · · · · · · · · · · · · · · · · 249
CHAPTER 175 파일 삭제하기 · · · · · · · · · · · · · · · · · · 250
CHAPTER 176 새 폴더 만들기 · · · · · · · · · · · · · · · · · · 251
CHAPTER 177 폴더 삭제하기 · · · · · · · · · · · · · · · · · · 252
CHAPTER 178 폴더 선택창 사용하기 · · · · · · · · · · · · · · · · · · 253
CHAPTER 179 파일 선택창 사용하기 · · · · · · · · · · · · · · · · · · 255
CHAPTER 180 윈도우 참조하기 · · · · · · · · · · · · · · · · · · 256

CHAPTER 181 화면 구성 요소 숨기기 ……… 257
CHAPTER 182 화면의 확대 및 축소 ……… 258
CHAPTER 183 창 정렬하기 ……… 259
CHAPTER 184 현재 통합 문서 창만 정렬하기 ……… 260
CHAPTER 185 틀 고정 ……… 261
CHAPTER 186 데이터 정렬(1) ……… 262
CHAPTER 187 데이터 정렬(2) ……… 263
CHAPTER 188 사용자 지정 목록으로 정렬 ……… 265
CHAPTER 189 자동 필터 ……… 266
CHAPTER 190 필터링된 데이터의 개수 ……… 268
CHAPTER 191 자동 필터 해제하기 ……… 269
CHAPTER 192 상위 7개 항목의 필터링 ……… 270
CHAPTER 193 동적 필터 조건 사용하기 ……… 271
CHAPTER 194 자동 필터 드롭다운 화살표 숨김 ……… 272
CHAPTER 195 고급 필터로 검색하기 ……… 273
CHAPTER 196 고급 필터 결과 복사하기 ……… 275
CHAPTER 197 원하는 필드만 복사하기 ……… 276
CHAPTER 198 부분합 계산하기 ……… 277
CHAPTER 199 피벗 테이블 만들기 ……… 279
CHAPTER 200 피벗 테이블 필드 설정 ……… 281
CHAPTER 201 피벗 테이블 서식 지정 ……… 283
CHAPTER 202 피벗 항목의 표시 위치 지정 ……… 285
CHAPTER 203 페이지 필드 필터링 ……… 286
CHAPTER 204 다중 항목으로 필터링 ……… 287
CHAPTER 205 필드 레이블로 필터링 ……… 288
CHAPTER 206 데이터 필드 값으로 필터링 ……… 290
CHAPTER 207 날짜로 필터링 ……… 292
CHAPTER 208 날짜 필드의 그룹 ……… 294
CHAPTER 209 총합계의 표시 여부 설정 ……… 295

C·O·N·T·E·N·T·S

CHAPTER 210 피벗 테이블의 갱신 ……………………………… 296
CHAPTER 211 피벗 테이블 삭제하기 …………………………… 297
CHAPTER 212 항목 선택 보호하기 ……………………………… 298
CHAPTER 213 차트 만들기(1) ……………………………………… 299
CHAPTER 214 차트 만들기(2) ……………………………………… 301
CHAPTER 215 차트 종류 바꾸기 ………………………………… 302
CHAPTER 216 차트 스타일과 레이아웃 ………………………… 304
CHAPTER 217 차트 제목 추가하기 ……………………………… 305
CHAPTER 218 축 제목 추가하기 ………………………………… 306
CHAPTER 219 눈금 단위 조정하기 ……………………………… 308
CHAPTER 220 축의 단위 레이블 설정 …………………………… 309
CHAPTER 221 범례 지정하기 ……………………………………… 311
CHAPTER 222 데이터 레이블 지정하기 ………………………… 312
CHAPTER 223 계열 요소의 데이터 레이블 ……………………… 314
CHAPTER 224 최댓값만 레이블로 표시하기 …………………… 316
CHAPTER 225 데이터 계열의 서식 지정 ………………………… 317
CHAPTER 226 사용자 정의 함수 만들기 ………………………… 318
CHAPTER 227 워크시트에서 함수 호출 ………………………… 319
CHAPTER 228 VBA 프로시저에서 함수 호출 …………………… 320
CHAPTER 229 Sub 프로시저와 Function 프로시저의 차이 …… 321
CHAPTER 230 사용자 정의 함수의 범주 ………………………… 322
CHAPTER 231 사용자 정의 함수의 설명 추가 …………………… 323
CHAPTER 232 인수를 사용하지 않는 함수 ……………………… 324
CHAPTER 233 인수를 사용하는 함수 …………………………… 325
CHAPTER 234 옵션 인수를 사용하는 함수 ……………………… 326
CHAPTER 235 배열을 인수로 사용하는 함수 …………………… 327
CHAPTER 236 배열을 반환하는 함수 …………………………… 328
CHAPTER 237 인수의 개수가 불확실한 함수(1) ………………… 329
CHAPTER 238 인수의 개수가 불확실한 함수(2) ………………… 330
CHAPTER 239 수식 오류를 반환하는 함수 ……………………… 331
CHAPTER 240 함수 마법사에 나타나지 않는 함수 …………… 332

CHAPTER 241 입력한 수식 구하기 ······ 333
CHAPTER 242 괄호 안의 숫자 합계 구하기 ······ 334
CHAPTER 243 열려 있는 통합 문서 확인하기 ······ 335
CHAPTER 244 특정 시트가 존재하는지 확인하기 ······ 336
CHAPTER 245 이벤트 프로시저 만들기 ······ 337
CHAPTER 246 Workbook 개체의 이벤트 ······ 339
CHAPTER 247 Workbook_Open 이벤트 ······ 340
CHAPTER 248 Workbook_BeforeClose 이벤트 ······ 341
CHAPTER 249 Workbook_BeforeSave 이벤트 ······ 342
CHAPTER 250 Workbook_BeforePrint 이벤트 ······ 343
CHAPTER 251 Workbook_NewSheet 이벤트 ······ 344
CHAPTER 252 Worksheet 개체의 이벤트 ······ 345
CHAPTER 253 Worksheet_Activate 이벤트 ······ 346
CHAPTER 254 Worksheet_BeforeRightClick 이벤트 ······ 347
CHAPTER 255 Worksheet_SelectionChange 이벤트 ······ 348
CHAPTER 256 Worksheet_Change 이벤트 ······ 349
CHAPTER 257 특정 시각에 발생하는 OnTime 이벤트 ······ 351
CHAPTER 258 OnTime 이벤트 취소하기 ······ 352
CHAPTER 259 키 입력에 반응하는 OnKey 이벤트 ······ 353
CHAPTER 260 키 조합 사용하기 ······ 354
CHAPTER 261 사용자 정의 폼 만들기 ······ 356
CHAPTER 262 사용자 정의 폼 표시하기 ······ 358
CHAPTER 263 폼 개체의 이벤트 ······ 359
CHAPTER 264 폼에 컨트롤 추가하기 ······ 361
CHAPTER 265 ActiveX 컨트롤의 종류 ······ 362
CHAPTER 266 컨트롤의 이벤트 프로시저 ······ 363
CHAPTER 267 컨트롤의 속성 설정하기 ······ 364
CHAPTER 268 여러 컨트롤 다루기 ······ 365
CHAPTER 269 텍스트 상자로 입력하기 ······ 366

C·O·N·T·E·N·T·S

CHAPTER 270 텍스트 상자의 유효성 검사 ········· 368
CHAPTER 271 텍스트 상자의 서식 지정하기 ········· 370
CHAPTER 272 텍스트 상자로 암호 입력하기 ········· 371
CHAPTER 273 확인란 컨트롤 사용하기 ········· 372
CHAPTER 274 옵션 단추 컨트롤 사용하기 ········· 373
CHAPTER 275 옵션 단추 그룹 ········· 375
CHAPTER 276 스크롤 막대 컨트롤 ········· 377
CHAPTER 277 스핀 단추 컨트롤 ········· 378
CHAPTER 278 스핀 단추와 연결된 텍스트 상자 ········· 379
CHAPTER 279 RefEdit 컨트롤 사용하기 ········· 380
CHAPTER 280 RefEdit 컨트롤로 난수 입력하기 ········· 381
CHAPTER 281 이미지 컨트롤 사용하기 ········· 382
CHAPTER 282 이미지의 표시 위치 지정하기 ········· 383
CHAPTER 283 이미지의 바둑판식 배열 ········· 384
CHAPTER 284 폼에 차트 나타내기 ········· 385
CHAPTER 285 선택한 기간의 차트 나타내기 ········· 386
CHAPTER 286 콤보 상자 컨트롤 사용하기 ········· 388
CHAPTER 287 콤보 상자에 항목 추가하기 ········· 389
CHAPTER 288 일치하는 항목을 찾는 방법 ········· 391
CHAPTER 289 목록 상자 컨트롤 사용하기 ········· 393
CHAPTER 290 목록 상자의 항목 추가와 삭제 ········· 394
CHAPTER 291 중복 없이 목록에 항목 추가하기 ········· 396
CHAPTER 292 옵션에 따라 목록 구성하기 ········· 398
CHAPTER 293 다중 선택 목록 상자 ········· 400
CHAPTER 294 목록 상자의 스타일 ········· 401
CHAPTER 295 두 개의 목록 상자 ········· 403
CHAPTER 296 여러 열이 있는 목록 상자 ········· 405
CHAPTER 297 여러 열 목록 상자의 값 할당 ········· 406
CHAPTER 298 목록 상자에 배열 전송하기 ········· 407
CHAPTER 299 파일을 열 때 폼 표시하기 ········· 411
CHAPTER 300 폼만 표시하고 엑셀 숨기기 ········· 413

CHAPTER VB 편집기

001 VBA 코드 입력하기

Visual Basic Editor(이하 VBE)는 VBA를 사용하여 매크로를 작성하거나 편집할 때 사용하는 도구입니다. VBA 코드를 입력하기 위해서는 먼저 VBE를 실행하고 코드를 입력하기 위한 모듈을 추가해야 합니다.

실행 결과

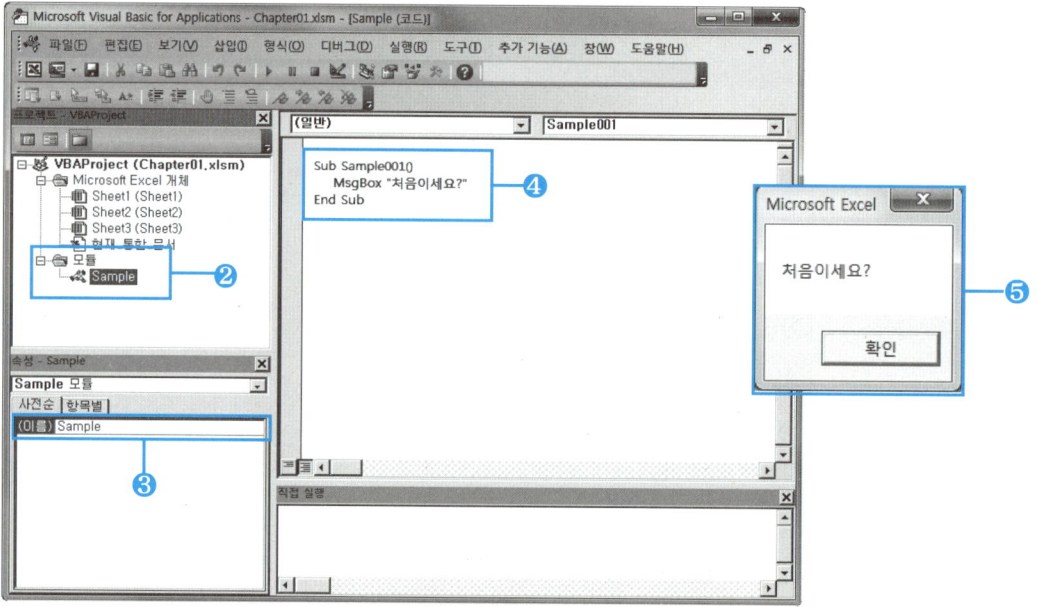

01 VBE 실행하기

리본 메뉴의 [개발 도구] 탭 → [코드] 그룹 → [Visual Basic] 도구를 클릭하거나 바로 가기 키 Alt + F11 을 눌러 VBE를 실행합니다.

02 표준 모듈 추가하기

VBE의 [삽입]-[모듈] 메뉴를 선택합니다. 추가된 모듈은 프로젝트 탐색기 창에서 확인할 수 있습니다.

03 모듈의 이름 바꾸기

[보기]-[속성 창] 메뉴를 선택하여 속성 창을 표시합니다(바로 가기 키 F4). 프로젝트 탐색기에서 이름을 바꿀 모듈(Module1)을 클릭한 다음, 속성 창의 [(이름)]에 새 이름을 입력하고 Enter를 누릅니다.

04 VBA 코드 입력하기

코드 창에 VBA 코드를 입력합니다. 'Sub Sample001'까지만 입력하고 Enter를 누르면 'Sub ~ End Sub' 구조가 자동으로 만들어집니다. 명령을 실행하는 코드는 'Sub ~ End Sub' 사이에 입력해야 합니다.

05 Sample001 프로시저 실행하기

실행하려는 프로시저 안으로 커서를 이동한 다음 [실행]-[Sub/사용자 정의 폼 실행] 메뉴를 선택하거나 바로 가기 키 F5를 누릅니다.

참고

- MsgBox 함수는 간단한 메시지 상자를 표시합니다. 프로시저를 실행한 후 메시지 상자가 나타나면 [확인] 단추를 클릭해서 닫습니다.
- 리본 메뉴에 [개발 도구] 탭 표시 : 리본 메뉴에서 마우스 오른쪽 버튼을 클릭하고 [리본 메뉴 사용자 지정]을 선택합니다. [Excel 옵션] 창이 실행되면 오른쪽의 [리본 메뉴 사용자 지정]에서 [개발 도구]를 선택하고 [확인] 단추를 클릭합니다.
- Sub 프로시저는 'Sub ~ End Sub' 구조로 이루어집니다. Sub 다음에 프로시저의 이름을 입력합니다.
- 하나의 모듈에 여러 개의 프로시저를 작성할 수 있습니다.
- VBA 명령은 대소문자를 구분해서 입력하지 않아도 됩니다. 코드를 입력하고 Enter를 누르면 자동으로 대소문자를 구분해줍니다(예: msgbox → MsgBox).

CHAPTER VB 편집기

002 VB 편집기의 구성

 VB 편집기(VBE; Visual Basic Editor)는 프로젝트 탐색기, 속성 창, 코드 창, 직접 실행 창의 4개 창으로 구성되어 있습니다. 각 창의 역할을 간단하게 정리해 봅니다.

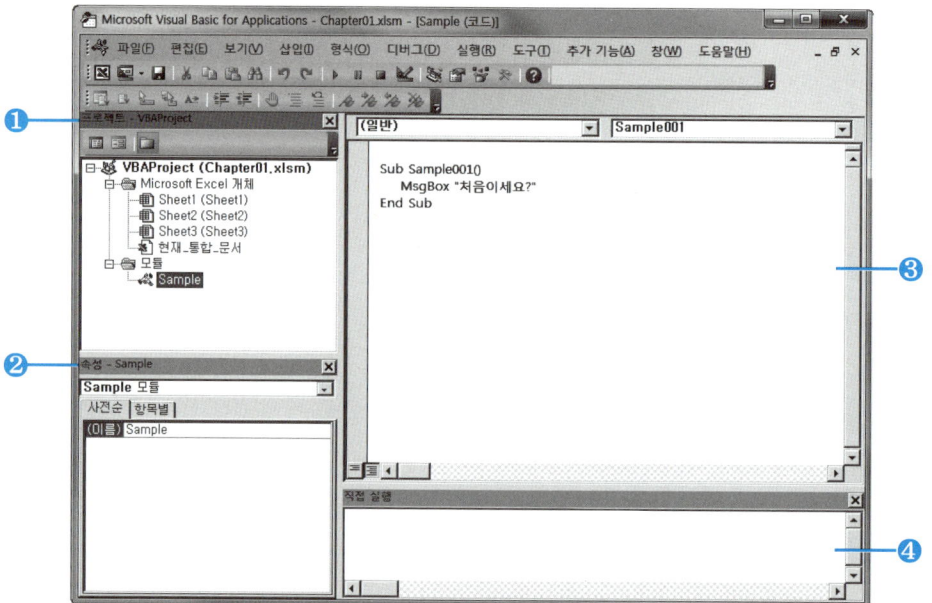

01 프로젝트 탐색기

프로젝트(Project), 즉 엑셀 파일을 구성하는 개체를 계층적으로 표시합니다. 프로젝트에 포함되어 있는 개체를 더블클릭하여 하위 개체를 표시하거나 숨길 수 있습니다. 하위 개체가 포함되어 있지 않은 개체를 더블클릭하면 해당 개체의 코드를 코드 창에 표시하거나 사용자 정의 폼 개체인 경우 개체, 즉 폼을 표시할 수 있습니다. [보기]-[프로젝트 탐색기] 메뉴를 클릭하거나 바로 가기 키 Ctrl + R 을 눌러 프로젝트 탐색기를 표시하거나 숨깁니다.

02 속성 창

프로젝트 탐색기에서 선택한 개체의 여러 속성과 현재 설정 값을 표시합니다. 속성 창을 통해 선택한 개체의 속성을 변경할 수 있습니다. [사전순] 또는 [항목별] 탭을 클릭하여 개체의 속성을 원하는 형식으로 표시합니다. [보기]-[속성 창] 메뉴를 클릭하거나 바로 가기 키 `F4`을 눌러 속성 창을 표시하거나 숨깁니다.

03 코드 창

프로젝트 탐색기에 표시되어 있는 Microsoft Excel 개체, 모듈, 폼 등의 모든 개체는 각각 서로 다른 코드 창을 갖고 있습니다. 개체를 더블클릭하면 해당 개체의 코드 창이 표시됩니다. 예를 들어 프로젝트 탐색기에서 [현재_통합_문서] 개체를 더블클릭하면 현재 통합 문서를 제어하는 코드를 개발할 수 있는 코드 창이 표시됩니다. 프로젝트 탐색기에 표시되는 각 개체는 다음과 같으며 각 개체별로 연관된 코드 창을 포함하고 있습니다.

- 현재 통합 문서
- 현재 통합 문서의 워크시트 또는 차트 시트
- VBA 표준 모듈
- 클래스 모듈
- 사용자 정의 폼

04 직접 실행 창

직접 실행 창에서 한 줄로 된 VBA 코드를 입력하여 바로 실행하거나, 프로시저에 디버깅 문을 포함시켜 그 결과를 직접 실행 창에 표시할 수 있습니다. [보기]-[직접 실행 창] 메뉴를 선택하거나 바로 가기 키 `Ctrl`+`G`를 눌러 직접 실행 창을 표시하거나 숨깁니다.

CHAPTER VB 편집기

003 개체 내보내기

프로젝트 탐색기에서 특정 개체를 파일로 내보낼 수 있습니다. 여기서는 Sample 모듈을 파일로 내보내는 과정을 살펴봅니다. 모듈을 파일로 내보낼 때 파일 형식은 '*.bas'로 설정됩니다. 파일 이름은 개체 이름과 동일하게 설정되지만 필요에 따라 변경할 수 있습니다.

실행 결과

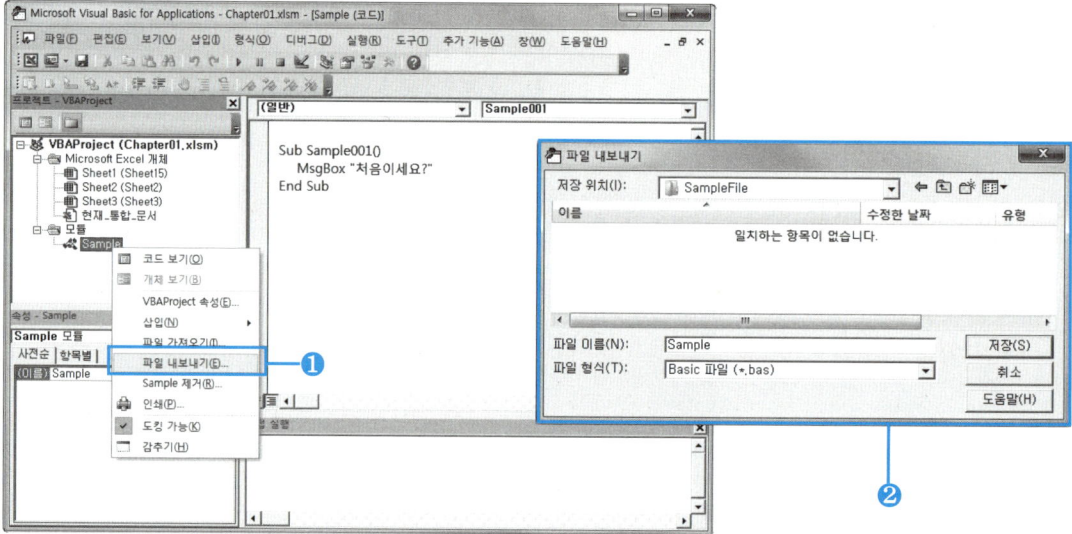

프로젝트 탐색기에서 내보낼 개체를 마우스 오른쪽 버튼으로 클릭한 다음 [파일 내보내기] 메뉴를 클릭합니다. [파일 내보내기] 대화상자가 실행되면 파일의 저장 위치를 지정하고, 파일 이름을 입력한 다음 [저장] 버튼을 클릭합니다. 이렇게 하면 'Sample.bas' 파일이 해당 저장 위치에 생성됩니다.

> **TIP 개체 제거하기**
>
> 개체를 마우스 오른쪽 버튼으로 클릭한 다음 [*개체이름* 제거] 메뉴를 선택하면 해당 개체가 삭제됩니다.

CHAPTER VB 편집기

004 개체 가져오기

파일로 내보낸 개체는 다른 프로젝트, 즉 다른 엑셀 파일에서 가져와 재사용할 수 있습니다. 여기서는 사용자 정의 폼 개체를 내보내기한 파일 'Color.frm' 파일을 현재 파일로 가져오는 과정을 살펴봅니다. 폼 개체는 내보낼 때 파일 형식이 "*.frm'으로 설정됩니다.

실행 결과

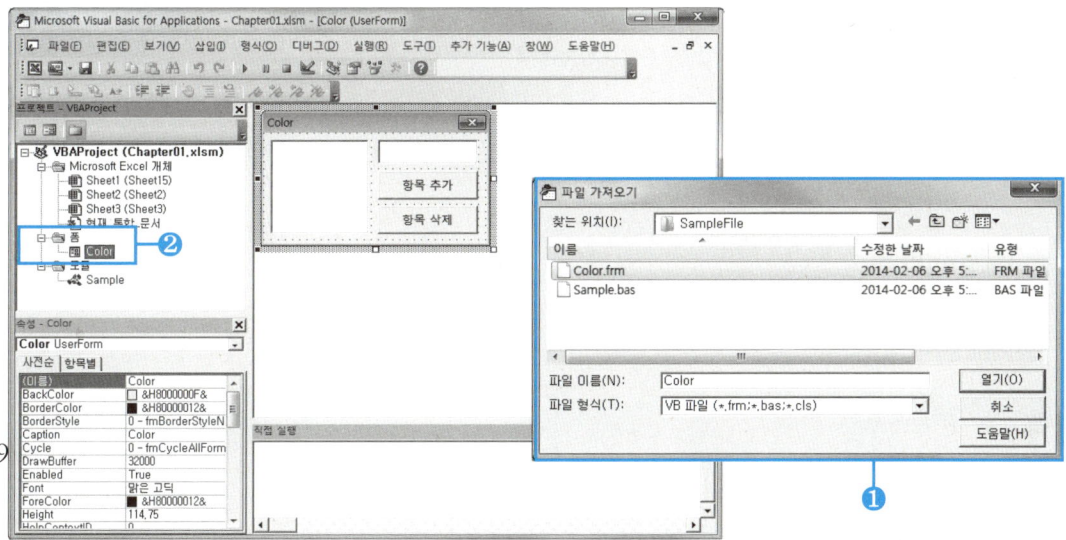

[파일]-[파일 가져오기] 메뉴를 선택한 다음 [파일 가져오기] 대화상자에서 SampleFile 폴더를 선택합니다. 그런 다음 'Color.frm' 파일을 찾아 선택하고 [열기] 버튼을 클릭합니다. 이렇게 하면 프로젝트 탐색기에 [Color] 폼 개체가 추가됩니다. 개체 가져오기와 내보내기는 이처럼 같은 개체를 반복 사용해야 할 때 유용합니다.

CHAPTER VB 편집기

005 직접 실행 창에서 명령 실행하기

직접 실행 창은 VBA 코드를 바로 실행하고 테스트하기 위해 매우 유용하게 사용됩니다. 직접 실행 창에 VBA 코드를 입력하고 Enter를 누르면 즉시 코드가 실행되어 결과가 나타납니다.

실행 결과

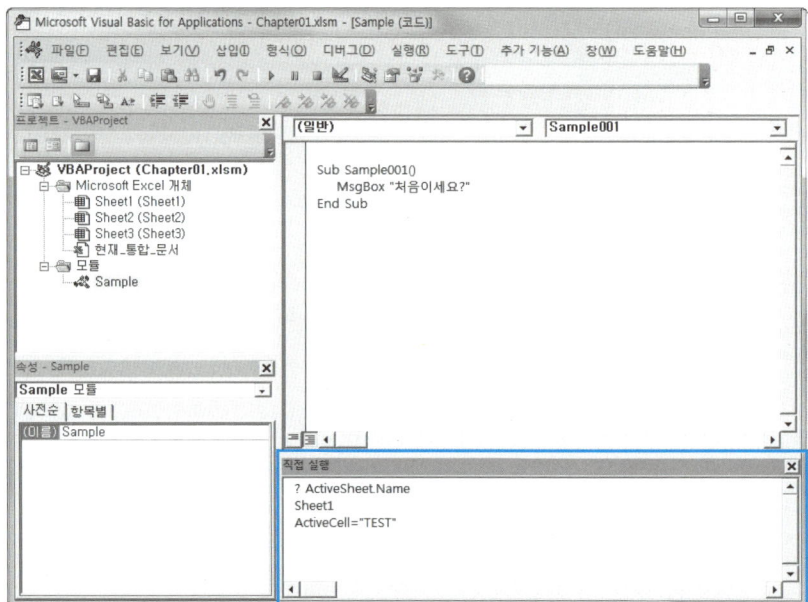

01 직접 실행 창 표시하기

[보기]-[직접 실행 창] 메뉴를 선택하거나 Ctrl+G를 눌러 직접 실행 창을 표시하거나 숨길 수 있습니다.

02 현재 시트의 이름 알아보기

직접 실행 창에 '? ActiveSheet.Name'을 입력하고 Enter 를 누르면 현재 활성화되어 있는 시트(ActiveSheet)의 이름(Name)이 표시됩니다. '?'는 실행 결과를 직접 실행 창에 표시(Print)하라는 의미입니다.

03 현재 셀에 데이터 입력하기

직접 실행 창에 'ActiveCell="TEST"'를 입력하고 Enter 를 누릅니다. 이렇게 하면 현재 시트의 현재 셀(ActiveCell)에 'TEST'가 입력됩니다.

> **참고**
> - 직접 실행 창에서 Ctrl + A 를 눌러 입력된 코드를 모두 선택한 다음 Delete 를 누르면 입력 코드를 모두 지웁니다.
> - 코드를 한 줄만 지우려면 해당 줄로 커서를 이동한 다음 Ctrl + Y 를 누릅니다.
> - 코드 창과 직접 실행 창의 경계선에서 마우스 왼쪽 버튼을 누른 채 드래그하여 직접 실행 창의 크기를 조절할 수 있습니다.

CHAPTER VB 편집기

006 편집기 옵션 설정

VB 편집기에서 사용자의 작업 환경을 조절하기 위한 여러 옵션 설정이 있습니다. VB 편집기에서 [도구]-[옵션] 메뉴를 클릭한 다음 나타나는 대화상자에서 옵션을 설정하거나 해제합니다. 여기서는 먼저 VBA 코드와 관련된 몇 가지 옵션을 살펴봅니다.

VB 편집기에서 [도구]-[옵션] 메뉴를 선택하면 다음과 같이 [옵션] 대화상자가 실행됩니다. [편집기] 탭에서 원하는 옵션을 선택하거나 선택을 해제한 다음 [확인] 버튼을 클릭합니다. 이 중에서 코드 설정 옵션에 대해 자세하게 살펴봅니다.

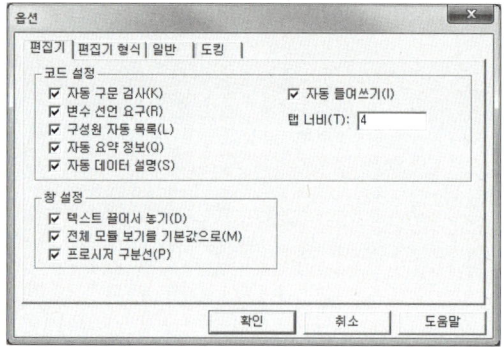

01 자동 구문 검사

VBA 코드 한 줄을 입력하고 Enter를 눌렀을 때 코드에서 발견된 구문 오류에 대한 정보를 메시지 상자로 알려줍니다. 오류 정보를 확인하고 사용자는 코드를 수정해야 합니다. 다음은 GoTo 문 다음에 행 번호나 레이블을 입력하지 않아 구문 오류가 발생한 예입니다.

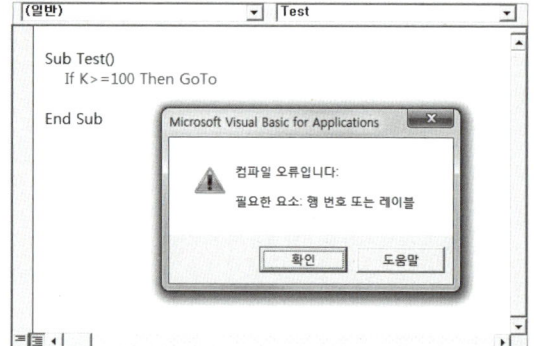

02 변수 선언 요구

프로시저에서 변수를 사용하기 전에 변수의 이름과 데이터 형식을 미리 선언하도록 요구합니다. 변수 선언 요구 옵션이 설정되어 있으면 새로 추가하는 모듈의 시작 부분(선언부)에 'Option Explicit' 구문을 자동으로 삽입합니다. 선언하지 않고 사용한 변수가 들어 있는 프로시저를 실행하면 다음과 같이 오류 메시지가 나타납니다.

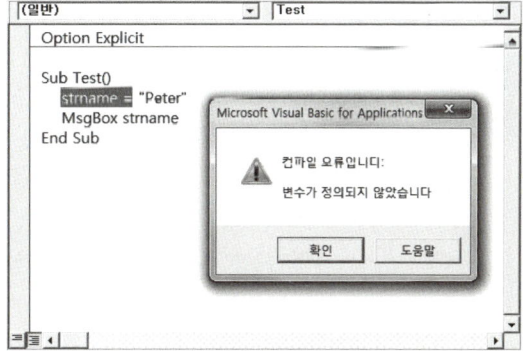

03 구성원 자동 목록

VBA 코드를 입력할 때 현재 위치에서 사용 가능한 구성원 목록을 표시합니다. 사용자는 목록에서 원하는 목록을 선택하여 쉽게 사용할 수 있습니다. 예를 들어 특정 개체 이름을 입력하고 마침표(.)까지 입력하면 해당 개체의 속성과 메서드 목록을 볼 수 있습니다.

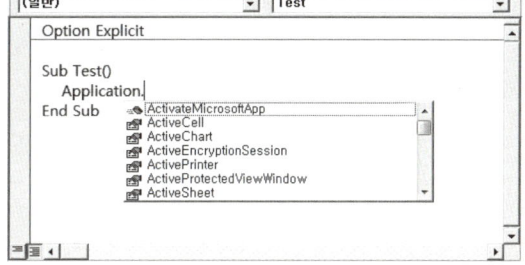

04 자동 요약 정보

입력한 함수와 함수의 인수에 대한 정보를 표시합니다. 자동 요약 정보를 통해 인수의 종류와 형식 등을 확인하고 정확한 VBA 코드를 완성할 수 있습니다.

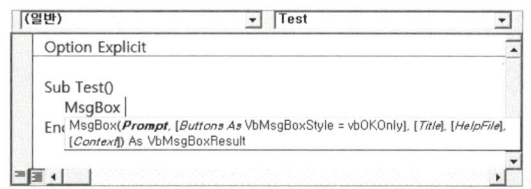

05 자동 데이터 설명

중단 모드에서 커서가 놓인 위치에 있는 변수의 값을 표시합니다. VBA 코드를 디버깅할 때 매우 유용한 기능입니다.

CHAPTER VB 편집기

007 편집기 형식 옵션

VB 편집기의 코드 창에 표시할 코드의 색과 글꼴, 글꼴 크기 등을 지정하려면 [옵션] 대화상자의 [편집기 형식] 탭을 사용합니다. 코드의 색은 일반 텍스트와 주석 텍스트, 구문 오류 텍스트 등 텍스트 형식에 따라 따로 지정할 수 있습니다.

VB 편집기에서 [도구]-[옵션] 메뉴를 선택한 다음 [옵션] 대화상자가 실행되면 [편집기 형식] 탭으로 이동합니다. 코드의 전경색과 배경색 등을 지정하고, 글꼴과 글꼴 크기 등을 지정한 다음 [확인] 버튼을 클릭합니다.

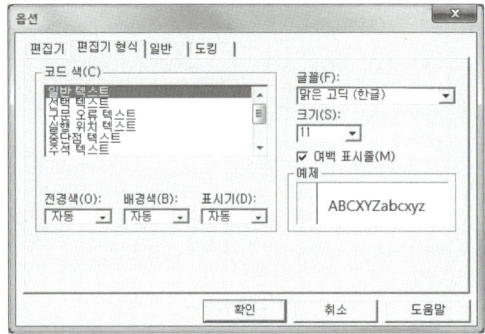

01 코드 색

목록 상자에서 코드 형식을 선택한 다음 전경색과 배경색을 지정합니다. 표시기는 여백 표시기의 색을 의미합니다.

02 글꼴과 크기

모든 VBA 코드에서 사용되는 글꼴과 글꼴의 크기를 지정합니다.

03 여백 표시줄

여백 표시줄의 표시 여부를 지정합니다. 여백 표시줄은 중단 모드에서 VBA 코드를 디버깅할 때 유용하므로 표시해 두는 것이 좋습니다.

CHAPTER · VB 편집기

008 VBAProject 보호하기

여러분이 개발한 VBA 코드를 다른 사람이 함부로 열거나 편집하지 못하도록 보호하려면 VBAProject에 암호를 설정해야 합니다. 엑셀 파일에 암호를 설정해도 VBAProject에 암호를 설정하지 않으면 코드를 보호할 수 없습니다.

실행 결과

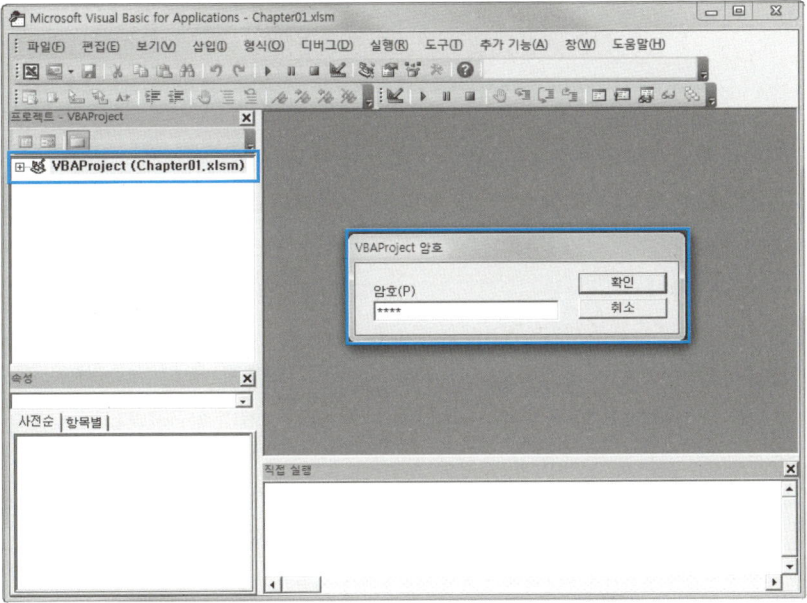

01 암호 지정하기

[도구]-[VBAProject 속성] 메뉴를 선택하여 [VBAProject] 대화상자를 실행한 다음 [보호] 탭으로 이동합니다. [읽기 전용으로 프로젝트 잠금]을 선택한 다음 [암호]와 [암호 확인] 입력란에 동일한 암호를 입력하고 [확인] 단추를 클릭합니다.

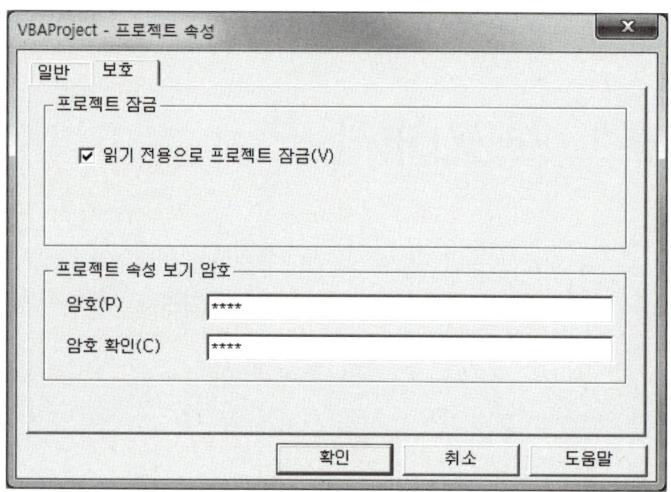

02 통합 문서 저장하기

암호를 설정한 다음에는 반드시 통합 문서를 저장해야 합니다. 바로 가기 키 Ctrl + S 를 눌러 파일을 저장할 수 있습니다.

03 프로젝트 보호 확인

파일을 닫고 다시 연 다음 Alt + F11 을 눌러 VBE를 실행합니다. 암호가 설정된 VBAProject를 더블클릭하면 [VBAProject 암호] 대화상자가 나타납니다. 여기에 설정한 암호를 바르게 입력하고 [확인] 단추를 클릭해야 프로젝트를 열어볼 수 있습니다.

CHAPTER　VB 편집기

009 도움말 보기

VBA 코드를 작성할 때 더 많은 정보를 구하려면 도움말을 적극적으로 이용하는 것이 좋습니다. 원하는 곳으로 커서를 이동한 다음 F1을 누르면 도움말이 표시됩니다.

VBA 코드에서 'MsgBox'로 커서를 이동한 다음 F1을 누르면 다음과 같이 MsgBox 함수에 대한 도움말이 표시됩니다. 도움말에 '예제'가 제공되는 경우 '예제' 링크를 클릭하여 해당 함수나 명령문, 개체 등에 대한 VBA 예제를 통해 더 많은 정보를 얻을 수 있습니다.

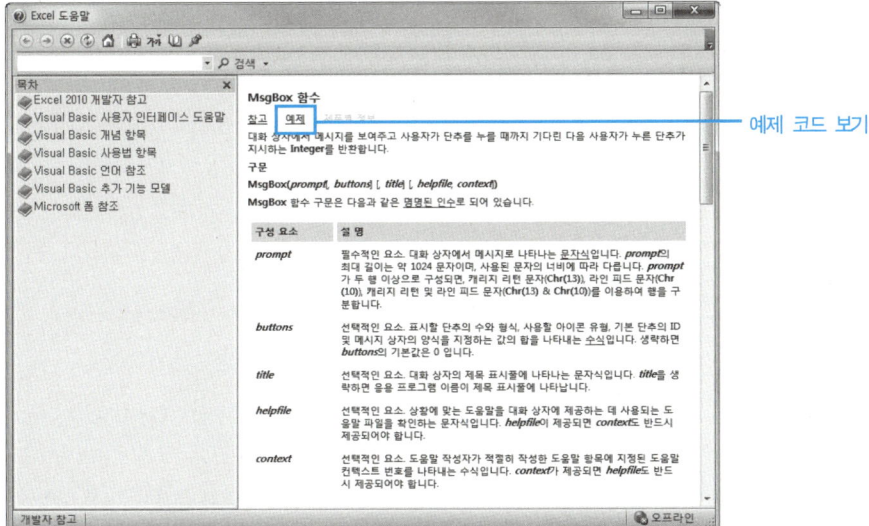

― 예제 코드 보기

> **TIP 도움말의 예제 코드 복사하기**
>
> 도움말의 예제 코드를 자신의 프로시저에서 사용할 수 있습니다. 도움말의 예제 코드를 마우스로 드래그하여 블록으로 지정한 다음 Ctrl+C를 눌러 복사합니다. 그런 다음 VB 편집기의 코드 창에서 복사한 예제 코드를 삽입할 곳으로 커서를 이동한 다음 Ctrl+V를 눌러 붙여 넣습니다.

CHAPTER | VBA 기초

010 매크로 기록하기

매크로 기록기는 사용자가 실행하는 엑셀 작업을 VBA 코드로 자동 변환하는 역할을 합니다. 매크로 기록은 절대 참조와 상대 참조로 구분하는데 일반적으로 절대 참조를 사용합니다. 매크로 기록기를 이용하여 VBA 코드를 만드는 과정을 살펴봅니다.

01 매크로 기록 시작하기

엑셀의 워크시트에서 상태 표시줄에 있는 [매크로 기록()] 버튼을 클릭하면 [매크로 기록] 대화상자가 실행됩니다. 매크로 이름을 입력하고 필요에 따라 다른 사항을 설정한 후 [확인] 버튼을 클릭합니다.

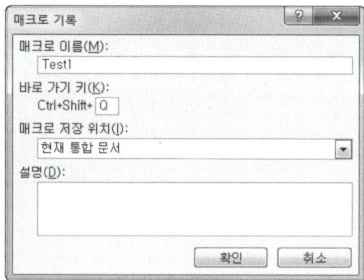

- **매크로 이름** : VBA 모듈에서 Sub 다음에 입력하는 프로시저 이름에 해당합니다. 문자, 숫자, 밑줄로 구성할 수 있으며 반드시 문자로 시작되어야 합니다.
- **바로 가기 키** : 매크로를 실행할 때 사용할 문자 하나를 입력합니다. 소문자를 입력하면 `Ctrl`과 해당 키의 조합으로, 대문자를 입력하면 `Ctrl`+`Shift`와 해당 키의 조합으로 매크로를 실행할 수 있습니다. 생략이 가능합니다.
- **매크로 저장 위치** : 일반적으로 '현재 통합 문서'에 매크로를 저장합니다. 다른 통합 문서에서도 이 매크로를 사용하려면 저장 위치를 '개인용 매크로 통합 문서'로 변경합니다.
- **설명** : 매크로에 대한 간단한 설명을 입력할 수 있습니다. 생략이 가능합니다.

02 기록할 작업 실행하기

매크로 기록이 시작되었으므로 VBA 코드로 변환할 엑셀 작업을 실행해야 합니다. 모든 작업이 끝나면 상태 표시줄에서 [기록 중지(■)] 버튼을 클릭하여 매크로 기록을 중지합니다. 사용자가 실행하는 모든 작업이 매크로에 VBA 코드로 기록되지만 리본 메뉴에서 명령을 탐색하는 과정은 기록되지 않습니다. 여기서는 다음 순서에 따라 3번의 입력 작업을 수행하고 매크로 기록을 중지합니다.

① [B2] 셀을 클릭하고 'One'을 입력합니다.
② [B3] 셀을 클릭하고 'Two'를 입력합니다.
③ [B4] 셀을 클릭하고 'Three'를 입력합니다.
④ 매크로 기록을 중지합니다.

03 기록한 매크로 코드 확인하기

매크로 기록기를 이용하여 기록한 VBA 코드를 확인하려면 Alt + F11 을 눌러 VBE를 실행합니다. 새로 생성된 모듈 시트를 더블클릭하면 다음과 같이 VBA 코드를 확인할 수 있습니다. 커서를 매크로(Sub 프로시저) 안에 놓고 F5 를 눌러 매크로를 실행하면 매크로를 기록할 때 했던 작업 과정이 그대로 다시 실행됩니다. 절대 참조로 기록한 매크로는 어떤 위치에서 매크로를 실행하더라도 항상 같은 위치에 데이터를 입력하게 됩니다.

```
Sub Test1( )                              //Sub 다음에 매크로 이름//
' Test1 매크로                            //어포스트로피(')로 시작되는 줄은 주석으로 처리//
' 바로 가기 키: Ctrl+Shift+Q
    Range("B2").Select                    //[B2] 셀 선택(Select)//
    ActiveCell.FormulaR1C1 = "One"        //현재 셀(ActiveCell)에 데이터 입력//
    Range("B3").Select                    //[B3] 셀 선택(Select)//
    ActiveCell.FormulaR1C1 = "Two"        //현재 셀(ActiveCell)에 데이터 입력//
    Range("B4").Select                    //[B4] 셀 선택(Select)//
    ActiveCell.FormulaR1C1 = "Three"      //현재 셀(ActiveCell)에 데이터 입력//
End Sub
```

CHAPTER VBA 기초
011 상대 참조로 매크로 기록하기

상대 참조는 어떤 상황에서도 항상 같은 셀을 참조하는 절대 참조와는 다르게 현재 셀이나 선택 영역을 기준으로 상대적인 위치에 있는 셀을 참조합니다. 예를 들어 현재 셀에서 한 행 아래에 있는 셀을 참조하여 특정 작업을 처리하는 매크로가 필요하다면 상대 참조로 매크로를 기록합니다.

01 매크로 기록 시작하기

엑셀의 리본 메뉴에 [개발 도구] 탭이 표시되어 있으면 [개발 도구] 탭 → [코드] 그룹 → [매크로 기록( )] 아이콘을 클릭하여 [매크로 기록] 대화상자를 표시할 수 있습니다. 매크로 이름과 바로 가기 키 등 필요한 옵션을 설정하고 [확인] 버튼을 클릭하여 매크로 기록을 시작합니다.

02 기록할 작업 실행하기

매크로 기록이 시작되면 [개발 도구] 탭 → [코드] 그룹 → [상대 참조로 기록(상대 참조로 기록)] 아이콘을 클릭하여 매크로 기록 방식을 변경한 후 다음 작업을 실행합니다.

① 현재 셀에 'One'을 입력하고 Enter를 누릅니다.
② 'Two'를 입력하고 Enter를 누릅니다.
③ 'Three'를 입력하고 Enter를 누릅니다.
④ 매크로 기록을 중지합니다.

> **참고**
> - 리본 메뉴에 [개발 도구] 탭이 표시되어 있지 않으면 리본 메뉴에서 마우스 오른쪽 버튼을 클릭하고 [리본 메뉴 사용자 지정] 메뉴를 클릭합니다. [Excel 옵션] 대화상자를 통해 리본 메뉴에 [개발 도구] 탭을 표시합니다.
> - 매크로를 기록하는 도중 언제라도 [상대 참조로 기록(상대 참조로 기록)] 아이콘을 사용하여 절대 참조에서 상대 참조로, 상대 참조에서 절대 참조로 매크로 기록 방식을 변경할 수 있습니다.

03 상대 참조로 기록한 매크로

상대 참조로 기록한 매크로 코드는 다음과 같습니다. 현재 셀(ActiveCell)에 'One'을 입력하고 Enter를 누르면 Offset 속성으로 1행 0열 떨어져 있는 위치의 첫 번째 셀, 즉 바로 한 행 아래의 셀을 선택합니다. 다시 현재 셀에 'Two'를 입력하고 한 행 아래의 셀을 선택하고, 다시 현재 셀에 'Three'를 입력하고 한 행 아래의 셀을 선택합니다. 이 매크로를 실행하면 특정 셀이 아니라 현재 활성화되어 있는 현재 셀부터 입력이 시작됩니다.

```
Sub Test2( )
    ActiveCell.FormulaR1C1 = "One"              //현재 셀(ActiveCell)에 데이터 입력//
    ActiveCell.Offset(1, 0).Range("A1").Select  //현재 셀에서 1행 0열 떨어진 위치의 셀 선택//
    ActiveCell.FormulaR1C1 = "Two"
    ActiveCell.Offset(1, 0).Range("A1").Select
    ActiveCell.FormulaR1C1 = "Three"
    ActiveCell.Offset(1, 0).Range("A1").Select
End Sub
```

04 매크로 실행하기

매크로 기록기는 사용자의 작업 과정을 VBA 언어로 변환하여 하나의 Sub 프로시저를 만듭니다. 물론 VBE에서 사용자가 직접 Sub 프로시저를 작성할 수도 있습니다. 이렇게 만들어진 프로시저를 실행하는 방법에는 여러 가지가 있습니다. 이 책의 목적은 완성된 매크로를 만드는 것이 아니라 VBA 언어를 익숙하게 다루기 위해 간단한 명령문을 직접 입력하고 테스트하는 것이므로 모듈 시트의 Sub 프로시저에서 [실행]-[Sub/사용자 정의 폼 실행] 메뉴를 클릭하거나 바로 가기 키 F5를 누르는 방법을 가장 많이 사용하게 됩니다. 이때 매크로 실행 결과가 워크시트에 영향을 주게 되는 경우 엑셀 창에서 미리 특정 워크시트를 선택한 후 VBE에서 Sub 프로시저를 실행합니다.

CHAPTER   VBA 기초

012 개체와 컬렉션

통합 문서, 워크시트, 셀, 차트 등 엑셀을 구성하는 요소를 개체(Object)라고 합니다. 엑셀 프로그램도 하나의 개체입니다. 컬렉션(Collection)은 같은 개체들의 모임입니다. 예를 들어 Sheet 개체는 하나의 시트를 의미하지만, Sheets 컬렉션은 모든 시트의 모임을 의미합니다.

개체 계층

엑셀을 사용하여 VBA 프로그램을 개발한다면 개체 모델의 가장 윗부분을 나타내는 Application 개체는 엑셀이 됩니다. Application 개체는 그 아래에 Workbook, Window, Chart 등 다른 개체들을 포함하고 있고, 그 개체들 역시 또 다른 하위 개체들을 포함하고 있습니다. 예를 들어 Workbook 개체는 아래에 Worksheet 개체를 포함하고, Worksheet 개체는 아래에 셀 범위를 의미하는 Range 개체를 포함합니다. VBA 코드를 작성할 때 이러한 개체 계층을 이해하고 있어야 합니다. 다음은 'Test.xlsm' 워크북의 'Sheet1' 워크시트에서 [A1:C5] 범위를 참조하기 위한 코드입니다. 상위 개체부터 하위 개체까지 마침표(.)로 구분하여 입력합니다.

Application.Workbooks("Test.xlsm").Worksheets("Sheet1").Range("A1:C5")

컬렉션(Collection)

같은 클래스에 속하는 개체 집합을 컬렉션이라고 합니다. 예를 들어 Worksheets 컬렉션은 특정 Workbook 개체에 포함되어 있는 모든 워크시트 개체의 집합을 의미합니다. 컬렉션도 개체이므로 컬렉션을 참조해서 작업하거나, 컬렉션에 있는 특정 개체를 참조해서 작업할 수도 있습니다. 컬렉션에서 특정 개체를 참조할 때는 괄호 안에 인덱스 번호를 입력하거나 개체 이름을 입력합니다.

Worksheets(1) : 첫 번째 워크시트 개체를 참조합니다.

Worksheets("Test") : 'Test'라는 이름의 워크시트 개체를 참조합니다.

CHAPTER　VBA 기초

013 개체 참조하기

VBA 코드를 통해 어떤 셀에 값을 입력하거나 서식을 지정하는 등의 작업을 하고 싶다면 먼저 작업의 대상이 되는 셀이 어떤 셀인지 정확하게 참조할 수 있어야 합니다. 여러분이 가장 많이 다루게 될 Range 개체로 셀을 참조하는 예를 통해 개체 참조에 대해 알아봅니다.

VBA에서 개체를 참조하려면 상위 개체와 하위 개체를 마침표(.)로 연결합니다. 다음 코드는 'Sample.xlsm' 워크북의 'Sheet1' 시트에서 [A1] 셀을 참조하여 '100'을 입력합니다.

```
Application.Workbooks("Sample.xlsm").Worksheets("Sheet1").Range("A1") = 100
```

특별한 경우를 제외하고 최상위 개체인 Application 개체는 생략해도 됩니다. 또 현재 워크북에 있는 워크시트를 참조한다면 Workbook에 대한 참조도 생략이 가능합니다. 같은 의미로 현재 워크북의 현재 시트에 있는 셀을 참조한다면 Worksheet에 대한 참조도 생략할 수 있습니다. Range 개체는 셀이나 셀 범위를 의미합니다.

```
Worksheets("Sheet1").Range("A1") = 100      //Sheet1 워크시트의 [A1] 셀에 '100' 입력//
Range("A1") = 100                           //현재 워크시트의 [A1] 셀에 '100' 입력//
```

개체를 참조하기 전에 상위 개체를 먼저 선택(Select)하는 방법도 자주 사용됩니다. 다음 코드는 개체를 선택하는 Select 메서드를 통해 'Sheet1' 워크시트를 선택한 다음 Range 개체로 셀을 참조하여 값을 입력하는 예입니다.

```
Worksheets("Sheet1").Select      //Sheet1 워크시트 선택(Select)//
Range("A1") = 100                //[A1] 셀에 '100' 입력//
```

CHAPTER 014 활성화되어 있는 개체의 참조

여러 개의 워크북을 열어 놓고 작업 중이더라도 활성화되어 있는 워크북은 언제나 하나입니다. 하나의 워크북에 여러 개의 시트가 포함되어 있더라도 활성화되어 있는 시트는 언제나 하나입니다. 이와 같이 현재 활성화되어 있는 워크북, 시트, 셀 등을 간단하게 참조할 수 있는 방법이 있습니다.

현재 활성화되어 워크북(ActiveWorkbook)의 이름(Name)을 메시지 상자(MsgBox)로 표시하려면 다음과 같이 코드를 작성할 수 있습니다.

```
MsgBox ActiveWorkbook.Name
```

워크시트에서 셀 범위가 선택되어 있다면 다음 코드는 현재 선택된 영역(Selection)에 일괄적으로 'Excel'을 입력합니다.

```
Selection = "Excel"
```

위와 같이 현재 활성화되어 있는 개체를 참조하기 위해 다음과 같이 Application 개체의 여러 속성들을 사용합니다. Application 개체는 엑셀 프로그램의 최상위 계층으로 생략이 가능합니다.

참조 방법	참조하는 개체
ActiveCell	활성 셀 참조
ActiveSheet	활성 시트 참조
ActiveWindow	활성 창 참조
ActiveWorkbook	활성화되어 있는 워크북 참조
ThisWorkbook	현재 프로시저가 들어 있는 워크북 참조
ActiveChart	활성화되어 있는 차트 참조
Selection	선택되어 있는 개체 참조

CHAPTER VBA 기초

015 개체의 속성

 개체를 참조한다는 것은 개체의 속성을 설정하거나 메서드를 적용하기 위해서입니다. 속성은 색이나 크기, 값, 이름 등 개체의 특성을 의미합니다. 개체의 속성을 이용하여 이러한 특성을 읽어오고 변경할 수 있습니다.

모든 개체는 속성을 가지고 있습니다. 속성을 사용하여 개체의 특성을 읽어 오거나 새로운 값으로 특성을 변경할 수 있습니다. 개체의 속성을 새로운 값으로 변경할 때 다음과 같은 형식을 사용합니다.

개체.속성 = 새로운 값

따라서 다음 코드는 현재 시트의 이름을 'Orange'로 변경합니다.

ActiveSheet.Name = "Orange"

Range 개체의 Value 속성은 '값'을 의미합니다. 다음 두 줄의 코드는 Value 속성을 이용하여 [A1] 셀의 값을 'King'으로 설정하고, MsgBox 문으로 [A1] 셀의 값을 메시지 상자에 표시합니다. Range 개체의 상위 개체를 지정하지 않았으므로 현재 워크북의 활성화되어 있는 시트에 결과가 나타납니다.

Range("A1").Value = "King"
MsgBox Range("A1").Value

Value 속성은 Range 개체의 기본 속성입니다. Range("A1") = "King"과 같이 개체의 속성을 생략할 경우 기본 속성을 지정한 것과 같은 의미가 됩니다. 개체의 종류에 따라 기본 속성이 달라집니다.

CHAPTER 016 개체의 메서드

VBA 기초

 개체의 메서드는 지우기, 닫기, 열기, 복사, 붙여넣기 등 개체가 수행할 수 있는 동작을 의미합니다. 속성과 마찬가지로 개체의 종류에 따라 적용 가능한 메서드가 달라집니다. 따라서 메서드를 사용하기 전에 대상이 되는 개체를 먼저 지정해야 합니다.

메서드는 개체가 수행할 수 있는 동작을 의미합니다. 메서드로 개체가 어떤 동작을 수행하게 하려면 다음 두 가지 방법 중 하나를 사용합니다.

개체.메서드

또는

개체.메서드 매개 변수

다음 코드는 매개 변수가 없는 메서드를 사용하는 예로 [A1:C5] 범위의 내용을 지웁니다.

Range("A1:C5").ClearContents

메서드의 매개 변수는 정해진 순서와 규칙에 따라 지정해야 합니다. 예를 들어 워크북을 보호할 때 사용하는 Protect 메서드는 Protect(*Password, Structure, Windows*) 형식으로 사용하는데 다음과 같이 세 개의 매개 변수에 규칙대로 값을 지정합니다. 매개 변수와 매개 변수는 쉼표(,)로 구분합니다.

ThisWorkbook.Protect "12345", True, False

어떤 매개 변수는 생략이 가능합니다. 위의 코드에서 두 번째 매개 변수를 생략하고 싶다면 다음과 같이 쉼표(,)로 위치만 구분해줍니다.

ThisWorkbook.Protect "12345", , False

매개 변수를 지정할 때 권장하는 방법은 매개 변수 이름을 사용하는 것입니다. 매개 변수 이름 다음에 콜론과 등호(:=)를 입력하고 값을 지정해야 합니다. 매개 변수 이름을 사용하면 코드의 의미가 훨씬 명확해집니다. 또 순서에 상관없이 매개 변수를 지정할 수 있습니다.

ThisWorkbook.Protect Password:="12345", Structure:=True, Windows:=False

다음 두 줄의 코드는 Range 개체의 Copy 메서드로 [A1] 셀을 [B1] 셀에 복사합니다. 그런 다음 Clear 메서드로 [A1] 셀을 지웁니다.

Range("A1").Copy Range("B1")
Range("A1").Clear

- 코드를 입력할 때 '개체.' 까지 입력하면 해당 개체에서 사용할 수 있는 속성과 메서드가 알파벳 순서로 표시됩니다. 이 목록에서 속성이나 메서드를 마우스로 클릭하거나, 방향키를 이용해 원하는 속성이나 메서드로 이동한 다음 Tab 을 눌러 빠르고 정확하게 코드를 입력할 수 있습니다.
- VBE에서 [도구]-[옵션] 메뉴를 선택한 다음 [옵션] 대화상자의 [편집기] 탭에서 [구성원 자동 목록]이 선택되어 있어야 목록이 나타납니다.

CHAPTER VBA 기초

017 With 문으로 개체 참조 생략하기

With 문은 하나의 개체에 대하여 여러 문을 실행하고자 할 때 사용합니다. 예를 들어 특정 개체에 대하여 여러 개의 속성을 지정할 때 With...End With 사이에 개체 참조를 생략한 여러 개의 문을 사용할 수 있습니다.

With...End With 문을 사용하는 이유는 크게 두 가지입니다. 첫 번째 이유는 개체를 한 번만 지정할 수 있으므로 코드를 단순하게 만든다는 것입니다. 더 중요한 두 번째 이유는 프로시저의 실행 속도를 향상시킬 수 있다는 것입니다.

다음 코드는 [A1:C5] 범위에 대해 글꼴 크기, 글꼴 스타일(굵게), 가운데 맞춤, 표시 형식을 변경합니다. Range 개체가 각 문마다 참조되어 있는 형식입니다.

```
Range("A1:C5").Font.Size = 12
Range("A1:C5").Font.Bold = True
Range("A1:C5").HorizontalAlignment = xlCenter
Range("A1:C5").Style = "Percent"
```

With...End With 문을 사용하면 위의 코드를 다음과 같이 단순화시킬 수 있습니다. With 다음에 개체를 한번만 지정하고 With...End With 사이에서 동일한 개체에 대하여 여러 개의 작업을 수행합니다.

```
With Range("A1:C5")
    .Font.Size = 12
    .Font.Bold = True
    .HorizontalAlignment = xlCenter
    .Style = "Percent"
End With
```

CHAPTER VBA 기초

018 변수 선언하기

변수는 프로그램을 실행할 때 어떤 값을 저장하기 위해 사용하는 메모리 공간에 붙이는 이름입니다. 프로시저에서 변수를 사용하기 전에 변수의 이름과 데이터 형식을 선언합니다. 변수 선언은 필수 사항은 아니지만 사용자의 실수를 미리 방지하는 차원에서 권장하는 사항입니다.

Dim, Static, Private, Public 문 등을 사용하여 변수를 선언합니다. 가장 일반적으로 변수를 사용하려는 프로시저에서 Dim 문을 사용하여 다음과 같은 형식으로 변수를 선언합니다.

Dim 변수이름 As 데이터 형식

예를 들어 문자열을 저장하기 위한 변수 strName과 정수를 저장하기 위한 변수 intAge는 다음과 같이 선언합니다. 변수 이름은 대소문자를 구분하지 않지만 변수 이름을 알아보기 쉽도록 대소문자를 적절히 섞어 사용하는 것이 좋습니다. 변수에 값을 지정할 때는 변수의 데이터 형식에 주의해야 합니다. 정수(Integer) 형식으로 선언한 변수에 텍스트를 지정하거나 범위를 벗어나는 큰 숫자를 지정하면 오류가 발생합니다.

Dim strName As String
Dim intAge As Integer

하나의 Dim 문으로 여러 개의 변수를 선언하는 것도 가능합니다. 이런 경우 각각의 변수에 데이터 형식을 지정해야 한다는 것을 염두에 두어야 합니다.

Dim strName As String, intAge As Integer

모듈의 시작 부분에 Option Explicit 문을 입력해 두면 사용자가 선언하지 않은 변수를 사용했을 때 실행을 멈추게 됩니다.

CHAPTER **VBA 기초**

019 변수의 데이터 형식

변수를 선언할 때 적절한 데이터 형식을 사용하는 것은 매우 중요합니다. 데이터 형식을 지정하지 않고 'Dim intNumber'와 같이 변수를 선언할 수도 있지만 이러한 경우 Variant 데이터 형식이 자동 지정되어 16 Byte의 메모리 공간을 차지하게 되므로 비효율적입니다.

데이터 형식을 지정하지 않는 Variant 데이터 형식은 메모리 공간의 효율성과 처리 속도를 떨어뜨리므로 특별한 경우를 빼고는 변수를 선언할 때 반드시 다음 중 하나로 데이터 형식을 지정하는 것이 좋습니다.

구분	데이터 형식	바이트 수	값의 범위
숫자	Byte	1 byte	0 ~ 255
	Integer	2 byte	-32,768 ~ 32,767
	Long	4 byte	-2,147,483,648 ~ 2,147,483,647까지
	Single	4 byte	-3.402823E38 ~ -1.401298E-45까지(음수값) 1.401298E-45 ~ 3.402823E38까지(양수값)
	Double	8 byte	-1.79769313486232E308 ~ -4.94065645841247E-324(음수값) 4.94065645841247E-324 ~ 1.79769313486232E308(양수값)
	Currency	8 byte	-922,337,203,685,477.5808 ~ 922,337,203,685,477.5807까지
	Decimal	14 bite	+/-79,228,162,514,264,337,593,543,950,335
날짜	Date	8 byte	100년 1월 1일 ~ 9999년 10월 31일
논리값	Boolean	2 byte	True 또는 False
텍스트	String	10 byte 이상	0 ~ 약 20억 (고정 길이는 1 ~ 약 65,400)
특수형	Variant(숫자)	16 byte	Decimal 범위까지의 데이터를 포함할 수 있음
	Variant(문자)	22 byte 이상	문자열의 길이만큼

CHAPTER | VBA 기초

020 변수의 사용 범위

변수를 선언할 때 사용한 명령문과 선언 위치에 따라 변수의 사용 범위가 달라집니다. 어떤 변수는 해당 변수를 선언한 프로시저 내에서만 사용할 수 있지만, 어떤 변수는 해당 모듈의 모든 프로시저에서 공통으로 사용할 수 있는 경우도 있습니다.

프로시저 내에서 Dim 문으로 선언한 변수는 해당 프로시저 내에서만 사용할 수 있지만 모듈의 시작 부분에서 Dim 문으로 선언한 변수는 해당 모듈의 모든 프로시저에서 사용할 수 있습니다. 또 모듈의 시작 부분에서 Public 문으로 선언한 변수는 모든 모듈의 모든 프로시저에서 공통으로 사용할 수 있습니다.

사용 범위	선언 위치	선언 명령문
단일 프로시저	프로시저 내	Dim, Private, Static
모듈의 모든 프로시저	모듈의 시작 부분	Dim
모든 모듈의 모든 프로시저	모듈의 시작 부분	Public

> **참고**
>
> - 변수 이름은 알파벳, 한글, 숫자, 밑줄(_) 등으로 구성합니다. 주의할 점은 VBA 예약어는 사용할 수 없다는 것입니다. 예를 들어 Range, Next 등은 변수 이름으로 사용할 수 없습니다.
> - 일반적으로 변수를 선언할 때 데이터 형식을 알려주는 접두어를 사용합니다. 예를 들어 정수형(Integer) 변수의 이름을 intSum, intPrice 등으로 정의합니다. 이것은 반드시 지켜야하는 규칙은 아니지만 VBA 코드가 매우 길어질 경우 변수에 사용 가능한 값을 쉽게 확인할 수 있다는 장점이 있으므로 충분히 사용할 만한 가치가 있습니다.
> - 접두어는 Byte(bt), Boolean(bln), Integer(int), Long(lng), Single(sng), Double(dbl), Currency(cur), Decimal(dec), Date(dt), String(str), Variant(var) 등과 같이 사용합니다.

CHAPTER VBA 기초

021 상수 선언하기

상수는 코드에서 자주 사용하게 될 숫자나 문자열에 붙이는 이름으로 해당 숫자나 문자열 대신 코드에서 상수를 사용합니다. 상수를 사용하려면 Const 문을 사용하여 상수를 선언하는 과정이 필요합니다. 선언 과정에서 상수에 특정 숫자나 문자열을 함께 지정해야 합니다.

변수와 달리 상수는 변하지 않는 문자열이나 숫자를 대신해서 쓸 수 있는 의미 있는 이름입니다. 변하지 않는 값을 담고 있기 때문에 코드에서 변수처럼 상수에 새로운 값을 지정하려고 하면 오류가 발생합니다. 상수는 Const 문을 사용하여 선언합니다. 변수와 같이 상수도 As 키워드 다음에 데이터 형식을 지정합니다. 또한 등호(=) 다음에 상수에 담길 문자열이나 숫자 값을 함께 지정합니다.

```
Const ShtPassword As String = "%excel$$"
Const NumGoal As Long = 37000000
```

하나의 Const 문으로 여러 개의 상수를 한 번에 선언할 수도 있습니다.

```
Const ShtPassword As String = "%excel$$", NumGoal As Long = 37000000
```

변수와 마찬가지로 상수도 선언 위치에 따라 사용 범위가 달라집니다. 상수를 프로시저 내에서 선언하면 해당 프로시저 내에서만 사용할 수 있고, 모듈의 시작 부분에서 선언하면 모듈의 모든 프로시저에서 사용할 수 있습니다. 모든 모듈의 모든 프로시저에서 사용하길 원한다면 Public 키워드를 사용하여 모듈의 시작 부분에서 다음과 같이 선언합니다.

```
Public Const PrgName As String = "Value Stream Analysis"
```

CHAPTER 022 개체 변수(Object Variable)

VBA 기초

개체 변수란 워크북, 시트, 셀 범위 등 개체를 저장할 수 있는 변수입니다. 개체 변수를 사용하면 VBA 코드를 더 단순화시킬 수 있으며, 프로그램의 실행 속도도 향상시킬 수 있습니다.

예제 코드

```
Sub Sample022( )
    Const UserName As String = "Lee Jae Won"
    Dim intSize As Integer
    Dim rngTarget As Range        //❶ 개체 변수의 선언//

    intSize = 11
    Set rngTarget = Sheets(1).Range("A1:C5")    //❷ 개체 변수에 개체 할당하기//

    rngTarget = UserName
    rngTarget.Font.Size = intSize    //❸ 개체 변수 사용하기//
End Sub
```

01 개체 변수의 선언

개체 변수를 선언하는 방법은 일반 변수와 크게 다르지 않습니다. 다만 데이터 형식을 저장하고자 하는 개체로 지정하면 됩니다. 여기서는 셀 범위 개체를 위한 개체 변수를 선언하기 위해 데이터 형식에 Range 개체를 지정했습니다.

02 개체 변수에 개체 할당하기

다른 변수는 '변수 이름 = 값' 형식으로 변수에 값을 지정합니다. 개체 변수에 개체를 할당하기 위해서는 Set 키워드를 함께 사용해야 합니다. Set 키워드로 개체 변수(rngTarget)에 첫 번째 시트의 [A1:C5] 범위를 할당했으므로 이후에는 rngTarget 이라는 개체 변수로 첫 번째 시트의 [A1:C5] 범위를 참조할 수 있게 됩니다.

03 개체 변수 사용하기

개체 변수는 할당되어 있는 개체를 나타냅니다. 여기서는 개체 변수(rngTarget)에 지정되어 있는 셀 범위에 상수 UserName의 값을 입력하고, 글꼴(Font) 크기(Size)를 intSize 변수에 입력된 값으로 변경합니다. 만약 개체 변수를 사용하지 않았더라면 위 프로시저에서 마지막 두 줄은 다음과 같이 입력해야 합니다.

```
Sheets(1).Range("A1:C5") = UserName
Sheets(1).Range("A1:C5").Font.Size = intSize
```

CHAPTER 023 배열의 선언과 사용

배열(Array)은 같은 이름을 사용하는 여러 개의 변수 집합이라고 생각할 수 있습니다. 이름이 같기 때문에 각 배열 요소는 인덱스 번호로 구분합니다. 배열을 사용하면 하나의 변수에 여러 개의 값을 저장할 수 있기 때문에 효율적으로 코드를 작성할 수 있습니다.

배열 역시 변수이므로 Dim, Public 등의 키워드를 사용하여 선언합니다. 일반 변수와 다른 점은 배열 변수를 선언할 때 몇 개의 값을 저장할 배열인지 개수를 지정한다는 것입니다. 배열 변수를 선언할 때 데이터 형식을 지정하지 않으면 각 요소마다 서로 다른 데이터 형식의 값을 저장할 수 있지만 메모리 공간을 많이 사용하는 Variant 형식이 된다는 점에 유의해야 합니다.

```
Dim intNum(10) As Integer
```

위와 같이 선언할 경우 intNum(0)부터 intNum(10)까지 모두 11개의 값을 저장할 수 있는 배열 변수를 사용할 수 있게 됩니다. 배열 변수에서 몇 번째 요소인지를 결정하는 괄호 안의 인덱스 번호는 기본적으로 0부터 시작된다는 점을 잊지 말아야 합니다. 각 배열 요소에 값을 저장하기 위해 다음과 같은 코드를 사용할 수 있습니다.

```
intNum(0) = 100
intNum(1) = 200
intNum(2) = intNum(0) * intNum(1)
```

배열 변수의 개수를 지정할 때 다음과 같이 To 키워드를 사용하면 intNum(1)부터 intNum(10)까지 모두 10개의 값을 저장할 수 있는 배열 변수가 만들어집니다.

```
Dim intNum(1 To 10) As Integer
```

모듈의 시작 부분에 **Option Base 1** 명령문을 입력할 경우 To 키워드를 사용하지 않았을 때 배열 변수의 인덱스 번호는 0부터가 아니라 1부터 시작됩니다.

CHAPTER **VBA 기초**

024 2차원 배열의 선언과 사용

배열 요소를 나타내는 인덱스 번호가 하나인 배열을 1차원 배열이라고 합니다. 2차원 배열은 인덱스 번호가 2개이며, 최대 60차원 배열까지 사용할 수 있습니다. 하지만 일반적으로 1차원과 2차원 배열을 가장 많이 사용합니다.

2차원 배열은 여러 개의 행과 열을 사용합니다. 따라서 2차원 배열은 선언할 때 행과 열의 개수를 지정합니다. 다음은 5개의 행, 8개의 열로 이루어진 2차원 배열을 선언하는 두 가지 방법입니다.

```
Dim strCode(4, 7) As String
```
또는
```
Dim strCode(1 To 5, 1 To 8) As String
```

두 번째 방법으로 선언한 경우 2차원 배열 strCode의 형태와 각 요소를 지정할 때 사용하는 인덱스 번호는 다음과 같습니다. 예를 들어 strCode(3, 5)는 배열 변수 strCode의 3행 5열을 나타냅니다.

	1열	2열	3열	4열	5열	6열	7열	8열
1행	(1, 1)	(1, 2)	(1, 3)	(1, 4)	(1, 5)	(1, 6)	(1, 7)	(1, 8)
2행	(2, 1)	(2, 2)	(2, 3)	(2, 4)	(2, 5)	(2, 6)	(2, 7)	(2, 8)
3행	(3, 1)	(3, 2)	(3, 3)	(3, 4)	(3, 5)	(3, 6)	(3, 7)	(3, 8)
4행	(4, 1)	(4, 2)	(4, 3)	(4, 4)	(4, 5)	(4, 6)	(4, 7)	(4, 8)
5행	(5, 1)	(5, 2)	(5, 3)	(5, 4)	(5, 5)	(5, 6)	(5, 7)	(5, 8)

배열에 값을 지정하거나 배열의 값을 이용한 처리에서 For...Next 문과 같은 순환(반복) 제어문을 사용하게 됩니다. 이에 대한 자세한 사항은 For...Next 문에서 다루게 됩니다.

CHAPTER VBA 기초

025 동적 배열 사용하기

 동적 배열은 처음에 배열 요소의 개수를 지정하지 않고 선언하는 배열을 의미합니다. 개수가 확실하게 정해지는 지점에서 ReDim 문으로 개수를 정의합니다.

동적 배열은 처음에 선언할 때 개수를 지정하지 않고 괄호만으로 배열임을 선언합니다. 그런 다음 실행 도중 필요에 따라 ReDim 문으로 배열 요소의 개수를 지정합니다. 하나의 동적 배열에 대해 ReDim 문은 필요할 때마다 여러 번 사용될 수 있습니다.

```
Dim intNumber( ) As Integer        //동적 배열 선언//
    ⋮
ReDim intNumber(1 To 10)           //10개의 배열 요소로 크기 정의//
    ⋮
ReDim intNumber(1 To 20)           //20개의 배열 요소로 크기 재정의//
```

ReDim 문을 사용하여 배열의 크기를 다시 정의하면 이전에 배열에 저장되어 있는 값을 모두 잃게 됩니다. 이전의 값을 그대로 유지하려면 ReDim 문에 Preserve 키워드를 사용해야 합니다.

```
ReDim Preserve intNumber(1 To 20)
```

2차원 이상의 다차원 배열에서는 ReDim 키워드를 사용할 때 제약이 있습니다. 마지막 차원만 크기를 변경할 수 있다는 것입니다. strData를 동적 배열로 선언한 후 다음과 같이 ReDim 문을 사용하여 크기를 변경할 수 있습니다.

```
ReDim strData(5, 11)       //배열의 크기 정의//
    ⋮
ReDim strData(5, 19)       //배열의 크기 재정의(마지막 차원만 변경됨)//
```

CHAPTER 제어 구문

026 If 문으로 조건 판단하기

If 문은 조건을 판단하여 명령 그룹의 실행 여부를 결정할 때 사용하는 아주 중요한 제어문입니다. If 문의 사용 형식은 매우 다양합니다. 여기서는 지정한 조건이 참일 때 메시지를 출력하는 가장 간단한 형식의 If 문을 다룹니다.

예제 코드

```
Sub Sample026( )
    Dim intScore As Integer        //❶ 변수에 값 지정하기//
    intScore = 80



    If intScore >= 80 Then MsgBox "합격입니다."        //❷ If 문으로 판단하기//
    If intScore < 80 Then MsgBox "불합격입니다."
End Sub
```

01 변수에 값 지정하기

정수형(Integer)으로 변수를 선언한 다음 '80'을 변수에 지정합니다. '변수 이름 = 값' 형식입니다.

02 If 문으로 판단하기

'If 조건 Then 명령문' 형식의 If 문으로 조건이 참일 때 명령문을 실행합니다. 이러한 형식은 조건이 참일 때 실행할 명령문이 하나일 때 많이 사용합니다. 첫 번째 If 문은 intScore 변수의 값이 80 이상(>=)일 때 실행할 MsgBox 함수로 '합격입니다.' 메시지를 출력하고, 두 번째 If 문은 80 미만(<)일 때 또 다른 메시지를 출력합니다.

If...Then...Else 문 사용하기

위에서 두 개의 If 문을 다음과 같이 수정할 수 있습니다. 조건이 참이면 Then 다음의 명령문을 실행하고, 조건이 참이 아니면 Else 다음의 명령문을 실행합니다.

```
If intScore >= 80 Then MsgBox "합격입니다." Else MsgBox "불합격입니다."
```

하나의 명령문이 위와 같이 길어질 경우 줄 연결 문자를 사용하여 두 줄 이상으로 입력할 수 있습니다. 다음은 빈 칸과 밑줄(_)로 이루어진 줄 연결 문자로 위의 코드를 두 줄로 입력한 경우입니다.

```
If intScore >= 80 Then MsgBox "합격입니다." _
                  Else MsgBox "불합격입니다."
```

> **참고**
>
> - 주석은 프로시저 실행과 상관없이 VBA 코드를 이해하기 쉽도록 설명하기 위한 것입니다.
> - 작은 따옴표(')를 먼저 입력한 다음 주석 내용을 입력하면 프로시저를 실행할 때 이 부분은 완전히 무시됩니다.
> - 줄 전체를 주석으로 사용할 경우 작은 따옴표(')를 대신하여 Rem 키워드를 입력한 다음 한 칸을 띄우고 주석 내용을 입력합니다.

CHAPTER 제어 구문

027 If 문의 조건이 참일 때 여러 명령 실행하기

조건이 참일 때 하나 이상의 명령문을 실행하고 싶다면 If...Then...End If 구조를 사용해야 합니다. If 다음의 조건이 참일 때 Then 이후에 나오는 하나 이상의 명령문을 차례로 실행합니다. 조건이 거짓이면 명령문을 실행하지 않고 End If 다음으로 진행이 계속됩니다.

예제 코드

```vba
Sub Sample027( )
    Sheets("Sheet1").Select              // Sheet1 시트 선택(Select) //
    If Range("F3") >= 80 Then            // [F3] 셀의 값이 80 이상이면 //
        Range("G3") = "합격"             // [G3] 셀에 '합격' 입력 //
        Range("G3").Font.Bold = True     // [G3] 셀의 글꼴(Font) 스타일 굵게(Bold) 설정 //
        Range("G3").Font.ColorIndex = 5  // [G3] 셀의 글꼴(Font) 색 번호(ColorIndex) 설정 //
    End If
End Sub
```

실행 결과

	A	B	C	D	E	F	G	H
1								
2		이름	과목_1	과목_2	과목_3	평균	평가	
3		Kim	80	90	80	83.3	합격	
4								

← [F3] 셀의 값이 80 이상일 때

 참고

- **Font.Bold** 속성을 True 또는 False로 설정하여 글꼴 스타일 '굵게'를 설정하거나 해제합니다.
- **Font.ColorIndex** 속성에 색 번호를 지정하여 글꼴 색을 변경합니다.

CHAPTER 028 조건이 참일 때와 거짓일 때 다른 명령 그룹 실행하기

조건이 참일 때와 거짓일 때 각각 다른 명령문의 그룹을 실행하고 싶다면 If...Then...End If 구조에 Else 문을 추가합니다. 조건이 참이면 Then 이후의 명령 그룹을 실행하고, 거짓이면 Else 이후의 명령 그룹을 실행합니다.

예제 코드

```
Sub Sample028( )
    Sheets("Sheet1").Select        // Sheet1 시트 선택(Select) //
    If Range("F3") >= 80 Then      // [F3] 셀의 값이 80 이상이면 Then 다음의 명령문 실행 //
        Range("G3") = "합격"
        Range("G3").Font.Bold = True
        Range("G3").Font.ColorIndex = 5
    Else                           // [F3] 셀의 값이 80 이상이 아니면 Else 다음의 명령문 실행 //
        Range("G3") = "불합격"
        Range("G3").Font.Bold = False
        Range("G3").Font.ColorIndex = 3
    End If
End Sub
```

실행 결과

	A	B	C	D	E	F	G	H
1								
2		이름	과목_1	과목_2	과목_3	평균	평가	
3		Kim	80	70	80	76.7	불합격	
4								

← [F3] 셀의 값이 80 미만일 때

CHAPTER 제어 구문

029 IIf 함수 사용하기

VBA 함수 중 IIf 함수로 간단한 If 문을 대신할 수 있습니다. IIf 함수는 지정한 조건식이 참일 때와 거짓일 때 각각 다른 값을 반환합니다. 다만 이 함수는 '값'을 반환하는 역할만 하므로 셀의 속성을 변경하거나 메서드를 실행하는 작업은 처리할 수 없습니다.

예제 코드

```
Sub Sample029( )
    Sheets("Sheet1").Select
            // [F3] 셀의 값이 80 이상이면 '합격', 80 미만이면 '불합격'을 [G3] 셀에 입력 //
    Range("G3") = IIf(Range("F3") >= 80, "합격", "불합격")

    If Range("F3") >= 80 Then      // [F3] 셀의 값에 따라 글꼴 스타일과 글꼴 색 설정 //
        Range("G3").Font.Bold = True
        Range("G3").Font.ColorIndex = 5
    Else
        Range("G3").Font.Bold = False
        Range("G3").Font.ColorIndex = 3
    End If
End Sub
```

〈구문〉 IIf 함수

IIf(조건식, 값1, 값2)

- 지정한 조건식이 참이면 값1, 조건식이 거짓이면 값2를 반환합니다.

CHAPTER 제어 구문

030 If 문으로 여러 조건 판단하기

If...Then...End If 구조에 ElseIf 문을 추가하면 여러 번 조건을 판단하여 명령 실행 여부를 결정할 수 있습니다. ElseIf 문은 원하는 만큼 추가할 수 있지만 세 개 이상의 조건을 판단해야 할 경우에는 ElseIf 문 대신 Select Case 문을 사용하는 것이 좋습니다.

예제 코드

```
Sub Sample030( )
    Dim intScore As Integer
    Dim strGrade As String

    intScore = InputBox("점수 입력")            // 사용자가 입력한 값을 intScore 변수에 넣기 //

    If intScore >= 85 Then                     // 입력 값이 85 이상일 때 //
        strGrade = "잘함"

    ElseIf intScore >= 70 Then                 // 85 이상이 아니고 70 이상일 때 (85 미만 70 이상) //
        strGrade = "보통"

    Else                                        // 그 밖의 경우(70 미만) //
        strGrade = "경고"
    End If

    MsgBox "당신의 등급은?   " & strGrade
End Sub
```

실행 결과

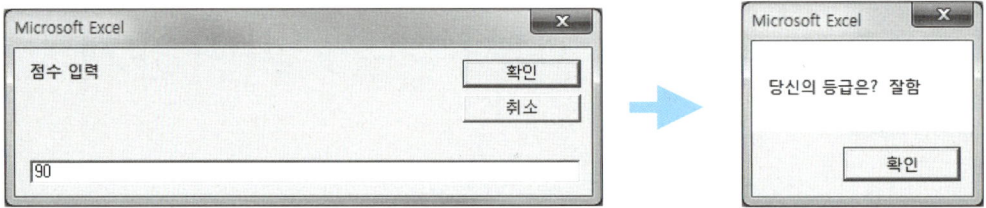

> **참고**
>
> - InputBox 함수는 사용자로부터 값을 입력받을 때 사용합니다. **'변수 이름 = InputBox("프롬프트")'** 형식으로 사용하며 입력 받은 값을 변수에 저장합니다.
> - MsgBox 함수로 메시지를 표시할 때 따옴표 안의 값은 그대로 표시됩니다. 여기서는 따옴표 안의 텍스트와 strGrade 변수를 **& 연산자**로 연결하여 표시합니다.

CHAPTER 031 GoTo 문으로 이동하기

프로시저는 첫 번째 행의 코드부터 마지막 행의 코드까지 순차적으로 실행됩니다. GoTo 문은 지정된 행으로 무조건 실행 위치를 이동하는 역할을 합니다. 'GoTo 레이블' 형식으로 사용하며 레이블은 레이블 이름과 콜론(:)으로 구성합니다.

예제 코드

```
Sub sample031( )
    Dim strPass As String

    strPass = InputBox("사용자 암호 입력")        // 사용자로부터 값 입력 //

    If strPass <> "5678" Then GoTo Err            // 입력 값이 '5678'이 아니면 Err 행으로 무조건 이동 //

    MsgBox "인증된 사용자입니다."                  // 입력 값이 '5678'일 때 메시지 표시 //
    Exit Sub                                      // 프로시저 강제 종료(이후 명령문을 실행하지 않음) //

Err:                                              //GoTo 문으로 이동할 행 레이블 //
    MsgBox "사용자 암호가 일치하지 않습니다."
End Sub
```

실행 결과

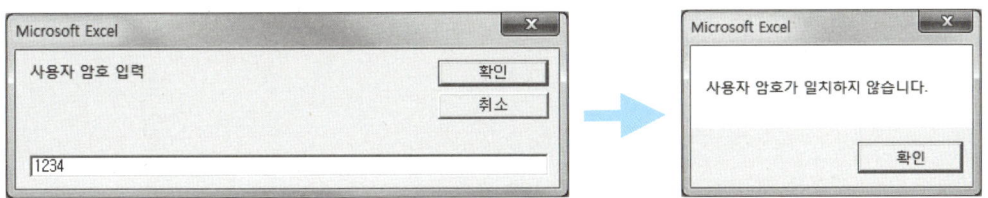

CHAPTER 032

Select Case 문으로 조건 판단하기

If 문에서 여러 번 조건을 판단하기 위해 ElseIf 문을 추가하는 대신 Select Case 문을 사용할 수 있습니다. Select Case 문은 하나의 대상에 대해 세 개 이상의 조건을 판단할 때 유용합니다.

예제 코드

```vb
Sub sample032( )
    Dim lngSales As Long, sngRate As Single
    lngSales = InputBox("구매액 입력")    // lngSales 변수에 값 입력 //

    Select Case lngSales    // lngSales 값을 각 Case 절에서 판단하여 sngRate 변수의 값 결정 //
        Case Is >= 100000
            sngRate = 0.1
        Case 50000 To 100000
            sngRate = 0.05
        Case 30000 To 50000
            sngRate = 0.03
        Case Else
            sngRate = 0.01
    End Select

    lngSales = lngSales * sngRate    // lngSales와 sngRate를 곱한 값으로 메시지 표시 //
    MsgBox lngSales & " 원 할인됩니다."
End Sub
```

실행 결과

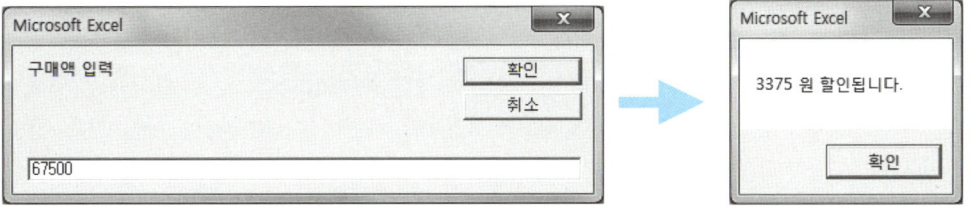

> • lngSales 값이 100000 이상이면 0.1, 50000~100000 범위에 있으면 0.05, 30000~50000 범위에 있으면 0.03, 그 밖의 경우에는 0.01을 sngRate 변수에 할당합니다.

Select Case 문의 구조

Select Case 다음에 각 Case 절에서 비교할 기준이 되는 대상을 지정합니다. 그런 다음 각 Case 절에서 비교 대상을 지정한 조건과 비교하여 참이면 해당 명령 그룹을 실행합니다. Select Case 문의 구조는 다음과 같습니다.

```
Select Case 비교대상
    Case 조건1
        조건1이 참일 때 실행할 명령 그룹
    Case 조건2
        조건2가 참일 때 실행할 명령 그룹(조건1이 거짓일 때만 조건2 판단)
    Case Else
        위의 Case 문에서 지정한 조건이 모두 거짓일 때 실행할 명령 그룹
End Select
```

Case 절의 개수와 조건 비교 방법

Case 절은 필요한 만큼 지정할 수 있습니다. 첫 번째 Case 절에서 지정한 조건이 거짓일 때 두 번째 Case 절의 조건을 비교합니다. 첫 번째 Case 절의 조건이 참이라면 이후의 Case 절에서 지정한 조건은 비교하지 않고 명령 그룹을 실행한 후 End Select 문 다음을 실행하게 됩니다. Case 절에는 비교 대상과 비교할 값을 지정해야 하는데 다음과 같이 여러 가지 방법이 사용됩니다.

```
Case 100                : 100과 같을 때
Case 100, 200, 300      : 100, 200, 300 중 하나일 때
Case "남"                : '남'과 같을 때
Case 100 To 300         : 100~300 범위에 있을 때
Case Is >= 100          : 100보다 크거나 같을 때
```

한 줄에 Case 절과 명령문을 함께 쓰기

Case 절에서 지정한 조건이 참일 때 실행할 명령문의 개수가 적으면 콜론으로 문장을 구분하여 한 줄에 다음과 같이 쓸 수도 있습니다.

```
Case Is >= 100000: sngRate = 0.1
Case 50000 To 100000: sngRate = 0.05
Case 30000 To 50000: sngRate = 0.03
Case Else: sngRate = 0.01
```

CHAPTER 제어 구문

033 For...Next 문으로 반복 실행하기

For...Next 문은 특정 명령 그룹을 지정한 횟수만큼 반복 실행할 때 많이 사용하는 순환문입니다. 이 순환문에서는 반복 횟수를 지정하기 위해 카운터 변수를 사용하는데, 카운터 변수의 시작값과 종료값, 증감값을 지정하여 반복 횟수를 결정합니다.

예제 코드

```
Sub Sample033( )
    Dim i As Integer
    Dim intSum As Integer

    For i = 1 To 100
        intSum = intSum + i         // For...Next 사이의 명령을 반복 실행(100번) //
    Next

    MsgBox "1부터 100까지의 합: " & intSum
End Sub
```

실행 결과

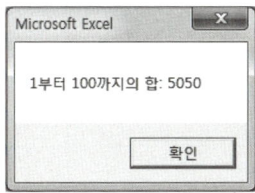

① 정수형(Integer) 변수 i는 For...Next 문의 반복 횟수를 지정하는 카운터 변수로, intSum은 1부터 100까지의 합계를 저장하기 위해 사용

② 카운터 변수 i가 1부터 100까지 변하는 동안 intSum 변수에 i의 값을 누적하여 더함

③ "1부터 100까지의 합: "과 intSum의 값을 & 연산자로 연결하여 표시

For...Next 문의 구조

For...Next 문은 카운터 변수를 이용하여 반복 횟수를 정합니다. 이 구조에서 Step 증감값은 생략이 가능한데 생략할 경우 카운터 변수가 '1'씩 증가합니다. 시작값이 종료값보다 큰 경우에는 Step 다음에 음수를 지정해야 원하는 결과를 얻을 수 있습니다.

```
For 카운터 변수 = 시작값 To 종료값 Step 증감값

    ┊
    반복 실행할 명령 그룹
    ┊
Next
```

위의 예제 코드를 1부터 100까지에서 홀수의 합계만 구하는 코드로 변경하고 싶다면 다음과 같이 Step 문만 추가하면 됩니다. 카운터 변수 i는 1, 3, 5, ..., 99까지 2씩 증가합니다.

```
For i = 1 To 100 Step 2
    intSum = intSum + i
Next
```

> **참고**
>
> - 명령 그룹을 반복하다가 특정 시점에서 For...Next 문을 빠져 나가고 싶다면 Exit For 문을 사용합니다.

CHAPTER 제어 구문

034 For...Next 문을 겹쳐 사용하기

셀 범위나 2차원 배열에 대해 반복 작업을 실행하는 경우 For...Next 문을 겹쳐서 사용하면 효과적입니다. For...Next 문을 겹쳐 사용할 때 각각 다른 카운터 변수를 사용하게 됩니다. 첫 번째 For 문이 10번 반복되고, 그 안에 중첩되어 있는 For 문이 5번 반복된다면 중첩된 For 문에 포함되어 있는 명령문은 모두 50번 반복됩니다.

예제 코드

```
Sub Sample034( )
    Dim i As Integer, j As Integer
    Dim intNum(1 To 5, 1 To 7)

    For i = 1 To 5          // 첫 번째 For...Next 문 //

        For j = 1 To 7      // 두 번째 For...Next 문 //
            intNum(i, j) = WorksheetFunction.RandBetween(100, 500)   // 정수 난수를 만들어 배열에 넣기 //
        Next

    Next

    Sheets("Sheet2").Range("B3:H7") = intNum    // 2차원 배열의 값을 셀 범위에 입력하기 //
End Sub
```

실행 결과

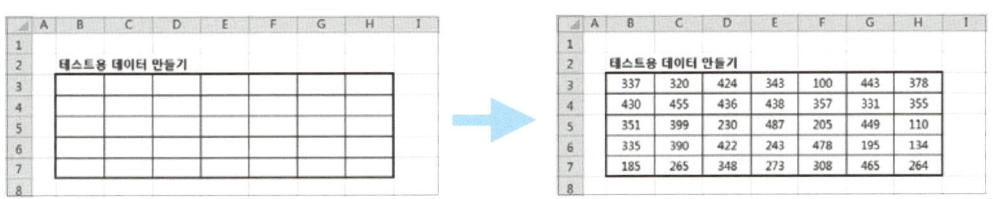

01 첫 번째 For...Next 문

카운터 변수 i가 1부터 5까지 가는 동안 모두 5번 반복되는데 이것은 intNum 배열의 행 개수와 동일합니다. 반복되는 명령은 두 번째 For...Next 문입니다.

02 두 번째 For...Next 문

카운터 변수 j는 intNum 배열의 열 개수와 동일하게 1부터 7까지 변합니다. i가 1일 때 j는 1부터 7까지, i가 2일 때 j는 다시 1부터 7까지, i가 3일 때 j는 다시 1부터 7까지, 이런 규칙으로 첫 번째 For 문에 의해 두 번째 For 문이 실행됩니다. 결과적으로 두번째 For 문에 포함되어 있는 명령문은 모두 35번 반복 실행됩니다.

03 정수 난수를 만들어 배열에 넣기

WorksheetFunction 속성은 VBA 코드에서 워크시트 함수를 써야할 경우 사용합니다. 여기서는 두 값 사이의 정수 난수를 발생하는 RandBetween 함수를 사용했습니다. 이 워크시트 함수로 100부터 500 사이에 있는 정수 난수를 만들어 intNum(i, j) 변수에 할당합니다. 여기서 i는 배열의 행, j는 배열의 열을 나타냅니다.

04 2차원 배열의 값을 셀 범위에 입력하기

두 개의 For 문이 모두 실행되고 나면 intNum 2차원 배열의 각 요소는 100부터 500 사이의 정수 난수로 채워집니다. 마지막으로 다음과 같은 형식으로 2차원 배열을 셀 범위에 씁니다. 이때 주의할 점은 2차원 배열을 쓰고자 하는 셀 범위의 행/열 개수가 2차원 배열의 행/열 개수와 동일해야 한다는 것입니다.

셀 범위 = 2차원 배열 이름

Sheets("Sheet2").Range("B3:H7") = intNum

> **참고**
> - VBA 코드에서 워크시트 함수를 사용하려면 WorksheetFunction. 까지(마침표 포함) 입력한 다음 나타나는 워크시트 함수 목록을 참조합니다.
> - VBA. 까지(마침표 포함) 입력하면 VBA 함수 목록을 확인하고 사용할 수 있습니다.
> - 워크시트 함수와 같은 역할을 하는 VBA 함수가 있을 경우에는 VBA 함수를 사용해야 합니다.

CHAPTER 035 · 제어 구문

For Each...Next 문으로 개체 순환하기

For...Next 문이 카운터 변수를 이용하여 명령 그룹을 반복 실행한다면, For Each...Next 문은 컬렉션의 개체 개수만큼 명령 그룹을 반복 실행합니다. 반복 횟수는 개체의 개수와 동일합니다.

예제 코드

```
Sub Sample035( )
    Dim rngCell As Range, strGrade As String

    For Each rngCell In Sheets("Sheet3").Range("F3:F8")      // 셀 범위의 개체 반복하기 //

        Select Case rngCell                                   // 개체 변수의 값으로 비교하기 //
            Case Is >= 85: strGrade = "잘함"
            Case Is >= 70: strGrade = "보통"
            Case Else: strGrade = "노력"
        End Select

        rngCell.Offset(0, 1) = strGrade                       // 오른쪽 셀에 값 입력하기 //
    Next
End Sub
```

실행 결과

A	B	C	D	E	F	G	H
1							
2	이름	과목_1	과목_2	과목_3	평균	평가	
3	Lee	71	74	77	74.0		
4	Park	95	96	88	93.0		
5	Hong	54	59	62	58.3		
6	Kim	92	78	86	85.3		
7	Go	88	90	97	91.7		
8	Bang	64	74	81	73.0		

A	B	C	D	E	F	G	H
1							
2	이름	과목_1	과목_2	과목_3	평균	평가	
3	Lee	71	74	77	74.0	보통	
4	Park	95	96	88	93.0	잘함	
5	Hong	54	59	62	58.3	노력	
6	Kim	92	78	86	85.3	잘함	
7	Go	88	90	97	91.7	잘함	
8	Bang	64	74	81	73.0	보통	

For Each...Next 문의 구조

For Each...Next 문은 컬렉션에 포함되어 있는 개체를 하나씩 개체 변수에 담아서 명령문을 실행합니다. 컬렉션의 첫 번째 개체부터 마지막 개체까지 반복이 이루어집니다. 이 문의 구조는 다음과 같습니다. 이때 개체 변수는 컬렉션과 같은 형식이어야 합니다.

```
For Each 개체 변수 In 컬렉션

    ⋮
    명령 그룹
    ⋮

Next
```

01 셀 범위의 개체 반복하기

여기서 컬렉션은 Sheets("Sheet3").Range("F3:F8")입니다. 개체 변수 rngCell은 [F3:F8] 범위의 각 셀을 차례로 담는 역할을 합니다. rngCell의 데이터 형식은 셀 범위를 처리해야 하므로 'Range' 개체로 선언해 두어야 합니다.

02 개체 변수의 값으로 비교하기

rngCell 개체 변수는 처음에 [F3] 셀과 같고, 마지막에는 [F8] 셀과 같습니다. 각 셀을 개체 변수에 담은 다음 rngCell의 값을 각 Case 절의 조건과 비교하여 strGrade 변수에 값을 지정합니다.

03 오른쪽 셀에 값 입력하기

Select Case 문에 의해 strGrade 값이 정해졌으면 이 변수의 값을 rngCell이 가리키는 셀의 오른쪽 셀에 입력합니다. 여기서 rngCell.Offset(0, 1)은 rngCell로부터 0행 1열 떨어져 있는 셀, 즉 바로 오른쪽 셀을 의미합니다. Offset 속성은 Offset(행, 열) 형식으로 사용합니다.

> **참고**
> - For...Next 문과 같이 Exit For 문을 사용하여 For Each...Next 문을 빠져 나갈 수 있습니다.

CHAPTER 036 — Do While 문으로 조건을 만족하는 동안 반복

Do While 문은 특정 조건이 참인 동안 Do...Loop 사이의 명령 그룹을 반복 실행합니다. 판단할 조건은 While 키워드 다음에 지정하는데 이 While 키워드가 Do...Loop 시작 부분에 올 수도 있고, 마지막 부분에 올 수도 있습니다.

예제 코드

```
Sub Sample036( )
    Dim intNo As Integer

    Sheets("Sheet4").Select         // 시작 위치 정하기 //
    Range("B3").Select
    intNo = 1

    Do While ActiveCell <> ""       // Do While...Loop 문으로 반복 실행 //
        intNo = intNo + 1
        ActiveCell.Offset(1, 0).Select
    Loop

    ActiveCell = intNo              // 현재 셀을 기준으로 입력하기 //
    ActiveCell.Offset(0, 1) = Time
    ActiveCell.Offset(0, 2) = Rnd
End Sub
```

실행 결과

A	B	C	D	E
1				
2		No.	Time.	Value.
3		1	12:05:10 AM	0.7747401
4		2	12:05:11 AM	0.01401764
5				
6				
7				

→

A	B	C	D	E
1				
2		No.	Time.	Value.
3		1	12:05:10 AM	0.7747401
4		2	12:05:11 AM	0.01401764
5		3	1:34:05 AM	0.76072359
6		4	1:34:07 AM	0.81449002
7				

01 시작 위치 정하기

'Sheet4'를 선택하고 [B3] 셀을 선택하여 ActiveCell(현재 셀)의 위치를 정해줍니다. 그리고 번호를 매길 intNo 변수에 초기값 '1'을 지정합니다.

02 Do While…Loop 문으로 반복 실행

Do 문 다음에 While 키워드를 쓰고 조건을 지정했습니다. 이렇게 하면 조건이 참인 동안에만 Do…Loop 문이 반복됩니다. 여기서는 현재 셀이 비어있지 않을 때만 Do…Loop 문을 반복하는데 intNo 변수에 '1'을 더해주고, Offset 속성을 사용하여 현재 셀에서 1행 0열 떨어져 있는 바로 아래쪽 셀을 선택합니다. 즉, 아래로 한 행씩 내려가면서 현재 셀이 비어있지 않을 때 intNo 변수의 값을 1씩 증가하는 것이 Do…Loop의 목적이 됩니다.

03 현재 셀을 기준으로 입력하기

Do…Loop 문에서 빠져 나오는 시점은 현재 셀이 비어 있을 때입니다. 비어 있는 현재 셀에 intNo 변수의 값을 입력하고(No.), Offset 속성으로 1열 떨어진 셀에 Time 함수로 구한 현재 시간을 입력합니다. 그리고 2열 떨어진 셀에는 Rnd 함수로 구한 난수 값을 입력합니다.

> **참고**
>
> - 현재 시스템의 시간을 구할 때 Time 함수를 사용합니다. Time 함수는 VBA 함수 중 하나입니다. 현재 날짜를 구할 때는 VBA 함수 중에 Date 함수를 사용합니다.
> - Rnd 함수는 워크시트 함수 RAND 함수에 대응하는 VBA 함수입니다. 이 함수는 0보다 크거나 같고 1보다 작은 Single 형식의 난수를 발생합니다.

CHAPTER 제어 구문

037 Do While 문의 사용 형식

Do While 문은 두 가지 형식으로 사용할 수 있습니다. 판단할 조건을 지정하는 While 키워드가 Do...Loop 시작 부분에 오는 형식과 마지막 부분에 오는 형식입니다. While 키워드의 위치에 따라 Do...Loop 사이의 명령 그룹이 실행되는 횟수가 달라질 수 있습니다.

Do While 문의 첫 번째 형식은 Do...Loop를 실행하기 전에 조건을 판단합니다. 따라서 처음부터 조건이 참이 아닌 경우 Do...Loop 사이의 명령 그룹은 한 번도 실행되지 않을 수 있습니다.

Do While 조건   // 명령 그룹을 실행하기 전에 조건 판단 //

    ⋮

    반복할 명령 그룹

    ⋮

Loop

Do While 문의 두 번째 형식은 일단 Do...Loop를 한 번 실행한 다음 조건을 판단합니다. 따라서 최소한 한 번은 명령 그룹이 실행됩니다. Do...Loop 문을 강제로 탈출하려면 **Exit Do** 문을 사용합니다.

Do

    ⋮

    반복할 명령 그룹

    ⋮

Loop While 조건   // 명령 그룹을 실행한 후에 조건 판단 //

For...Next 문에 비해 Do...Loop 문의 실행 속도는 떨어집니다. 반복할 때마다 조건을 판단하는 데 시간이 소요되기 때문입니다. 처리 횟수가 많을수록 두 순환문의 속도 차이가 많아집니다.

CHAPTER 038 · 제어 구문
Do Until 문으로 조건을 만족할 때까지 반복

Do...Loop 문의 또 다른 형식으로 Until 키워드를 사용할 수 있습니다. While 키워드가 조건을 만족하는 동안 Do...Loop를 실행하는데 비해, Until 키워드는 조건을 만족할 때까지 계속 Do...Loop를 반복 실행합니다.

예제 코드

```vb
Sub Sample038( )
    Dim strPass As String
    
    Do
        strPass = InputBox("사용자 암호를 입력하세요:")
    Loop Until strPass = "12345"    // strPass에 '12345'가 입력될 때까지 Do...Loop를 반복 실행 //
End Sub
```

Do Until 문은 조건이 참이 될 때까지 명령 그룹을 반복 실행합니다. Do 다음에 Until 키워드를 사용하면 Do...Loop를 시작하기 전에 조건을 먼저 판단하고, Loop 다음에 Until 키워드를 사용하면 일단 한 번 Do...Loop를 실행한 다음 조건을 판단합니다.

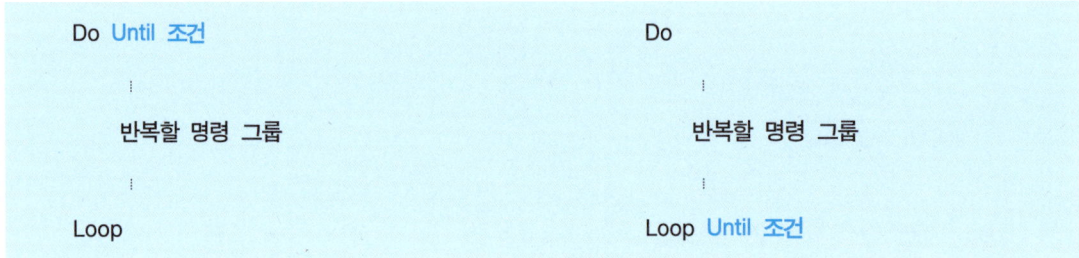

Do...Loop 문에 While 또는 Until 키워드를 사용하지 않을 경우 무한대로 반복 실행이 되므로 주의할 필요가 있습니다.

CHAPTER 제어 구문

039 에러 처리하기

VBA 프로시저를 실행할 때 여러 가지 이유로 에러가 발생할 수 있습니다. 실행 당시 발생하는 에러는 프로시저의 실행을 멈추게 하고 오류 메시지를 표시합니다. 오류 메시지에 나타나는 내용을 기초로 에러를 찾아 해결해야 합니다.

예제 코드

```
Sub Sample39( )
    Dim wksTemp As Worksheet
    Set wksTemp = Sheets("Sales")        // Sales 시트를 개체 변수에 할당 //
    wksTemp.Select                       // wksTemp 개체 변수에 할당된 시트 선택 //
End Sub
```

개체 변수로 선언한 wkdTemp 변수에 'Sales' 시트를 할당하는 과정에서 'Sales' 시트가 존재하지 않으면 VBA 프로시저를 실행했을 때 실행이 멈추고 다음과 같은 오류 메시지가 나타납니다. 이 오류 메시지에서 '9'는 오류 번호이고, '아래 첨자 사용이 잘못되었습니다.'는 오류 내용입니다. 이러한 오류 메시지가 나타나게 되면 [종료] 버튼을 클릭하여 프로시저 실행을 종료하거나, [디버그] 버튼을 클릭하여 어떤 부분에서 오류가 발생했는지 검토해야 합니다.

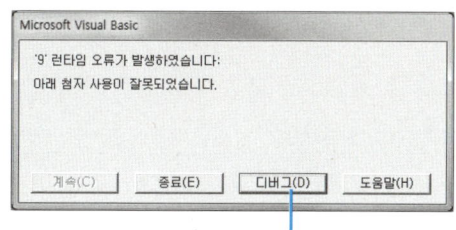

오류가 발생한 부분을 찾아 수정하려면 [디버그] 버튼을 클릭합니다.

오류 메시지에서 [디버그] 버튼을 클릭하면 다음과 같이 오류가 발생한 부분이 표시됩니다. 마우스 포인터를 오류가 표시된 부분으로 이동하면 어떤 오류가 발생했는지 설명문이 표시됩니다. 여기서는 'Sales' 시트가 존재하지 않아 오류가 발생한 경우이므로 시트 이름을 수정하는 과정이 수반되어야 할 것입니다.

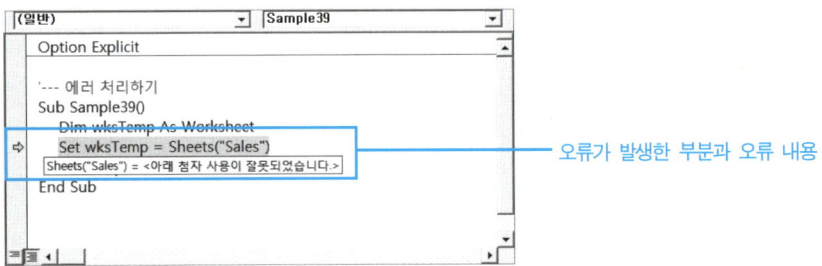

오류 메시지에서 [디버그] 버튼을 클릭하면 VBA 프로시저는 중단 모드가 됩니다. 오류를 수정한 후에는 [실행]-[재설정] 메뉴를 클릭하거나 도구 모음에서 [재설정(■)] 아이콘을 클릭하여 중단 모드에서 벗어납니다. 그런 다음 다시 VBA 프로시저를 실행해야 합니다.

> **TIP 오류 잡기 옵션 설정**
>
> [도구]-[옵션] 메뉴를 선택하여 [옵션] 대화상자를 열고 [일반] 탭에서 오류 잡기 옵션을 설정할 수 있습니다. 오류 잡기 옵션이 [처리되지 않은 오류 발생 시 중단]으로 설정되어 있으면 앞에서 살펴본 것처럼 오류가 발생했을 때를 대비한 코드가 들어 있지 않은 경우 프로시저가 중단됩니다. 오류가 발생했을 때 프로시저의 실행을 중단하지 않고 특별한 처리 루틴이 실행되도록 코드를 작성할 수 있으며, 그렇게 하는 것이 올바른 방법이라고 할 수 있습니다. 하지만 프로시저에 오류에 대한 별도의 처리 과정이 포함되어 있는 경우라도 오류 잡기 옵션이 [오류 발생 시 무조건 중단]으로 설정되어 있으면 오류를 처리하는 코드를 무시하고 무조건 프로시저가 중단되므로 주의가 필요합니다.

CHAPTER 제어 구문

040 에러 무시하기

프로시저 실행 도중 에러가 발생했을 때 멈추지 않고 에러를 무시한 후 계속해서 다음 문장을 실행하도록 할 수 있습니다. 이러한 방법은 에러가 발생한 즉시 이 에러를 이용하여 특별한 처리를 할 때 필요합니다.

예제 코드

```vb
Sub Sample40( )
    Dim wksTemp As Worksheet
    On Error Resume Next              // 에러가 발생하면 무시하고 다음 문장을 계속 실행 //
    Set wksTemp = Sheets("Sales")     // Sales 시트를 개체 변수에 할당 //
    If wksTemp Is Nothing Then        // 개체 변수가 비어 있는지 판단하여 처리 //
        MsgBox "워크시트가 없습니다."
    Else
        wksTemp.Select
    End If
End Sub
```

On Error Resume Next 문은 에러가 발생했을 때 이를 무시하고 다음 문장으로 계속 실행합니다. 여기서는 개체 변수로 선언한 wksTemp 변수에 'Sales' 시트를 할당하는 과정에서 'Sales' 시트가 존재하지 않았을 때 발생하는 에러를 무시합니다. 개체 변수 wksTemp에 정상적으로 개체가 할당되지 않은 경우 Nothing 상태이므로 이를 If 문에서 판단하여 개체 할당이 이루어지지 않았을 때 메시지를 표시합니다. 개체 할당이 이루어진 경우에는 해당 워크시트를 선택하게 됩니다.

CHAPTER 제어 구문

041 에러 메시지 표시하기

에러가 발생하면 표시되는 표준 오류 메시지에는 에러 번호와 에러 내용이 함께 표시됩니다. 이 오류 메시지를 대신하여 사용자가 에러 번호와 내용이 포함되어 있는 오류 메시지를 구성하여 표시하는 과정을 살펴봅니다. 이를 위해 런타임 오류에 대한 정보가 들어 있는 Err 개체가 사용됩니다.

예제 코드

```vba
Sub Sample41( )
    Dim wksTemp As Worksheet
    On Error Resume Next        // 에러가 발생하면 무시하고 다음 문장을 계속 실행 //
    Set wksTemp = Sheets("Sales")
    If Err.Number <> 0 Then     // 에러가 발생했으면 에러 번호와 내용을 메시지 상자로 표시 //
        MsgBox "Error Number " & Err.Number & " : " & Err.Description
    Else
        wksTemp.Select
    End If
End Sub
```

실행 결과

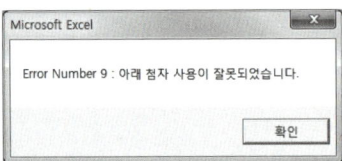

- Err.Number : 에러 번호
  (에러 번호가 0이 아니면 에러가 발생했다는 것을 의미합니다.)
- Err.Description : 에러에 대한 간단한 설명

CHAPTER 제어 구문

042 에러 처리 루틴 만들기

On Error Goto Label 문은 에러가 발생했을 때 프로시저 내의 Label 위치로 무조건 이동합니다. Label 위치에 에러 처리 코드를 작성하는데 일반적으로 프로시저 마지막에 이러한 에러 처리 코드를 배치합니다.

예제 코드

```
Sub Sample42( )
    Dim wksTemp As Worksheet
    On Error GoTo ErrHandler      // 에러가 발생하면 ErrHandler 위치로 이동 //
    Set wksTemp = Sheets("Sales")
    wksTemp.Select
    Exit Sub                      // 에러 처리 코드 앞에서 프로시저 종료 //
ErrHandler:                       // 에러 처리 코드 //
    MsgBox "Error Number " & Err.Number & " : " & Err.Description
End Sub
```

On Error GoTo 레이블 문은 런타임 오류가 발생했을 때 무조건 지정한 레이블 위치로 이동하여 에러 처리 코드를 실행합니다. 이때 레이블은 같은 프로시저 내에 존재해야 하는데 보통 프로시저 마지막에 배치합니다. 중요한 점은 에러 처리 코드가 있는 레이블 바로 앞에서 Exit Sub 문으로 프로시저를 빠져나가야 한다는 것입니다. 이렇게 하지 않으면 에러가 발생하지 않은 경우에도 마지막에 에러 처리 코드가 실행됩니다.

CHAPTER 셀 참조
043 셀 또는 범위 참조하기

Range 속성은 워크시트의 셀을 참조할 때 가장 많이 사용하는 속성입니다. Range 속성은 단일 셀이나 셀 범위, 행, 열 등의 Range 개체를 반환합니다. Range 속성이 반환한 Range 개체에 대하여 원하는 작업을 처리합니다.

예제 코드

```
Sub Sample043( )
    Range("B2") = "VBA"
    Range("C2:E5") = "Power"
    Range("B2, C2:E5").HorizontalAlignment = xlCenter
End Sub
```

실행 결과

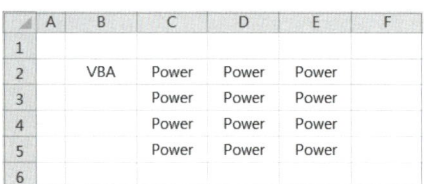

① [B2] 셀에 'VBA' 입력

② [C2:E5]에 'Power' 입력

③ [B2]와 [C2:E5]의 가로 맞춤 설정

- Range 개체에 다른 속성을 지정하지 않으면 Value 속성을 지정한 것과 같습니다.
- HorizontalAlignment 속성은 가로 맞춤을 의미합니다. xlLeft(왼쪽), xlRight(오른쪽), xlCenter(가운데) 등으로 지정합니다.

CHAPTER 셀 참조

044 Range 속성의 사용 예

Range 속성은 Range 개체를 반환합니다. Range 속성을 사용할 때 워크시트 또는 시트를 지정하지 않으면 현재 활성화되어 있는 시트의 셀 범위를 참조합니다. Range 속성이 반환한 Range 개체를 대상으로 계산을 수행하거나 서식을 지정하고, 여러 편집 작업을 수행하게 됩니다.

Range 속성은 워크시트 개체에 적용하는 것이 일반적입니다. 예를 들어 다음은 Range 속성으로 현재 시트에서 [A1] 셀을 참조하여 값을 입력합니다.

ActiveSheet.Range("A1") = 100

자주 사용되지는 않지만 Range 속성은 Range 개체에 적용되기도 합니다. 다음은 'Data'라고 이름이 정의되어 있는 범위(Range)에서 [A1] 셀, 즉 첫 번째 셀을 참조하여 값을 입력합니다.

Range("Data").Range("A1") = 100

다음과 같은 여러 가지 방법으로 작업에 필요한 Range 개체를 참조합니다.

참조 방법	참조하는 셀 범위
Range("A1")	[A1] 셀
Range("A1:C10")	[A1:C10] 셀 범위
Range("A1, C1:E7")	[A1] 셀과 [C1:E7] 셀 범위
Range("A1", "E7")	[A1] 셀부터 [E7] 셀까지 범위(A1:E7)
Range("A:C")	[A] 열부터 [C] 열까지(열 전체)
Range("5:5")	[5] 행 전체
Range("Sales")	'Sales'라고 이름이 정의된 셀 범위
Sheets("Total").Range("K7")	'Total' 시트의 [K7] 셀

CHAPTER 045 — 셀 참조

행과 열 번호로 셀 참조하기

Cells 속성은 셀의 행 번호와 열 번호를 이용하여 특정 셀을 참조할 때 사용합니다. 'Cells(2, 3)'은 워크시트의 2행 3열에 있는 셀, 즉 [C2] 셀을 참조합니다. 번호를 이용하여 셀을 참조할 수 있기 때문에 For...Next 문에서 많이 활용됩니다.

예제 코드

```vba
Sub Sample045( )
    Sheets("Sheet1").Select
    Cells.Clear
    Cells(2, 2) = "VBA"
    Range(Cells(2, 3), Cells(5, 5)) = "Power"
    Range("B2:E5").Cells(2, 3) = "Excel"
End Sub
```

실행 결과

	A	B	C	D	E	F
1						
2		VBA	Power	Power	Power	
3			Power	Excel	Power	
4			Power	Power	Power	
5			Power	Power	Power	
6						

① Sheet1 시트 선택

② 모든 셀의 서식과 내용 지우기

③ 2행 2열의 셀(B2)에 'VBA' 입력

④ 2행 3열의 셀(C2)부터 5행 5열의 셀(E5)까지 'Power' 입력

⑤ [B2:E5]의 2행 3열의 셀(D3)에 'Excel' 입력

CHAPTER 046 Cells 속성의 사용 예

셀 참조

Range 속성과 마찬가지로 Cells 속성 역시 워크시트 개체 또는 Range 개체에 대해 적용할 수 있습니다. 지정한 개체에서 몇 번째 행, 몇 번째 열에 있는 특정 셀, 즉 Range 개체를 반환하게 됩니다. Cell 속성의 다양한 사용 방법을 살펴보겠습니다.

Cells 속성이 워크시트 개체에 적용되는 예는 다음과 같습니다.

ActiveSheet.Cells(3, 5) = 100   // 현재 워크시트에서 3행 5열의 셀인 [E3] 셀에 값 입력 //

다음과 같은 Range 개체의 Cells 속성은 'Data'로 이름이 정의된 셀 범위에서 3행 5열의 셀을 참조하여 값을 입력합니다. 'Data' 범위가 [C5:P20]이면 값이 입력되는 셀은 [G7] 셀이 됩니다.

Range("Data").Cells(3, 5) = 100   // 'Data' 범위에서 3행 5열의 셀에 값 입력 //

다음과 같은 여러 가지 방법으로 작업에 필요한 셀을 참조합니다.

참조 방법	참조하는 셀
Cells	현재 워크시트의 모든 셀
Cells(3, 5)	현재 워크시트에서 3행 5열의 셀(E3)
Cells(2, "F")	현재 워크시트에서 2행 F열의 셀(F2)
Cells(7)	현재 워크시트에서 7번째 셀(G1)
Range("A11:K20").Cells	[A11:K20] 범위의 모든 셀
Range("A11:K20").Cells(3, 5)	[A11:K20] 범위에서 3행 5열의 셀(E13)
Range("A11:K20").Cells(7)	[A11:K20] 범위의 7번째 셀(G11)
Range(Cells(1, 1), Cells(5, 4))	현재 워크시트의 1행 1열의 셀부터 5행 4열의 셀까지(A1:D4)

77

CHAPTER 셀 참조
047 셀의 선택과 활성화

 Select 메서드는 셀이나 셀 범위를 선택할 때 사용합니다. Activate 메서드는 셀을 활성화시키는 역할을 합니다. 현재 선택되어 있는 셀이나 셀 범위를 참조할 때는 Selection 속성을, 활성 셀을 참조할 때는 ActiveCell 속성을 사용합니다.

예제 코드

```vb
Sub Sample047( )
    Range("B2:E5").Select
    Selection = "Cheer"
    
    Range("C4").Activate
    ActiveCell = "UP!!"
End Sub
```

실행 결과

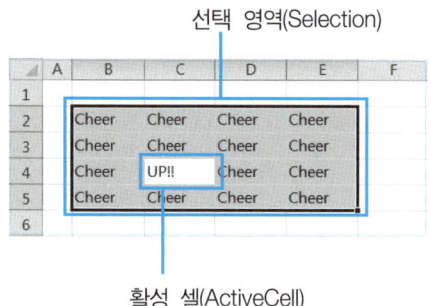

① [B2:E5] 선택

② 선택 영역에 'Cheer' 입력

③ [C4] 셀 활성화

④ 활성 셀에 'UP!!' 입력

CHAPTER 셀 참조

048 O행 O열 떨어진 셀 참조

 Range 개체의 Offset 속성은 특정 셀이나 범위를 기준으로 몇 행, 몇 열 떨어져 있는 위치의 셀이나 범위를 참조합니다. 현재 셀의 오른쪽 셀을 참조하려면 ActiveCell. Offset(0, 1)과 같이 Offset 속성을 사용합니다.

예제 코드

```vba
Sub Sample048( )
    Dim rngCell As Range
    For Each rngCell In Sheets("Sheet2").Range("C3:C7")
        rngCell.Offset(0, 1) = Year(rngCell)
        rngCell.Offset(0, 2) = Month(rngCell)
    Next
End Sub
```

실행 결과

	A	B	C	D	E	F
1						
2		이름	생년월일	출생년도	출생월	
3		Kim	1965-07-07	1965	7	
4		Hong	1969-03-20	1969	3	
5		Min	1975-08-09	1975	8	
6		Lee	1988-11-26	1988	11	
7		Park	1979-05-06	1979	5	
8						

① rngCell 개체 변수로 [C3:C7]의 셀 순환

② rngCell에서 1열 오른쪽 셀에 rngCell의 연도 입력

③ rngCell에서 2열 오른쪽 셀에 rngCell의 월 입력

참고

- Year 함수는 인수로 날짜를 지정하여 날짜에서 연도만 반환하는 VBA 함수입니다.
- Month 함수는 지정한 날짜에서 월만, Day 함수는 일자만 반환하는 VBA 함수입니다.

CHAPTER 049 Offset 속성의 사용 예

셀 참조

Offset 속성은 항상 Range 개체에 대해서만 사용할 수 있습니다. Range 개체가 단일 셀이면 Offset 속성 역시 단일 셀을 반환합니다. 셀 범위를 나타내는 Range 개체에 Offset 속성을 사용하면 셀 범위가 반환됩니다.

〈구문〉 Range.Offset 속성

Range개체.Offset(RowOffset, ColumnOffset)

- **RowOffset** : 지정한 Range 개체에서 이동할 행의 개수. 양수이면 아래로, 음수이면 위로 이동됩니다. 0은 같은 행을 의미합니다.
- **ColumnOffset** : 지정한 Range 개체에서 이동할 열의 개수. 양수이면 오른쪽으로, 음수이면 왼쪽으로 이동됩니다. 0은 같은 열을 의미합니다.

Offset 속성은 Range 개체의 첫 번째 셀을 기준으로 이동할 행의 개수와 열의 개수를 인수로 지정합니다. 인수를 양수로 지정하면 아래 또는 오른쪽으로 이동하고, 인수를 음수로 지정하면 위 또는 왼쪽으로 이동합니다. 인수에 0을 지정하거나 생략하면 같은 행이나 열을 의미하게 됩니다.

다음과 같은 방법으로 Range 개체에 대해 Offset 속성을 사용할 수 있습니다. Range 개체가 단일 셀인지 셀 범위인지에 따라 Offset 속성은 단일 셀 또는 셀 범위를 반환할 수 있습니다.

참조 방법	참조하는 셀
ActiveCell.Offset(2, 3)	활성 셀에서 2행, 3열 떨어져 있는 셀
Range("A1").Offset(1)	[A1] 셀에서 1행 떨어져 있는 셀(A2)
Range("A1:B3").Offset(, 1)	[A1:B3]에서 1열 떨어져 있는 범위(B1:C3)
Range("C5").Offset(-2, 1)	[C5] 셀에서 -2행, 1열 떨어져 있는 셀(D3)

CHAPTER 050 상하좌우 마지막 셀 참조하기

셀 참조

Range 개체의 End 속성은 특정 셀이나 범위를 기준으로 지정한 방향에 있는 마지막 셀을 참조합니다. 이 때 마지막 셀이란 연속적으로 데이터가 입력되어 있는 범위에서의 마지막 셀을 의미합니다.

예제 코드

```
Sub Sample050( )
    Sheets("Sheet3").Select

    Range("B2").End(xlDown).Font.ColorIndex = 3
    Range("B2", Range("B2").End(xlToRight)).Select
End Sub
```

실행 결과

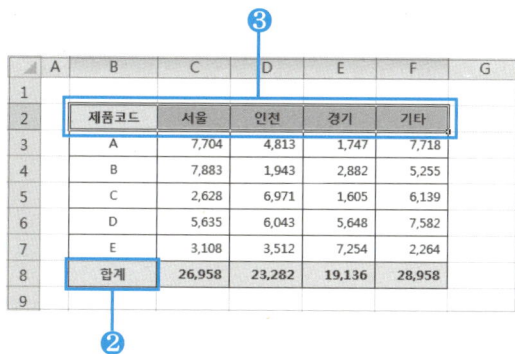

① 'Sheet3' 시트 선택

② [B2] 셀에서 아래쪽(xlDown)으로 마지막 셀의 글꼴(Font) 색(ColorIndex)을 빨강(3)으로 변경

③ [B2] 셀부터 [B2] 셀의 오른쪽(xlToRight)으로 마지막 셀까지 선택(Select)

CHAPTER 셀 참조

051 End 속성의 사용 예

 End 속성은 워크시트의 특정 셀에서 Ctrl 을 누른 채 ↑, ↓, ←, →를 눌렀을 때와 같은 방법으로 마지막 셀을 선택합니다. 이때 마지막 셀은 연속적으로 비어 있는 마지막 셀이거나, 연속적으로 데이터가 입력되어 있는 마지막 셀이 될 수 있습니다.

Range 개체의 End 속성은 선택 범위를 확장시킬 방향을 지정하는 하나의 인수만 지정합니다. 기준이 되는 Range 개체로부터 지정한 방향에 있는 마지막 비어있지 않은 셀까지 Range 개체를 확장시킵니다.

〈구문〉 Range.End 속성

Range개체.End(Direction)

- Direction : 이동할 방향을 지정하는 매개 변수입니다. 위쪽(xlUp), 아래쪽(xlDown), 왼쪽(xlToLeft), 오른쪽(xlToRight) 등을 지정할 수 있습니다.

다음은 Range 개체의 End 속성을 사용하여 기준이 되는 Range 개체로부터 왼쪽, 오른쪽, 위쪽, 아래쪽의 마지막 셀까지 Range 개체를 확장시키는 여러 가지 방법입니다.

참조 방법	참조하는 셀
ActiveCell.End(xlDown)	활성 셀에서 아래쪽으로 마지막에 있는 셀
Range("A1").End(xlRight)	[A1] 셀에서 오른쪽으로 마지막에 있는 셀
Range("A100").End(xlUp)	[A100] 셀에서 위쪽으로 마지막에 있는 셀
Range("A1", Range("A1").End(xlDown))	[A1] 셀부터 [A1] 셀의 오른쪽 마지막 셀까지

CHAPTER 셀 참조

052 현재 영역 참조하기

Range.CurrentRegion 속성을 사용하면 어떤 셀 또는 셀 범위가 포함되어 있는 현재 영역 전체를 참조하여 원하는 작업을 수행할 수 있습니다. 여기서 현재 영역이란 빈 행과 빈 열로 둘러싸여 있는 사용 영역을 의미합니다.

예제 코드

```
Sub Sample052( )
    Range("C5").Activate
    ActiveCell.CurrentRegion.Font.ColorIndex = 5
End Sub
```

실행 결과

	A	B	C	D	E	F	G
1							
2		제품코드	서울	인천	경기	기타	
3		A	7,704	4,813	1,747	7,718	
4		B	7,883	1,943	2,882	5,255	
5		C	2,628	6,971	1,605	6,139	
6		D	5,635	6,043	5,648	7,582	
7		E	3,108	3,512	7,254	2,264	
8		합계	26,958	23,282	19,136	28,958	
9							

① 현재 시트의 [C5] 셀 활성화(Activate)

② 현재 셀(ActiveCell)이 들어 있는 현재 영역(CurrentRegion)의 글꼴 색(Font.ColorIndex)을 파랑(5)으로 변경

참고

- Range.CurrentRegion 속성은 워크시트의 특정 셀에서 `Ctrl` + `*` 를 누른 것과 같이 현재 셀이 포함되어 있는 현재 영역 전체를 참조합니다.

CHAPTER 셀 참조

053 지정한 범위의 크기 조절

Range.Resize 속성은 지정한 범위의 행 수와 열 수를 변경하여 크기를 조절한 새로운 범위(Range)를 반환합니다. 예를 들어 Range.CurrentRegion 속성으로 현재 영역을 참조한 다음 제목 행만 제외시키기 위해 행의 수를 '현재 영역의 행수-1'로 조절할 수 있습니다.

예제 코드

```vba
Sub Sample053( )
    Dim rngA As Range, intRow As Integer
    Set rngA = Range("B2").CurrentRegion
    intRow = rngA.Rows.Count
    rngA.Offset(1, 0).Resize(intRow - 1).Select
End Sub
```

실행 결과

A	B	C	D	E	F	G
1						
2	제품코드	서울	인천	경기	기타	
3	A	7,704	4,813	1,747	7,718	
4	B	7,883	1,943	2,882	5,255	
5	C	2,628	6,971	1,605	6,139	
6	D	5,635	6,043	5,648	7,582	
7	E	3,108	3,512	7,254	2,264	
8	합계	26,958	23,282	19,136	28,958	
9						

① 개체 변수 rngA에 [B2] 셀이 포함된 현재 영역(CurrentRegion) 지정(B2:F8)

② intRow에 rngA의 행 개수(Rows.Count=7) 지정

③ rngA에서 1행 0열 떨어진 범위(rngA.Offset)인 [B3:F9]의 행 개수를 6(intRow-1)행으로 조절(Resize)한 범위 선택(Select)

〈구문〉 Range.Resize 속성

Range개체.Resize(RowSize, ColumnSize)

- **RowSize** : 새로운 범위의 행의 개수를 지정합니다(생략할 경우 원래 행 개수 유지).
- **ColumnSize** : 새로운 범위의 열의 개수를 지정합니다(생략할 경우 원래 열 개수 유지).

CHAPTER 셀 참조

054 시트의 사용 영역 참조하기

Range.CurrentRegion 속성은 현재 셀이 포함된 현재 영역을 참조합니다. 이에 비해 워크시트의 UsedRange 속성은 시트에서 사용된 영역 전체를 참조합니다. 데이터 중간에 빈 셀이 포함되어 있을 때 두 개의 속성이 참조하는 영역이 달라집니다.

예제 코드

```
Sub Sample054( )
    Sheets("Sheet4").Select
    Range("B2").CurrentRegion.Select      // [B2] 셀이 포함된 사용 영역(빈 셀로 둘러싸인 영역) //
    MsgBox "B2 셀이 있는 현재 영역입니다."

    ActiveSheet.UsedRange.Select          // 현재 시트의 전체 사용 영역 //
    MsgBox "현재 시트의 전체 사용 영역입니다."
End Sub
```

실행 결과

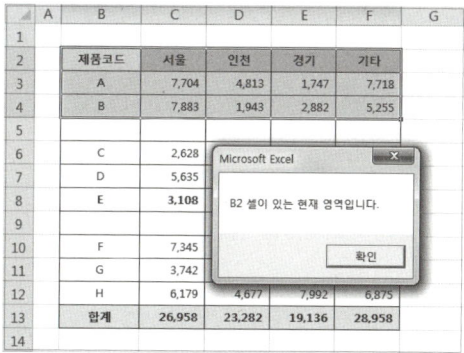

CHAPTER 055 여러 범위 참조하기

두 개 이상의 범위를 참조하기 위해서 Range 속성 또는 Union 메서드를 사용할 수 있습니다. 여러 범위를 한 번에 참조할 수 있으므로 동일한 작업을 각각의 범위에 따로 실행하지 않아도 됩니다.

예제 코드

```vba
Sub Sample055( )
    Dim rngA As Range, rngB As Range
    
    Sheets("Sheet5").Select
    Set rngA = Range("B3:B7, G3:G7")           // [B3:B7]과 [G3:G7] 범위의 합집합 //
    Set rngB = Union(Range("B2:G2"), Range("B8:G8"))   // [B2:G2]와 [B8:G8] 범위의 합집합 //
    
    rngA.Font.Bold = True
    rngB.Interior.ColorIndex = 4
End Sub
```

실행 결과

A	B	C	D	E	F	G	H
1							
2	제품코드	서울	인천	경기	기타	평가	
3	A	7,704	4,813	1,747	7,718	O	
4	B	7,883	1,943	2,882	5,255	X	
5	C	2,628	6,971	1,605	6,139	X	
6	D	5,635	6,043	5,648	7,582	O	
7	E	3,108	3,512	7,254	2,264	X	
8	합계	26,958	23,282	19,136	28,958		
9							

① 개체 변수 rngA와 rngB에 범위 지정

② rngA의 글꼴 스타일을 굵게(Font.Bold)로 지정(True=설정, False=해제)

③ rngB의 채우기 색(Interior.ColorIndex)을 4번으로 지정

CHAPTER 056 셀 유형에 따라 참조하기

Range.SpecialCells 메서드는 지정한 범위에서 수식, 상수, 메모 등 셀에 입력되어 있는 데이터의 유형과 서식이 일치하는 셀만 Range 개체로 반환합니다.

예제 코드

```
Sub Sample056( )
    Range("B2").CurrentRegion.SpecialCells(xlCellTypeFormulas).Select
    MsgBox "수식이 들어 있는 셀입니다."

    Range("B2").CurrentRegion.SpecialCells(xlCellTypeFormulas, xlNumbers).Select
    MsgBox "수식의 결과가 숫자인 셀입니다."
End Sub
```

실행 결과

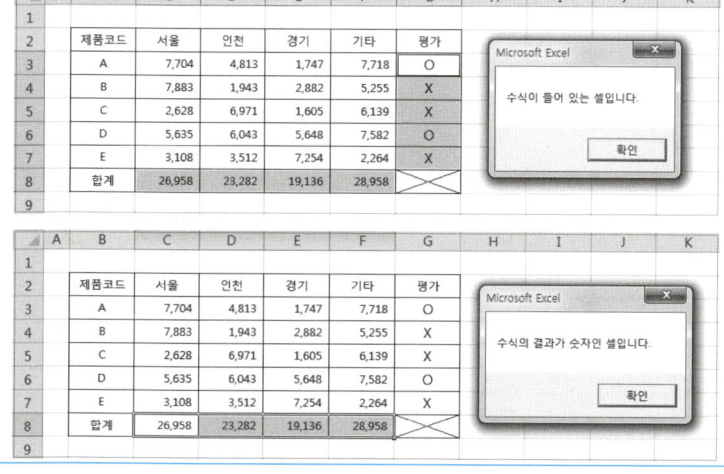

① [B2] 셀이 들어 있는 현재 영역(B2:G8)에서 수식이 들어 있는 셀만 선택하고 메시지 표시

② 수식이 들어 있는 셀 중에서 그 결과가 숫자인 셀만 선택하고 메시지 표시

〈구문〉 Range.SpecialCells 메서드

Range개체.SpecialCells(Type, Value)

- Type : 지정한 범위에서 반환하기 위한 셀 서식을 지정하는 xlCellType 상수입니다.
- Value : Type이 xlCellTypeConstants 또는 xlCellTypeFormulas인 경우에만 사용할 수 있는 매개 변수입니다. 기본적으로 모든 상수나 모든 수식이 반환되지만 Value 매개 변수를 함께 사용하면 오류값, 논리값, 숫자, 텍스트 등 특정 유형의 상수나 수식만 반환할 수 있습니다.

Type 매개 변수의 값

xlCellType 상수	포함하는 셀
xlCellTypeAllFormatConditions	모든 서식의 셀
xlCellTypeAllValidation	유효성 조건이 있는 셀
xlCellTypeBlanks	비어 있는 셀
xlCellTypeComments	메모가 들어 있는 셀
xlCellTypeConstants	상수가 들어 있는 셀
xlCellTypeFormulas	수식이 들어 있는 셀
xlCellTypeLastCell	사용된 범위의 마지막 셀
xlCellTypeSameFormatConditions	같은 서식이 들어 있는 셀
xlCellTypeSameValidation	같은 유효성 조건이 들어 있는 셀
xlCellTypeVisible	보이는 모든 셀

Value 매개 변수의 값

xlSpecialCellsValue 상수	포함하는 셀의 값
xlErrors	#DIV/0!, #NAME? 등의 수식 오류 값
xlLogical	True 또는 False와 같은 논리값
xlNumbers	숫자
xlTextValues	텍스트

CHAPTER 셀 참조

057 셀 주소 알아내기

Range.Address 속성은 지정한 범위의 셀 주소(셀 참조)를 문자열(String)로 반환합니다. 여기서 셀 주소는 기본적으로 절대 참조 형식으로 반환됩니다. 하지만 매개 변수를 사용하여 참조 형식을 제어할 수 있습니다.

예제 코드

```
Sub Sample057( )
    Dim strMsg As String

    If TypeName(Selection) = "Range" Then       // 선택 영역이 Range이면... //
        strMsg = Selection.Address               // 4가지 형식으로 셀 참조(Address) 표시 //
        strMsg = strMsg & vbCr & Selection.Address(True, False)
        strMsg = strMsg & vbCr & Selection.Address(False, True)
        strMsg = strMsg & vbCr & Selection.Address(False, False)
    End If
    MsgBox strMsg
End Sub
```

실행 결과

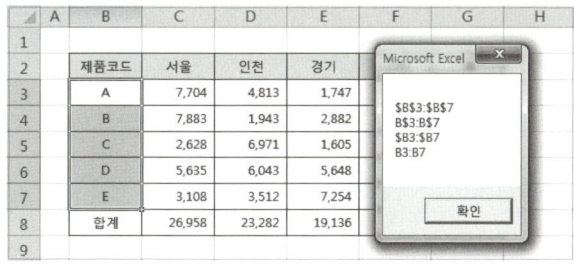

① 선택 영역(Selection)의 유형(TypeName)이 셀 범위(Range)이면 If...End If 실행

② strMsg 변수에 선택 영역(Selection)의 참조(Address)를 4가지 형식으로 지정

③ strMsg 변수의 값 표시(MsgBox)

〈구문〉 Range.Address 속성

Range개체.Address(RowAbsolute, ColumnAbsolute, ReferenceStyle, External, RelativeTo)

- RowAbsolute : 셀 참조의 행 부분을 True이면 절대 참조로, False이면 상대 참조로 반환합니다(생략할 경우 True).
- ColumnAbsolute : 셀 참조의 열 부분을 True이면 절대 참조로, False이면 상대 참조로 반환합니다(생략할 경우 True).
- ReferenceStyle : 참조 스타일로 xlA1이면 A1 스타일로, xlR1C1이면 xlR1C1 스타일로 참조를 반환합니다(생략할 경우 xlA1).
- External : True이면 외부 참조를 반환하고, False이면 로컬 참조를 반환합니다(생략할 경우 False).
- RelativeTo : RowAbsolute와 ColumnAbsolute가 False이고 ReferenceStyle이 xlR1C1일 때 상대 참조에 대한 시작 셀을 의미하는 Range 개체를 지정합니다.

- & 연산자는 두 개의 값을 연결시키는 역할을 합니다.
- VBA 상수 중의 하나인 vbCr은 캐리지 리턴 문자로 메시지 상자에서 새로운 줄을 시작하는 제어 문자를 의미합니다. Chr(13)을 사용해도 같은 결과를 얻을 수 있습니다.
- 매개 변수를 여러 개 갖고 있는 속성이나 메서드에서 각 인수에 값을 지정하는 가장 일반적인 방법은 정해진 순서대로 인수를 쉼표(,)로 구분하여 입력하는 것입니다. 다른 방법으로 인수 이름, 콜론과 등호(:=), 값을 차례로 입력할 수도 있는데 이 방법은 정해진 순서와 상관없이 인수를 지정할 수 있습니다.
- 다음 두 개의 VBA 코드는 모두 같은 의미로 사용됩니다.

  Selection.Address(, False)

  Selection.Address(ColumnAbsolute:=False)

CHAPTER 셀 참조
058 다중 범위 안의 영역 개수

하나 이상의 셀 범위를 선택했을 때 선택 영역 안에 들어 있는 Range 개체를 각각 처리하기 위해 Range.Areas 속성을 사용합니다. Areas 속성은 하나 이상의 Range 개체로 구성된 Areas 컬렉션을 반환합니다.

예제 코드

```
Sub Sample058( )
    Dim i As Integer, intCount As Integer, strMsg As String

    If TypeName(Selection) = "Range" Then
        intCount = Selection.Areas.Count          // intCount=선택 영역의 개수 //
        For i = 1 To intCount                      // 선택 영역의 개수만큼 반복 //
            strMsg = strMsg & Selection.Areas(i).Address & vbCr
        Next
    End If
    MsgBox strMsg
End Sub
```

실행 결과

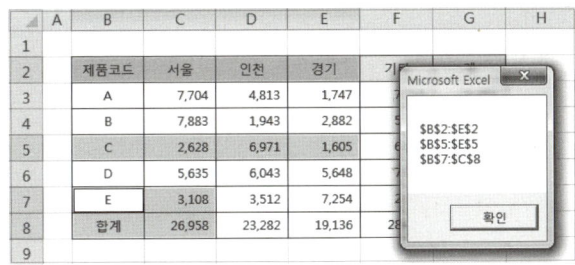

① 선택 영역(Selection)의 유형(TypeName)이 'Range'이면 If...End If 사이의 명령 실행

② intCount 변수에 선택 영역(Areas)의 개수 (Count) 지정

③ 선택 영역의 개수만큼 반복하면서 셀 참조 (Address) 수집

④ 수집된 셀 참조로 이루어진 메시지 표시

CHAPTER 셀 참조

059 행과 열 참조하기

Range.Rows 속성과 Range.Columns 속성은 지정한 범위에서 특정 행이나 열을 참조하기 위해 사용합니다. Range 개체를 지정하지 않고 Rows 또는 Columns 속성을 사용하면 현재 워크시트에서 행과 열을 참조합니다.

예제 코드

```
Sub Sample059( )
    Dim rngA As Range

    Sheets("Sheet6").Select
    Set rngA = Range("B2:G8")

    rngA.Rows(1).Interior.ColorIndex = 6      // rngA에서 1행의 채우기 색(Interior.ColorIndex) 설정 //
    Columns("C:F").ColumnWidth = 7            // 현재 시트의 C열부터 F열까지 열 너비(ColumnWidth) 설정 //
End Sub
```

실행 결과

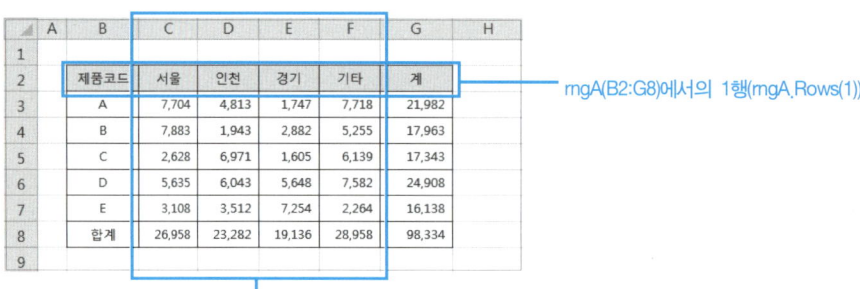

CHAPTER 셀 참조

060 현재 행/열 참조하기

지정한 범위가 들어 있는 행/열, 즉 현재 행/열을 참조할 때 Range 개체의 EntireRow 속성과 EntireColumn 속성을 사용합니다. 이들 속성은 지정한 범위가 들어 있는 행 전체, 열 전체를 의미하는 Rnage 개체를 반환합니다.

예제 코드

```
Sub Sample060( )
    Dim rngCell As Range

    Sheets("Sheet6").Select
    For Each rngCell In Range("G3:G7")         // [G3:G7]의 각 셀에 대해 반복 실행 //
        If rngCell >= 20000 Then               // rngCell에 담긴 셀의 값이 20000 이상이면... //
            rngCell.EntireRow.Font.ColorIndex = 7     // rngCell이 들어 있는 행의 글꼴 색 설정 //
            rngCell.EntireRow.Font.Bold = True        // rngCell이 들어 있는 행의 글꼴 스타일 '굵게' 설정 //
        End If
    Next
End Sub
```

실행 결과

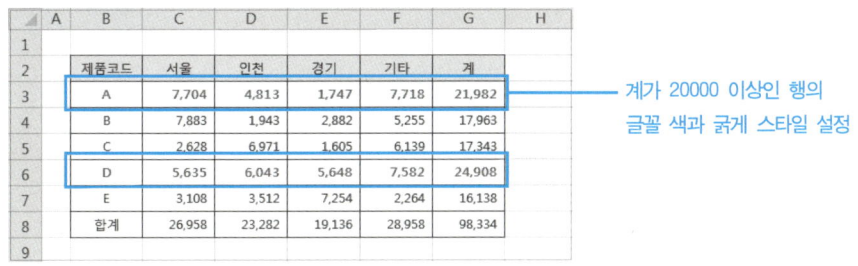

계가 20000 이상인 행의 글꼴 색과 굵게 스타일 설정

CHAPTER 데이터 입력

061 셀에 값 입력하기

셀에 값을 입력하려면 Range.Value 속성을 사용하면 됩니다. 그런데 이 Value 속성은 Range 개체의 기본 속성이므로 생략이 가능합니다. Value 속성은 셀에 값을 입력하기도 하지만 셀에 입력되어 있는 값을 읽어오는 역할도 합니다.

예제 코드

```
Sub Sample061( )
    Cells(Rows.Count, "B").End(xlUp).Activate    // B열에서 마지막 사용한 셀 활성화(Activate) //
    With ActiveCell
        .Offset(1, 0) = Range("B3")              // 현재 셀에서 1행 0열 떨어진 셀에 [B3] 셀의 값 입력 //
        .Offset(1, 1) = Range("C3")              // 현재 셀에서 1행 1열 떨어진 셀에 [C3] 셀의 값 입력 //
        .Offset(1, 2) = Range("D3")              // 현재 셀에서 1행 2열 떨어진 셀에 [D3] 셀의 값 입력 //
    End With
End Sub
```

실행 결과

다음 입력 위치 찾기

Range.End 속성을 사용하면 표에서 다음 데이터를 입력할 위치를 쉽게 찾아낼 수 있습니다. 다음 코드에서 Rows.Count는 워크시트에서 행의 개수를 의미하므로 엑셀 2010 버전을 기준으로 보면 이 값은 '1048576'이 됩니다. 따라서 Cells(Rows.Count, "B")는 [B1048576] 셀이고, 이 셀을 기준으로 위쪽 마지막 셀을 활성화(Activate)합니다. 결국 표에서 마지막으로 입력한 데이터가 있는 셀을 찾아냅니다. 이 셀을 기준으로 1행 아래쪽에 있는 셀이 표에서 다음 데이터를 입력할 위치가 되는 것입니다.

```
Cells(Rows.Count, "B").End(xlUp).Activate
```

매크로 실행 컨트롤 만들기

일반적으로 Sub 프로시저를 하나의 매크로로 인식할 수 있습니다. 워크시트에 단추 컨트롤이나 도형, 클립아트와 같은 개체를 그리고 여기에 매크로를 지정하면 이러한 개체를 클릭해서 연결되어 있는 매크로(프로시저)를 실행할 수 있습니다. [개발 도구] 탭-[컨트롤] 그룹-[단추(양식 컨트롤)]을 선택한 다음 워크시트에서 마우스 왼쪽 버튼을 누른 채 드래그하여 적당한 크기로 컨트롤을 그리면 마우스 버튼에서 손을 뗐을 때 [매크로 지정] 대화상자가 실행됩니다. 여기서 컨트롤에 연결할 매크로를 선택하고 [확인] 버튼을 클릭합니다.

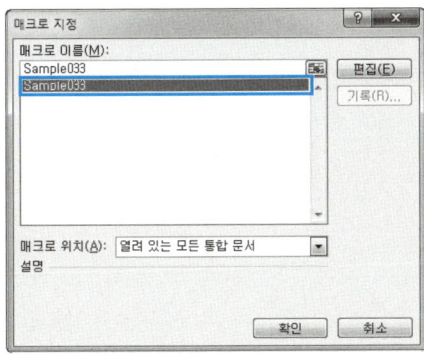

도형이나 클립 아트 등에 매크로를 지정하려면 해당 개체를 마우스 오른쪽 버튼으로 클릭한 다음 [매크로 지정] 메뉴를 선택해야 [매크로 지정] 대화상자가 실행됩니다.

CHAPTER 062 셀에 수식 입력하기

Range.Formula 속성은 A1 스타일 표기법으로 수식을 입력하고, Range.FormulaR1C1 속성은 R1C1 스타일 표기법으로 수식을 입력합니다. 두 가지 속성은 표기법의 차이만 있을 뿐 결국 셀에 입력되는 수식의 형태는 동일합니다.

예제 코드

```
Sub Sample062( )
    Range("E6").Formula = "=C6*D6"              // A1 스타일로 수식 입력 //
    Range("E7").FormulaR1C1 = "=RC[-2]*RC[-1]"  // R1C1 스타일로 수식 입력 //
End Sub
```

실행 결과

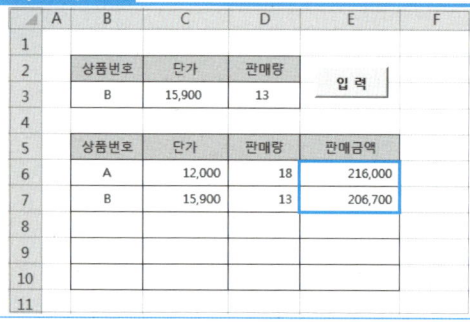

① [E6] 셀에 A1 스타일로 수식 입력(=C6*D6)

② [E7] 셀에 R1C1 스타일로 수식 입력(=C7*D7)

참고

- A1 스타일의 수식은 따옴표 안에 지정한 그대로 수식이 입력됩니다.
- R1C1 스타일의 수식은 수식이 입력될 셀을 기준으로 셀 참조가 정해져 수식이 입력됩니다.

R1C1 스타일의 수식 이해

Range.FormulaR1C1 속성은 R1C1 스타일 표기법으로 수식을 입력하는데 실제 셀에 입력되는 수식은 A1 스타일 표기법과 동일합니다. R1C1 스타일의 수식은 R 다음에 행을 나타내는 숫자, C 다음에 열을 나타내는 숫자를 지정합니다. 다음 코드는 [E2] 셀에 절대 참조를 사용한 수식 '=$B$2+$C$2'를 입력합니다.

```
Range("E2").FormulaR1C1 = "=R2C2+R2C3"
```

행이나 열을 나타내는 숫자를 생략하면 수식을 입력하는 셀과 동일한 행, 동일한 열을 의미합니다. 또 대괄호 안에 숫자를 입력하면 수식을 입력하는 셀을 기준으로 상대적인 위치를 의미하게 됩니다. 다음 코드는 [E2] 셀에 '=$B$2+C2'를 입력합니다.

```
Range("E2").FormulaR1C1 = "=R2C2+RC[-2]"
```

당연한 이야기지만 수식은 함수를 포함할 수도 있습니다. 다음 두 개의 코드는 모두 [B5] 셀에 동일한 SUM 함수식을 입력합니다.

```
Range("B5").Formula = "=SUM(B2:B4)"
Range("B5").FormulaR1C1 = "=SUM(R[-3]C:R[-1]C)"
```

CHAPTER 063 셀 값 읽어오기

Range 개체의 Value, Formula, FormulaR1C1 속성은 셀에 값이나 수식을 입력하기도 하지만 셀에 입력되어 있는 값이나 수식을 가져올 때도 사용합니다. 또 Range.Text 속성을 사용하면 셀에 표시되어 있는 형태 그대로의 텍스트를 가져올 수 있습니다.

예제 코드

```vba
Sub Sample063( )

    Dim strMsg As String

    strMsg = Range("E6").Value                                // [E6] 셀의 값(Value) //
    strMsg = strMsg & vbCr & Range("E6").Text                 // [E6] 셀의 텍스트(Text) //
    strMsg = strMsg & vbCr & Range("E6").Formula              // [E6] 셀의 A1 스타일 수식(Formula) //
    strMsg = strMsg & vbCr & Range("E6").FormulaR1C1          // [E6] 셀의 R1C1 스타일 수식(FormulaR1C1) //

    MsgBox strMsg
End Sub
```

실행 결과

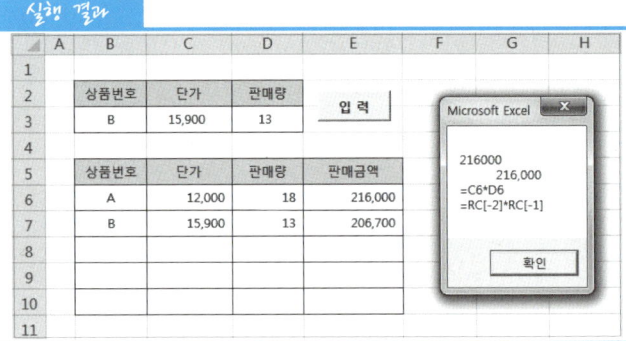

① strMsg 변수에 [E6] 셀의 값, 텍스트, A1 수식, R1C1 수식 읽어오기

② strMsg 변수의 값 표시(MsgBox)

CHAPTER 064 배열 수식 입력하기

셀에 배열 수식을 입력하려면 Range.FormulaArray 속성을 사용합니다. 이 속성은 워크시트에 수식을 입력한 후 Ctrl+Shift+Enter를 누른 것과 같이 VBA 코드를 통해 배열 수식을 입력합니다.

예제 코드

```
Sub Sample064( )
    Range("H2") = InputBox("상품 분류 입력: ")                    // [H2] 셀에 입력 받은 값 입력 //
    Range("H3").FormulaArray = "=SUM(IF(C3:C10=H2,D3:D10*E3:E10))"   // [H3] 셀에 배열 수식 입력 //
End Sub
```

실행 결과

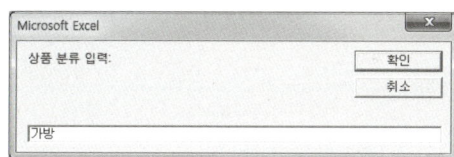

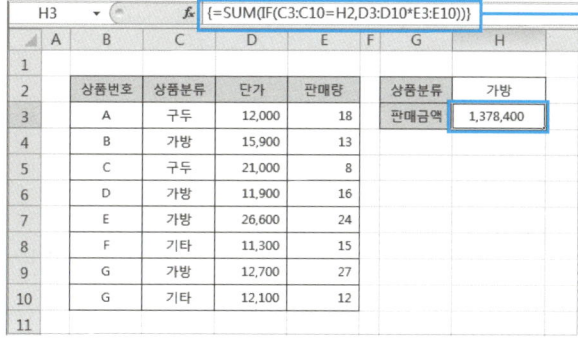

[C3:C10]의 값이 [H2] 셀과 같을 때 [D3:D10]과 [E3:E10]에서 대응하는 각 셀을 곱한 값을 반환한 후 SUM 함수로 합계를 구하는 배열 수식

CHAPTER 데이터 입력

065 자동 채우기

워크시트에 데이터를 입력한 후 채우기 핸들을 드래그하면 인접한 셀에 데이터를 자동으로 채울 수 있습니다. 이와 같은 기능을 하는 것이 Range.AutoFill 메서드입니다. AutoFill 메서드는 지정한 범위에 있는 셀에 자동 채우기를 실행합니다.

예제 코드

```
Sub Sample065( )
    Range("B3") = "KR-001"
    Range("B3").AutoFill Range("B3:B10")     // [B3] 셀을 [B3:B10] 영역으로 자동 채우기 //

    Range("F3").Formula = "=D3*E3"
    Range("F3").AutoFill Range("F3:F10")     // [F3] 셀을 [F3:F10] 영역으로 자동 채우기 //
End Sub
```

실행 결과

	A	B	C	D	E	F	G
1							
2		상품번호	상품분류	단가	판매량	판매금액	
3		KR-001	구두	12,000	18	216,000	
4		KR-002	가방	15,900	13	206,700	
5		KR-003	구두	21,000	8	168,000	
6		KR-004	가방	11,900	16	190,400	
7		KR-005	가방	26,600	24	638,400	
8		KR-006	기타	11,300	15	169,500	
9		KR-007	가방	12,700	27	342,900	
10		KR-008	기타	12,100	12	145,200	
11							

① [B3] 셀에 'KR-001' 입력

② [B3] 셀을 [B3:B10]으로 자동 채우기

③ [F3] 셀에 수식 '=D3*E3' 입력

④ [F3] 셀을 [F3:F10]으로 자동 채우기

〈구문〉 Range.AutoFill 메서드

Range개체.AutoFill(Destination, Type)

- Destination : 자동으로 채워질 대상 범위로 생략할 수 없습니다. 대상 범위에는 원본 범위가 포함되어 있어야 합니다.
- Type : 원본 범위(Range 개체)의 내용에 따라 대상 범위를 채울 방식을 지정합니다. 생략할 경우 원본 범위의 내용에 따라 대상 범위에 채워질 값과 서식이 자동으로 결정됩니다.

Type 매개 변수의 값

xlAutoFillType 상수	자동 채우기 유형
xlFillDefault	원본에 따라 자동으로 채워질 값과 서식 결정
xlFillCopy	원본을 대상 범위로 복사
xlFillSeries	원본의 값을 연속 데이터로 채우고 서식 복사
xlFillFormats	원본의 서식만 채우기
xlFillValues	원본의 값만 서식 없이 채우기
xlFillDays	원본이 날짜일 때 일 단위로 채우기
xlFillWeekdays	원본이 날짜일 때 평일 단위로 채우기(토요일, 일요일 제외)
xlFillMonths	원본이 날짜일 때 월 단위로 채우기
xlFillYears	원본이 날짜일 때 년 단위로 채우기
xlLinerTrend	원본의 숫자 사이에 덧셈 관계가 있는 것으로 가정하고 선형으로 채우기(1, 3, 5, 7, 9, ...)
xlGrowthTrend	원본의 숫자 사이에 배수 관계가 있는 것으로 가정하고 급수로 채우기(1, 3, 9, 27, 81, ...)

CHAPTER   데이터 입력

066 입력 값의 범위 제한하기

유효성 검사는 셀에 입력할 수 있는 값의 범위를 제한할 때 사용합니다. Validation 개체는 지정한 범위에 대한 데이터 유효성을 나타내는 개체로 Validation.Add 메서드를 사용하여 워크시트 범위에 새로운 데이터 유효성 검사를 추가할 수 있습니다.

예제 코드

```vb
Sub Sample066( )
    With Range("D3:D10").Validation          ' // [D3:D10]의 데이터 유효성 개체//
        .Delete                              ' // 기존의 데이터 유효성 삭제//
        .Add Type:=xlValidateWholeNumber, _  ' // 새로운 데이터 유효성 설정//
            AlertStyle:=xlValidAlertStop, _
            Operator:=xlBeetween, _
            Formula1:=0, Formula2:=100
        .InputTitle = "점수입력"              ' // 입력 대화 상자의 제목 설정 //
        .InputMessage = "0~100점"             ' // 입력 대화 상자의 메시지 설정 //
    End With
End Sub
```

실행 결과

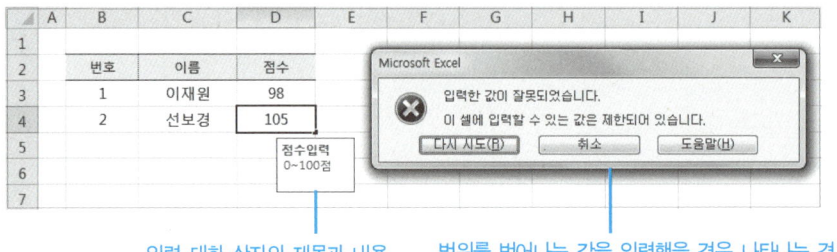

입력 대화 상자의 제목과 내용
범위를 벗어나는 값을 입력했을 경우 나타나는 경고 메시지

CHAPTER 067 유효성 검사 구문

유효성을 나타내는 Validation 개체는 Validation.Add 메서드로 추가하는데, 이미 기존의 유효성이 설정되어 있다면 문제가 발생됩니다. 따라서 Validation.Delete 메서드로 먼저 유효성를 삭제한 다음 Validation.Add 메서드로 유효성을 추가해야 합니다.

〈구문〉 Validation.Add 메서드

Validation.Add(Type, AlertStyle, Operator, Formula1, Formula2)

- **Type** : 추가하려는 데이터 유효성의 유형을 설정합니다.
- **AlertStyle** : 제한된 범위를 벗어나는 데이터가 입력될 경우 표시되는 유효성 경고 스타일입니다. xlValidAlertInformation(정보 아이콘), xlValidAlertStop(중지 아이콘), xlValidAlertWarning(경고 아이콘) 중 하나로 지정합니다.
- **Operator** : 데이터 유효성 연산자로 xlBetween(해당 범위), xlNotBetween(제외 범위), xlEqual(=), xlNotEqual(〈〉), xlGreater(〉), xlGreaterEqual(〉=), xlLess(〈), xlLessEqual(〈=) 중 하나로 지정합니다. 연산자에 따라 Formula1, Formula2 인수의 필요 여부가 결정됩니다.
- **Formula1** : 유효성 연산자(Operator)로 비교할 첫 번째 값입니다.
- **Formula2** : 유효성 연산자(Operator)를 xlBetween(해당 범위) 또는 xlNotBetween(제외 범위)로 지정했을 때 비교할 두 번째 값입니다.

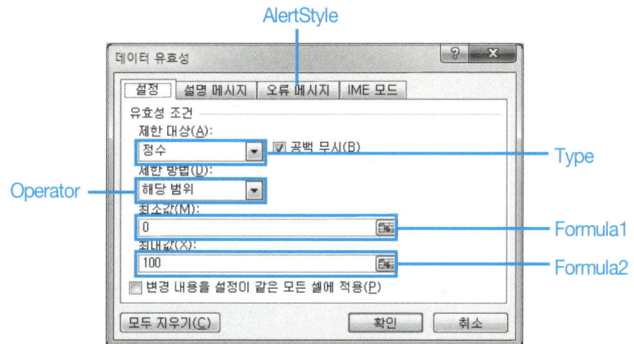

Type 매개 변수의 값

xlDVType 상수	제한 대상	xlDVType 상수	제한 대상
xlValidateInputOnly	모든 값	xlValidateDate	날짜
xlValidateWholeNumber	정수	xlValidateTime	시간
xlValidateDecimal	소수점	xlValidateTextLength	텍스트 길이
xlValidateList	목록	xlValidateCustom	사용자 지정

유효성 입력 대화 상자

셀 범위에 데이터 유효성을 설정한 경우 해당 셀을 클릭했을 때 입력을 도와주는 입력 대화 상자를 표시할 수 있습니다. 유효성 입력 대화 상자는 Validation.InputTitle 속성으로 제목을 설정하고, Validation.InputMessage 속성으로 내용을 설정합니다.

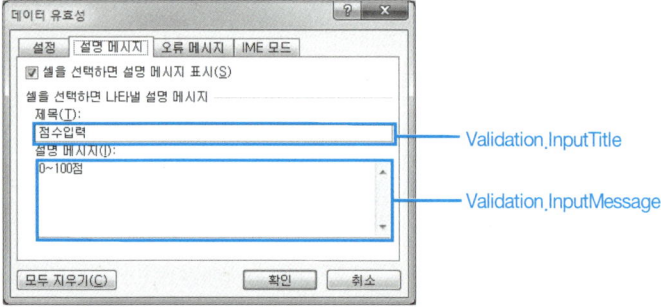

유효성 오류 대화 상자

데이터 유효성 규칙에 어긋나는 데이터를 입력했을 때 표시되는 오류 대화 상자의 아이콘은 Validation.Add 메서드의 AlertStyle 매개 변수로 지정합니다. 이 때 오류 대화상자의 제목과 내용을 Validation.ErrorTitle 속성과 Validation.ErrorMessage 속성으로 사용자 지정합니다.

> **참고**
>
> - 유효성을 설정해야 하는 범위에 기존의 유효성이 설정되어 있는 것이 확실하다면 Validation.Add 메서드를 사용하는 대신 Validation.Modify 메서드를 사용하여 유효성을 수정할 수 있습니다.
> - Validation.Add 메서드와 Validation.Modify 메서드는 구문이 동일합니다.

CHAPTER 데이터 입력

068 목록에서 선택하여 입력하기

셀에 입력 가능한 텍스트를 제한하기 위해 많이 사용하는 방법이 데이터 유효성의 제한 대상을 [목록]으로 지정하는 것입니다. Validation.Add 메서드의 Type 매개 변수를 xlValidateList로 지정하여 이와 같은 기능을 VBA로 구현할 수 있습니다.

예제 코드

```
Sub Sample068( )
    With Range("C3:C10").Validation
        .Delete                                                    // 기존의 데이터 유효성 삭제 //
        .Add Type:=xlValidateList, Formula1:="구두, 가방, 기타"      // 목록으로 유효성 추가 //
        .ErrorTitle = "입력 오류"                                   // 오류 대화 상자의 제목과 내용 설정 //
        .ErrorMessage = "목록에 있는 데이터만 입력할 수 있습니다."
    End With
End Sub
```

실행 결과

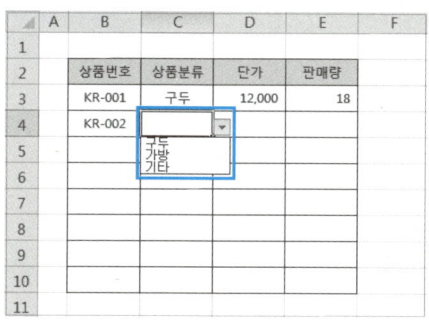

참고

- Formula1 인수를 지정할 때 따옴표 안에 쉼표로 입력을 허용할 데이터 항목을 구분하여 입력합니다.

- 셀 범위를 목록의 원본으로 사용하려면
  Formula1:="=$G$1:$G$10"
  형식으로 등호와 함께 범위를 지정합니다.

105

CHAPTER 데이터 입력

069 배열을 셀에 쓰기

프로시저에서 배열을 이용한 작업을 수행한 후 배열에 들어 있는 값을 셀에 그대로 입력해야 하는 경우가 있습니다. 여기서는 10개의 요소를 갖는 1차원 배열에 VBA의 Rnd 함수로 0부터 1 사이의 난수를 발생시켜 저장한 후 이것을 셀에 For...Next 문을 이용해 쓰는 과정을 살펴봅니다.

예제 코드

```vb
Sub Sample069( )
    Dim myData(1 To 10), intN As Integer

    For intN = 1 To 10                  // 1차원 배열에 난수 입력하기 //
        myData(intN) = Rnd
    Next


    For intN = 1 To 10                  // 워크시트 셀에 배열 값 쓰기 //
        Cells(intN, 1) = myData(intN)
    Next
End Sub
```

실행 결과

	A	B
1	0.045353	
2	0.414033	
3	0.862619	
4	0.79048	
5	0.373536	
6	0.961953	
7	0.871446	
8	0.056237	
9	0.949557	
10	0.364019	
11		

① 1차원 배열 myData 선언

② myData 배열에 Rnd 함수로 난수를 발생시켜 저장

③ 1행 1열부터 10행 1열까지 각 셀에 myData 배열의 각 요소 입력
   ([A1:A10] 범위에 배열 값 입력)

CHAPTER 데이터 입력

070 배열을 셀 범위에 쓰기

1차원 배열을 셀 범위에 쓸 때 For...Next 문을 이용하여 한 셀씩 처리하는 대신 한 줄의 명령문으로 처리할 수 있습니다. 주의할 점은 1차원 배열의 경우 셀 범위가 수평이어야 한다는 것입니다.

예제 코드

```
Sub Sample070( )
    Dim myData(1 To 10), intN As Integer

    For intN = 1 To 10              // 1차원 배열에 난수 입력하기 //
        myData(intN) = Rnd
    Next

    Range("A1:J1") = myData         // 1차원 배열을 셀 범위에 쓰기 //
End Sub
```

실행 결과

	A	B	C	D	E	F	G	H	I	J	K
1	0.524868	0.767112	0.053505	0.592458	0.4687	0.298165	0.622697	0.647821	0.263793	0.279342	
2											

참고

- 1차원 배열을 수직 방향의 셀 범위에 쓰기 위해서는 Transpose 함수를 사용하여 다음과 같이 셀 범위에 쓰기 전에 방향을 바꿔줘야 합니다.
- Range("A1:A10") = WorksheetFunction.Transpose(myData)

107

CHAPTER 071 2차원 배열을 셀에 쓰기

2차원 배열을 셀 범위에 한 줄의 명령문으로 전송하는 방법입니다. 이때 배열의 크기와 셀 범위의 크기가 일치하지 않으면 배열보다 작은 범위일 경우 지정한 범위까지만 배열 값이 채워집니다. 하지만 배열보다 큰 범위를 지정했을 경우 배열 값이 없으므로 #N/A 오류가 채워집니다.

예제 코드

```vba
Sub Sample071( )
    Dim myData(1 To 10, 1 To 5)
    Dim intR As Integer, intC As Integer

    For intR = 1 To 10              // 2차원 배열에 난수 입력하기 //
        For intC = 1 To 5
            myData(intR, intC) = Rnd
        Next
    Next
    Range("A1:E10") = myData        // 2차원 배열을 셀 범위에 쓰기 //
End Sub
```

실행 결과

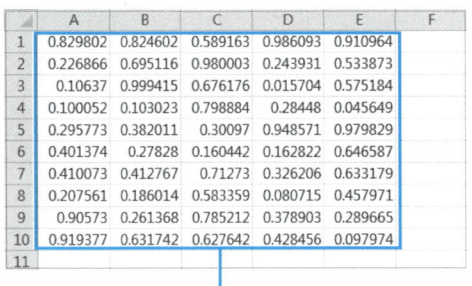

CHAPTER 072 셀 값을 배열로 가져오기

데이터 입력

셀 범위를 그대로 배열로 가져와 계산이나 처리를 하는 작업은 자주 필요합니다. 여기서는 셀 범위의 값을 배열로 가져온 다음, 배열을 이용하여 50보다 큰 수가 몇 개 있는지 계산하고 메시지로 결과를 표시합니다.

예제 코드

```
Sub Sample072( )
    Dim myData
    Dim intR As Integer, intC As Integer, intCount As Integer

    myData = Sheets("Sheet7").Range("B2:G15")     // 셀 범위의 값을 배열로 가져오기 //

    For intR = 1 To 14     // 배열 요소가 50보다 클 때 개수 세기 //
        For intC = 1 To 6
            intCount = intCount + IIf(myData(intR, intC) > 50, 1, 0)
        Next
    Next

    MsgBox "통과된 데이터 : " & intCount       // 50보다 큰 수의 개수 표시 //
End Sub
```

셀 범위를 가져올 배열 변수는 Variant 형으로 선언합니다. 그런 다음 셀 범위를 배열에 그대로 지정하면 셀 범위의 크기에 따라 해당 변수가 배열로 처리됩니다. 위의 코드와 같이 셀 범위 [B2:G15]를 myData 변수에 할당하면 myData 변수는 myData(1 To 14, 1 To 6)의 2차원 배열이 됩니다. 여기서 주의할 점은 배열 변수의 인덱스 번호가 '0'이 아니라 '1'부터 시작된다는 것입니다.

CHAPTER 073 동적 범위를 배열로 가져오기

배열로 가져오려는 셀 범위가 고정적이 아닌 경우에도 배열로 셀 범위를 가져오는 방법은 동일합니다. 하지만 배열로 가져온 후 배열 요소가 몇 개가 될지 알 수 없기 때문에 For...Next 등에서 UBound 함수를 사용하여 배열의 크기를 알아내야 합니다.

예제 코드

```vba
Sub Sample073( )
    Dim myData
    Dim intR As Integer, intC As Integer, intCount As Integer

    myData = Sheets("Sheet7").UsedRange         // 셀 범위의 값을 배열로 가져오기 //

    For intR = 1 To UBound(myData, 1)           // 1부터 myData 배열의 1차원 상한 값까지 순환//
        For intC = 1 To UBound(myData, 2)       // 1부터 myData 배열의 2차원 상한 값까지 순환 //
            intCount = intCount + IIf(myData(intR, intC) > 50, 1, 0)
        Next
    Next
    MsgBox "통과된 데이터 : " & intCount
End Sub
```

UBound(배열 이름, 차원) 함수는 지정한 배열에서 특정 차원의 최대 범위가 얼마인지를 반환합니다. myData 배열이 14행, 6열로 구성되어 있을 경우 UBound(myData, 1)은 '14'를 반환하고, UBound(myData, 2)는 '6'을 반환합니다. 행과 열의 개수가 상황마다 달라질 수 있는 동적 배열의 경우 UBound 함수는 배열의 최대 범위를 알아내기 위해 자주 사용됩니다. UBound 함수와 같은 형식을 사용하는 LBound(배열 이름, 차원) 함수는 배열의 지정한 차원에서 하한 값을 반환합니다. myData(0 To 5, 1 To 9)와 같이 선언된 배열이라면 LBound(myData, 1)은 '0'을 반환하고, LBound(myData, 2)는 '1'을 반환합니다.

CHAPTER VBA 함수

074 VBA 함수와 워크시트 함수

함수는 미리 정해진 절차에 의해 데이터를 처리하고 결과 값을 반환합니다. VBA는 워크시트에서 사용하는 함수와 별도로 내장 함수를 제공합니다. 이러한 내장 함수는 워크시트 함수와 중복되기도 합니다. 내장 함수가 없으면 워크시트 함수를 호출하여 사용할 수도 있습니다.

VBA 내장 함수

VBA 내장 함수는 모듈 시트에서 VBA. 까지 입력한 후 목록을 확인하고 선택하여 입력합니다. 이 방법은 VBA 함수를 정확하게 모를 때 필요합니다. 정확하게 알고 있는 VBA 함수를 입력할 때는 VBA.을 생략하고 바로 함수 이름을 입력해도 됩니다.

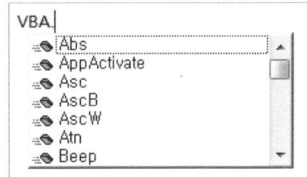

다음은 MsgBox 함수를 사용하여 VBA 내장 함수인 Now 함수로 현재 날짜와 시간을 표시하는 코드입니다. MsgBox 함수 역시 VBA 내장 함수입니다.

MsgBox VBA.Now

워크시트 함수 중에도 같은 기능을 하는 Now 함수가 있지만 이처럼 VBA 함수와 중복될 경우 워크시트 함수의 Now 함수는 사용할 수 없게 됩니다. 이와 같이 항상 VBA 함수가 우선한다는 것을 염두에 두어야 합니다.

워크시트 함수

VBA 함수로는 제공되지 않는 기능을 사용하기 위해 워크시트 함수를 사용합니다. WorksheetFunction. 까지 입력한 다음 목록에서 워크시트 함수를 확인하고 선택하여 입력할 수 있습니다. VBA 함수와는 달리 WorksheetFunction.은 생략할 수 없습니다.

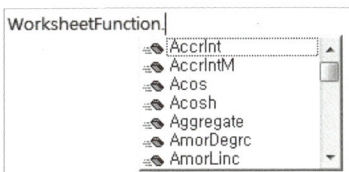

111

CHAPTER | VBA 함수

075 메시지 표시하기

MsgBox 함수는 사용자에게 대화 상자를 통해 메시지를 보여주는 기능을 하는 VBA 함수입니다. 메시지 대화 상자는 사용자가 표시된 단추 중 하나를 누를 때까지 기다리고, 사용자가 누른 단추에 해당하는 Integer 값을 반환합니다.

예제 코드

```vba
Sub Sample075( )
    Dim intKey As Integer
    intKey = MsgBox("작업을 계속하시겠습니까?", vbYesNo, "사용자 선택")
    
    If intKey = vbYes Then
        MsgBox "작업을 계속합니다."
    Else
        MsgBox "작업을 취소합니다."
    End If
End Sub
```

실행 결과

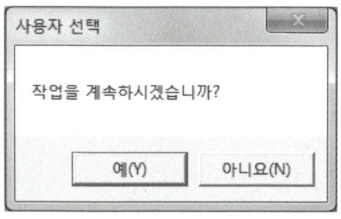

① 메시지 내용, 단추 종류, 제목을 설정한 메시지 상자를 보여주고 사용자가 누른 단추의 값을 intKey 변수에 지정

② intKey 변수의 값에 따라 서로 다른 메시지 상자 표시

※ [예]를 누르면 vbYes, [아니요]를 누르면 vbNo 값이 intKey 변수에 저장됩니다.

CHAPTER **VBA 함수**

076 MsgBox 함수 구문

MsgBox 함수는 여러 개의 인수로 구성되는데 이 중에서 메시지 내용을 의미하는 prompt 인수만 생략할 수 없고, 나머지 인수는 모두 생략이 가능합니다. MsgBox 함수의 사용 형식과 함께 메시지 상자에 표시할 단추와 아이콘을 지정하는 buttons 인수에 대해 자세하게 알아봅니다.

〈구문〉 MsgBox 함수

MsgBox(prompt, buttons, title, helpfile, context)

- **prompt** : 메시지 상자에 표시할 메시지 내용으로 생략할 수 없는 인수입니다.
- **buttons** : 표시할 단추의 구성과 아이콘 유형을 지정합니다(생략할 경우 [확인] 단추만 표시).
- **title** : 메시지 상자의 제목 표시줄에 표시할 내용입니다(생략할 경우 Microsoft Excel 표시).
- **helpfile** : 메시지 상자에서 F1 을 눌렀을 때 표시할 도움말 파일을 지정합니다. helpfile 인수를 지정하면 반드시 context 인수도 지정해야 합니다. 생략이 가능합니다.
- **context** : 도움말 파일에서 도움말 항목의 번호를 지정합니다. helpfile 인수를 지정한 경우에만 사용할 수 있습니다.

buttons 인수의 설정

MsgBox 함수의 buttons 인수는 여러 가지 역할을 합니다. 첫 번째 역할은 메시지 상자에 표시되는 단추의 개수와 형식을 규정하는 것입니다. 다음과 같은 상수 또는 값을 사용합니다.

상수	값	표시되는 단추
vbOKOnly	0	[확인]
vbOKCancel	1	[확인], [취소]
vbAbortRetryIgnore	2	[중단], [다시 시도], [무시]
vbYesNoCancel	3	[예], [아니오], [취소]
vbYesNo	4	[예], [아니오]
vbRetryCancel	5	[다시 시도], [취소]

buttons 인수의 두 번째 역할은 아이콘 유형을 규정하는 것입니다. 여기서 알아두어야 할 것은 단추 유형과 아이콘 유형을 '+' 기호로 연결하여 함께 사용할 수 있다는 것입니다. 예를 들어 [예]와 [아니오] 단추를 표시하면서 메시지 정보 아이콘을 표시하려면 다음과 같이 MsgBox 함수를 구성할 수 있습니다.

> MsgBox "작업을 계속합니다.", vbYesNo + vbInformation

buttons 인수에서 아이콘 유형을 지정할 때 다음과 같은 상수 또는 값을 사용합니다.

상수	값	표시되는 아이콘	아이콘 모양
vbCritical	16	중대 메시지 아이콘	⊗
vbQuestion	32	쿼리 경고 아이콘	❓
vbExclamation	48	메시지 경고 아이콘	⚠
vbInformation	64	메시지 정보 아이콘	ⓘ

buttons 인수의 세 번째 역할은 어떤 단추를 기본 단추로 지정할 것인가 입니다. 단추의 유형, 아이콘 유형과 함께 기본 단추를 지정할 때도 '+' 기호를 사용하여 지정할 수 있습니다. 기본 단추는 사용자가 마우스로 단추를 클릭하지 않고 바로 Enter를 눌렀을 때 반환되는 단추로 vbDefaultButton1, vbDefaultButton2, vbDefaultButton3, vbDefaultButton4 등으로 지정할 수 있습니다.

buttons 인수로 지정한 단추 중에서 어떤 단추를 클릭했느냐에 따라 MsgBox 함수가 반환하는 값(Integer)은 다음과 같이 달라집니다.

단추	반환되는 상수(값)	단추	반환되는 상수(값)
[확인]	vbOK(1)	[무시]	vbIgnore(5)
[취소]	vbCancel(2)	[예]	vbYes(6)
[중단]	vbAbort(3)	[아니오]	vbNo
[다시 시도]	vbRetry(4)		

CHAPTER VBA 함수

077 InputBox 함수

InputBox 함수는 이름 그대로 입력 상자입니다. 입력 상자는 사용자가 텍스트를 입력하고 단추를 누를 때까지 기다린 다음 입력한 내용을 프로시저에 전달합니다. 한 번에 하나의 값만 입력할 수 있기 때문에 간단한 입력용으로 사용하면 좋습니다.

예제 코드

```vba
Sub Sample077( )
    Dim strPass As String

    Do
        strPass = InputBox("이름 입력: ", "사용자 확인", Application.UserName)
    Loop Until strPass <> ""

    MsgBox strPass & "님! 환영합니다."
End Sub
```

실행 결과

① 입력 상자를 통해 입력된 값을 strPass 변수에 지정(값이 입력될 때까지 Do...Loop 문으로 반복)

② 입력된 값을 이용하여 메시지 상자 표시

- [확인] 단추를 클릭하거나 Enter를 누르면 InputBox 함수는 입력란의 내용을 반환하고, [취소] 단추를 클릭하면 빈 문자열("")을 반환합니다.
- Application.UserName 속성은 현재 사용자 이름을 반환합니다. 여기에서는 InputBox 함수의 세 번째 인수로 사용되어 입력 상자의 기본값으로 표시됩니다.

〈구문〉 InputBox 함수

InputBox(prompt, title, default, xpos, ypos, helpfile, context)

- prompt : 입력 상자에 표시할 메시지 내용으로 생략할 수 없는 인수입니다.
- title : 입력 상자의 제목 표시줄에 표시할 내용으로 생략할 경우 Microsoft Excel로 제목이 표시됩니다.
- default : 입력 상자의 입력란에 표시할 기본값입니다. 생략할 경우 입력란은 빈 상태로 표시됩니다.
- xpos : 화면의 맨 왼쪽에서 입력 상자의 왼쪽 가장자리까지의 간격을 지정합니다. 생략할 경우 입력 상자는 수평 중앙에 표시됩니다.
- ypos : 화면의 맨 위에서 입력 상자의 위쪽 가장자리까지의 간격을 지정합니다. 생략할 경우 입력 상자는 화면의 1/3 정도 아래에 표시됩니다.
- helpfile : 메시지 상자에서 F1을 눌렀을 때 표시할 도움말 파일을 지정합니다. helpfile 인수를 지정하면 반드시 context 인수도 지정해야 합니다. 생략이 가능합니다.
- context : 도움말 파일에서 도움말 항목의 번호를 지정합니다. helpfile 인수를 지정한 경우에만 사용할 수 있습니다.

CHAPTER 078 · VBA 함수

InputBox 메서드

InputBox 함수는 입력 내용을 문자열(String)로 반환합니다. InputBox 함수와 유사하지만 개체 한정자를 사용하는 Application.InputBox 메서드는 사용자가 입력 가능한 데이터 형식을 한정할 수 있다는 장점이 있습니다.

예제 코드

```vb
Sub Sample078( )
    Dim varScore As Variant
    
    Do
        varScore = Application.InputBox("점수 입력(0~100)", Type:=1)
        If varScore = False Then Exit Sub
    Loop Until varScore >= 0 And varScore <= 100
    
    If varScore >= 80 Then
        MsgBox "합격입니다."
    Else
        MsgBox "불합격입니다."
    End If
End Sub
```

실행 결과

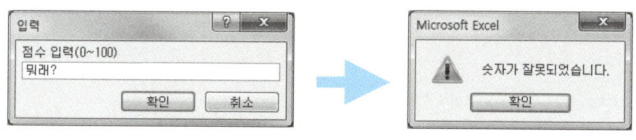

InputBox 메서드로 varScore 변수에 입력된 값이 숫자가 아닐 경우 경고 메시지 표시

실행 결과

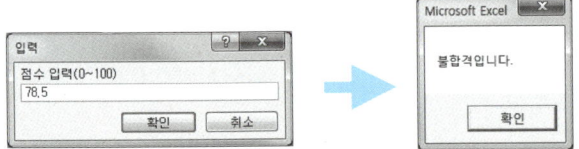

InputBox 메서드로 varScore 변수에 입력된 값이 0~100 사이의 숫자이면 합격 또는 불합격 메시지 표시

- [확인] 단추를 클릭하거나 Enter 를 누르면 입력란의 값을 반환하고, [취소] 단추를 클릭하면 False 값을 반환합니다.

Type 매개 변수로 데이터 형식 제한

Type	데이터 형식	Type	데이터 형식
0	수식	8	Range 개체 등의 셀 참조
1	숫자	16	#N/A 등의 오류 값
2	텍스트(문자열)	64	값의 배열
4	논리값(True 또는 False)		

개체 한정자를 사용하지 않은 InputBox는 InputBox 함수로 인식되지만, Application.InputBox와 같이 개체 한정자 Application을 사용하면 InputBox 메서드로 인식됩니다. InputBox 메서드의 구문은 InputBox 함수와 유사하지만 마지막에 Type 매개 변수가 추가된다는 점이 다릅니다. Application.InputBox 메서드의 사용 형식은 다음과 같습니다.

Application.InputBox(prompt, title, default, xpos, ypos, helpfile, context, Type)

Type 매개 변수는 어떤 데이터의 입력을 허용할 것인지를 결정합니다. 예를 들어 다음은 Type 매개 변수의 값을 '1'로 지정하여 숫자로 입력을 제한합니다. 'Type:=1+2'와 같이 여러 값의 합을 사용하면 숫자와 텍스트를 모두 입력할 수 있도록 할 수 있습니다.

varScore = Application.InputBox("점수 입력(0~100)", Type:=1)

CHAPTER VBA 함수

079 InputBox 메서드로 셀 참조하기

Application.InputBox 메서드에서 Type 매개 변수를 '8'로 지정하면 셀 범위에 대한 참조를 프로시저로 전달할 수 있습니다. 다른 데이터와 달리 셀 참조를 입력받기 위해서는 몇 가지 주의할 사항이 있습니다.

예제 코드

```
Sub Sample079( )
    Dim rngCell As Range
    On Error Resume Next

    Set rngCell = Application.InputBox("셀 범위 지정", Type:=8)
    If rngCell Is Nothing Then Exit Sub
    rngCell.Interior.ColorIndex = 4
End Sub
```

실행 결과

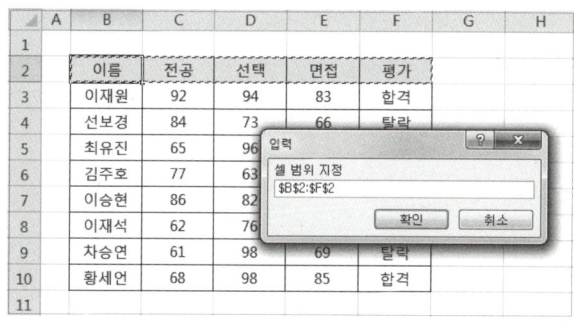

① 입력 상자를 통해 셀 범위 지정(직접 입력 또는 마우스로 드래그)

② rngCell 개체 변수에 지정된 값이 없으면(Is Nothing) 프로시저 종료

③ rngCell의 채우기 색 설정

01 에러에 대비하기

프로시저를 실행했을 때 개발자가 예상하지 못한 에러가 발생할 수 있습니다. 이러한 에러를 처리하는 방법은 여러 가지가 있지만 그 중에서 이번 코드에 사용된 에러 처리 문은 다음과 같습니다.

> On Error Resume Next

이 문은 에러가 발생했을 때 에러를 무시하고 다음 행으로 실행을 계속하라는 의미입니다. 여기서 이러한 에러 처리 문이 필요한 이유는 InputBox 메서드의 Type 인수를 '8'로 지정하여 셀 범위를 입력받아야 하는데 입력 상자에서 아무 것도 입력하지 않고 [취소] 단추를 클릭했을 때 나타나는 다음과 같은 에러를 무시하기 위해서입니다. 이 에러는 Set 키워드를 사용한 문에서 rngCell 개체 변수에 지정할 셀 범위(Range 개체)가 없기 때문에 발생합니다.

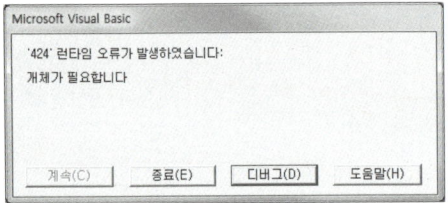

02 개체 변수 확인하기

InputBox 메서드로 셀 참조를 입력받은 후 Range 개체 변수인 rngCell 변수에 입력받은 셀 참조를 지정하려면 Set 키워드를 사용해야 합니다. 앞에서도 언급했듯이 입력 상자에서 [취소] 단추를 클릭했다면 다음 Set 키워드를 사용한 문에서 에러가 발생합니다. 에러 처리 문에 의해 이 에러를 무시하고 다음 행의 명령문을 실행하면 rngCell 변수는 최초에 선언했을 때 할당된 그대로 아무런 값도 가지지 않은 상태(Nothing)가 됩니다.

> Set rngCell = Application.InputBox("셀 범위 지정", Type:=8)
> If rngCell Is Nothing Then Exit Sub

[취소] 단추를 클릭했을 때에 대비하여 rngCell 변수의 값이 Nothing일 때 프로시저를 종료하도록 If 문이 필요합니다. 정상적으로 셀 참조가 rngCell 변수에 지정되었다면 채우기 색을 다시 설정하게 됩니다.

CHAPTER VBA 함수

080 데이터 형식 변환 함수

데이터 형식 변환 함수는 인수로 지정한 식이나 계산의 결과 값을 기본 데이터 형식이 아닌 특정 형식으로 변환할 때 사용합니다. 예를 들어 CInt(3.25)는 식을 정수형 데이터로 변환하여 '3'을 반환합니다.

예제 코드

```
Sub Sample080( )
    Dim strNum As String
    strNum = "7,243.836"
    MsgBox "String : " & vbTab & strNum & vbCr & _
           "CInt : " & vbTab & CInt(strNum) & vbCr & _
           "CDbl : " & vbTab & CDbl(strNum) & vbCr & _
           "CDate : " & vbTab & CDate(strNum)
End Sub
```

실행 결과

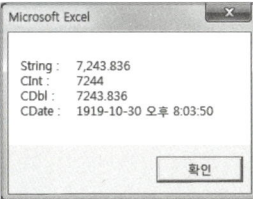

① 원래 데이터 형 그대로 표시(String)

② CInt(strNum) : Integer 형으로 변환하여 표시

③ CDbl(strNum) : Double 형으로 변환하여 표시

④ CDate(strNum) : Date 형으로 변환하여 표시

참고

- 형식 변환 함수에는 CByte, CBool, CInt, CLng, CSng, CDbl, CCur, CDec, CDate, CStr, CVar 등이 있습니다. 인수로 지정된 식이 지정한 데이터 형식을 벗어날 경우 오류가 발생합니다.

CHAPTER VBA 함수

081 데이터 형식을 확인하는 함수

워크시트의 셀에 들어 있는 값이나 변수에 지정된 값의 데이터 형식을 확인하기 위해 Is 계열 함수가 사용됩니다. 워크시트 함수에도 이러한 Is 계열 함수가 있지만 VBA에서 동일한 역할을 하는 함수가 있기 때문에 VBA 코드에서는 VBA의 Is 계열 함수를 사용해야 합니다.

예제 코드

```
Sub Sample081( )
    Dim strValue As String

    strValue = InputBox("판매금액 입력")
    If IsNumeric(strValue) Then
        MsgBox "최종 청구금액 : " & CCur(strValue) * 0.8
    Else
        MsgBox "판매금액 입력 오류"
    End If
End Sub
```

실행 결과

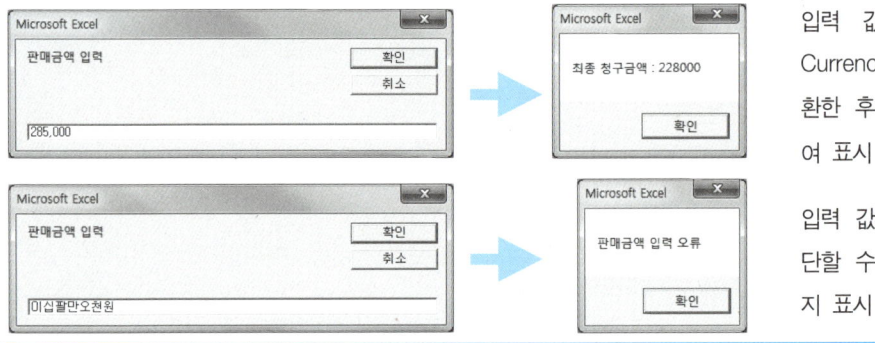

입력 값이 숫자이면 Currency 형으로 변환한 후 '0.8'을 곱하여 표시

입력 값을 숫자로 판단할 수 없으면 메시지 표시

Is 계열의 함수 종류

Is 계열의 함수는 인수로 지정한 식이나 변수 등이 숫자인지 또는 날짜인지 등을 판단하여 True 또는 False 값을 반환합니다. 예를 들어 IsNumeric(Range("A1")은 [A1] 셀에 입력된 값을 숫자로 판단할 수 있으면 True, 숫자로 판단할 수 없으면 False를 반환합니다. Is 계열의 함수 종류와 True를 반환하는 경우는 다음과 같습니다.

함수 형식	True를 반환하는 경우
IsNumeric(expression)	식 전체가 수로 인식될 때
IsDate(expression)	식이 날짜이거나 유효한 날짜로 인식될 때
IsObject(identifier)	지정한 변수가 개체 변수일 때
IsError(expression)	식이 오류를 나타낼 때
IsEmpty(expression)	변수가 초기화되지 않았을 때(Empty일 때)
IsNull(expression)	식이 유효한 데이터를 전혀 포함하지 않을 때(Null일 때)
IsArray(varname)	지정한 변수가 배열일 때
IsMissing(argname)	선택 인수(argname)에 값이 전달되었을 때

- Empty는 변수의 값이 초기화되지 않았다는 뜻으로 숫자는 0, 문자열은 길이가 0인 빈 문자열("")을 의미합니다.
- Null 값은 유효한 데이터가 아님을 의미합니다. Empty와 구별됩니다.

Is 계열의 워크시트 함수

워크시트 함수에도 데이터 형식을 확인하는 Is 계열의 함수가 있는데 이들 중 몇은 VBA가 제공하는 Is 계열의 함수와 중복됩니다. 워크시트 함수가 제공하는 Is 계열의 함수에는 IsLogical(논리값일 때 True), IsEven(짝수일 때 True), IsOdd(홀수일 때 True), IsText(텍스트일 때 True), IsNonText(텍스트가 아닐 때 True), IsRef(셀 주소일 때 True) 등이 있습니다. 이러한 함수는 개체 한정자를 사용하여 WorksheetFunction.IsText(Range("A1"))과 같이 사용합니다.

CHAPTER VBA 함수

082 Format 함수로 표시 형식 지정

Format 함수는 Text 워크시트 함수와 유사합니다. 지정한 서식 코드를 사용하여 값에 표시 형식을 지정한 다음 문자열로 바꿔주는 역할을 합니다. 이 함수는 주로 메시지 상자 등에서 원하는 형식으로 데이터를 표시하기 위해 사용합니다.

예제 코드

```
Sub Sample082( )
    MsgBox "123456 :" & vbTab & Format(123456, "#,##0원") & vbCr & _
           "12.456 :" & vbTab & Format(12.456, "0.00%") & vbCr & _
           "날짜 :" & vbTab & Format(Date, "m월 d일(AAA)") & vbCr & _
           "분기 :" & vbTab & Format(Date, "Q분기") & vbCr & _
           "대문자 :" & vbTab & Format("hello~", ">") & vbCr
End Sub
```

실행 결과

① #,##0원 : 숫자 천 단위마다 쉼표 삽입, 마지막에 '원' 표시

② 0.00% : 숫자를 백분율 형식으로 표시

③ m월 d일(AAA) : 월(m)과 일(d), 요일(AAA)로 날짜 표시

④ Q분기 : 분기를 표시하는 숫자(1~4)로 표시, 마지막에 '분기' 표시

※ Date 함수는 오늘 날짜 반환

⑤ > : 텍스트를 모두 대문자로 표시(소문자로 표시할 때는 < 기호 사용)

〈구문〉 Format 함수

Format(expression, format)

CHAPTER 083 문자열 추출 함수

VBA 함수

문자열의 왼쪽이나 오른쪽부터 몇 글자, 또는 문자열의 특정 위치부터 몇 글자를 추출하고자 할 때 Left, Right, Mid 함수를 사용합니다. 이 함수들은 워크시트 함수에서도 동일하게 제공됩니다만 VBA 코드에서는 VBA 함수로 사용해야 합니다.

예제 코드

```
Sub Sample083( )
    Dim strValue As String
    strValue = "Microsoft Office Excel"
    MsgBox "Left : " & vbTab & Left(strValue, 9) & vbCr & _
           "Right : " & vbTab & Right(strValue, 12) & vbCr & _
           "Mid : " & vbTab & Mid(strValue, 11, 6) & vbCr & _
           "Len : " & vbTab & Len(strValue)
End Sub
```

실행 결과

① Left(strValue, 9) : strValue 왼쪽에서 9글자

② Right(strValue, 12) : strValue 오른쪽에서 12글자

③ Mid(strValue, 11, 6) : strValue 11번째 글자부터 6글자
   (세 번째 인수를 생략할 경우 11번째 글자부터 모든 문자열 반환)

④ Len(strValue) : strValue의 문자열 길이

〈구문〉 Left, Right, Mid, Len 함수

| Left(string, length) | Right(string, length) |
| Mid(string, start, length) | Left(string) |

CHAPTER VBA 함수

084 대소문자 변환 함수

문자열을 소문자로 변환할 때 Lcase, 대문자로 변환할 때 Ucase 함수를 사용합니다. 단순하게 문자열을 소문자나 대문자로 변환하여 표시할 때는 이러한 함수를 대신하여 Format 함수를 사용할 수도 있습니다.

예제 코드

```
Sub Sample084( )
    Dim strValue As String
    strValue = "Microsoft Office Excel"
    MsgBox "Lcase : " & vbTab & LCase(strValue) & vbCr & _
           "Ucase : " & vbTab & UCase(strValue) & vbCr & vbCr & _
           "< : " & vbTab & Format(strValue, "<") & vbCr & _
           "> : " & vbTab & Format(strValue, ">")
End Sub
```

실행 결과

① Lcase(strValue) : strValue를 모두 소문자로 변환

② Ucase(strValue) : strValue를 모두 대문자로 변환

③ Format(strValue, "<") : strValue를 모두 소문자로 표시

④ Format(strValue, ">") : strValue를 모두 대문자로 표시

CHAPTER VBA 함수

085 문자와 숫자의 상호 변환

문자열 형식으로 된 숫자를 실제 숫자로 변환할 때 Val 함수를 사용하고, 숫자를 문자열 형식으로 변환할 때 Str 함수를 사용합니다.

예제 코드

```
Sub Sample085( )
    Dim strValue As String, num As Double
    strValue = "25,000": num = 25000
    MsgBox "Val : " & vbTab & Val(strValue) & vbCr & _
           "CCur : " & vbTab & CCur(strValue) & vbCr & vbCr & _
           "Str : " & vbTab & Str(num) & vbCr & _
           "LTrim : " & vbTab & LTrim(Str(num))
End Sub
```

실행 결과

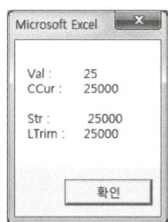

① Val(strValue) : strValue를 숫자로 변환

※ 쉼표(,)는 숫자로 인식되지 않으므로 쉼표(,) 이전까지만 변환됨

② CCur(strValue) : 형식 변환 함수를 사용하여 전체를 숫자로 변환

③ Str(num) : num을 문자열로 변환

※ 변환 후 부호를 표시하기 위해 문자열 앞에 공백 하나가 추가됨

④ Ltrim(Str(num)) : 문자열 변환 후 앞(왼쪽)에 추가된 공백 제거

※ 문자열 오른쪽의 공백을 제거할 때는 RTrim, 양쪽의 공백을 모두 제거할 때는 Trim 함수를 사용함

CHAPTER 086 특정 문자열의 위치 계산

VBA 함수

한 문자열 안에서 특정 문자열이 처음으로 나타난 위치를 알아내기 위해 InStr 함수를 사용합니다. 이 함수를 이용하면 특정 문자열을 기준으로 문자열을 분리할 수 있습니다. InStr 함수는 문자열의 왼쪽부터 특정 문자열을 찾고, InStrRev 함수는 오른쪽부터 특정 문자열을 찾습니다.

예제 코드

```
Sub Sample086( )
    Dim rngCell As Range, num As Integer
    For Each rngCell In Range("C3:C7")
        num = InStr(rngCell, ")")
        rngCell.Offset(0, 1) = "'" & Left(rngCell, num)
        rngCell.Offset(0, 2) = Mid(rngCell, num + 1)
    Next
End Sub
```

실행 결과

	A	B	C	D	E	F
1						
2		이름	연락처	지역번호	전화번호	
3		이재원	(02)3143-0001	(02)	3143-0001	
4		선보경	(043)546-0002	(043)	546-0002	
5		최유진	(055)382-0003	(055)	382-0003	
6		김주호	(02)534-0004	(02)	534-0004	
7		이승현	(064)2983-0005	(064)	2983-0005	
8						

① [C3:C7]의 각 셀(rngCell)에 대해 코드 반복(For Each...Next)

② num : rngCell의 왼쪽에서 ')'의 위치 계산

③ rngCell에서 1열 오른쪽 셀에 rngCell의 왼쪽부터 num 글자까지 입력

④ rngCell에서 2열 오른쪽 셀에 rngCell의 num+1번째부터 마지막 글자까지 입력

- Left(rngCell, num)을 셀에 입력하면 '(02)'와 같은 데이터는 음수로 인식되어 '-2'가 입력되므로 문자 접두어(')를 & 연산자를 이용하여 앞에 연결시켜줍니다.
- Mid(rngCell, num + 1)과 같이 Mid 함수의 세 번째 인수(추출할 문자 개수)를 생략하면 마지막 글자까지 추출합니다.
- InStr 함수 또는 InStrRev 함수로 지정한 문자열을 찾을 수 없을 경우 0이 반환됩니다.

〈구문〉 InStr 함수

InStr(start, string1, string2, compare)

- start : 검색을 시작할 위치를 지정합니다. 생략할 경우 첫 번째 문자부터 검색을 시작합니다.
- string1 : 검색의 대상이 되는 문자열입니다. 생략할 수 없습니다.
- string2 : string1에서 찾을 문자열입니다. 생략할 수 없습니다.
- compare : 문자열을 비교하는 형식을 지정하는 상수 또는 숫자입니다. compare 인수에 사용할 수 있는 값은 다음과 같으며, 생략할 경우 Option Compare 문 설정을 사용합니다.

상수	값	설명
vbUseCompareOption	-1	Option Compare 문 설정을 사용하여 비교 (설정되어 있지 않으면 이진 비교 사용)
vbBinaryCompare	0	이진 비교(대소문자 구분)
vbTextCompare	1	텍스트 비교(대소문자 구분하지 않음)

〈구문〉 InStrRev 함수

InStrRev(stringcheck, stringmatch, start, compare)

- stringcheck : 검색의 대상이 되는 문자열입니다. 생략할 수 없습니다.
- stringmatch : stringcheck에서 찾을 문자열입니다. 생략할 수 없습니다.
- start : 검색을 시작할 위치를 지정합니다. 생략할 경우 마지막 문자부터 검색을 시작합니다.
- compare : 문자열을 비교하는 형식을 지정합니다. 사용할 수 있는 값은 InStr 함수와 동일하며, 생략할 경우 Option Compare 문 설정을 사용하여 비교합니다.

CHAPTER 087 다른 문자열로 바꾸기

VBA 함수

Replace 함수는 문자열에서 지정된 횟수만큼 특정 문자열을 다른 문자열로 바꿉니다. 이 함수는 워크시트 함수인 Substitue 함수와 유사합니다.

예제 코드

```vba
Sub Sample087( )
    Range("C3") = Replace(Range("B3"), vbLf, " ")
    Range("C4") = Replace(Range("B4"), " ", vbLf, Count:=1)
End Sub
```

실행 결과

	A	B	C	D
1				
2		원본 텍스트	수정 텍스트	
3		이재원 (서울 마포구)	이재원 (서울 마포구)	
4		이재원 (서울 마포구)	이재원 (서울 마포구)	
5				

① Replace(Range("B3"), vbLf, " ") : 모든 라인 피드 문자(vbLf)를 공백(" ")으로 바꾸기

② Replace(Range("B3"), " ", vbLf, Count:=1) : 공백(" ")을 라인 피드 문자(vbLf)로 바꾸기(1번)

〈구문〉 Replace 함수

Replace(expression, find, replace, start, count, compare)

- **expression** : 수정할 문자열이 들어 있는 문자열로 생략할 수 없습니다.
- **find** : expression 문자열에서 찾고자 하는 부분 문자열로 생략할 수 없습니다.
- **replace** : find 문자열을 대체할 문자열로 생략할 수 없습니다.
- **start** : 검색을 시작할 위치로 생략하면 1이 사용되어 첫 번째 문자부터 검색합니다.
- **count** : 문자열 대체의 반복 횟수입니다. 생략하면 가능한 모든 문자열을 대체합니다.
- **compare** : 문자열을 비교하는 형식을 지정합니다. 사용할 수 있는 값은 InStr 함수와 동일하며, 생략할 경우 Option Compare 문 설정을 사용하여 비교합니다.

CHAPTER VBA 함수

088 숫자 처리 함수

숫자를 정수로 변환하거나 반올림하는 여러 가지 함수에 대해 알아봅니다. 이 함수들은 작은 차이들을 갖고 있기 때문에 정확한 계산 방식을 이해하는 것이 중요합니다. Int, Fix, CInt, Round 등의 VBA 함수와 워크시트 함수인 Round 함수를 함께 살펴보겠습니다.

예제 코드

```
Sub Sample088( )
    Dim rngCell As Range
    For Each rngCell In Range("B3:B8")
        rngCell.Offset(0, 1) = Int(rngCell)              // Int(number) //
        rngCell.Offset(0, 2) = Fix(rngCell)              // Fix(number) //
        rngCell.Offset(0, 3) = CInt(rngCell)             // CInt(number) //
        rngCell.Offset(0, 4) = Round(rngCell)            // Round(number, 자릿수) //
    Next
End Sub
```

실행 결과

	A	B	C	D	E	F	G
1							
2		원본 숫자	Int	Fix	CInt	Round	
3		2.312	2	2	2	2	
4		2.531	2	2	3	3	
5		2.500	2	2	2	2	
6		-2.312	-3	-2	-2	-2	
7		-2.531	-3	-2	-3	-3	
8		-2.500	-3	-2	-2	-2	
9							

① Int, Fix : 정수 반환(음수일 때 Int는 작거나 같은 정수, Fix는 크거나 같은 정수를 반환)

② CInt : 정수로 변환

③ Round : 반올림(자릿수를 생략하면 반올림하여 정수 반환)

- CInt와 Round 함수는 소수 이하 자리가 정확하게 0.5일 때 일단 가장 가까운 짝수로 반올림한 후 처리합니다.

CHAPTER VBA 함수

089 현재 날짜와 현재 시간

워크시트 함수에서 현재 날짜는 Today 함수, 현재 날짜와 시간은 Now 함수로 구합니다. VBA에서는 현재 날짜는 Date, 현재 시간은 Time, 현재 날짜와 시간은 Now 함수로 구할 수 있습니다.

예제 코드

```
Sub Sample089( )
    MsgBox "현재 날짜 : " & vbTab & Date & vbCr & _
           "현재 시간 : " & vbTab & Time & vbCr & _
           "날짜/시간 : " & vbTab & Now
End Sub
```

실행 결과

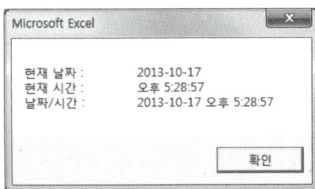

① Date : 현재 날짜 반환

② Time : 현재 시간 반환

③ Now : 현재 날짜와 시간을 함께 반환

참고

- **DateValue** 함수는 날짜 형식의 텍스트를 실제 날짜로 변환합니다.
  (DateValue("2013년 5월") → 2013-05-01)

- **TimeValue** 함수는 시간 형식의 텍스트를 실제 시간으로 변환합니다.
  (TimeValue("오후 5시 10분") → 17:10:00)

CHAPTER 090 날짜의 년, 월, 일

VBA 함수

워크시트 함수처럼 VBA 함수에도 날짜의 년, 월, 일을 구하는 함수가 동일한 이름으로 존재합니다. Year, Month, Day 함수인데 이들 함수는 모두 날짜를 인수로 지정해야 합니다. 이들 함수와 함께 지정한 년, 월, 일로 날짜를 만들 때 사용하는 DateSerial 함수에 대해 알아봅니다.

예제 코드

```
Sub Sample090( )
    Dim date1 As Date, date2 As Date
    date1 = DateSerial(Year(Date), Month(Date) + 1, 0)
    date2 = DateSerial(Year(Date), Month(Date) + 1, 10)
    MsgBox "오늘 날짜 : " & vbTab & Date & vbCr & _
           "1차 청구일 : " & vbTab & date1 & vbCr & _
           "2차 청구일 : " & vbTab & date2
End Sub
```

실행 결과

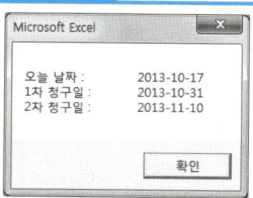

① DateSerial(Year(Date), Month(Date) + 1, 0) : 오늘과 같은 년도, 다음 월, 0일에 해당하는 날짜 반환('0'일이므로 이전 달의 마지막 날짜)

② DateSerial(Year(Date), Month(Date) + 1, 10) : 오늘 날짜와 같은 년도, 다음 월, 10일에 해당하는 날짜 반환

참고

- 시간의 시, 분, 초를 구하려면 Hour(시간), Minute(시간), Second(시간) 함수를 사용합니다.
- DateSerial(년, 월, 일) 함수는 지정한 년, 월, 일로 된 날짜를 반환하고, TimeSerial(시, 분 초) 함수는 지정한 시, 분, 초로 된 시간을 반환합니다.

CHAPTER 091 날짜에 특정 시간 간격 더하기

VBA 함수

DateAdd 함수는 연도, 분기, 월, 일 등의 시간 간격을 사용하여 기준 날짜에 시간 간격을 더하거나 뺀 날짜를 반환합니다. 예를 들면 오늘 날짜로부터 3개월 이전 날짜를 구하거나, 5주 후의 날짜를 구할 수 있습니다.

예제 코드

```
Sub Sample091( )
    Dim date1 As Date, date2 As Date
    date1 = DateAdd("m", 4, #10/31/2013#)
    date2 = DateAdd("m", -4, #10/31/2013#)
    
    MsgBox "기준 날짜 : " & vbTab & #10/31/2013# & vbCr & _
           "4개월 후 : " & vbTab & date1 & vbCr & _
           "4개월 전 : " & vbTab & date2
End Sub
```

실행 결과

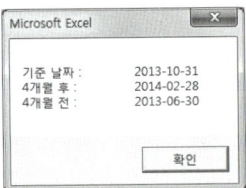

① date1 : 2013-10-31에서 4개월(m) 이후의 날짜

② date2 : 2013-10-31에서 4개월(m) 이전의 날짜

〈구문〉 DateAdd 함수

DateAdd(interval, number, date)

- interval : 시간 간격을 지정합니다. 생략할 수 없습니다.

설정	설명	설정	설명
yyyy	연도	w	요일
q	분기	ww	주
m	월	h	시
y	일(일 년 기준)	n	분
d	일	s	초

- number : 시간 간격의 값으로 양수는 이후 날짜, 음수는 이전 날짜를 의미합니다. 생략할 수 없습니다.
- date : 기준이 되는 날짜입니다.

> **TIP** 날짜의 지정된 부분만 반환하는 DatePart 함수
>
> DatePart(interval, date, firstdayofweek, firstweekofyear) 함수는 날짜에서 년, 분기, 월 등 원하는 부분만 구할 때 사용합니다. 예를 들어 DatePart("q", date)는 오늘 날짜가 속한 분기를 1~4의 숫자로 반환합니다.
>
> - interval : 시간 간격을 지정합니다. DateAdd 함수와 동일한 값을 사용하며 생략할 수 없습니다.
> - date : 기준이 되는 날짜입니다.
> - firstdayofweek : 한 주의 시작 요일을 지정하는 상수로 일요일부터 토요일까지 1~7의 숫자로 지정할 수 있습니다. 생략할 경우 일요일(1)이 기본값입니다.
> - firstweekofyear : 년을 기준으로 한 첫째 주를 지정하는 상수로 1(1월 1일을 포함하는 주), 2(새해의 적어도 처음 4일을 포함하는 주), 3(새해의 완전한 처음 한 주일을 포함하는 주) 등으로 지정합니다. 생략할 경우 1이 기본값으로 사용됩니다.

CHAPTER 092 날짜 간격 계산하기

VBA 함수

DateDiff 함수는 두 개의 날짜를 지정하여 두 날짜 간의 시간 간격을 계산합니다. 두 날짜의 간격을 연도 단위나 월, 일 단위 등 원하는 시간 단위로 구할 수 있습니다. 시간 정보가 포함된 데이터를 이용하면 시, 분, 초 등의 단위로 간격을 계산할 수도 있습니다.

예제 코드

```vba
Sub Sample092( )
    Dim date1 As Date, date2 As Date
    Dim intYear As Integer, intMonth As Integer, intDay As Integer
    date1 = #10/15/2013#: date2 = #2/1/2014#
    
    intYear = DateDiff("yyyy", date1, date2)
    intMonth = DateDiff("m", date1, date2)
    intDay = DateDiff("d", date1, date2)
    MsgBox date1 & " 부터 " & date2 & " 까지" & vbCr & vbCr & _
            intYear & "년 " & intMonth & "개월 " & intDay & "일"
    
    intYear = DateDiff("m", date1, date2) / 12
    intMonth = DateDiff("m", date1, date2) Mod 12 - IIf(Day(date1) <= Day(date2), 0, 1)
    intDay = DateDiff("d", DateAdd("m", intYear * 12 + intMonth, date1), date2)
    MsgBox date1 & " 부터 " & date2 & " 까지" & vbCr & vbCr & _
            intYear & "년 " & intMonth & "개월 " & intDay & "일"
End Sub
```

실행 결과

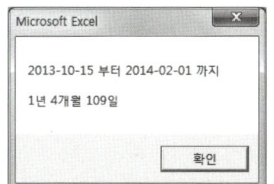

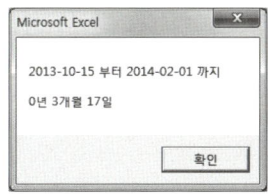

① 두 날짜 사이의 간격을 년(yyyy), 월(m), 일(d) 단위로 계산

※ 두 날짜 사이 간격 년, 월, 일이 모두 독립적임

② 두 날짜 사이의 간격을 몇 년, 몇 개월, 며칠로 연결하여 계산

- 년 : 월(m) 단위 간격을 12로 나눈 몫

- 월 : 월(m) 단위 간격을 12로 나눈 나머지에서 아직 일자가 지나지 않았을 경우 1개월을 뺌

- 일 : date1에 intYear*12+intMonth 개월을 더한 날짜(DateAdd)와 date2 사이의 간격을 일(d) 단위로 계산

참고

- Mod 연산자는 나머지를 계산합니다.
- 두 번째 계산에서 intYear=0, intMonth=3이므로 intDay는 date1로부터 3개월 이후의 날짜와 date2 까지의 간격을 일(d) 단위로 계산합니다.

〈구문〉 DateDiff 함수

DateDiff(interval, date1, date2, firstdayofweek, firstweekofyear)

- **interval** : 시간 간격을 지정합니다. 생략할 수 없습니다. DateAdd 또는 DatePart 함수와 동일한 interval 값을 사용합니다.
- **date1** : 계산에 사용할 첫 번째 날짜 값으로 생략할 수 없습니다.
- **date2** : 계산에 사용할 두 번째 날짜 값으로 생략할 수 없습니다.
- **firstdayofweek** : 한 주의 시작 요일을 지정하는 상수로 일요일부터 토요일까지 1~7의 숫자로 지정할 수 있습니다. 생략할 경우 일요일(1)이 기본값입니다.
- **firstweekofyear** : 년을 기준으로 한 첫째 주를 지정하는 상수로 1(1월 1일을 포함하는 주), 2(새해의 적어도 처음 4일을 포함하는 주), 3(새해의 완전한 처음 한 주일을 포함하는 주) 등으로 지정합니다. 생략할 경우 1이 기본값으로 사용됩니다.

CHAPTER VBA 함수

093 배열에 값 지정하기

배열을 구성하는 각 요소에 값을 전달하는 방법은 여러 가지가 있습니다. 그 중에서 Array 함수는 Variant 형으로 선언된 변수에 쉼표로 구분된 여러 개의 값을 한 번에 전달하여 자동으로 1차원 배열을 구성합니다.

예제 코드

```
Sub Sample093( )
    Dim intA As Integer, strMsg As String
    Dim Product As Variant, Price As Variant


    Product = Array("고등어", "갈치", "오징어")
    Price = Array(3000, 8000, 2500)


    For intA = 0 To UBound(Product)
        strMsg = strMsg & Product(intA) & vbTab & Format(Price(intA), "#,##0원") & vbCr
    Next
    MsgBox strMsg
End Sub
```

실행 결과

① Product 변수에 3개의 값을 배열로 전송(Produce(0)~Product(2))

② Price 변수에 3개의 값을 배열로 전송(Price(0)~Price(2))

③ 0부터 Product 배열의 크기만큼 반복하면서 Product 배열 요소와 Price 배열 요소로 StrMsg 구성

〈구문〉 Array 함수

Array(arglist)

- arglist : 배열 요소에 전달할 값을 쉼표로 구분하여 지정합니다. 값의 개수에 따라 자동으로 배열 변수의 크기가 결정됩니다. 예를 들어 값이 모두 5개라면 인덱스 번호가 0부터 4까지 모두 5개의 요소로 이루어진 1차원 배열이 구성됩니다.

〈구문〉 UBound, LBound 함수

UBound(arrayname, dimension)	LBound(arrayname, dimension)

- UBound 함수는 배열에서 지정된 차원의 최대 범위를 반환하고, LBound 함수는 배열에서 지정된 차원의 최소 범위를 반환합니다. 예를 들어 Dim Temp(1 To 5, 0 To 10)으로 선언된 배열에서 UBound(Temp, 1)은 1차원의 최대 범위 5를 반환하고, LBound(Temp, 2)는 2차원의 최소 범위 0을 반환합니다.
- arrayname : 배열 변수의 이름으로 생략할 수 없습니다.
- dimension : 어느 차원의 최대 또는 최소 범위를 반환할 것인지를 지정합니다. 1은 1차원, 2는 2차원을 나타냅니다. 생략할 경우 1차원을 의미합니다.

> **참고**
> - 배열의 인덱스 번호는 항상 0부터 시작하지만 Option Base 문을 사용하여 1부터 시작하도록 선언할 수 있습니다. 하지만 Array 함수는 Option Base 문의 영향을 받지 않습니다. 즉, 항상 인덱스 번호가 0부터 시작됩니다.
> - Array 함수로 배열을 구성할 변수는 미리 배열 변수로 선언하지 않아도 됩니다. Variant 형으로 선언한 변수에 Array 함수로 값을 전달하면 자동으로 배열 변수가 됩니다.

CHAPTER 094 구분 기호로 배열에 값 지정하기

VBA 함수

Array 함수가 쉼표로 구분한 값의 개수에 따라 정의된 배열에 값을 전달하는데 비하여 Split 함수는 문자열을 구분 기호를 사용하여 부분 문자열로 나누어 배열에 전달합니다. 문자열에 포함된 구분 기호의 개수에 따라 배열의 크기가 결정됩니다.

예제 코드

```vb
Sub Sample094( )
    Dim intA As Integer, strMsg As String
    Dim Product As Variant, Price As Variant
    
    Product = Split("고등어,갈치,오징어", ",")
    Price = Split("3000,8000,2500", ",")
    
    For intA = 0 To UBound(Product)
        strMsg = strMsg & Product(intA) & vbTab & Format(Price(intA), "#,##0원") & vbCr
    Next
    MsgBox strMsg
End Sub
```

실행 결과

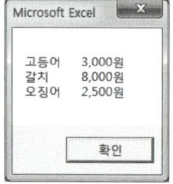

① Product 변수에 쉼표(,)로 값을 구분하여 배열로 전송

② Price 변수에 쉼표(,)로 값을 구분하여 배열로 전송

③ 0부터 Product 배열의 크기만큼 반복하면서 Product 배열 요소와 Price 배열 요소로 StrMsg 구성

〈구문〉 Split 함수

> Split(expression, delimiter, limit, compare)

- expression : 구분 기호를 포함하는 문자열로 생략할 수 없습니다. 구분 기호에 따라 여러 개의 부분 문자열이 만들어집니다.
- delimiter : 구분 기호를 지정합니다. 생략할 경우 공백 문자(" ")가 구분 기호로 사용됩니다.
- limit : 반환할 부분 문자열의 개수, 즉 배열 요소의 개수를 지정합니다. 생략할 경우 모든 부분 문자열이 반환됩니다. 예를 들어 Product = Split("A/B/C/D/E/F", "/", 3)은 Product(0)=A, Product(1)=B, Product(2)=C까지만 배열 요소에 값이 할당됩니다.
- compare : 구분 기호로 부분 문자열을 평가할 때 비교 방식을 지정합니다. 생략할 경우 Option Compare 문의 설정에 따릅니다. Option Compare 문이 설정되어 있지 않으면 이진 비교를 수행합니다.

TIP Option Compare 문

VBA 함수 중 몇몇 함수는 문자열 비교 방식을 설정하는 인수를 포함하고 있습니다. 이러한 인수는 대부분 생략이 가능한데, 생략할 경우 모듈에서 다른 프로시저보다 더 앞에, 즉 모듈 선언부(모듈의 시작 부분)에 선언한 Option Compare 문의 설정 방식을 따르게 됩니다. Option Compare 문이 설정되어 있지 않은 경우에는 텍스트 비교 방식은 이진 비교 방식을 따르게 되어 있습니다.

Option Compare Binary : 이진 비교 방식으로 텍스트를 비교합니다. 이진 비교 방식의 가장 큰 특징은 영문 대소문자를 구분한다는 것입니다. 영문 대문자가 소문자보다 먼저 정렬됩니다.

Option Compare Text : 텍스트 방식으로 비교합니다. 텍스트 방식의 비교에서는 영문 대소문자를 구분하지 않고 처리합니다.

CHAPTER VBA 함수
095 배열 값 연결하기

Join 함수는 Split 함수와 반대 개념의 함수입니다. 1차원 배열의 각 요소에 있는 값을 지정한 구분 기호를 이용하여 하나의 문자열로 연결해 주는 역할을 합니다.

예제 코드

```vba
Sub Sample095( )
    Dim rngCell As Range, intA As Integer, Temp() As Variant
    
    For Each rngCell In Range("C3:C9")
        If rngCell >= 90 Then
            ReDim Preserve Temp(intA)
            Temp(intA) = rngCell.Offset(0, -1)
            intA = intA + 1
        End If
    Next
    
    MsgBox "90점 이상 : " & Join(Temp, " / ")
End Sub
```

실행 결과

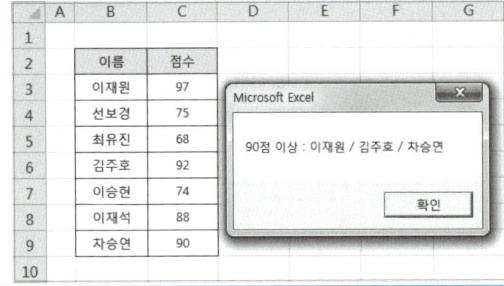

① [C3:C9]의 각 셀에 대해 코드 반복
   (For Each...Next)

② rngCell의 값이 90 이상이면 Temp 배열에 rngCell의 왼쪽 열에 있는 값을 지정

③ Temp 배열 요소를 Join 함수를 통해 " / "로 연결하여 표시

01 동적 배열 사용하기

배열을 선언할 때 빈 괄호를 사용하면 프로시저 중간에 배열의 크기를 다시 정의할 수 있는 동적 배열이 됩니다. 동적 배열은 프로시저 실행 도중에 필요에 따라 차원을 정의할 수 있습니다. 다음 코드는 Temp 배열을 동적 배열로 선언한 다음 ReDim 문으로 크기를 지정하는 예입니다.

```
Dim Temp()
ReDim Temp(5)
```

ReDim 문은 이후 몇 번이라도 반복될 수 있습니다. 주의할 점은 ReDim 문으로 배열 크기를 다시 할당하면 이전에 해당 배열에 저장되어 있는 값을 모두 잃게 된다는 것입니다.

02 Preserve 키워드

ReDim 문으로 동적 배열의 크기를 다시 할당하면서 이전 값을 그대로 유지하려면 다음과 같이 Preserve 키워드를 함께 사용해야 합니다.

```
ReDim Preserve Temp(intA)
Temp(intA) = rngCell.Offset(0, -1)
intA = intA + 1
```

intA 변수의 값은 처음에 0으로 시작되므로 맨 처음 배열은 Temp(0)으로 다시 정의되고 여기에 rngCell.Offset(0, -1) 셀의 값이 저장됩니다. 그런 다음 intA 변수의 값을 1만큼 증가시킵니다. 두 번째에는 intA가 1이므로 배열은 Temp(1)로 다시 정의됩니다. Preserve 키워드를 사용하지 않았다면 Temp(0)에 저장된 값을 잃게 되지만 Preserve 키워드를 사용했기 때문에 Temp(0)의 값이 그대로 유지되고 Temp(1)에 새로운 값을 저장합니다.

03 Join 함수로 배열 값 연결하기

Temp 배열이 마지막으로 Temp(2)까지 다시 정의되었고 각 배열 요소에 값이 저장되었다면 다음 Join 함수는 Temp(0), Temp(1), Temp(2)의 값을 지정한 구분 기호로 연결한 하나의 문자열을 반환합니다.

```
Join(Temp, " / ")
```

CHAPTER 셀 서식

096 글꼴 서식 지정하기

Font 개체의 여러 속성을 사용하여 글꼴 이름, 글꼴의 크기, 글꼴 스타일 등을 지정할 수 있습니다. Range 개체의 Font.Name(글꼴 이름), Font.Size(글꼴 크기), Font.Bold (굵게), Font.Italic(이탤릭), Font.Underline(밑줄) 등의 속성이 사용됩니다.

예제 코드

```
Sub Sample096( )
    Dim rngCell As Range
    For Each rngCell In Range("G3:G9")
        If rngCell = "합격" Then
            With rngCell.Offset(0, -5).Resize(1, 6).Font    // rngCell의 왼쪽 5열 셀부터 1행 6열의 범위 //
                .Name = "굴림"
                .Size = 11
                .Bold = True
            End With
        End If
    Next
End Sub
```

실행 결과

	A	B	C	D	E	F	G	H
1								
2		이름	1차	2차	3차	평균	평가	
3		이재원	98	95	91	94.67	합격	
4		선보경	88	75	73	78.67	탈락	
5		최유진	75	66	80	73.67	탈락	
6		김주호	85	97	85	89.00	합격	
7		이승현	76	83	72	77.00	탈락	
8		이재석	98	95	91	94.67	합격	
9		차승연	82	65	76	74.33	탈락	
10								

① Range.Font.Name : 글꼴 이름

② Range.Font.Size : 글꼴 크기

③ Range.Font.Bold : 글꼴 '굵게'

※ Bold, Italic, Underline 속성
　: True는 설정, False는 해제

CHAPTER 셀 서식

097 셀의 일부 문자에 대한 글꼴 서식

Range.Characters 속성은 텍스트 안에서 시작 위치와 문자수를 지정하여 일부 문자 범위를 반환합니다. 이 속성을 사용하면 셀에 입력된 텍스트 중 일부만 선택하여 글꼴 서식을 지정할 수 있습니다.

예제 코드

```
Sub Sample097( )
    Dim intA As Integer, intB As Integer
    For intA = 3 To 9
        intB = InStr(Cells(intA, "C"), "마포구")
        If intB > 0 Then Cells(intA, "c").Characters(intB, 3).Font.Size = 14
    Next
End Sub
```

실행 결과

	A	B	C	D
1				
2		이름	주소	
3		이재원	서울시 마포구 서교동 470	
4		선보경	서울특별시 은평구 불광동 그린빌딩 203호	
5		최유진	서대문구 충정로2가 금호상가 309호	
6		김주호	서울시 서대문구 남가좌1동 드림빌딩 509호	
7		이승현	마포구 망원1동 목화빌 302호	
8		이재석	서울시 은평구 녹번동 500-20	
9		차승연	서울특별시 마포구 도화동 승리빌딩 708호	
10				

① intB : Cells(intA, "C") 셀에서 '마포구'의 위치 번호 계산(없을 경우 0)

② intB가 0보다 크면('마포구'가 있으면)

③ Cells(intA, "C") 셀의 intB 위치부터 3글자의 글꼴 크기(Font.Size)를 14로 설정

〈구문〉 Range.Characters 속성

Range개체.Characters(Start, Length)

- Start : 첫 번째 문자의 위치로 생략할 경우 '1'로 설정되어 첫 번째 문자부터 시작합니다.
- Length : 반환할 문자의 개수로 생략하면 Start 위치부터 뒤의 모든 문자열이 반환됩니다.

CHAPTER 셀 서식

098 글꼴 색과 채우기 색 설정

Range.Font.Color 속성은 글꼴 색을 설정하고, Range.Interior.Color 속성은 채우기 색을 설정합니다. Color 속성에 원하는 색을 지정하기 위해 RGB 함수를 사용하는데 이 함수는 빨강(red), 녹색(green), 파랑(blue) 값을 지정하여 특정 색을 표시합니다.

예제 코드

```
Sub Sample098( )
    Range("D2").Font.Color = RGB(255, 0, 255)
    Range("D2").Interior.Color = RGB(255, 255, 0)
End Sub
```

실행 결과

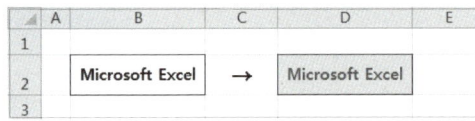

① Font.Color : 글꼴 색 설정

② Interior.Color : 채우기 색 설정

참고

- RGB(red, green, blue) 함수는 빨강, 녹색, 파랑 값을 0~255 사이의 수로 지정하여 특정 색을 나타냅니다.
- 어떤 색의 RGB 값을 알고 싶다면 [글꼴 색] 또는 [채우기 색]에서 [다른 색]을 선택한 다음 [색] 대화상자의 [사용자 지정] 탭을 이용합니다. 여기서 특정 색을 선택한 다음 RGB 값을 확인할 수 있습니다.

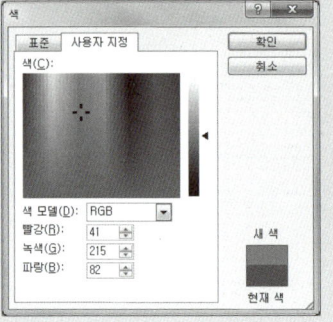

CHAPTER 셀 서식

099 색 번호로 색 설정하기

글꼴 색과 배경 색을 설정할 때 사용하는 여러 방법 중의 하나로 ColorIndex 속성을 사용하는 방법이 있습니다. ColorIndex 속성은 1~56 사이의 색 번호를 이용하여 글꼴 색이나 채우기 색을 설정합니다.

예제 코드

```
Sub Sample099( )
    Dim intRow As Integer, intCol As Integer, intColor As Integer
    Range("B2:I8").Interior.ColorIndex = xlNone
    For intRow = 1 To 7
        For intCol = 1 To 8
            intColor = intColor + 1
            Range("B2:I8").Cells(intRow, intCol).Interior.ColorIndex = intColor
        Next
    Next
End Sub
```

실행 결과

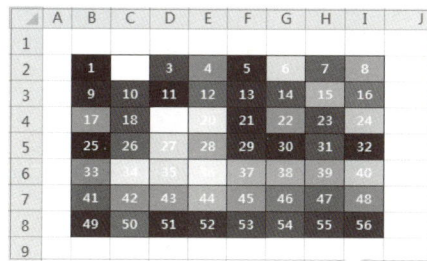

① [B2:I8]의 채우기 색을 없음(xlNone)으로 설정

② intColor : 1씩 증가하는 값으로 색 번호로 사용
   (1부터 56까지)

③ [B2:I8]의 intRow행, intCol열의 채우기 색 번호를 intColor로 설정

CHAPTER 셀 서식

100 테마 색 사용하기

현재 통합 문서에 적용되어 있는 테마에 영향을 받는 ThemeColor 속성을 사용하여 글꼴 색이나 채우기 색을 설정하는 과정을 알아봅니다. ThemeColor 속성과 함께 TintAndShade 속성으로 색상의 밝기를 조절하는 방법도 함께 알아봅니다.

예제 코드

```
Sub Sample100( )
    Range("B2").Font.ThemeColor = xlThemeColorDark1
    Range("B2").Interior.ThemeColor = xlThemeColorLight1

    Range("D2:D4").Interior.ThemeColor = xlThemeColorAccent6

    Range("D3").Interior.TintAndShade = 0.6
    Range("D4").Interior.TintAndShade = -0.3
End Sub
```

실행 결과

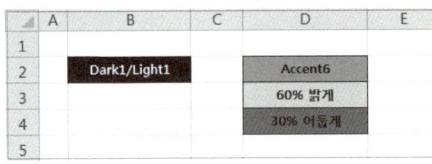

① [B2] 셀의 글꼴 색 및 채우기 색 설정

② [D2:D4]의 채우기 색 설정

③ [D3] 셀의 채우기 색을 60% 더 밝게 지정

④ [D4] 셀의 채우기 색을 30% 더 어둡게 지정

ThemeColor 속성

ThemeColor 속성은 현재 문서에 적용되어 있는 테마의 색상 표에 따라 테마 색을 설정합니다. ThemeColor 속성에 설정할 수 있는 값은 모두 10개의 상수인데, 이들 상수는 색상 표의 첫 번째 줄에 있는 색과 왼쪽부터 차례로 대응됩니다.

- xlThemeColorDark1
- xlThemeColorLight1
- xlThemeColorDark2
- xlThemeColorLight2
- xlThemeColorAccent1 ~ xlThemeColorAccent6

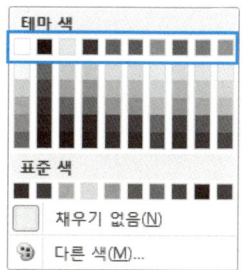

ThemeColor 속성을 사용하여 색을 설정할 때 주의할 점이 있습니다. 현재 문서에 적용되어 있는 테마를 변경할 경우 테마의 색상 표가 달라지므로 이미 워크시트의 셀에 설정한 색이 테마에 따라 다르게 나타난다는 것입니다.

TintAndShade 속성

TintAndShade 속성을 사용하면 현재 설정된 색을 더 밝게 또는 더 어둡게 조정할 수 있습니다. 색을 밝게 조정하려면 양수로, 어둡게 조정하려면 음수로 속성 값을 설정하는데 -1(가장 어두움)에서 1(가장 밝음)까지의 숫자를 입력할 수 있습니다. 숫자 0은 중간 밝기를 나타냅니다. 예를 들어 다음 그림과 같은 색을 설정하고 싶다면 ThemeColor 속성을 xlThemeColorAccent1로 지정하고, TintAndShade 속성을 '0.6'으로 지정하면 됩니다. TintAndShade 속성은 테마 색과 테마가 아닌 색 모두에 사용할 수 있습니다.

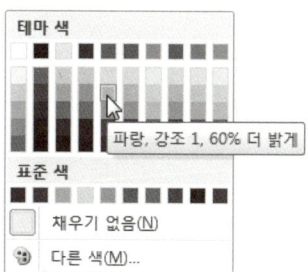

Range("A1").Interior.ThemeColor = xlThemeColorAccent1
Range("A1").Interior.TintAndShade = 0.6

CHAPTER 셀 서식

101 테두리 그리기

Range.Borders 속성은 셀 범위의 테두리를 반환합니다. Boarders 속성이 반환한 테두리에 대해 선 스타일(LineStyle) 속성과 테두리 두께(Weight) 속성 등으로 테두리 서식을 지정합니다. Range.BorderAround 메서드도 테두리를 추가하고 서식을 지정하기 위해 사용됩니다.

예제 코드

```
Sub Sample101( )
    Range("B2:F6").Borders.Weight = xlHairline
    Range("B2:F2").Borders(xlEdgeBottom).LineStyle = xlDouble
    Range("B2:F6").BorderAround Weight:=xlThick, ColorIndex:=5
End Sub
```

실행 결과

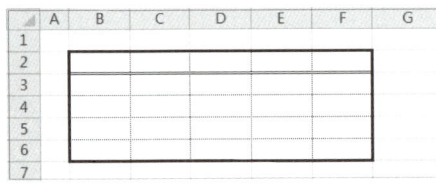

① [B2:F6]의 모든 테두리 두께(Borders.Weight)를 가장 가는 선(xlHairline)으로 설정

② [B2:F2]의 아래쪽 테두리의 선 스타일(LineStyle)을 이중선(xlDouble)으로 설정

③ [B2:F6]에 바깥쪽 테두리(BorderAround)를 추가하고, 테두리 두께와 색 설정

참고

- Range.Borders.LintStyle 속성은 Borders 속성이 반환한 테두리의 선 스타일을 지정합니다.
- Range.Borders.Weight 속성은 Borders 속성이 반환한 테두리의 두께를 지정합니다.

CHAPTER 셀 서식

102 Borders 속성과 BorderAround 메서드

셀 범위의 테두리를 반환하거나 설정할 때 Range.Borders 속성을 사용합니다. 또 셀 범위에 테두리를 추가하고 서식을 지정하기 위해 Range.BorderAround 메서드를 사용합니다. Borders 속성과 BorderAround 메서드의 자세한 사용 형식에 대해 정리합니다.

〈구문〉 Range.Borders 속성

Range개체.Boarders   또는   Range개체.Boarders(xlBordersIndex)

- 지정한 Range 개체의 테두리를 반환합니다. Boarders 속성에 매개 변수를 지정하지 않으면 Range 개체의 모든 테두리를 반환하고, 매개 변수를 지정하면 해당 테두리만 반환합니다.
- **xlBordersIndex** : 지정한 범위에서 특정 테두리만 반환하기 위한 값을 지정합니다. 사용할 수 있는 값은 다음과 같습1니다.

xlBordersIndex	반환하는 테두리
xlEdgeTop	범위 위쪽 테두리
xlEdgeBottom	범위 아래 쪽 테두리
xlEdgeLeft	범위 왼쪽 테두리
xlEdgeRight	범위 오른쪽 테두리
xlDiagonalDown	각 셀의 왼쪽 위 모서리에서 오른쪽 아래 모서리로 이어지는 대각선
xlDiagonalUp	각 셀의 왼쪽 아래 모서리에서 오른쪽 위 모서리로 이어지는 대각선
xlInsideHorizontal	범위 안에 있는 모든 가로 테두리
xlInsideVertical	범위 안에 있는 모든 세로 테두리

〈구문〉 Range.BorderAround 메서드

Range개체.BorderAround(LineStyle, Weight, ColorIndex, Color, ThemeColor)

- 셀 범위에 새로운 테두리를 추가하고, 새 테두리에 대한 선 스타일, 두께, 색 등을 지정합니다. 테두리 색은 ColorIndex, Color, ThemeColor 중 하나만 사용하여 지정해야 합니다.
- LineStyle : 테두리의 선 스타일을 지정하는 xlLineStyle 상수입니다. 이 값은 Range.Borders.LineStyle 속성에서도 동일하게 사용됩니다.

xlLineStyle	설명	xlLineStyle	설명
xlContinuous	실선	xlDot	점선
xlDash	파선	xlDouble	이중선
xlDashDot	파선과 점선(교대로)	slSlantDashDot	기울어진 파선
xlDashDotDot	파선, 점선, 점선(교대로)	xlLineStyleNone	선 없음

- Weight : 테두리 두께를 xlBoderWeight 상수로 지정합니다. 이 값은 Range.Borders.Weight 속성에서도 동일하게 사용됩니다.

xlHairline	가장 가는 선	xlThick	가장 두꺼운 실선
xlMedium	보통 실선	xlThin	가는 실선

- ColorIndex : 테두리 색을 1~56까지의 색 번호 또는 다음과 같은 xlColorIndex 상수를 이용하여 지정합니다.

xlColorIndexAutomatic	자동 색	xlColorIndexNone	색 없음

- Color : 테두리 색을 RGB 함수를 이용하여 지정합니다.
- ThemeColor : 테두리 색을 현재 테마 색을 이용하여 xlThemeColor 상수로 지정합니다.

> **참고**
> - Range.BorderAround 메서드는 전체 범위에 대한 윤곽선 테두리만 설정합니다. 내부 테두리는 이 메서드로 설정할 수 없습니다.
> - Borders.LineStyle 속성을 xlLineStyleNone으로 설정하거나, BorderAround 메서드의 LineStyle을 xlLineStyleNone으로 설정하면 테두리가 지워집니다.

CHAPTER 103 표시 형식 지정하기

셀에 입력되어 있는 데이터의 표시 형식을 바꾸기 위해 Range.NumberFormat 속성을 사용합니다. 이 속성에 사용되는 서식 코드는 큰 따옴표로 묶어 문자열로 지정합니다.

예제 코드

```
Sub Sample103( )
    Range("B3:B9").NumberFormat = "@님"
    Range("C3:C9").NumberFormat = "yyyy년"
    Range("D3:E9").NumberFormat = "#,##0_-"
    Range("F3:F9").NumberFormat = "0.00%_-"
End Sub
```

실행 결과

	A	B	C	D	E	F	G
1							
2		이름	생년월일	전년도실적	금년도실적	증감율	
3		이재원님	1985년	6,376,702	5,360,454	-15.94%	
4		선보경님	1986년	5,758,355	6,963,761	20.93%	
5		최유진님	1990년	7,024,431	6,959,729	-0.92%	
6		김주호님	1982년	4,091,666	6,420,096	56.91%	
7		이승현님	1990년	6,102,122	563,461	-90.77%	
8		이재석님	1987년	5,412,006	4,919,059	-9.11%	
9		차승연님	1987년	4,978,130	1,871,069	-62.41%	
10							

① @님 : 텍스트 뒤에 '님'을 붙여 표시

② yyyy년 : 연도 네 자리와 '년' 표시

③ #,##0_- : 천 단위마다 쉼표(,)를 삽입
(밑줄과 하이픈 : 하이픈만큼 공백 표시)

④ 0.00%_- : 백분율 형식으로 소수 이하 두 자리까지 표시

- 워크시트에서 [셀 서식] 대화상자의 [표시 형식] 탭을 통해 표시 형식을 변경할 수 있습니다.

- 직접 실행 창에 ? Range("A1").NumberFormat을 입력하여 특정 셀에 설정된 서식 코드를 확인하고, NumberFormat 속성의 값으로 이용하면 편리합니다.

CHAPTER 104 셀의 맞춤 서식 지정하기

셀의 수평 맞춤(HorizontalAlignment), 수직 맞춤(VerticalAlignment)을 비롯하여 들여쓰기, 줄 바꿈, 셀 맞춤, 텍스트 방향 등의 서식을 지정하는 방법입니다. 엑셀 창에서는 [셀 서식] 대화상자의 [맞춤] 탭에서 이러한 서식을 지정합니다.

예제 코드

```
Sub Sample104( )
    Range("B2:B3").HorizontalAlignment = xlCenter
    Range("C2").HorizontalAlignment = xlRight
    Range("B4").Orientation = xlVertical
    With Range("C4")
        .VerticalAlignment = xlTop
        .IndentLevel = 1
        .WrapText = True
    End With
End Sub
```

실행 결과

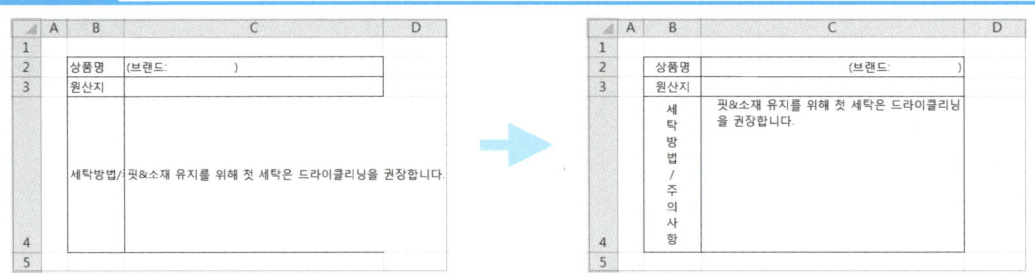

텍스트 맞춤 서식

데이터를 셀의 어디에 맞춰 표시할 것인지 지정하는 텍스트 맞춤은 가로 맞춤과 세로 맞춤으로 구분됩니다.

- Range.HorizontalAlignment 속성 : 텍스트 가로 맞춤을 다음 상수 중 하나로 지정합니다.

상수	설명	상수	설명
xlGeneral	일반	xlFill	채우기
xlLeft	왼쪽 맞춤	xlJustify	양쪽 맞춤
xlCenter	가운데 맞춤	xlCenterAcrossSelection	선택 영역의 가운데로
xlRight	오른쪽 맞춤	xlDistributed	균등 분할

- Range.VerticalAlignment 속성 : 텍스트 세로 맞춤을 다음 상수 중 하나로 지정합니다.

상수	설명	상수	설명
xlTop	위쪽 맞춤	xlJustify	양쪽 맞춤
xlCenter	가운데 맞춤	xlDistributed	균등 분할
xlBottom	아래쪽 맞춤		

기타 맞춤 서식

- Range.IndentLevel 속성 : 들여쓰기 수준을 0~15 사이의 정수로 지정합니다.
- Range.WrapText 속성 : 텍스트 줄 바꿈을 설정합니다. True 또는 False로 지정합니다.
- Range.ShrinkToFit 속성 : 열 너비에 맞게 텍스트 크기를 자동으로 줄이는 셀에 맞춤을 True 또는 False로 지정합니다.
- Range.Orientation 속성 : 텍스트 방향을 -90도에서 90도 사이의 정수로 지정하거나 다음 상수 중 하나로 설정합니다.

상수	설명	상수	설명
xlDownward	아래로 회전(90도)	xlUpward	위로 회전(90도)
xlHorizontal	가로 쓰기	xlVertical	세로 쓰기

CHAPTER 셀 서식

105 셀 병합하기

두 개 이상의 셀 범위를 선택하여 하나의 셀로 병합할 때 Range.Merge 메서드를 사용합니다. 병합된 셀을 다시 각각의 셀로 분리할 때는 Range.UnMerge 메서드를 사용합니다.

예제 코드

```
Sub Sample105( )
    Range("B4:C8").Merge
    Range("E4:F8").Merge True
    Range("H4").UnMerge
End Sub
```

실행 결과

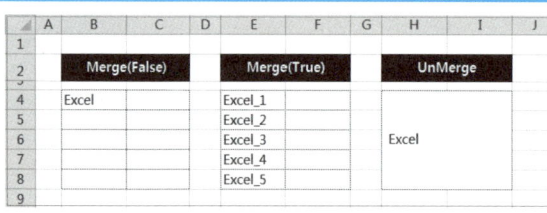

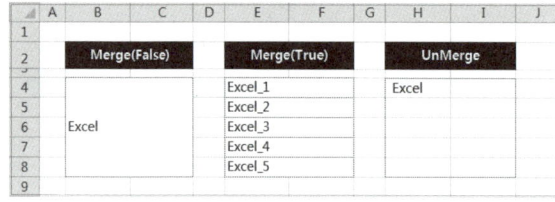

① [B4:C8] 범위 병합(Merge 메서드)

② [E4:F8] 범위를 각 행마다 병합

※ Merge 메서드의 매개 변수를 True로 설정하면 행마다 병합이 이루어짐

③ [H4] 셀이 들어 있는 병합 범위를 각각의 셀로 분리(UnMerge 메서드)

〈구문〉 Range.Merge 메서드

> Range개체.Merge(Across)

- Range 개체로 지정한 셀 범위를 병합합니다. Across 매개 변수는 생략이 가능합니다.
- Across : True로 지정하면 행 단위로 병합이 이루어집니다. 생략하면 False로 처리되어 지정한 범위 전체를 하나의 셀로 병합합니다.

TIP 셀 병합을 실행할 때 표시되는 경고 메시지

Range.Merge 메서드를 사용할 때 지정한 범위의 여러 셀에 데이터가 입력되어 있으면 다음과 같은 경고 메시지가 표시됩니다. 여기서 [확인] 단추를 클릭하면 셀 병합이 실행되지만 [취소] 단추를 클릭하면 런타임 오류가 발생하게 됩니다.

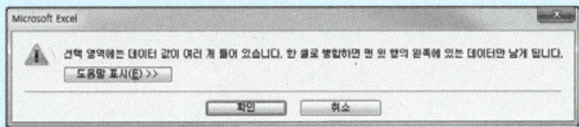

프로시저 실행 중에 표시되는 이와 같은 경고 메시지를 표시하지 않고 셀 병합을 실행하려면 Merge 메서드 사용 전에 다음과 같은 코드를 추가합니다.

Application.DisplayAlerts = False

Application.DisplayAlerts 속성은 프로시저 실행 중 상황에 따라 표시되는 각종 경고 메시지의 표시 여부를 설정합니다. True로 설정하면 경고 메시지를 표시하고 False로 설정하면 경고 메시지를 표시하지 않습니다.

CHAPTER 셀 서식

106 셀 병합 해제하기

Range.MergeCells 속성은 지정한 범위가 병합되어 있으면 True, 병합되어 있지 않으면 False를 반환하고, Range.MergeArea 속성은 지정한 범위가 들어 있는 병합된 범위를 반환합니다. 이 두 가지 속성을 사용하여 셀 병합을 해제하고 각 셀에 값을 채워보겠습니다.

예제 코드

```vba
Sub Sample106( )
    Dim rngCell As Range
    If Not TypeName(Selection) = "Range" Then Exit Sub
    If Selection.Count = 1 Then Exit Sub
    
    For Each rngCell In Selection
        If rngCell.MergeCells Then
            With rngCell.MergeArea
                .UnMerge
                .Value = rngCell
            End With
        End If
    Next
End Sub
```

실행 결과

01 프로시저 실행 조건

사용자가 한 개 이상의 셀 범위를 선택한 후 프로시저를 실행하면 앞의 실행 결과와 같이 선택한 각 영역의 셀 병합을 해제하고, 해제한 각 셀에 이전 값을 채우게 됩니다. 그런데 사용자가 선택한 영역이 이후 코드를 처리하기에 적합하지 않을 경우가 있으므로 다음과 같은 두 개의 명령문을 사용하여 실행 조건을 충족하지 못할 경우 프로시저를 강제로 종료하게 합니다.

```
If Not TypeName(Selection) = "Range" Then Exit Sub
// 선택 영역(Selection)이 셀 범위(Range)가 아니면 프로시저 종료


If Selection.Count = 1 Then Exit Sub
// 선택 영역의 개수(Count)가 1이면 즉, 단일 셀이면 프로시저 종료
```

02 셀 병합 해제하기

사용자가 선택한 영역이 병합되어 있을 경우에만 셀 병합 해제에 의미가 있습니다. 어떤 영역이 병합되어 있는지 확인하기 위해 Range.MergeCells 속성을 사용합니다. 이 속성은 지정한 범위에 병합된 셀이 포함되어 있으면 True, 그렇지 않으면 False를 반환합니다.

```
If rngCell.MergeCells Then ... End If
// rngCell이 병합된 범위이면 If...End If 사이의 코드 실행
```

rngCell이 병합되어 있다면 병합된 영역에 대해 UnMerge 메서드로 병합을 해제해야 합니다. Range.MergeArea 속성은 지정한 셀이 들어 있는 병합된 범위를 나타내는 Range 개체를 반환합니다. 지정한 셀이 병합된 영역에 없으면 지정한 셀 하나만 반환합니다.

```
With rngCell.MergeArea         // rngCell이 포함되어 있는 병합된 영역(MergeArea)에 대해
    .UnMerge                   // 병합 해제
    .Value = rngCell           // rngCell의 값을 각 셀에 입력
End With
```

CHAPTER 107 셀 서식 지우기

셀에 설정되어 있는 서식을 한꺼번에 지우는 가장 간단한 방법은 Range.ClearFormats 메서드를 사용하는 것입니다. 하지만 셀에 있는 일부 서식만 지우려면 각 속성마다 각각 다른 값이 사용됩니다.

예제 코드

```
Sub Sample107( )
    Range("B2, D2, F2").ClearFormats                        // 모든 서식 지우기 //

    Range("B4").Interior.Color = xlNone                     // 채우기 없음 //
    Range("D4").Borders.LineStyle = xlNone                  // 선 없음 //

    Range("F4").NumberFormat = "General"                    // 표시 형식을 일반으로 //
    Range("B6").HorizontalAlignment = xlGeneral             // 가로 맞춤을 일반으로 //

    Range("D6").Font.Name = Application.StandardFont        // 글꼴 이름을 표준 글꼴 이름으로 //
    Range("F6").Font.Size = Application.StandardFontSize    // 글꼴 크기를 표준 크기로 //
End Sub
```

실행 결과

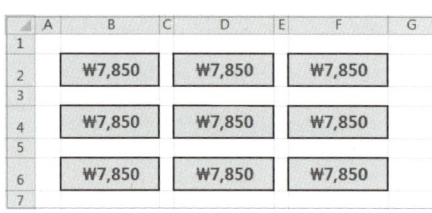

CHAPTER 108 셀 값 조건부 서식

조건부 서식은 셀 값이 지정한 조건을 만족할 때만 적용되는 서식을 말합니다. VBA를 이용하여 셀 범위에 조건부 서식을 지정하려면 Add 메서드를 통해 새 조건부 서식을 추가하고, 추가한 조건부 서식에 대해 원하는 서식을 지정합니다.

예제 코드

```vba
Sub Sample108( )
    With Range("F3:F9")
        .FormatConditions.Delete
        
        .FormatConditions.Add Type:=xlCellValue, Operator:=xlGreater, Formula1:=0
        .FormatConditions.Add Type:=xlCellValue, Operator:=xlLessEqual, Formula1:=0
        
        .FormatConditions(1).Interior.Color = RGB(204, 255, 204)
        .FormatConditions(2).Interior.Color = RGB(255, 204, 255)
    End With
End Sub
```

실행 결과

	A	B	C	D	E	F	G
1							
2		이름	생년월일	전년도실적	금년도실적	증감율	
3		이재원	1985-11-13	6,376,702	5,360,454	-15.9%	
4		선보경	1986-08-18	5,758,355	6,963,761	20.9%	
5		최유진	1990-09-12	7,024,431	6,959,729	-0.9%	
6		김주호	1982-10-10	4,091,666	6,420,096	56.9%	
7		이숭현	1990-09-20	6,102,122	563,461	-90.8%	
8		이재석	1987-10-06	5,412,006	4,919,059	-9.1%	
9		차승연	1987-02-25	4,978,130	5,871,069	17.9%	
10							

① Delete 메서드로 [F3:F9]에 지정된 조건부 서식 삭제

② Add 메서드로 두 개의 조건부 서식 추가

③ 조건부 서식(1)과 조건부 서식(2)의 채우기 색 설정

〈구문〉 FormatConditions.Add 메서드

Range개체.FormatConditions.Add(Type, Operator, Formula1, Formula2)

- 지정한 범위에 새로운 조건부 서식을 추가합니다.
- Type : 조건부 서식의 유형을 지정합니다. 셀 값으로 조건을 비교할 때는 xlCellValue로 지정합니다.
- Operator : 조건부 서식 연산자를 다음 중 하나로 지정합니다.

연산자	설명	연산자	설명
xlEqual	같다	xlGreater	크다
xlNotEqual	같지 않다	xlGreaterEqual	크거나 같다
xlBetween	해당 범위	xlLess	작다
xlNotBetween	해당 범위 제외	xlLessEqual	작거나 같다

- Formula1 : 조건부 서식의 값을 지정합니다. 상수, 문자열, 셀 참조, 수식 등으로 지정할 수 있습니다.
- Formula2 : 조건부 서식의 두 번째 값을 지정합니다. Operator 인수가 xlBetween 또는 xlNotBetween일 경우에만 지정합니다.

> **참고**
>
> - Range.FormatConditions.Delete 메서드는 셀 범위(Range)에 설정된 조건부 서식(FormatConditions)을 삭제합니다.
> - Range.FormatConditions.Add 메서드로 셀 범위에 추가한 조건부 서식은 여러 개가 될 수 있으며 인덱스 번호로 각 조건부 서식을 구별합니다. Range.FormatConditions(1)은 범위에 설정한 첫 번째 조건부 서식을, Range.FormatConditions(2)는 두 번째 조건부 서식을 가리킵니다.
> - 인덱스 번호로 셀 범위에 설정한 조건부 서식을 참조하여 서식을 지정합니다.
> - Range.FormatConditions(1).Interior.Color = RGB(204, 255, 204)는 첫 번째 조건부 서식의 조건이 만족될 때 셀 범위의 채우기 색을 지정하는 코드입니다.

CHAPTER 109 수식 조건부 서식

조건부 서식을 지정할 때 수식을 이용하여 비교 조건을 만드는 방법입니다. 셀 범위에 Add 메서드로 새 조건부 서식을 추가할 때 Type 매개 변수를 xlExpression으로 지정하면 수식으로 조건을 지정할 수 있습니다.

예제 코드

```
Sub Sample109( )
    With Range("B3:F9")
        .FormatConditions.Delete
        .FormatConditions.Add Type:=xlExpression, Formula1:="=$F3>0"
        .FormatConditions(1).Interior.Color = RGB(204, 255, 204)
    End With
End Sub
```

실행 결과

	A	B	C	D	E	F	G
1							
2		이름	생년월일	전년도실적	금년도실적	증감율	
3		이재원	1985-11-13	6,376,702	5,360,454	-15.9%	
4		선보경	1986-08-18	5,758,355	6,963,761	20.9%	
5		최유진	1990-09-12	7,024,431	6,959,729	-0.9%	
6		김주호	1982-10-10	4,091,666	6,420,096	56.9%	
7		이승현	1990-09-20	6,102,122	563,461	-90.8%	
8		이재석	1987-10-06	5,412,006	4,919,059	-9.1%	
9		차승연	1987-02-25	4,978,130	5,871,069	17.9%	
10							

① Delete 메서드로 [B3:F9]에 지정된 조건부 서식 삭제

② Add 메서드로 수식 조건부 서식 추가 (각 행에서 [F] 열의 값이 0보다 크면)

③ 조건부 서식(1)의 채우기 색 설정

- 수식 조건부 서식에서 조건은 Formula1 매개 변수에 큰 따옴표(" ")로 묶어 지정합니다.

- 수식 조건 Formula1:="=$F3>0"에서 참조하는 증감율은 [B3:F9]의 첫 번째 행에 대한 증감율이어야 합니다. 항상 [F] 열을 참조하기 위해 열 문자 앞에만 $ 기호를 붙여 절대 참조로 지정합니다.

CHAPTER 셀 서식

110 평균 초과 조건부 서식

지정한 셀 범위에 있는 값의 평균을 기준으로 평균 초과, 평균 미만, 평균 이상, 평균 이하인 값이 들어 있는 셀에 서식을 지정합니다. 평균 외에 표준 편차를 초과하거나 표준 편차 미만인 셀에 서식을 지정할 수도 있습니다.

예제 코드

```vba
Sub Sample110( )
    Range("B2:E7").Formula = "=RANDBETWEEN(1,100)"
    With Range("B2:E7")
        .FormatConditions.Delete
        .FormatConditions.AddAboveAverage
        .FormatConditions(1).AboveBelow = xlAboveAverage
        .FormatConditions(1).Interior.Color = RGB(255, 204, 255)
    End With
End Sub
```

실행 결과

	A	B	C	D	E	F
1						
2		61	50	83	42	
3		42	91	3	33	
4		79	84	16	89	
5		93	98	74	32	
6		5	15	65	27	
7		55	81	44	95	
8						

평균을 초과하는 셀에 서식 적용

① [B2:E7]에 수식 입력(1부터 100 사이의 숫자 발생)

② [B2:E7]의 조건부 서식을 모두 지우고(Delete), 평균 초과 조건부 서식 추가(AddAboveAverage)

③ 조건부 서식(1)에 평균을 초과하는 값을 찾도록 비교 방법 설정(AboveBelow=xlAboveAverage)

④ 조건부 서식(1)의 채우기 색 설정

※ 프로시저를 실행할 때마다 셀 값이 달라지므로 조건부 서식의 적용 결과도 달라짐

〈구문〉 Range.FormatConditions.AddAboveAverage 메서드

Range개체.FormatConditions.AddAboveAverage

- 지정한 범위에 평균 초과 조건부 서식을 추가합니다.
- 추가한 평균 초과 조건부 서식에 대해 AboveBelow 속성을 사용하여 평균 또는 표준 편차보다 높은 값을 찾을지, 낮은 값을 찾을지를 다시 지정해주어야 합니다. AboveBelow 속성을 사용하지 않을 경우 기본적으로 평균을 초과하는 값을 찾아 서식을 적용합니다.

〈구문〉 AddAboveAverage.AboveBelow 속성

AddAboveAverage개체.AboveBelow

- 지정한 범위에서 평균 또는 표준 편차보다 큰 셀 값을 찾을지 또는 작은 셀 값을 찾을지를 결정하는 xlAboveBelow 상수 중 하나를 설정합니다.

xlAboveBelow 상수	값	조건부 서식을 적용하는 셀
XlAboveAverage	0	평균을 초과하는 셀
XlBelowAverage	1	평균 미만인 셀
XlEqualAboveAverage	2	평균보다 크거나 같은 셀(이상)
XlEqualBelowAverage	3	평균보다 작거나 같은 셀(이하)
XlAboveStdDev	4	표준 편차를 초과하는 셀
XlBelowStdDev	5	표준 편차 미만인 셀

- Range("B2:E7").FormatConditions(1).AboveBelow = xlAboveAverage와 같이 지정하는 경우 [B2:E7]의 첫 번째 조건부 서식이 AddAboveAverage 메서드로 추가된 것이 아닐 경우 다음과 같은 오류가 발생합니다.

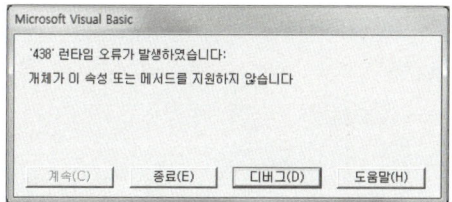

CHAPTER 셀 서식
111 Top 10 조건부 서식

셀 범위에서 상위 10개 항목의 값을 찾는다거나 하위 30%의 값을 찾아 해당 값이 들어 있는 셀에 서식을 지정할 때 Top 10 조건부 서식을 사용합니다. 예제에서는 지정한 범위에서 '상위 10개 항목'의 값이 들어 있는 셀에 서식을 적용합니다.

예제 코드

```vba
Sub Sample111( )
    Range("B2:E7").Formula = "=RANDBETWEEN(1,100)"
    With Range("B2:E7")
        .FormatConditions.Delete
        .FormatConditions.AddTop10              // Top 10 조건부 서식 추가 //
        With .FormatConditions(1)
            .TopBottom = xlTop10Top             // 순위를 맨 위에서부터 평가(상위 순위) //
            .Rank = 10                          // 상위 10의 값 //
            .Percent = False                    // 백분율이 아닌 항목의 개수(10개 항목이 됨) //
            .Interior.Color = RGB(255, 204, 255)
        End With
    End With
End Sub
```

실행 결과

	A	B	C	D	E	F
1						
2		26	12	18	49	
3		44	50	60	66	
4		56	18	64	96	
5		18	71	12	47	
6		35	39	48	15	
7		84	84	38	44	
8						

① TopBottom 속성 : 상위 순위는 xlTop10Top, 하위 순위는 xlTop10Bottom으로 지정

② Rank 속성 : 순위 값의 숫자나 백분율 지정

③ Percent 속성 : 백분율 값으로 순위를 결정하려면 True, 항목 수로 순위를 결정하려면 False로 지정

CHAPTER 112 중복 값에 대한 조건부 서식

FormatConditions.AddUniqueValues 메서드는 셀 범위에 중복 값이나 고유 값을 찾기 위한 조건부 서식을 추가합니다. AddUniqueValues 메서드로 조건부 서식을 추가한 다음 DupeUnique 속성을 사용하여 중복 값을 찾을 것인지, 고유 값을 찾을 것인지 결정합니다.

예제 코드

```vba
Sub Sample112( )
    Range("B2:E7").Formula = "=RANDBETWEEN(1,100)"
    With Range("B2:E7")
        .FormatConditions.Delete
        .FormatConditions.AddUniqueValues
        With .FormatConditions(1)
            .DupeUnique = xlDuplicate
            .Interior.Color = RGB(255, 204, 255)
        End With
    End With
End Sub
```

실행 결과

A	B	C	D	E	F
1					
2	79	21	97	94	
3	70	2	28	91	
4	3	85	65	97	
5	85	5	8	17	
6	37	7	36	2	
7	9	67	6	78	
8					

① AddUniqueValues 메서드 : 중복 값이나 고유 값에 대한 조건부 서식 추가

② DupeUnique 속성 : xlDuplicate(또는 0)는 중복 값을 찾고 xlUnique(또는 1)는 고유 값을 찾음

CHAPTER 셀 서식

113 데이터 막대 조건부 서식

FormatConditions.AddDatabar 메서드로 추가하는 데이터 막대 조건부 서식은 셀 값의 크기를 데이터 막대의 길이로 표시하여 다른 셀과 값의 크기를 비교합니다. 데이터 막대의 색은 BarColor 속성을 이용하여 설정합니다.

예제 코드

```
Sub Sample113( )
    With Range("E3:E9")
        .FormatConditions.Delete
        .FormatConditions.AddDatabar
        .FormatConditions(1).BarColor.Color = RGB(204, 0, 255)
    End With
End Sub
```

실행 결과

	A	B	C	D	E	F
1						
2		이름	전년도실적	금년도실적	증감율	
3		이재원	6,376,702	5,360,454	-15.9%	
4		선보경	5,758,355	6,963,761	20.9%	
5		최유진	7,024,431	6,959,729	-0.9%	
6		김주호	4,091,666	6,420,096	56.9%	
7		이승현	6,102,122	563,461	-90.8%	
8		이재석	5,412,006	4,919,059	-9.1%	
9		차승연	4,978,130	5,871,069	17.9%	
10						

① AddDatabar 메서드 : 데이터 막대 조건부 서식 추가

② BarColor 속성 : 데이터 막대의 색을 Color 속성을 사용하여 RGB 값으로 설정

- 데이터 막대 조건부 서식에 대해 BarColor(막대의 색), BarBorder(막대 테두리), BarFillType(색 채우기 방법), MaxPoint(최댓값), MinPoint(최솟값) 등의 속성을 사용하여 서식을 지정합니다.

CHAPTER 셀 서식
114 색조 조건부 서식

색조 조건부 서식은 2색조와 3색조로 구분됩니다. AddColorScale 메서드로 색조 조건부 서식을 추가할 때 ColorScaleType 매개 변수에 2 또는 3을 지정하여 색조의 종류를 설정합니다. 색조 조건부 서식을 추가한 후 2색조 또는 3색조의 각 임계값에 대한 색을 변경할 수 있습니다.

예제 코드

```
Sub Sample114( )
    With Range("E3:E9")
        .FormatConditions.Delete
        .FormatConditions.AddColorScale ColorScaleType:=2
        .FormatConditions(1).ColorScaleCriteria(1).FormatColor.Color = RGB(0, 255, 0)
        .FormatConditions(1).ColorScaleCriteria(2).FormatColor.Color = RGB(255, 255, 255)
    End With
End Sub
```

실행 결과

	A	B	C	D	E	F
1						
2		이름	전년도실적	금년도실적	증감율	
3		이재원	6,376,702	5,360,454	-15.9%	
4		선보경	5,758,355	6,963,761	20.9%	
5		최유진	7,024,431	6,959,729	-0.9%	
6		김주호	4,091,666	6,420,096	56.9%	
7		이승현	6,102,122	563,461	-90.8%	
8		이재석	5,412,006	4,919,059	-9.1%	
9		차승연	4,978,130	5,871,069	17.9%	
10						

① AddColorScale 메서드 : 2색조 조건부 서식 추가

② ColorScaleCriteria(인덱스 번호) : 2색조 조건부 서식의 최솟값과 최댓값에 대한 색(FormatColor) 지정

- ColorScaleCriteria(인덱스 번호)로 각 임계값을 참조하여 Type(임계값의 결정 방법), Value(최소/중간/최대 임계값), FormatColor(임계값의 색) 등의 속성을 지정합니다.

CHAPTER 셀 서식

115 아이콘 집합 조건부 서식

아이콘 집합 조건부 서식은 FormatConditions.AddIconSetCondition 메서드를 이용하여 추가합니다. 아이콘 집합은 3~5개의 아이콘을 포함하는데 Workbook 개체의 IconSets 속성으로 아이콘의 종류를 설정합니다.

예제 코드

```
Sub Sample115( )
    With Range("E3:E9")
        .FormatConditions.Delete
        .FormatConditions.AddIconSetCondition
        .FormatConditions(1).IconSet = ActiveWorkbook.IconSets(xl3Flags)
    End With
End Sub
```

실행 결과

	A	B	C	D	E	F
1						
2		이름	전년도실적	금년도실적	증감율	
3		이재원	6,376,702	5,360,454	-15.9%	
4		선보경	5,758,355	6,963,761	20.9%	
5		최유진	7,024,431	6,959,729	-0.9%	
6		김주호	4,091,666	6,420,096	56.9%	
7		이승현	6,102,122	563,461	-90.8%	
8		이재석	5,412,006	4,919,059	-9.1%	
9		차승연	4,978,130	5,871,069	17.9%	
10						

① AddIconSetCondition 메서드 : 아이콘 집합 조건부 서식 추가

② IconSet 속성 : ActiveWorkbook 개체의 IconSets 속성을 이용하여 아이콘 종류를 3색 플래그(xl3Flags)로 설정

- 아이콘 집합 조건부 서식의 IconSet 속성에 'ActiveWorkbook.IconSets(xl3Flags)'와 같이 아이콘 종류를 지정할 수 있습니다. 아이콘 종류는 XlIconSet 상수를 사용하는데 1~16 사이의 값으로 지정해도 됩니다.

CHAPTER 116 범위를 엑셀 표로 변환하기

워크시트 범위를 엑셀 표로 변환하면 여러 가지 편리한 기능을 사용할 수 있게 됩니다. 엑셀 표에서는 데이터의 정렬과 필터링, 서식 지정, 데이터 관리 등이 모두 손쉽게 이루어집니다. 일반적인 셀 범위를 엑셀 표로 변환하고 테이블 스타일을 설정하는 과정을 살펴봅니다.

예제 코드

```
Sub Sample116( )
    Range("B2").Select
    ActiveSheet.ListObjects.Add.Name = "실적표"
    ActiveSheet.ListObjects("실적표").TableStyle = "TableStyleMedium4"
End Sub
```

실행 결과

① 현재 시트에서 현재 위치를 기준으로 목록 개체(ListObjects)를 만들고(Add), 이름(Name)을 '실적표'로 설정

② '실적표'의 표 스타일(TableStyle)을 표 스타일 보통 4(TableStyleMedium4)로 설정

- 엑셀 표를 참조할 때 ActiveSheet.ListObjects(인덱스) 형식을 사용합니다. 인덱스는 표에 설정된 이름을 큰 따옴표로 묶어 지정하거나, 인덱스 번호로 지정합니다.

- ListObjects.TableStyle 속성은 표 스타일을 설정할 때 사용합니다. 표 스타일은 TableStyleLight1(표 스타일 밝게 1), TableStyleMedium1(표 스타일 보통 1), TableStyleDark1(표 스타일 어둡게 1) 등과 같이 밝게, 보통, 어둡게 등을 나타내는 상수에 번호를 붙여 지정합니다.

CHAPTER 셀 서식

117 엑셀 표에 요약 행 추가하기

ListObject.ShowTotals 속성을 True로 설정하면 엑셀 표에 요약 행이 표시됩니다. 요약 행을 표시한 다음 원하는 열을 ListObject.ListColumns 속성으로 참조하여 계산 유형을 합계, 평균, 최대, 최소 등으로 설정해주면 요약 행에 계산 결과가 표시됩니다.

예제 코드

```
Sub Sample117( )
    Dim listTemp As ListObject
    Set listTemp = ActiveSheet.ListObjects("실적표")    // listTemp 개체 변수에 '실적표' 할당 //
    With listTemp
        .ShowTotals = True
        .ListColumns("전년도실적").TotalsCalculation = xlTotalsCalculationSum
        .ListColumns("금년도실적").TotalsCalculation = xlTotalsCalculationSum
    End With
End Sub
```

실행 결과

	A	B	C	D	E	F
1						
2		이름	전년도실적	금년도실적	증감율	
3		이재원	6,376,702	5,360,454	-15.9%	
4		선보경	5,758,355	6,963,761	20.9%	
5		최유진	7,024,431	6,959,729	-0.9%	
6		김주호	4,091,666	6,420,096	56.9%	
7		이승현	6,102,122	563,461	-90.8%	
8		이재석	5,412,006	4,919,059	-9.1%	
9		차승연	4,978,130	5,871,069	17.9%	
10		요약	39,743,412	37,057,629		
11						

① listTemp : 현재 시트에서 '실적표'라는 이름의 목록 개체 할당

② listTemp 개체에 요약행(ShowTotals) 표시

③ '전년도실적' 열과 '금년도실적' 열에 대해 요약 행의 계산 유형(TotalsCalculation)을 합계(xlTotalsCalculationSum)로 설정

CHAPTER 셀 서식
118 엑셀 표를 범위로 변환하기

ListObject.Unlist 메서드는 엑셀 표, 즉 개체 목록을 일반적인 셀 범위로 변환하는 역할을 합니다. 엑셀 표를 범위로 변환하면 자동 필터가 목록에서 제거됩니다. 하지만 각 셀에 설정되어 있는 서식이나 요약 행은 그대로 유지됩니다.

예제 코드

```
Sub Sample118( )
    Dim listTemp As ListObject
    Set listTemp = ActiveSheet.ListObjects("실적표")
    With listTemp
        .ShowTotals = False      // 요약 행 표시 해제 //
        .TableStyle = ""         // 표 스타일 없음 //
        .Unlist                  // 목록 기능 제거 //
    End With
End Sub
```

실행 결과

	A	B	C	D	E	F
1						
2		이름	전년도실적	금년도실적	증감율	
3		이재원	6,376,702	5,360,454	-15.9%	
4		선보경	5,758,355	6,963,761	20.9%	
5		최유진	7,024,431	6,959,729	-0.9%	
6		김주호	4,091,666	6,420,096	56.9%	
7		이승현	6,102,122	563,461	-90.8%	
8		이재석	5,412,006	4,919,059	-9.1%	
9		차승연	4,978,130	5,871,069	17.9%	
10						

참고

- TableStyle 속성으로 표 스타일을 제거하면 엑셀 표로 변환하기 이전의 서식만 유지됩니다.
- ListObject.Delete 메서드를 사용하면 목록 기능을 제거할 뿐만 아니라 워크시트에서 셀 데이터를 지울 수 있습니다.

CHAPTER 셀 서식

119 엑셀 표의 행/열 참조

엑셀 표에서 특정 범위를 참조하는 여러 가지 방법에 대해 알아봅니다. 엑셀 표 (ListObject)의 여러 속성을 사용하여 참조하거나, Range 개체를 이용하여 참조할 수 있습니다.

① 엑셀 표 전체 선택(요약 행 포함)

ActiveSheet.ListObjects("실적표").Range.Select
Range("실적표[#All]").Select

② 엑셀 표의 데이터 범위만 선택

ActiveSheet.ListObjects("실적표").DataBodyRange.Select
Range("실적표").Select

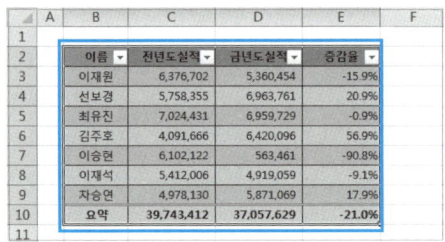

③ 열 전체 참조

ActiveSheet.ListObjects("실적표").ListColumns(3).Range.Select
ActiveSheet.ListObjects("실적표").ListColumns("금년도실적").Range.Select

④ 열의 데이터 범위만 참조

Range("실적표").Columns(4).Select
Range("실적표[증감율]").Select

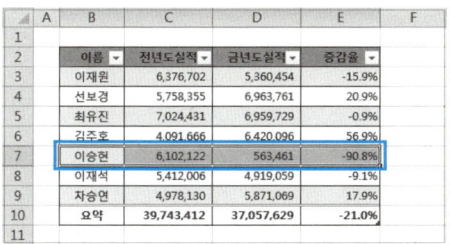
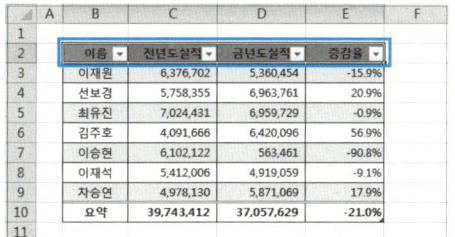

⑤ 행 전체 참조

ActiveSheet.ListObjects("실적표").ListRows(5).Range.Select

※ ListRows는 머리글이나 요약 행을 포함시키지 않습니다.

⑥ 제목 행 참조

ActiveSheet.ListObjects("실적표").HeaderRowRange.Select

⑦ 요약 행 전체 참조

ActiveSheet.ListObjects("실적표").TotalsRowRange.Select

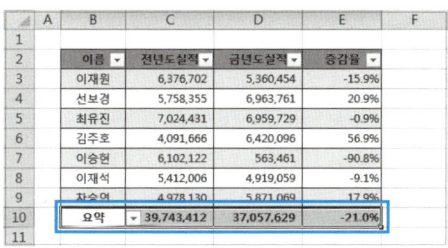

CHAPTER 워크시트 편집

120 행/열 크기 설정

워크시트에서 셀의 크기는 행의 높이와 열의 너비로 결정됩니다. 행 높이는 Range.RowHeight 속성을 통해 설정하고, 열 너비는 Range.ColumnWidhth 속성을 통해 설정합니다.

예제 코드

```
Sub Sample120( )
    Rows("2").RowHeight = 25
    Columns("C:D").ColumnWidth = 20
End Sub
```

실행 결과

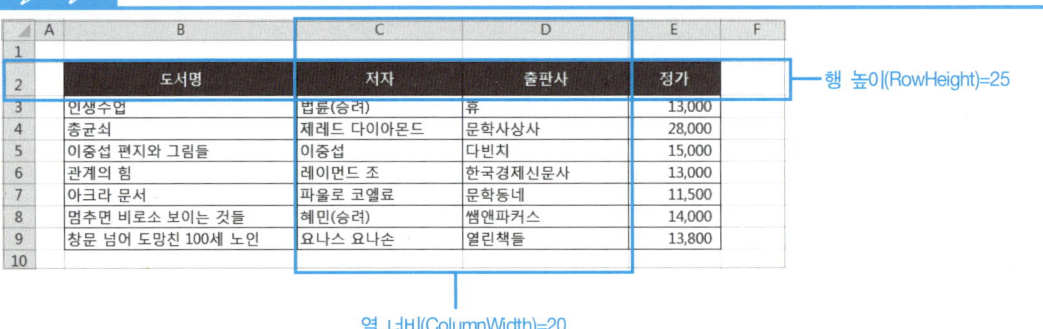

참고

- Range.UseStandardHeight = True : 지정한 범위의 행 높이를 표준 높이로 지정합니다.
- Range.UseStandardWidth = True : 지정한 범위의 열 너비를 표준 너비로 지정합니다.

CHAPTER 121 자동으로 행/열 크기 설정

Range.AutoFit 메서드는 지정한 범위의 행 높이나 열 너비를 가장 알맞은 크기로 변경합니다. 행 높이는 같은 행에서 가장 큰 글꼴에 맞게 변경되고, 열 너비는 같은 열에서 가장 긴 데이터 길이에 맞게 변경됩니다.

예제 코드

```
Sub Sample121( )
    With Range("B2:E9")
        .Rows.AutoFit
        .Columns.AutoFit
    End With
End Sub
```

실행 결과

A	B	C	D	E	F
	도서명	저자	출판사	정가	
	인생수업	법륜(승려)	휴	13,000	
	총균쇠	제레드 다이아몬드	문학사상사	28,000	
	이중섭 편지와 그림들	이중섭	다빈치	15,000	
	관계의 힘	레이먼드 조	한국경제신문사	13,000	
	아크라 문서	파울로 코엘료	문학동네	11,500	
	멈추면 비로소 보이는 것들	혜민(승려)	쌤앤파커스	14,000	
	창문 넘어 도망친 100세 노인	요나스 요나손	열린책들	13,800	

① [B2:E9]의 행에 대해 행 높이를 자동 설정

② [B2:E9]의 열에 대해 열 너비를 자동 설정

- Range.AutoFit 메서드를 사용할 때 Range 개체가 행 또는 열 범위를 반환하지 않으면 오류가 발생합니다. 그래서 Rows 또는 Columns 속성을 함께 사용합니다.

CHAPTER 워크시트 편집

122 행/열 숨기기

행의 높이를 0으로 설정하거나 열의 너비를 0으로 설정하면 결과적으로 행이나 열을 숨긴 결과가 됩니다. 여기서는 Range.Hidden 속성을 사용하여 행 또는 열을 숨기는 과정을 살펴봅니다. 이 속성을 True로 설정하면 행/열이 숨겨지고, False로 지정하면 원래 크기로 다시 나타납니다.

예제 코드

```
Sub Sample122( )
    If Columns("B").Hidden = True Then      // [B]열의 숨기기 속성(Hidden)이 True이면 //
        Columns("B").Hidden = False         // 숨기기 속성(Hidden)을 False로 설정(숨기기 취소) //
    Else
        Columns("B").Hidden = True          // 숨기기 속성(Hidden)을 True로 설정(숨기기) //
    End If
End Sub
```

실행 결과

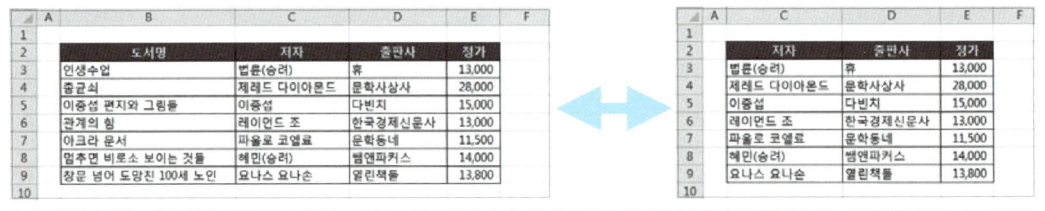

TIP Not 키워드 사용

위에서 사용한 If...End If 구조 대신 다음과 같은 한 줄의 코드로 같은 기능을 수행할 수 있습니다. 이 코드는 [B]열의 숨기기(Hidden) 속성을 Not 키워드를 이용하여 현재 숨기기 속성의 반대로 설정합니다.

Columns("B").Hidden = Not Columns("B").Hidden

CHAPTER

123 셀 삽입하기

워크시트 편집

Range.Insert 메서드는 셀 범위를 삽입할 때 사용합니다. 지정한 셀 범위(Range)만큼 삽입을 실행한 다음 기존 셀을 아래쪽이나 오른쪽으로 밀어냅니다. 매개 변수를 이용하여 셀을 밀어낼 방향과 삽입한 셀에 적용할 서식을 지정할 수 있습니다.

예제 코드

```
Sub Sample123( )
    Range("B3:D3").Insert Shift:=xlShiftDown, CopyOrigin:=xlFormatFromRightOrBelow
End Sub
```

실행 결과

	A	B	C	D	E
1					
2		도서명	저자	정가	
3					
4		인생수업	법륜(승려)	13,000	
5		총균쇠	재레드 다이아몬드	28,000	
6		이중섭 편지와 그림들	이중섭	15,000	
7		관계의 힘	레이먼드 조	13,000	
8		아크라 문서	파울로 코엘료	11,500	
9		멈추면 비로소 보이는 것들	혜민(승려)	14,000	
10		창문 넘어 도망친 100세 노인	요나스 요나손	13,800	
11					

① [B3:D3] 셀 범위를 삽입하고 기존 셀을 아래로 밀기(Shift 매개 변수), 아래와 같은 서식 사용(CopyOrigin 매개 변수)

〈구문〉 Range.Insert 메서드

Range개체.Insert(Shift, CopyOrigin)

- **Shift** : 기존 셀을 이동하는 방법으로 xlShiftDown(아래로 밀기), xlShiftToRight(오른쪽으로 밀기) 중 하나로 지정해야 합니다. 생략할 경우 셀 범위의 모양에 따라 자동 결정됩니다.
- **CopyOrigin** : 삽입한 셀에 적용할 서식의 원본으로 xlFormatFromLeftOrAbove(왼쪽 또는 위와 같은 서식), xlFormatFromRightOrBelow(오른쪽 또는 아래와 같은 서식) 중 하나로 지정합니다. 생략할 경우 왼쪽이나 위와 같은 서식이 복사됩니다.

CHAPTER 워크시트 편집

124 3행마다 행 삽입하기

길이가 긴 목록에서 가독성을 높이기 위해 일정한 행마다 비어 있는 행을 삽입하는 과정을 살펴봅니다. 여기서는 3행마다 빈 행을 삽입하는데, 첫 번째 셀(제목 행)부터 시작하여 4행 아래에 행을 삽입하는 과정이 반복됩니다.

예제 코드

```
Sub Sample124( )
    Dim intA As Integer, intB As Integer
    intB = Range("B2").CurrentRegion.Rows.Count
    Range("B2").Select
    For intA = 1 To (intB - 2) ₩ 3        // intB가 10이면 2번, 11이면 3번을 반복함 //
        ActiveCell.Offset(4).Select
        ActiveCell.EntireRow.Insert
    Next
End Sub
```

실행 결과

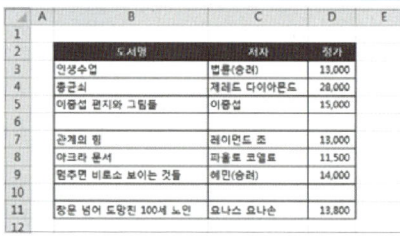

① intB : [B2] 셀이 포함된 영역의 행 개수

② [B2] 셀 선택(Select)

③ (행 개수-2)를 3으로 나눈 몫만큼 ④ 반복

④ 4행 아래쪽 셀을 선택하고 행 전체 삽입

참고

- ₩ 연산자는 두 수를 나눈 몫을 정수로 반환합니다. 마지막 3행 다음에는 행을 삽입할 필요가 없으므로 (행 개수-2)를 3으로 나눈 몫만큼 행 삽입을 반복합니다.

CHAPTER 워크시트 편집

125 특정 행 위에 행 삽입하기

표가 여러 개의 제목 행으로 구성되어 있을 때 제목 행 위에 새로운 행을 삽입해서 하나의 표를 여러 개의 표로 나누는 과정을 살펴보겠습니다. 중요한 점은 행을 삽입하는 코드를 반복하기 위해 표의 마지막 행부터 위쪽으로 진행한다는 것입니다.

예제 코드

```
Sub Sample125( )
    Dim intA As Integer, intB As Integer
    intB = Range("B2").CurrentRegion.Rows.Count + 1
    For intA = intB To 3 Step -1
        Cells(intA, 2).Select
        If ActiveCell Like "*강의실" Then
            ActiveCell.EntireRow.Insert
            ActiveCell.EntireRow.ClearFormats
        End If
    Next
End Sub
```

실행 결과

01 표 아래부터 실행하기

표에서 [B] 열의 셀에 '강의실'이 포함되어 있으면 제목 행으로 간주하여 새로운 행을 삽입하는 프로시저에서 위에서 아래로 검색을 진행할 것인지, 아래에서 위로 검색을 진행할 것인지에 따라 코드 구성이 달라집니다. 위에서 아래로 진행할 경우 조건에 걸려서 행을 삽입한 다음 기존 행이 다음 행으로 밀리기 때문에, 다음 실행에서 다시 검색에 걸리는 오류가 나타납니다. 이렇게 되면 처음 조건을 만족하는 행에서 계속해서 행 삽입이 일어납니다.

이런 문제로 표의 맨 아래에서 위로 검색을 진행하면서 조건을 만족하는 행이 나타나면 행을 삽입하도록 코드를 구성했습니다. 다음 코드에서 intB 변수에는 [B2] 셀이 포함되어 있는 영역의 행 개수에 1을 더한 값이 지정됩니다. 1을 더하는 이유는 2행부터 표가 시작되기 때문입니다. 그리고 표의 마지막 행에서, 즉 intB 행에서 3행까지 1씩 카운터 변수의 값을 감소시키면서 For...Next 안의 코드가 실행됩니다. 카운터 변수의 마지막 값을 3으로 지정한 이유는 표의 시작 행인 2행에서 행 삽입이 실행되지 않아야 하기 때문입니다.

```
intB = Range("B2").CurrentRegion.Rows.Count + 1
For intA = intB To 3 Step -1
        조건을 비교하여 행을 삽입하는 코드 삽입
Next
```

02 조건을 만족할 때 행 삽입하기

다음 코드에서 Cells(intA, 2)는 표의 맨 마지막 행부터 2열, 즉 [B] 열에 있는 셀을 선택하기 위한 것입니다. 선택 후 현재 셀이 '강의실'로 끝나는지 Like 연산자로 비교하고, 그렇다면 현재 셀이 들어 있는 행에서 Insert 메서드로 행을 삽입합니다. 행을 삽입하고 난 다음 ClearFormats 메서드로 기존의 서식을 모두 지워줍니다.

```
Cells(intA, 2).Select
If ActiveCell Like "*강의실" Then
        ActiveCell.EntireRow.Insert
        ActiveCell.EntireRow.ClearFormats
End If
```

TIP Like 연산자

Like 연산자는 두 개의 문자열을 비교할 때 사용하는데 다른 연산자를 사용할 때와는 다르게 여러 가지 융통성을 포함시킬 수 있습니다. '문자열 Like 패턴' 형식으로 Like 연산자를 사용할 수 있습니다. 지정한 문자열이 지정한 패턴에 일치하면 True, 일치하지 않으면 False를 반환합니다.

다음은 Like 연산자의 패턴에서 사용할 수 있는 특별한 문자들입니다. 패턴은 문자열로 지정해야 합니다.

패턴 내의 문자	일치하는 문자열
?	임의의 한 문자
*	임의의 여러 문자(0개 이상의 문자)
#	임의의 숫자 하나(0~9)
[charlist]	charlist 내의 한 문자
[!charlist]	charlist 내에 없는 문자

- strTemp Like "*지점" : '지점'으로 끝나는 문자열
- strTemp Like "제#강의실" : 첫 문자는 '제', 두 번째 문자는 숫자, 나머지는 '강의실'인 문자열
- strTemp Like "[A,K,U]*" : 첫 문자는 A, K, U 중의 하나, 나머지는 임의의 문자열
- strTemp Like "[!A-G]#" : 첫 문자가 A부터 G사이의 문자가 아니고, 두 번째 문자가 숫자인 문자열 (문자 범위를 지정할 때 하이픈(-) 사용. 문자 범위는 오름차순으로 지정해야 함)
- strTemp Like "[A-Z]?#" : 첫 문자는 A-G 사이의 문자, 두 번째 문자는 임의의 한 문자, 세 번째 문자는 숫자인 문자열
- strTemp Like "[!A-Z]*!" : 첫 문자가 A-Z 사이의 문자가 아니고, 마지막 문자는 느낌표(!), 첫 문자와 마지막 문자 사이에는 임의의 문자열(*)
  (느낌표(!)가 대괄호 안에 사용되면 charlist에 포함되지 않은 문자일 경우 일치한다는 것을 의미하지만, 대괄호 밖에서 사용되면 느낌표(!) 자신의 문자를 의미함)

CHAPTER 126 셀 삭제하기

셀을 삽입할 때는 Range.Insert 메서드를 사용하고, 셀을 삭제할 때는 Range.Delete 메서드를 사용합니다. 셀을 삭제한 후 삭제된 셀을 메꾸기 위해 셀을 왼쪽으로 밀지, 위로 밀지를 지정할 수 있습니다.

예제 코드

```
Sub Sample126( )
    Selection.Delete xlShiftUp    // 선택한 영역을 삭제하고, 셀을 위로 밀기 //
End Sub
```

실행 결과

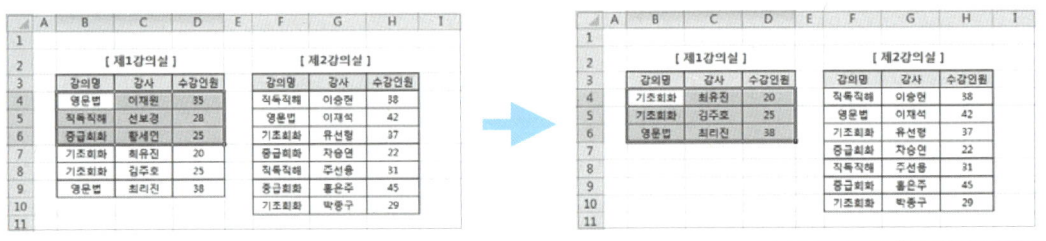

〈구문〉 Range.Delete 메서드

Range개체.Delete(Shift)

- **Shift** : 삭제된 셀 범위를 메꾸기 위해 셀을 미는 방식으로 xlShiftToLeft(셀을 왼쪽으로 밀기), xlShiftUp(셀을 위로 밀기) 중 하나로 지정합니다. 생략할 경우 셀 범위의 모양에 따라 자동으로 결정됩니다.

CHAPTER 127 조건에 맞는 행 삭제하기

특정 조건에 맞는 셀을 찾아 해당 셀이 들어 있는 행 전체를 삭제하는 과정입니다. 여기서는 수강인원이 0인 행을 찾아 삭제합니다. 행을 삭제할 때는 항상 목록의 마지막부터 위로 거슬러 올라가면서 삭제 작업이 이루어져야 합니다.

예제 코드

```vb
Sub Sample127( )
    Dim intA As Integer, intB As Integer
    intB = Range("B2").CurrentRegion.Rows.Count + 1
    For intA = intB To 3 Step -1
        Cells(intA, "D").Select
        If ActiveCell = 0 Then ActiveCell.EntireRow.Delete
    Next
End Sub
```

실행 결과

	A	B	C	D	E
1					
2		강의명	강사	수강인원	
3		영문법	이재원	35	
4		직독직해	선보경	28	
5		중급회화	황세연	0	
6		기초회화	최유진	20	
7		기초회화	김주호	25	
8		영문법	최리진	0	
9		직독직해	이승현	38	
10		영문법	이재석	42	
11		기초회화	유선형	0	
12		중급회화	차승연	22	
13					

→

	A	B	C	D	E
1					
2		강의명	강사	수강인원	
3		영문법	이재원	35	
4		직독직해	선보경	28	
5		기초회화	최유진	20	
6		기초회화	김주호	25	
7		직독직해	이승현	38	
8		영문법	이재석	42	
9		중급회화	차승연	22	
10					
11					
12					
13					

[D12] 셀부터 [D3] 셀까지 순환하면서 각 셀의 값이 '0'이면 해당 셀이 들어 있는 행 전체 삭제(EntireRow.Delete)

CHAPTER 128 중복 값 제거하기

Range.RemoveDuplicates 메서드는 목록 범위의 지정한 열에서 중복 값이 있는지 확인하여 중복 값을 제거합니다. 중복을 확인할 열은 특정 열로 지정하거나 Array 함수를 사용하여 여러 개의 열로 지정할 수 있습니다.

예제 코드

```
Sub Sample128( )
    Range("B2:E10").RemoveDuplicates Array(2, 3), xlYes    // 2열과 3열의 데이터가 모두 같을 경우 제거 //
End Sub
```

실행 결과

	A	B	C	D	E	F
1						
2		번호	강의명	강사명	수강인원	
3		1	영문법	이재원	35	
4		2	영문법	이재석	42	
5		3	중급회화	차승연	22	
6		4	직독직해	최유진	20	
7		5	중급회화	김주호	25	
8		6	영문법	이재원	35	
9		7	직독직해	이승현	38	
10		8	중급회화	차승연	22	
11						

→

	A	B	C	D	E	F
1						
2		번호	강의명	강사명	수강인원	
3		1	영문법	이재원	35	
4		2	영문법	이재석	42	
5		3	중급회화	차승연	22	
6		4	직독직해	최유진	20	
7		5	중급회화	김주호	25	
8		7	직독직해	이승현	38	
9						
10						
11						

〈구문〉 Range.RemoveDuplicates 메서드

Range개체.RemoveDuplicates(Columns, Header)

- **Columns** : 중복 데이터가 들어 있는지 확인할 열 번호를 Array 함수를 사용하여 배열로 지정합니다. 생략할 경우 지정한 모든 범위의 열을 확인합니다.
- **Header** : 지정한 범위의 첫째 행에 머리글 정보가 있는지 지정합니다. xlNo(없음), xlYes(있음), xlGuess(자동 결정) 중 하나로 지정하며, 생략할 경우 xlNo로 처리합니다.

CHAPTER 워크시트 편집

129 셀 범위 복사하기

셀 범위를 다른 곳에 복사할 때 Range.Copy 메서드를 사용합니다. 이 메서드는 사용 방법이 매우 간단합니다. '원본 범위.Copy 새 범위' 형식으로 사용하면 원본 범위를 새 범위에 복사합니다.

예제 코드

```
Sub Sample129( )
    Range("B2:D6").Copy Range("F2")     // [B2:D6]을 [F2] 셀에 복사 //
    Range("B2:D6").Copy Range("B8")
    Range("B2:D6").Copy Range("F8")
End Sub
```

실행 결과

TIP 다른 시트에 복사하기

셀 범위를 다른 워크시트에 복사하려면 Range.Copy 메서드의 Destination 매개 변수를 지정할 때 워크시트까지 지정하면 됩니다. Destination 매개 변수는 복사할 새 범위로 생략하면 클립보드에 복사합니다.

Range("B2:D6").Copy Worksheets("Sheet7").Range("B2")

CHAPTER 130 셀 범위 이동하기

워크시트 편집

셀 범위를 다른 곳에 복사할 때는 Range.Copy 메서드를 사용하고, 다른 곳에 이동할 때는 Range.Cut 메서드를 사용합니다. 두 메서드의 사용 형식은 동일합니다.

예제 코드

```
Sub Sample130( )
    Range("B2:D2").Copy Range("F2")      // [B2:D2]를 [F2] 셀에 복사 //
    Range("B8:D10").Cut Range("F3")      // [B8:D10]을 [F3] 셀로 이동 //
End Sub
```

실행 결과

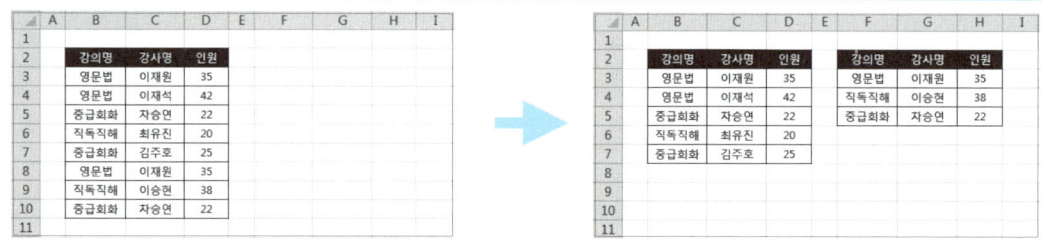

TIP 잘라낸 셀 삽입하기

Range.Cut 메서드를 사용할 때 이동할 새 범위를 지정하지 않으면 지정한 범위는 일단 클립보드에 저장됩니다. 클립보드에 저장된 셀 범위를 Range.Inset 메서드를 사용하여 새로운 위치에 삽입할 수 있습니다. 다음 두 줄은 [B3:D4]를 잘라내어 클립보드에 저장한 다음, [B8] 셀 위치에 삽입합니다.

Range("B3:D4").Cut

Range("B8").Insert

CHAPTER 131 클립보드 내용 붙여넣기

Range.Copy 메서드로 셀 범위를 복사하거나, Range.Cut 메서드로 셀 범위를 잘라낼 때 붙여넣을 새 범위를 지정하지 않으면 클립보드로 저장됩니다. 클립보드 내용을 특정 위치에 붙여 넣기 위하여 Worksheet.Paste 메서드를 사용합니다.

예제 코드

```
Sub Sample131( )
    Range("B2:D6").Copy                    // [B2:D6]을 복사하여 클립보드에 저장 //
    ActiveSheet.Paste Range("F2")          // 클립보드 내용을 [F2] 셀에 붙여넣기 //
    Range("F8").Select                     // [F8] 셀 선택 //
    ActiveSheet.Paste                      // 클립보드 내용을 현재 시트의 현재 위치에 붙여넣기 //
End Sub
```

실행 결과

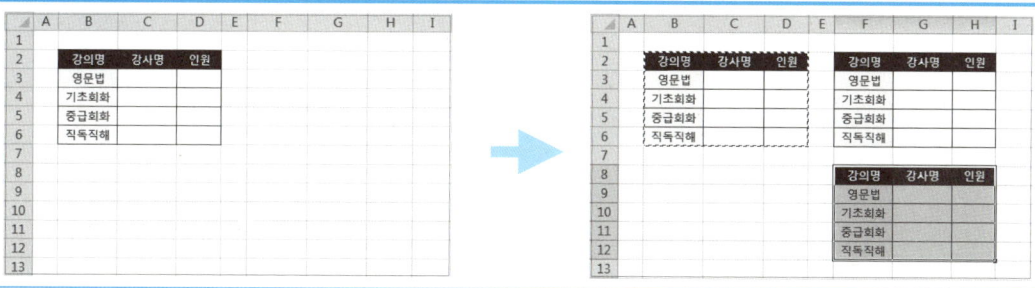

- 셀 범위를 복사(Copy)하여 클립보드에 저장하면 다시 복사 명령을 실행하지 않고도 여러 곳에 계속해서 붙여넣기(Paste)가 가능합니다.
- 잘라내기(Cut)로 클립보드에 저장한 경우에는 한 번만 붙여넣기(Paste)가 가능합니다.

〈구문〉 Worksheet.Paste 메서드

> Worksheet개체.Paste(Destination, Link)

- 클립보드에 저장되어 있는 내용을 지정한 위치에 붙여넣기를 실행합니다.
- Destination : 클립보드 내용을 붙여 넣을 위치를 지정합니다. 생략할 경우 현재 위치에 붙여 넣게 됩니다. Destination 매개 변수를 지정하면 Link 매개 변수를 사용할 수 없습니다.
- Link : 현재 위치에 클립보드의 내용을 붙여 넣을 때 원본에 대한 연결을 만들지 여부를 True 또는 False로 지정합니다. 생략할 경우 기본값은 False입니다. True로 지정하면 셀에 '=B2' 와 같은 수식이 입력되어 원본의 값과 연결됩니다. Link 매개 변수를 사용하는 경우 Destination 매개 변수를 사용할 수 없습니다. 따라서 Paste 메서드를 사용하기 전에 붙여 넣을 위치를 선택해야 합니다.

TIP 화면 정리 방법

Range.Copy 메서드를 사용하여 클립보드에 내용을 저장한 경우 셀 범위에 이동 테두리가 표시됩니다. 이동 테두리는 Worksheet.Paste 메서드를 사용하고 난 후나 프로시저가 종료된 후에도 그대로 남아있게 됩니다. 이동 테두리를 제거하려면 CutCopyMide(잘라내기 또는 복사 모드 상태) 속성을 False로 만드는 다음 코드를 삽입합니다.

Application.CutCopyMode = False

프로시저가 실행되는 동안 화면의 변경 상태가 그대로 사용자에게 노출됩니다. 예를 들어 어떤 시트의 셀 범위를 복사한 후 다른 시트의 특정 셀을 선택하여 붙여 넣은 다음, 다시 이전 시트로 되돌아온다거나 하는 작업 과정을 사용자가 보지 못하도록 하려면 화면 업데이트를 설정하는 ScreenUpdating 속성을 다음과 같이 사용합니다. 화면 업데이트를 False로 설정하면 사용자가 화면 변경 상태를 볼 수 없을 뿐만 아니라 매크로 실행 속도까지 향상시킬 수 있습니다.

Application.ScreenUpdating = False

... 필요한 작업 코드

Application.ScreenUpdating = True

CHAPTER 워크시트 편집

132 선택하여 붙여넣기

선택하여 붙여넣기는 셀 범위를 복사한 다음 새 범위에 원본의 값, 서식, 메모, 열 너비 등 원하는 항목만 붙여 넣는 기능입니다. Range.PasteSpecial 메서드로 선택하여 붙여넣기를 실행할 수 있습니다.

예제 코드

```
Sub Sample132( )
    Range("B2:D6").Copy
    Range("F2").PasteSpecial xlPasteFormats    // 서식만 붙여넣기 //
    Range("F8").PasteSpecial xlPasteValues     // 값만 붙여넣기 //
    Application.CutCopyMode = False
End Sub
```

실행 결과

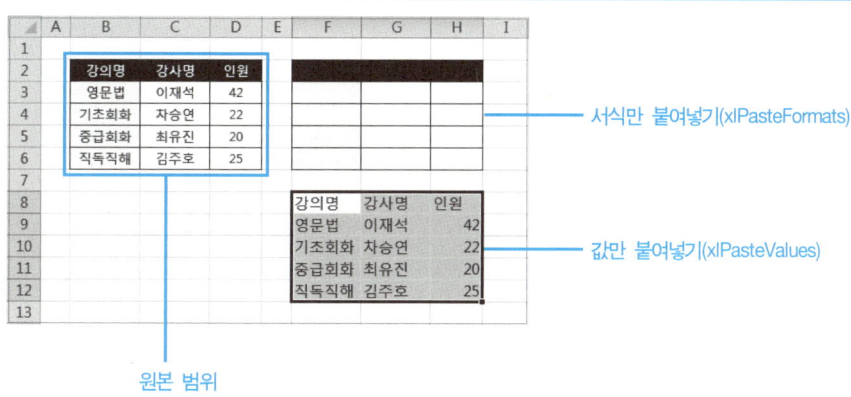

〈구문〉 Range.PasteSpecial 메서드

Range개체.PasteSpecial(Paste, Operation, SkipBlanks, Transpose)

- Paste : 복사한 원본 중 붙여 넣을 부분을 지정하는 xlPasteType 상수 중 하나입니다.

xlPasteType 상수	붙여 넣을 부분
xlPasteAll	모든 내용
xlPasteFormulas	수식만
xlPasteValues	값만
xlPasteFormats	원본 서식만
xlPasteComments	메모만
xlPasteValidation	유효성 검사만
xlPasteAllUsingSourceTheme	원본 테마를 사용하는 모든 내용
xlPasteAllExceptBorders	테두리를 제외한 모든 내용
xlPasteColumnWidths	복사된 열 너비
xlPasteFormulasAndNumberFormats	수식 및 표시 형식
xlPasteValuesAndNumberFormats	값 및 표시 형식
xlPasteAllMergingConditionalFormats	조건부 서식 모두 병합

- Operation : 연산 옵션을 지정하는 xlPasteSpecialOperation 상수 중 하나입니다.

xlPasteSpecialOperation 상수	연산 방법
xlPasteSpecialOperationNone	연산 없이 붙여 넣기 실행
xlPasteSpecialOperationAdd	복사 데이터를 대상 셀의 값에 더하기
xlPasteSpecialOperationSubtract	복사 데이터를 대상 셀의 값에서 빼기
xlPasteSpecialOperationMultiply	복사 데이터를 대상 셀의 값에 곱하기
xlPasteSpecialOperationDivide	복사 데이터를 대상 셀의 값으로 나누기

- SkipBlanks : True로 지정하면 복사 데이터 중 빈 셀은 붙여 넣지 않습니다. 즉, 대상 셀의 데이터가 그대로 유지됩니다. 생략할 경우 False로 지정됩니다.
- Transpose : True이면 붙여 넣을 때 행과 열을 바꿉니다. 생략할 경우 False로 처리됩니다.

CHAPTER 133 일괄적으로 5,000씩 더하기

선택하여 붙여넣기 기능 중 연산 옵션을 사용하면 데이터를 더 쉽게 업데이트할 수 있습니다. 여기서는 원하는 범위에 일괄적으로 5,000씩을 더하는 과정입니다. 먼저 5,000을 복사한 다음 지정한 범위에 복사한 내용을 더하면서 붙여 넣습니다.

예제 코드

```
Sub Sample133( )
    Range("G3").Copy
    Range("E3:E9").PasteSpecial xlPasteValues, xlPasteSpecialOperationAdd
    Application.CutCopyMode = False
End Sub
```

실행 결과

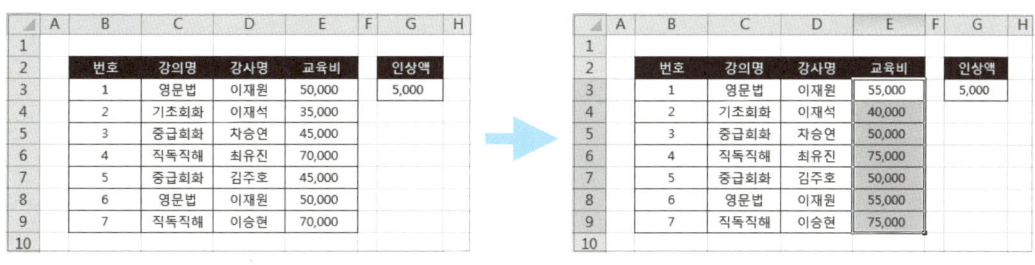

- Range.PasteSpecial 메서드에서 Operation 매개 변수를 사용할 때 Paste 매개 변수를 사용하지 않으면 복사한 내용을 더하기만 하는 것이 아니라 서식까지 함께 복사됩니다. 서식은 제외하고 값만 더하려면 Paste 매개 변수를 xlPasteValues로 지정합니다.

CHAPTER 134 워크시트 편집
행과 열을 바꿔서 붙여넣기

Range.PasteSpecial 메서드의 Transpose 매개 변수는 복사한 내용을 그대로 붙여 넣을 것인지 행과 열을 바꿔 붙여 넣을 것인지를 결정합니다. Transpose 매개 변수를 True로 지정하면 복사한 원본의 행과 열을 바꿔 다른 곳에 붙여 넣을 수 있습니다.

예제 코드

```
Sub Sample134( )
    Range("B2:D5").Copy
    Range("B7").PasteSpecial Transpose:=True
    Application.CutCopyMode = False
End Sub
```

실행 결과

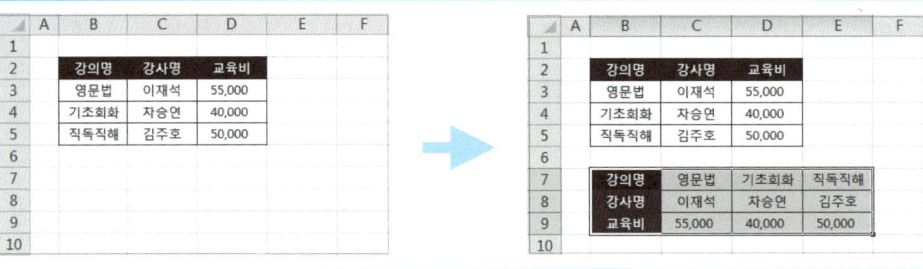

- Range.PasteSpecial 메서드에서 Transpose 매개 변수만 사용할 때 다음과 같이 두 가지 형식으로 코드를 작성할 수 있습니다.
    - Range("B7").PasteSpecial Transpose:=True
    - Range("B7").PasteSpecial , , , True

CHAPTER 워크시트 편집

135 데이터 찾기

Range.Find 메서드는 셀 범위에서 특정 데이터를 찾습니다. 워크시트에서 [찾기 및 바꾸기] 대화상자의 [찾기] 탭에서 데이터를 찾을 때와 동일하게 동작합니다. Range.Find 메서드는 일치하는 데이터를 찾지 못할 경우 Nothing을 반환합니다.

예제 코드

```
Sub Sample135( )
    Dim rngSource As Range, rngFind As Range
    Set rngSource = Range("B2").CurrentRegion.Columns(3)
    Set rngFind = rngSource.Find(Range("H2"))

    If Not rngFind Is Nothing Then
        Range("G5") = rngFind.Offset(, -1)
        Range("H5") = rngFind.Offset(, 1)
    Else
        Range("G5:H5").ClearContents
        MsgBox "데이터를 찾을 수 없습니다."
    End If
End Sub
```

실행 결과

	A	B	C	D	E	F	G	H	I
1									
2		번호	강의명	강사명	교육비		강사명	최유진	
3		1	영문법	이재원	55,000				
4		2	기초회화	이재석	40,000		강의명	교육비	
5		3	중급회화	차승연	50,000		직독직해	75,000	
6		4	직독직해	최유진	75,000				
7		5	중급회화	김주호	50,000				
8		6	영문법	이재원	55,000				
9		7	직독직해	이승현	75,000				
10									

① rngSource : [B2] 셀이 포함된 영역의 3번째 열(D2:D9)

② rngFind : rngSource에서 [H2] 셀의 값과 일치하는 셀

③ rngFind가 Nothing인지 아닌지에 따라 처리(If...Then...Else...End If)

195

01 데이터 찾기

다음 코드에서 rngSource에는 [B2] 셀이 들어 있는 영역(CurrentRegion)에서 '3'열이 할당됩니다. 이 rngSource는 Range.Find 메서드에서 찾을 범위인 Range 개체로 사용됩니다. rngFind 변수에는 Find 메서드로 찾은 rngSource 범위에서 [H2] 셀과 일치하는 셀이 할당됩니다.

```
Set rngSource = Range("B2").CurrentRegion.Columns(3)
Set rngFind = rngSource.Find(Range("H2"))
```

Range.Find 메서드로 [H2] 셀과 일치하는 셀을 찾으면 해당 셀이 rngFind 변수에 할당되지만, 찾지 못한 경우에는 Nothing이 반환됩니다.

02 찾은 결과에 따라 처리하기

rngFind 변수의 값이 Nothing과 같지 않으면, 즉 일치하는 셀을 찾았다면 [G5] 셀에는 찾은 셀의 왼쪽 열에 있는 값을 지정하고, [H5] 셀에는 찾은 셀의 오른쪽 열에 있는 값을 지정합니다.

```
If Not rngFind Is Nothing Then
    Range("G5") = rngFind.Offset(, -1)
    Range("H5") = rngFind.Offset(, 1)
Else
    Range("G5:H5").ClearContents
    MsgBox "데이터를 찾을 수 없습니다."
End If
```

rngFind에 Nothing이 반환되었다면 일치하는 셀을 찾지 못한 것이므로 [G5:H5] 범위의 내용을 ClearContents 메서드로 지우고, 메시지 상자를 표시합니다. Range.ClearContents 메서드는 지정한 범위에서 서식을 제외하고 데이터만 지웁니다.

〈구문〉 Range.Find 메서드

Range개체.Find(What, After, LookIn, LookAt, SearchOrder, SearchDirection, MatchCase, MatchByte, SearchFormat)

- **What** : 찾을 데이터로 생략할 수 없습니다.
- **After** : 찾기를 시작할 셀로 지정한 범위의 단일 셀이어야 합니다. 생략할 경우 지정한 범위의 왼쪽 위 모서리에 있는 셀부터 찾기를 시작합니다.
- **LookIn** : 찾을 데이터의 유형을 지정합니다. xlValues(값), xlFormulas(수식), xlComments(메모) 중 하나로 지정합니다.
- **LookAt** : xlWhole로 지정하면 전체 셀 내용이 일치할 때 찾고, xlPart로 지정하면 일부만 일치해도 찾습니다.
- **SearchOrder** : 범위의 검색 순서를 지정합니다. xlByRows로 지정하면 한 행에서 가로로 검색한 후 다음 행으로 이동합니다. xlByColumns로 지정하면 한 열에서 아래로 검색한 후 다음 열로 이동합니다.
- **SearchDirection** : 검색 방향으로 xlNext로 지정하면 일치하는 다음 값을 찾고, xlPrevious로 지정하면 일치하는 이전 값을 찾습니다.
- **MatchCase** : 대/소문자 구분 여부를 지정합니다. True로 지정하면 검색할 때 대/소문자를 구분합니다. 생략할 경우 False입니다.
- **MatchByte** : 전자/반자 구분 여부를 지정합니다. True로 지정하면 전자/반자를 구분하고, False로 지정하면 구분하지 않습니다.
- **SearchFormat** : 서식을 지정하여 찾습니다.

> **참고**
>
> - Range.Find 메서드에서 What 매개 변수를 제외하고 나머지 매개 변수는 모두 선택적으로 사용할 수 있는 매개 변수입니다. 즉, 생략이 가능한 매개 변수입니다.
> - Range.Find 메서드를 사용할 때마다 LookIn, LookAt, SearchOrder, MatchByte 매개 변수에 대한 설정이 저장됩니다. 만약 이러한 매개 변수를 생략했다면 마지막 사용 설정이 그대로 사용됩니다.
> - 워크시트에서 직접 [찾기 및 바꾸기] 대화상자의 설정을 변경했을 경우에도 설정이 저장되기 때문에 Range.Find 메서드를 사용할 때 그대로 영향을 줍니다.

CHAPTER 워크시트 편집

136 다음 데이터 찾기

Range.Find 메서드로 일치하는 데이터를 찾은 후 찾기를 마치는 것이 아니라 다음으로 일치하는 데이터를 계속 찾아야 할 경우도 있습니다. Range.Find 메서드로 시작된 검색을 계속하기 위해 Range.FindNext 메서드 또는 Range.FindPrevious 메서드를 사용합니다.

예제 코드

```
Sub Sample136( )
    Dim rngSource As Range, rngFind As Range
    Dim strAddress As String, intRow As Integer

    Set rngSource = Range("B2").CurrentRegion.Columns(2)
    Set rngFind = rngSource.Find(Range("H2"))

    If Not rngFind Is Nothing Then
        strAddress = rngFind.Address
        intRow = 5

        Do
            Cells(intRow, "G") = rngFind.Offset(, 1)
            Cells(intRow, "H") = rngFind.Offset(, 2)
            intRow = intRow + 1
            Set rngFind = rngSource.FindNext(rngFind)
        Loop Until rngFind.Address = strAddress

    Else
        Range("G5:H9").ClearContents
    End If
End Sub
```

실행 결과

	A	B	C	D	E	F	G	H	I
1									
2		번호	분류	상품코드	단가		분류	아동의류	
3		1	여성의류	L-572	35,800				
4		2	아동의류	K-559	30,300		상품코드	단가	
5		3	패션잡화	J-313	30,400		K-559	30,300	
6		4	아동의류	D-215	15,900		D-215	15,900	
7		5	여성의류	C-108	22,400		U-716	21,400	
8		6	아동의류	U-716	21,400				
9		7	패션잡화	I-440	38,200				
10									

① Find 메서드로 첫 번째 데이터를 찾아 결과를 범위에 입력하기

② FindNext 메서드로 다음 데이터를 찾아 결과를 범위에 입력하기

〈구문〉 Range.FindNext 메서드

Range개체.FindNext(After)

- After : 찾기를 시작할 셀의 이전 셀을 지정합니다. 여기에 지정한 셀의 다음 셀부터 뒤쪽 방향으로 다시 찾기가 시작됩니다. 생략할 경우 지정한 범위의 왼쪽 위 모서리에 있는 다음 셀부터 검색이 시작됩니다.

〈구문〉 Range.FindPrevious 메서드

Range개체.FindPrevious(After)

- After : 찾기를 시작할 셀의 다음 셀을 지정합니다. 여기에 지정한 셀의 이전 셀부터 앞쪽 방향으로 다시 찾기가 시작됩니다. 생략할 경우 지정한 범위의 왼쪽 위 모서리에 있는 이전 셀부터 검색이 시작됩니다.

01 첫 번째 데이터 찾기

rngSource에서 Find 메서드로 [H2] 셀과 일치하는 셀을 찾아 rngFind 변수에 지정합니다.

```
Set rngSource = Range("B2").CurrentRegion.Columns(2)
Set rngFind = rngSource.Find(Range("H2"))
```

찾기가 성공한 경우와 성공하지 못한 경우 각각 다른 작업을 실행해야 합니다. 찾기가 성공하지 못한 경우 rngFind에 Nothing이 반환되므로 If...Then...Else...End If 구조를 사용하여 다음과 같이 처리합니다.

```
If Not rngFind Is Nothing Then
    strAddress = rngFind.Address
    intRow = 5
    Do...Loop
Else
    Range("G5:H9").ClearContents        //찾은 데이터가 없으면 [G5:H9]의 내용을 지웁니다.//
End If
```

찾기가 성공하면 strAddress 변수에 찾은 셀(rngFind)의 주소(Address)가 지정되고, intRow 변수에 첫 번째 찾은 결과를 표시할 행 번호 '5'가 지정됩니다. 그리고 Do...Loop 구조를 사용하여 다음 찾기를 계속하게 됩니다.

02 다음 데이터 찾기

다음 데이터를 찾기 전에 먼저 첫 번째 찾기 결과를 셀에 표시해야 합니다. Do...Loop 구조가 시작되고 intRow 변수를 이용하여 [G] 열의 셀과 [H] 열의 셀에 찾은 셀(rngFind)을 기준으로 상품코드와 단가를 표시합니다. 그리고 다음 찾은 결과를 표시할 행 번호를 얻기 위해 intRow 변수의 값을 1만큼 증가시킵니다.

```
Do
    Cells(intRow, "G") = rngFind.Offset(, 1)
    Cells(intRow, "H") = rngFind.Offset(, 2)
    intRow = intRow + 1
    Set rngFind = rngSource.FindNext(rngFind)
Loop Until rngFind.Address = strAddress
```

이전 찾은 결과를 표시한 후 FindNext 메서드로 다음 찾기를 실행합니다. 이때 기준이 되는 셀은 이전에 찾은 셀(rngFind)이므로 이전 셀의 다음 셀부터 찾기가 시작됩니다. 이때 다시 찾은 셀의 주소(rngFind.Address)와 맨 처음 찾은 셀의 주소(strAddress)가 같으면 결국 시작한 곳으로 다시 돌아온 것이므로 Do...Loop 구조를 끝마치게 됩니다. 그렇지 않다면 intRow 행에 찾은 결과를 표시하고 다시 찾는 작업을 반복하게 됩니다.

CHAPTER

137 데이터 찾아 바꾸기

Range.Find 메서드는 지정한 범위에서 데이터를 찾기만 하지만, Range.Replace 메서드는 지정한 범위에서 데이터를 찾아 다른 데이터로 바꾸는 기능을 수행합니다. 찾기처럼 다음 찾기와 같은 기능이 없으므로 일치하는 모든 셀의 데이터를 다른 데이터로 한꺼번에 바꿉니다.

예제 코드

```
Sub Sample137( )
    Sheets("Sheet15").Select
    Range("B2:D6").Replace "Excel", "Excel 2010"
End Sub
```

실행 결과

〈구문〉 Range.Replace 메서드

Range개체.Replace(What, Replacement, LookAt, SearchOrder, MatchCase, MatchByte, SearchFormat, ReplaceFormat)

- What : 지정한 범위에서 찾으려는 문자열입니다. 생략할 수 없습니다.
- Replacement : 찾은 문자열을 바꿀 문자열입니다. 생략할 수 없습니다.
- ReplaceFormat : 찾은 서식을 바꿀 서식입니다. 생략할 수 있습니다.
- 나머지 매개 변수는 Range.Find 메서드와 동일합니다.

CHAPTER 워크시트 편집

138 서식을 찾아 바꾸기

Application.FindFormat 속성으로 찾을 서식을 정의하고 Application.ReplaceFormat 속성으로 바꿀 서식을 정의합니다. 그런 다음 Range.Replace 메서드를 사용하여 특정 서식을 찾아 다른 서식으로 바꿀 수 있습니다.

예제 코드

```
Sub Sample138( )
    With Application.FindFormat           // 찾고자 하는 서식 //
        .Clear
        .Interior.Color = RGB(255, 255, 0)
    End With
    With Application.ReplaceFormat        // 바꿀 서식 //
        .Clear
        .Interior.Color = RGB(255, 153, 255)
        .Font.Bold = True
    End With
    Range("B2:D6").Replace "", "", SearchFormat:=True, ReplaceFormat:=True   // 서식 찾아 바꾸기 //
End Sub
```

실행 결과

	A	B	C	D	E
1					
2		Excel	Access	Word	
3		Excel	Access	Word	
4		Excel	Access	Word	
5		Excel	Access	Word	
6		Excel	Access	Word	
7					

→

	A	B	C	D	E
1					
2		**Excel**	**Access**	**Word**	
3		Excel	Access	Word	
4		**Excel**	**Access**	**Word**	
5		Excel	Access	Word	
6		**Excel**	**Access**	**Word**	
7					

※ 찾을 서식과 바꿀 서식은 이전 서식을 먼저 지우고(Clear), 다시 정의해야 합니다.
※ Range.Replace 메서드에서 찾을 문자열과 바꿀 문자열은 모두 생략합니다.

CHAPTER 139 시트의 개수와 이름

시트 다루기

Count 속성은 한정된 개체의 개수를 반환합니다. 시트의 개수는 Count 속성 앞에 Sheets(모든 시트), Worksheets(워크시트), Charts(차트 시트) 등으로 개체를 한정할 수 있습니다. 시트의 이름은 Sheet.Name 속성을 사용하여 설정합니다.

예제 코드

```
Sub Sample139()
    MsgBox "시트의 개수 : " & Sheets.Count & vbCr & _
        "마지막 시트의 이름 : " & Sheets(Sheets.Count).Name
End Sub
```

실행 결과

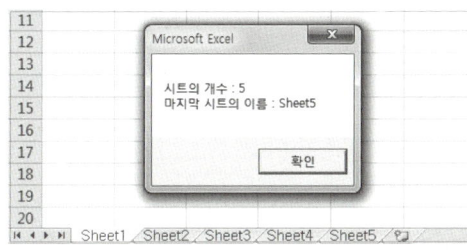

① Sheets.Count : 워크시트와 차트 시트를 포함한 모든 시트의 개수(숨겨진 시트 포함)

② Sheets(인덱스).Name : 특정 시트의 이름. 인덱스 번호에 Sheets.Count를 지정하면 마지막 시트를 의미함

참고

- Activesheet.Name = "Sample" : 현재 시트의 이름을 변경합니다.
- Worksheets.Count : 워크시트의 개수를 반환합니다. 이때 숨겨진 워크시트도 개수에 포함됩니다.
- Charts.Count : 차트 시트의 개수를 반환합니다.

CHAPTER 140 시트 삽입하기

Sheets.Add 메서드는 현재 통합 문서에 새로운 시트를 삽입할 때 사용합니다. 시트를 삽입할 위치, 삽입할 시트의 개수, 삽입할 시트의 종류 등을 지정할 수 있습니다. 시트를 삽입한 후에는 새 시트가 현재 시트가 됩니다.

예제 코드

```
Sub Sample140( )
    Dim intNum As Integer
    intNum = Sheets.Count                           // 시트의 개수 //
    Worksheets.Add after:=Worksheets(intNum)        // 마지막 시트 다음에 새 워크시트 삽입 //
    ActiveSheet.Name = "Sample"                     // 현재 시트의 이름을 'Sample'로 변경 //
End Sub
```

실행 결과

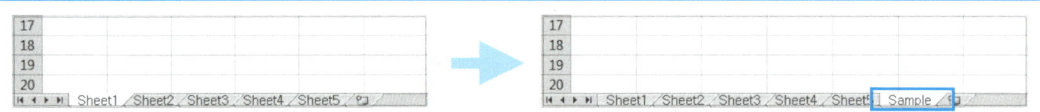

〈구문〉 Sheets.Add 메서드

Sheets개체.Add(Before, After, Count, Type)

- Before : 지정한 시트 앞에 새 시트를 삽입합니다. Before와 After가 모두 생략될 경우 현재 시트 앞에 새 시트가 삽입됩니다.
- After : 지정한 시트 뒤에 새 시트를 삽입합니다.
- Count : 새로 삽입할 시트의 개수를 지정합니다. 생략할 경우 '1'로 처리합니다.
- Type : 삽입할 새 시트의 형식을 지정합니다. xlWorksheet(워크시트), xlChart(차트 시트) 등으로 지정할 수 있으며 생략할 경우 워크시트가 삽입됩니다.

CHAPTER 141 시트 복사하기

Sheets.Copy 메서드를 사용하여 특정 시트를 다른 위치에 복사합니다. 어디에 복사할 것인지는 After 또는 Before 매개 변수를 사용하여 지정할 수 있습니다. 만약 After 또는 Before 매개 변수를 지정하지 않으면 복사한 시트가 포함된 새 통합 문서가 만들어집니다.

예제 코드

```
Sub Sample141( )
    Sheets(Sheets.Count).Copy before:=Sheets(1)     // 마지막 시트를 1번 시트 앞에 복사 //
    ActiveSheet.Name = "Sample105"                   // 새로 복사한 시트의 이름 변경 //
End Sub
```

실행 결과

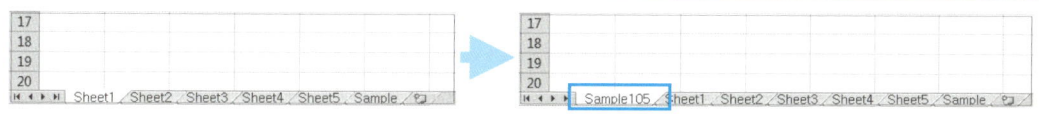

〈구문〉 Sheets.Copy 메서드

Sheets개체.Copy(Before, After)

- Before : 복사한 시트를 지정한 시트 앞에 배치합니다.
- After : 복사한 시트를 지정한 시트 뒤에 배치합니다.
- Before 또는 After 매개 변수 중 하나만 지정해야 합니다. Before와 After를 모두 지정하지 않으면 지정한 시트를 새 통합 문서에 복사합니다. 즉, 새 통합 문서가 만들어집니다.

CHAPTER 시트 다루기

142 시트 이동하기

Sheets.Move 메서드는 Sheets.Copy 메서드와 매우 유사하고 쉽습니다. 여기서는 Array 함수를 사용하여 여러 개의 시트를 한꺼번에 다른 위치로 이동하는 과정을 알아봅니다. Array 함수를 사용하는 방식은 Sheets.Copy 메서드에서도 사용할 수 있습니다.

예제 코드

```
Sub Sample142( )
    Sheets(Array(1, "Sheet3", 5)).Move after:=Sheets(Sheets.Count)
                            // 1번, Sheet3, 5번 시트를 마지막 시트 다음으로 이동 //
End Sub
```

실행 결과

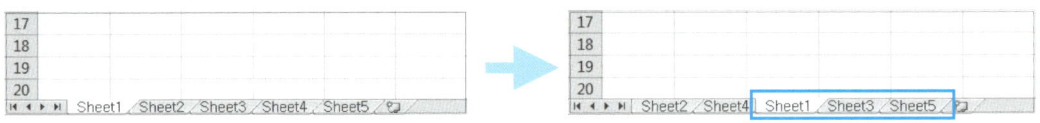

TIP 시트 순서 바꾸기

다음 코드는 Array 함수로 시트 이름을 이용하여 순서를 정한 다음, 그 순서대로 시트 순서를 바꿉니다.

```
Dim shArray( ), intA As Integer

shArray = Array("Sheet5", "Sheet4", "Sheet3", "Sheet2", "Sheet1")

For intA = UBound(shArray) To 0 Step -1

    Sheets(shArray(intA)).Move before:=Sheets(1)

Next
```

CHAPTER 시트 다루기

143 시트 삭제하기

시트 삭제는 Sheets.Delete 메서드를 사용합니다. 여기서는 현재 통합 문서의 모든 시트에 대해 시트 이름이 'Sheet'로 시작될 경우 삭제하는 과정을 살펴보려고 합니다. For...Next 구조를 통해 각 시트 이름이 조건에 맞는지 비교하고 삭제 여부를 결정합니다.

예제 코드

```
Sub Sample143( )
    Dim intCount As Integer, intSh As Integer
    Application.DisplayAlerts = False
    intSh = Sheets.Count
    For intCount = intSh To 1 Step -1
        If Sheets(intCount).Name Like "Sheet*" Then
            If Sheets.Count > 1 Then
                Sheets(intCount).Delete
            Else
                MsgBox "통합 문서에는 시트가 적어도 하나 이상 있어야 합니다." & vbCr & _
                    "따라서 " & Sheets(intCount).Name & "시트는 삭제할 수 없습니다."
            End If
        End If
    Next
    Application.DisplayAlerts = True
End Sub
```

실행 결과

실행 결과

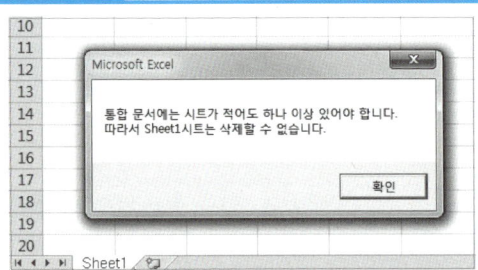

※ 통합 문서의 모든 시트가 삭제 조건에 맞을 경우 다른 시트를 모두 삭제하고, 마지막 시트를 삭제할 때 다음과 같이 메시지가 나타납니다.

※ 통합 문서에는 적어도 하나의 시트는 표시되어야 하므로 마지막 시트를 삭제할 수 없기 때문입니다.

01 마지막 시트부터 삭제하기

특정 시트 하나만 삭제하는 것이 아니라 조건에 맞는 여러 개의 시트를 삭제해야 한다면 첫 번째 시트부터가 아니라 마지막 시트부터 조건을 비교하고 삭제하는 작업을 시작해야 합니다.

```
intSh = Sheets.Count
For intCount = intSh To 1 Step -1 ... Next
```

02 조건에 맞는 시트 찾아 삭제하기

Sheets(intCount).Name, 즉 해당 시트의 이름이 'Sheet'로 시작되면 시트를 삭제해야 합니다. 삭제는 Sheets(intCount).Delete 문으로 해결되지만, Sheets.Count(시트의 개수)가 1일 경우 마지막 시트여서 삭제할 수 없으므로 메시지를 표시하게 됩니다.

```
If Sheets(intCount).Name Like "Sheet*" Then
    If Sheets.Count > 1 Then
        Sheets(intCount).Delete
    Else
        MsgBox "통합 문서에는 시트가 적어도 하나 이상 있어야 합니다." & vbCr & _
            "따라서 " & Sheets(intCount).Name & "시트는 삭제할 수 없습니다."
    End If
End If
```

CHAPTER 144 시트 숨기기

시트 다루기

Sheets.Visible 속성은 xlSheetVisible(표시), xlSheetHidden(숨기기), xlSheetVeryHidden(숨기기) 중 하나로 설정할 수 있습니다. 두 개의 숨기기 중 xlSheetVeryHidden은 사용자 메뉴를 통해 다시 시트를 표시할 수 없는 특별한 형식입니다.

예제 코드

```vba
Sub Sample144( )
    Dim intCount As Integer, intSh As Integer
    For intCount = 1 To Sheets.Count
        If Sheets(intCount).Visible = xlSheetHidden Then intSh = intSh + 1
    Next
    MsgBox "시트의 개수 : " & Sheets.Count & vbCr & _
           "숨겨진 시트 : " & intSh
End Sub
```

실행 결과

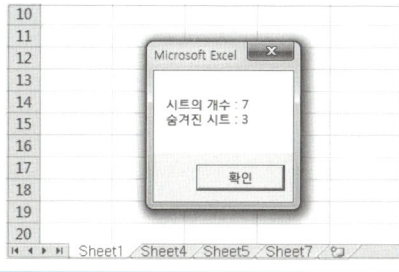

① For...Next : 1부터 마지막 시트까지 반복

② Sheets(intCount) 시트의 표시(Visible) 속성이 숨기기(xlSheetHidden)이면 intSh 변수의 값을 1 증가

③ 전체 시트의 개수(Shets.Count)와 숨겨진 시트의 개수(intSh) 표시

CHAPTER

145 시트 보호하기

시트를 보호하면 셀을 변경할 수 없게 됩니다. 이렇게 하기 위해 먼저 설정해야 할 것은 각 셀의 잠금(Locked) 속성을 True로 설정해야 한다는 것입니다. 이 속성은 별도로 변경하지 않으면 True이므로, 변경을 허용할 범위의 잠금 속성을 False로 지정한 다음 시트를 보호합니다.

예제 코드

```
Sub Sample145( )
    Range("E3:E9").Locked = False      // [E3:E9]의 잠금(Locked) 속성을 해제(False) //
    ActiveSheet.Protect "12345"        // 현재 시트를 암호 '12345'로 설정하면서 보호 //
End Sub
```

실행 결과

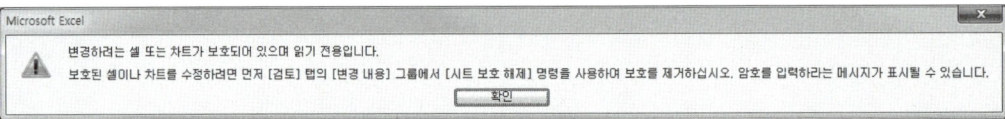

※ [E3:E9] 범위가 아닌 다른 셀의 변경을 시도하면 경고 메시지가 표시됨

참고

- Worksheet.Protect "암호" : 지정한 워크시트를 지정한 암호로 보호합니다. 암호는 생략할 수 있습니다. 이때 보호되는 셀은 잠금(Locked) 속성이 True로 설정되어 있는 셀입니다.
- Worksheet.Unprotect "암호" : 지정한 워크시트를 지정한 암호로 보호 해제합니다.
- Range.Locked : 셀의 잠금 속성을 반환하거나 설정합니다. 일반적으로 잠금 속성은 True로 설정되어 있으므로 시트를 보호했을 때 셀을 변경할 수 없게 됩니다. 시트를 보호하더라도 셀 변경을 허용하려면 잠금 속성을 False로 변경합니다.

CHAPTER 시트 다루기

146 시트 선택과 활성화

단일 시트를 선택(Select)하면 자동으로 해당 시트가 활성화(Activate)되므로 시트 선택과 활성화가 거의 같은 의미로 사용됩니다. 하지만 여러 개의 시트를 한꺼번에 선택하는 작업에서는 선택한 여러 시트 중 어느 시트를 활성화하는지가 중요할 수 있습니다.

예제 코드

```
Sub Sample146( )
    Sheets("Sheet1").Select
    Sheets("Sheet3").Select False
    Sheets("Sheet5").Select False
    MsgBox "3개의 시트를 선택했습니다." & vbCr & _
        "활성 시트는 " & ActiveSheet.Name & " 입니다."
    Sheets("Sheet5").Activate
    MsgBox "활성시트는 " & ActiveSheet.Name & " 입니다."
End Sub
```

실행 결과

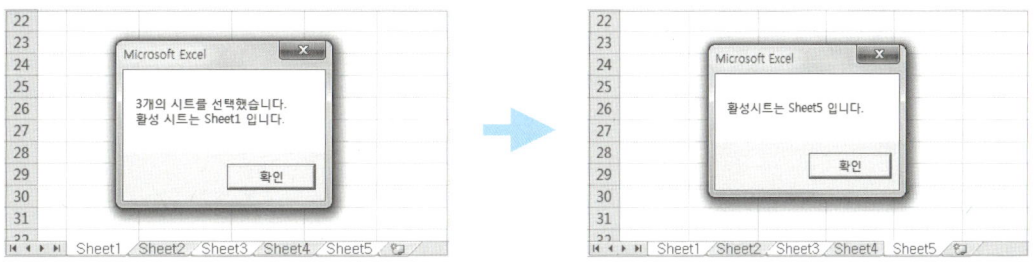

※ Worksheet.Select False : 특정 워크시트를 선택하고, 이전에 선택한 워크시트는 그대로 유지합니다.
※ Worksheet.Activate : 현재 선택 영역은 그대로 유지하고, 특정 워크시트를 활성화합니다.

CHAPTER 인쇄

147 인쇄 미리 보기

워크시트는 Worksheet.PrintOut 메서드를 이용하여 프린터로 인쇄합니다. 프린터로 인쇄하기 전에 미리 화면으로 인쇄 모양을 표시하기 위해서는 Worksheet.PrintPreview 메서드를 사용합니다. 인쇄 미리 보기를 실행할 때 페이지 설정의 사용 여부를 옵션으로 지정할 수 있습니다.

예제 코드

```
Sub Sample147( )
    Worksheets("Sheet1").PrintPreview
End Sub
```

실행 결과

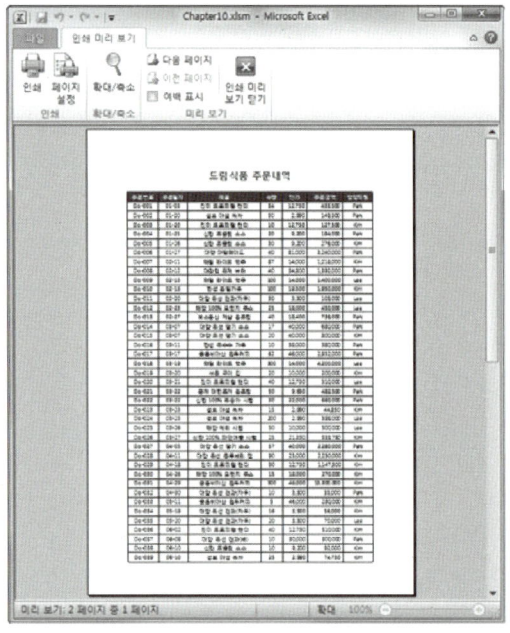

〈구문〉 Worksheet.PrintPreview 메서드

Worksheet개체.PrintPreview(EnableChanges)

- **EnableChanges** : False로 지정하면 인쇄 미리 보기에서 페이지 설정과 여백 표시를 사용할 수 없게 됩니다. 생략할 경우 True로 처리합니다.

참고

- 숨겨진 워크시트는 인쇄하거나 인쇄 미리 보기를 할 수 없습니다.
- 숨겨진 워크시트를 인쇄하려면 먼저 Visible 속성을 True로 설정하여 표시한 다음 인쇄하고, 다시 Visible 속성을 False로 지정합니다.

CHAPTER 148 용지 크기와 방향 설정

인쇄

PageSetup 속성은 [페이지 설정] 대화 상자를 통해 설정할 수 있는 여러 가지 옵션을 설정합니다. 먼저 여기서는 용지의 크기(PaperSize)와 용지 방향(Orientation)을 설정하고, 가로/세로 가운데 맞춤(CenterHorizontally/CenterVertically)에 대해 알아봅니다.

예제 코드

```
Sub Sample148( )
    With ActiveSheet.PageSetup
        .PaperSize = xlPaperB5              // 용지 크기를 B5로 설정 //
        .Orientation = xlLandscape          // 용지 방향을 가로 방향으로 설정 //
        .CenterHorizontally = True          // 가로 가운데 맞춤 설정 //
        .CenterVertically = True            // 세로 가운데 맞춤 설정 //
    End With
    ActiveSheet.PrintPreview
End Sub
```

실행 결과

① PaperSize : xlPaperA4(210×297), xlPaperA5(148×210), xlPaperB5(148×210) 등으로 설정

② Orientation : xlPortrait(세로 방향), xlLandscape(가로 방향)

③ CenterHorizontally : True이면 가로로 용지 가운데에 맞춰 인쇄

④ CenterVertically : True이면 세로로 용지 가운데에 맞춰 인쇄

CHAPTER 인쇄

149 페이지에 맞춰 인쇄하기

워크시트를 인쇄할 때 페이지 크기에 맞게 자동으로 인쇄 배율을 축소해야 할 때가 있습니다. 이때 사용하는 PageSetup.FitToPagesWide 속성과 PageSetup.FitToPageTall 속성은 페이지 너비와 높이에 맞게 자동으로 인쇄 배율을 조정합니다.

예제 코드

```
Sub Sample149( )
    With ActiveSheet.PageSetup
        .Zoom = False              // 인쇄 배율을 사용하지 않음 //
        .FitToPagesWide = 1        // 1페이지 너비에 맞게 인쇄 배율 조정 //
        .FitToPagesTall = 1        // 1페이지 높이에 맞게 인쇄 배율 조정 //
    End With
    ActiveSheet.PrintPreview
End Sub
```

실행 결과

〈인쇄 배율을 조정하지 않음〉　　〈1페이지의 너비와 높이에 맞게 인쇄 배율 조정〉

인쇄 배율 지정하기

[페이지 설정] 대화 상자의 [페이지] 탭에 인쇄 배율을 조정할 수 있는 옵션이 있습니다. [확대/축소 배율]은 인쇄할 때 조정되는 크기의 백분율을 10%부터 400%까지 범위에서 지정합니다. 다음과 같이 지정하면 인쇄 내용을 150%로 확대해서 인쇄할 수 있습니다.

ActiveSheet.PageSetup.Zoom = 150

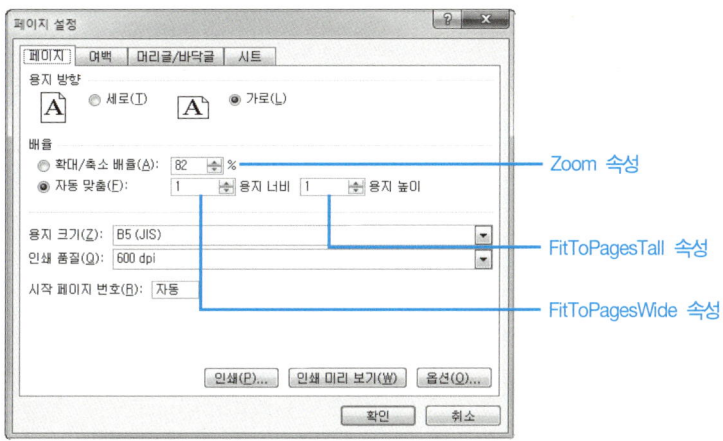

[자동 맞춤] 옵션은 지정한 용지 너비와 높이에 맞게 인쇄 배율을 자동으로 조정하는데, 100%보다 배율이 커지지는 않습니다. 즉, 자동 축소 기능만 있습니다. 다음과 같이 지정하면 1 페이지의 너비, 2 페이지 높이에 맞게 인쇄 배율을 자동으로 조정할 수 있습니다.

ActiveSheet.PageSetup.Zoom = False
ActiveSheet.PageSetup.FitToPagesWide = 1
ActiveSheet.PageSetup.FitToPagesTall = 2

FitToPagesWide, FitToPagesTall 속성은 Zoom 속성을 False로 지정해야만 사용할 수 있습니다. 그렇지 않으면 FitToPagesWide, FitToPagesTall 속성은 모두 무시됩니다.

CHAPTER 150 인쇄 영역과 인쇄 제목

워크시트의 일부만 인쇄하기 위한 인쇄 영역은 PageSetup.PrintArea 속성으로 지정합니다. 제목 행과 제목 열은 PageSetup.PrintTitleRows 속성과 PageSetup.PrintTitleColumns 속성으로 지정합니다. 이 세 속성 모두 A1 스타일 표기의 문자열로 설정해야 합니다.

예제 코드

```vba
Sub Sample150( )
    With ActiveSheet.PageSetup
        .CenterHorizontally = True                              // 가로 가운데 맞춤 설정 //
        .PrintArea = ActiveSheet.UsedRange.Address              // 인쇄 영역을 사용 영역의 셀 주소로 지정 //
        .PrintTitleRows = ActiveSheet.Rows(4).Address           // 반복할 행(제목 행)을 4행의 셀 주소로 지정 //
    End With
    ActiveSheet.PrintPreview
End Sub
```

실행 결과

① PrintArea : 인쇄 영역을 'B2:H20'과 같은 현재 사용 영역의 셀 주소(A1 스타일)로 지정

② PrintTitleRows : 제목 행을 '$4:$4'와 같이 지정한 행의 셀 주소(A1 스타일)로 지정

※ PrintTitleColumns : 반복할 열(제목 열) 설정

CHAPTER 151 머리글/바닥글 설정

인쇄

모든 페이지의 상단에 반복 인쇄되는 머리글, 하단에 반복 인쇄되는 바닥글을 설정하는 과정입니다. 머리글/바닥글은 모두 왼쪽, 가운데, 오른쪽 영역으로 구분하여 지정할 수 있으며, 특수 코드를 사용하여 서식을 지정하거나 정보를 제공할 수 있습니다.

예제 코드

```
Sub Sample151( )
    With ActiveSheet.PageSetup
        .LeftHeader = "&D"                              // 왼쪽 머리글 //
        .RightHeader = "담당자 : &B&12강신주(총무과)"      // 오른쪽 머리글 //
        .CenterFooter = "&B&13&P  &B&10/ &N"            // 가운데 바닥글 //
    End With
    ActiveSheet.PrintPreview
End Sub
```

실행 결과

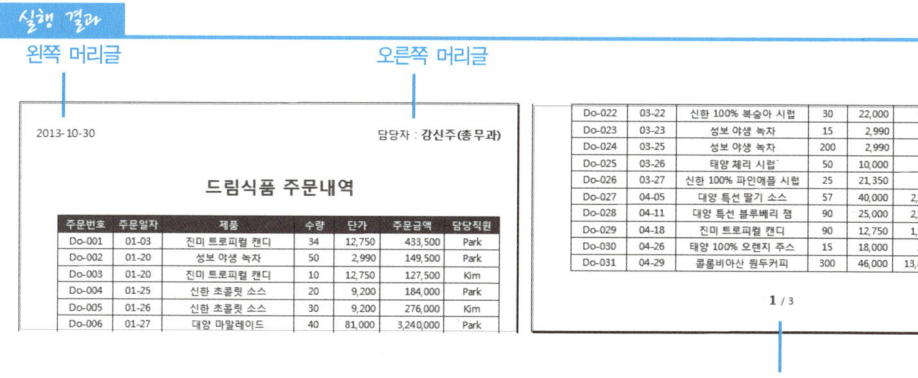

※ 머리글 : LeftHeader(왼쪽 머리글), CenterHeader(가운데 머리글), RightHeader(오른쪽 머리글)

※ 바닥글 : LeftFooter(왼쪽 바닥글), CenterFooter(가운데 바닥글), RightFooter(오른쪽 바닥글)

머리글/바닥글 VBA 코드

머리글/바닥글에 현재 날짜, 현재 시간, 페이지 번호 등의 정보를 포함시키려면 다음과 같은 VBA 코드를 문자열에 포함시켜야 합니다. 코드는 인쇄할 때 해당 정보로 대체됩니다.

VBA 코드	설명	VBA 코드	설명
&D	현재 날짜	&P	페이지 번호
&T	현재 시간	&N	전체 페이지 수
&A	탭 이름(시트 이름)	&P+숫자	페이지 번호+숫자
&F	문서 이름	&P-숫자	페이지 번호-숫자
&Z	파일 경로	&&	& 문자

머리글/바닥글 서식 코드

머리글이나 바닥글에 서식을 지정하기 위해 머리글/바닥글 문자열에 서식 코드를 포함시킵니다. 예를 들어 머리글 중 일부를 기울임꼴로 인쇄하기 위한 머리글은 "&I머리글1&I머리글2"와 같이 지정합니다. 여기서 첫 번째 &I는 뒤에 나오는 문자를 기울임꼴로 인쇄하고, 두 번째 &I는 앞에서 설정한 &I를 해제합니다.

글꼴 스타일은 이런 형식으로 설정하고 해제하지만, 다른 서식은 다시 설정하는 방식으로 해제합니다. 예를 들어 "&13머리글1&10머리글2"는 '머리글1'은 13 포인트의 글꼴로, '머리글2'는 10 포인트의 글꼴로 인쇄합니다.

서식 코드	설명	서식 코드	설명
&L	왼쪽 맞춤	&B	굵게
&C	가운데 맞춤	&I	기울임꼴
&R	오른쪽 맞춤	&U	밑줄
&숫자	글꼴 크기를 숫자로 지정	&E	이중 밑줄
&color	글꼴 색(color는 16진수 색 값)	&S	취소선
&X	위 첨자	&Y	아래 첨자
&"글꼴이름"	글꼴 지정. 글꼴 이름은 반드시 큰 따옴표 안에 입력해야 함		

CHAPTER 152 페이지 나누기

페이지 나누기는 용지의 크기와 방향, 여백 등에 의해 자동으로 설정됩니다. 하지만 사용자가 원하는 위치에 페이지 나누기를 삽입할 수도 있습니다. 여기서는 담당자가 달라질 때마다 페이지가 나눠지도록 가로 페이지 나누기를 삽입하는 과정을 살펴봅니다.

예제 코드

```vb
Sub Sample152( )
    Dim intRow As Integer
    ActiveSheet.ResetAllPageBreaks                          // 페이지 나누기를 모두 다시 설정 //
    For intRow = 6 To Range("H4").End(xlDown).Row           // 표의 두 번째 행부터 마지막 행까지 반복 //
                                    // 현재 셀과 이전 셀이 서로 다르면 현재 셀 위에 가로 페이지 나누기 삽입 //
        If Cells(intRow, "H") <> Cells(intRow - 1, "H") Then
            ActiveSheet.HPageBreaks.Add Before:=Cells(intRow, 1)
        End If
    Next
    ActiveSheet.PrintPreview
End Sub
```

실행 결과

> **참고**
>
> - Worksheet.ResetAllPageBreaks 메서드 : 지정한 워크시트에 있는 페이지 나누기를 모두 다시 설정합니다. 즉, 사용자가 삽입한 페이지 나누기를 모두 제거하고 용지 크기와 방향, 여백 등에 따라 자동으로 페이지 나누기가 설정됩니다.
> - Worksheet.HPageBreaks.Add(Before) 메서드 : 지정한 범위(Before)의 위쪽에 가로 페이지 나누기를 새로 추가합니다.
> - Worksheet.VPageBreaks.Add(Before) 메서드 : 지정한 범위(Before)의 왼쪽에 세로 페이지 나누기를 새로 추가합니다.

> **TIP 용지의 여백 지정하기**
>
> 여백이란 용지 가장 자리부터 인쇄 내용까지의 간격을 의미합니다. 여백을 크게 설정하면 한 페이지에 인쇄되는 내용이 적어질 것이고, 반대로 여백을 작게 설정하면 인쇄 내용은 더 많아질 것입니다. Worksheet.PageSetup 개체의 LeftMargin(왼쪽 여백), RightMargin(오른쪽 여백), TopMargin(위쪽 여백), BottomMargin(아래쪽 여백), HeaderMargin(머리글 여백), FooterMargin(바닥글 여백) 등의 속성으로 각종 여백을 지정할 수 있습니다. 다음 코드는 현재 시트의 왼쪽 여백을 50 포인트로 지정합니다.
>
> ActiveSheet.PageSetup.LeftMargin = 50
>
> 여백은 포인트 단위로 설정할 수 있습니다. 인치나 센티미터 단위로 여백을 지정하려면 인치나 센티미터를 포인트 단위로 변환하는 메서드를 함께 사용해야 합니다. 다음은 위쪽 여백을 1 인치로 설정합니다.
>
> ActiveSheet.PageSetup.TopMargin = Application.InchesToPoints(1)
>
> 다음은 머리글 여백(페이지 맨 위에서 머리글까지의 간격)을 0.5cm로 설정합니다.
>
> ActiveSheet.PageSetup.HeaderMargin = Application.CentimetersToPoints(0.5)

CHAPTER 153 페이지 개수 계산하기

인쇄

인쇄되는 전체 페이지 개수는 가로 페이지 나누기와 세로 페이지 나누기의 개수를 이용하여 계산할 수 있습니다. 여기서는 10행마다 가로 페이지 나누기를 추가한 다음 페이지 나누기의 개수로 실제 몇 페이지가 인쇄되는지 알아보겠습니다.

예제 코드

```vb
Sub Sample153( )
    Dim lngRows As Long, lngR As Long
    Dim Hp As Long, Vp As Long
    Dim intKey As Integer

    intKey = 10                                              ' 페이지 나누기를 지정할 행의 개수 '
    lngRows = Range("B4").CurrentRegion.Rows.Count           ' 페이지 나누기를 추가할 영역의 행 개수 '

    ActiveSheet.ResetAllPageBreaks
                                                             ' 5행부터 intKey 행만큼 건너뛰면서 가로 페이지 나누기 추가 '
    For lngR = 5 + intKey To lngRows Step intKey
        ActiveSheet.HPageBreaks.Add before:=Cells(lngR, 1)
    Next

    Hp = ActiveSheet.HPageBreaks.Count + 1                   ' 가로 페이지 나누기의 개수 + 1 '
    Vp = ActiveSheet.VPageBreaks.Count + 1                   ' 세로 페이지 나누기의 개수 + 1 '
    MsgBox "모두 " & Hp * Vp & "페이지가 인쇄됩니다."
End Sub
```

가로 페이지 나누기가 3개라면 아래로 4페이지가 인쇄되고, 세로 페이지 나누기가 2개이면 오른쪽으로 2페이지가 인쇄됩니다. 따라서 전체 페이지 개수는 '(가로 페이지 나누기의 개수 + 1) * (세로 페이지 나누기의 개수 + 1)'로 계산합니다.

CHAPTER 인쇄
154 프린터로 인쇄하기

Worksheet.PrintPreview 메서드는 인쇄 미리 보기를 실행하고, Worksheet.PrintOut 메서드는 프린터로 인쇄를 실행합니다. PrintOut 메서드의 여러 가지 매개 변수를 사용하여 인쇄할 페이지 번호와 인쇄 매수 등을 지정할 수 있습니다.

예제 코드

```
Sub Sample154( )
    ActiveSheet.PrintOut From:=2, To:=4, Copies:=3     // 2페이지부터 4페이지까지 3매씩 인쇄 //
End Sub
```

〈구문〉 Worksheet.PrintOut 메서드

Worksheet개체.PrintOut(From, To, Copies, Preview, ActivePrinter,
        PrintToFile, Collate, PrToFileName, IgnorePrintAreas)

- From : 인쇄를 시작할 페이지 번호로, 생략하면 처음부터 인쇄합니다.
- To : 인쇄할 마지막 페이지 번호로, 생략하면 끝까지 인쇄합니다.
- Copies : 인쇄 매수를 지정합니다. 생략할 경우 한 번만 인쇄합니다.
- Preview : True로 지정하면 인쇄하기 전에 미리 보기를 실행하고, False로 지정하거나 생략하면 미리 보기를 실행하지 않고 바로 인쇄합니다.
- ActivePrinter : 인쇄에 사용할 프린터 이름을 지정합니다. 물론 설치되어 있는 프린터 이름이어야 하며 생략할 경우 기본 프린터로 인쇄합니다.
- PrintToFile : True로 지정하면 PrToFileName 매개 변수에 지정한 이름의 파일로 인쇄합니다. PrToFileName을 지정하지 않았을 경우 파일 이름을 입력하라는 메시지가 표시됩니다.
- Collate : 한 부씩 인쇄 여부를 지정합니다. True로 설정하면 여러 부 인쇄할 때 한 부를 모두 인쇄한 후 다음 부의 첫 페이지를 인쇄하게 됩니다.
- PrToFileName : PrintToFile이 True로 설정되어 있을 때 인쇄할 파일 이름을 지정합니다.
- IgnorePrintAreas : True로 지정하면 인쇄 영역을 무시합니다. 생략할 경우 False가 됩니다.

CHAPTER 155 파일 이름과 경로

엑셀 통합 문서는 VBA에서 Workbook 개체로 다루어집니다. 엑셀을 실행하고 여러 개의 워크북을 열어놓고 작업할 수 있는데 열려 있는 모든 워크북은 Workbooks 컬렉션의 구성원이 됩니다. 여기서는 현재 사용 중인 워크북(ThisWorkbook)의 파일 이름과 경로를 알아봅니다.

예제 코드

```vb
Sub Sample155()
    Range("C2") = ThisWorkbook.Name          // 현재 워크북의 이름(파일명) //
    Range("C3") = ThisWorkbook.Path          // 현재 워크북의 디스크상 경로 //
    Range("C4") = ThisWorkbook.FullName      // 현재 워크북의 경로와 파일 이름 //
End Sub
```

실행 결과

	A	B	C	D
1				
2		파일 이름	Chapter11.xlsm	
3		파일 경로	C:\Users\Dodream\Desktop\VBA300제\SampleFile	
4		경로와 파일명	C:\Users\Dodream\Desktop\VBA300제\SampleFile\Chapter11.xlsm	
5				

참고

- Workbook 개체는 통합 문서 하나를 의미하고, Workbooks 컬렉션은 Workbook 개체의 집합을 의미합니다.
- 엑셀 프로그램에 여러 개의 워크북이 열려 있는 상태라면 모든 워크북은 Workbooks 컬렉션에 들어 있습니다. 각각의 워크북을 참조하기 위해서 인덱스 번호나 워크북 이름을 사용할 수 있습니다.
- ThisWorkbook은 현재 사용 중인 워크북을 의미합니다.

CHAPTER 워크북 다루기

156 파일 열기

프로시저에서 특정 파일을 열 때 Workbooks.Open 메서드를 사용합니다. 파일을 열 때 주의할 점은 마지막으로 연 파일이 활성화 된다는 것입니다. 이때는 활성화되어 있는 워크북(ActiveWorkbook)과 매크로 코드가 있는 사용 중인 워크북(ThisWorkbook)이 달라집니다.

예제 코드

```
Sub Sample156( )
    Workbooks.Open ThisWorkbook.Path & "\Chapter09.xlsm"
    Workbooks.Open ThisWorkbook.Path & "\Chapter10.xlsm"
    With ThisWorkbook.Sheets("Sheet2")
        .Range("C2") = Workbooks(1).Name
        .Range("C3") = Workbooks(2).Name
        .Range("C4") = Workbooks(3).Name
        .Range("C5") = ActiveWorkbook.Name
        .Range("C6") = ThisWorkbook.Name
    End With
End Sub
```

실행 결과

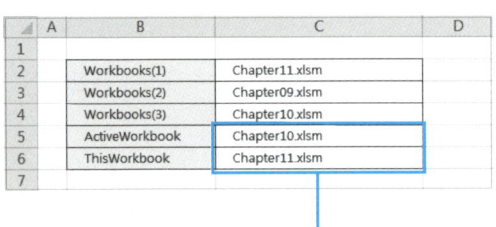

ActiveWorkbook : 마지막으로 연 파일
ThisWorkbook : 현재 사용 중인 워크북

① Workbooks.Open : 사용 중인 워크북과 같은 경로에서 두 개의 파일 열기

② 사용 중인 워크북의 'Sheet2' 시트에 1, 2, 3번 워크북의 이름 표시

③ 활성화되어 있는 워크북(ActiveWorkbook)과 사용 중인 워크북(ThisWorkbook)의 이름 표시

〈구문〉 Workbooks.Open 메서드

> Workbooks.Open(FileName, UpdateLinks, ReadOnly, Format, Password, WriteResPassword,
> IgnoreReadOnlyRecommended, Origin, Delimiter, Editable, Notify,
> Converter, AddToMru, Local, CorruptLoad)

- FileName : 새로 열고자 하는 통합 문서의 경로와 파일 이름을 지정합니다.
- UpdateLinks : 파일의 외부 참조(링크)가 업데이트 되는 방법으로 생략할 경우 링크를 업데이트하는 방법을 묻는 메시지가 표시됩니다. 0(외부 참조가 업데이트되지 않음)과 3(외부 참조가 업데이트 됨) 중의 하나로 지정합니다.
- ReadOnly : True로 지정하면 읽기 전용 모드로 파일을 엽니다.
- Format : 텍스트 파일을 열 때 구분 문자를 지정합니다. 1(탭), 2(쉼표), 3(공백), 4(세미콜론), 5(없음), 6(사용자 지정 문자) 중 하나로 지정합니다. 생략할 경우 현재 문서의 구분 문자를 사용합니다.
- Password : 보호된 파일을 열 때 필요한 암호를 지정합니다. 파일을 열 때 암호가 필요한데 Password를 생략할 경우 암호를 입력하라는 메시지가 나타납니다.
- WriteResPassword : 쓰기 암호가 필요한 파일에서 쓰기 암호를 지정합니다.
- IgnoreReadOnlyRecommended : True로 지정하면 읽기 전용 권장 옵션을 사용하여 저장한 파일을 열 때 메시지가 표시되지 않습니다.
- Origin : 텍스트 파일을 열 때 캐리지 리턴(CR)과 라인 피드(LF)가 바르게 대응되도록 파일을 작성한 운영 체제를 지정합니다. xlMacintosh, xlWindows, xlMSDOS 중 하나로 지정할 수 있으며 생략할 경우 현재 운영 체제가 사용됩니다.
- Delimiter : 텍스트 파일이고 Format 인수가 6(사용자 지정 문자)일 때 구분 문자로 사용할 문자를 지정합니다.
- Editable : 열고자 하는 파일이 서식 파일인 경우 True이면 서식 파일을 편집 가능한 상태로 열고, False로 지정하거나 생략하면 지정한 서식 파일을 기준으로 한 새 통합 문서를 엽니다.
- Notify : 파일을 읽기/쓰기 모드로 열 수 없을 때 True이면 일단 파일을 읽기 전용으로 열고 파일을 사용할 수 있게 되면 사용자에게 알려줍니다. False이거나 생략하면 파일을 열 수 없습니다.
- Converter : 파일을 열 때 사용할 파일 변환기의 인덱스를 지정합니다.
- AddToMru : True이면 최근에 사용한 파일 목록에 통합 문서를 추가합니다(기본값은 False).
- Local : True이면 제어판에 설정된 Excel 언어로, False(기본값)이면 VBA 언어로 파일을 저장합니다.
- CorruptLoad : 파일의 처리 상태를 지정합니다.

CHAPTER 157 파일이 열려 있는지 확인하기

Workbooks.Open 메서드로 파일을 열 때 해당 워크북이 이미 열려 있는지 확인하는 방법을 살펴봅니다. 여러 가지 방법이 있을 수 있지만 여기서는 Workbook 개체로 변수를 선언한 다음, 이 개체 변수를 통해 워크북이 이미 열려 있는지를 체크해보겠습니다.

예제 코드

```
Sub Sample157( )
    Dim wkbTemp As Workbook                    // 개체 변수 선언 //
    On Error Resume Next                       // 에러가 발생하면 무시하고 다음 행을 계속 실행함 //
    Set wkbTemp = Workbooks("Test.xlsx")       // 개체 변수에 'Test.xlsx' 워크북 할당 //

    If wkbTemp Is Nothing Then                 // 개체 변수가 Nothing이면 파일 열기 //
        Workbooks.Open "Test.xlsx"
    Else                                       // 개체 변수가 Nothing이 아니면 개체 변수의 워크북을 활성화 //
        wkbTemp.Activate
    End If
End Sub
```

Workbook 개체로 선언한 wkbTemp 개체 변수는 맨 처음 Nothing으로 초기화되어 있습니다. Set 키워드로 wkbTemp에 'Test.xlsx' 워크북을 할당할 때 이 워크북이 열려 있으면 정상적으로 처리가 되지만 그렇지 않으면 에러가 발생하고, 개체 변수는 여전히 초기 값인 Nothing 상태입니다. 에러가 발생했을 때 코드가 중단되지 않도록 Set 키워드를 사용하기 전에 에러를 무시하도록 On Error Resume Next 문이 필요합니다.

```
On Error Resume Next
Set wkbTemp = Workbooks("Test.xlsx")
```

CHAPTER 워크북 다루기

158 파일 닫기

열려 있는 워크북을 닫을 때 Workbook.Close 메서드를 사용합니다. 워크북을 닫기 전에 변경 내용이 있으면 저장 여부를 묻는 메시지 상자가 표시되는데 Close 메서드의 매개 변수를 사용하여 변경 내용의 저장 여부를 지정할 수 있습니다.

예제 코드

```
Sub Sample158( )
    Workbooks.Open ThisWorkbook.Path & "\Test.xlsx"    // 파일 열기 //
    Range("A1") = Now                                   // [A1] 셀에 현재 날짜와 시간 입력 //
    Columns("A").AutoFit                                // [A]열의 너비를 자동 맞춤 //
    ActiveWorkbook.Close SaveChanges:=True              // 활성화된 워크북의 변경 내용을 저장하고 닫기 //
End Sub
```

〈구문〉 Workbook.Close 메서드

Workbook.Close(SaveChanges, Filename)

- **SaveChanges** : True로 설정하면 변경 내용을 저장하고, False로 지정하면 변경 내용을 저장하지 않습니다. 생략할 경우 저장 여부를 묻는 메시지가 표시됩니다.

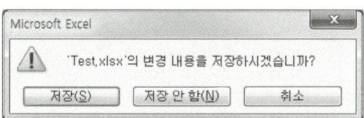

- **Filename** : 변경된 내용을 저장할 때 사용할 파일 이름을 지정합니다. 아직 저장하지 않아 파일 이름이 정해지지 않은 경우 SaveChanges를 True로 설정했을 때 여기서 지정한 파일 이름을 사용하여 저장합니다.

CHAPTER 159 현재 워크북만 빼고 모두 닫기

Workbooks 컬렉션은 현재 열려 있는 모든 Workbook 개체의 모음입니다. Workbook 개체로 선언한 개체 변수로 Workbooks 컬렉션을 순환하면서 Workbook.Close 메서드로 워크북을 모두 닫습니다. 이때 현재 사용 중인 워크북(ThisWorkbook)만 닫기에서 제외됩니다.

예제 코드

```
Sub Sample159( )
    Dim wkbTemp As Workbook
    For Each wkbTemp In Workbooks
        If wkbTemp.Name <> ThisWorkbook.Name Then wkbTemp.Close False
    Next
End Sub
```

현재 열려 있는 첫 번째 워크북부터 마지막 워크북까지 차례로 wkbTemp 개체 변수에 담아 코드를 반복하는 구조로 되어 있습니다.

For Each wkbTemp In Workbooks ... Next

wkbTemp 변수가 참조하는 워크북의 이름(wkbTemp.Name)이 현재 사용 중인 워크북의 이름(ThisWorkbook.Name)과 같지 않을 때만 wkbTemp 워크북을 닫습니다. 워크북을 닫을 때 SaveChanges 매개 변수에 False를 지정하여 저장하지 않고 닫도록 합니다.

If wkbTemp.Name <> ThisWorkbook.Name Then wkbTemp.Close False

CHAPTER 160 새 통합 문서 만들기

새 통합 문서는 Workbooks.Add 메서드를 사용하여 만듭니다. 새로 만들어진 통합 문서가 활성화된 워크북(ActiveWorkbook)이 됩니다. 새 통합 문서를 만들 때 서식 파일로 사용할 파일을 지정할 수 있습니다.

예제 코드

```
Sub Sample160( )
    Workbooks.Add                                              // 기본적인 형태의 새로 만들기 //
    Workbooks.Add Template:=ThisWorkbook.Path & "\Test.xlsx"   // 파일 기반의 새로 만들기 //
End Sub
```

실행 결과

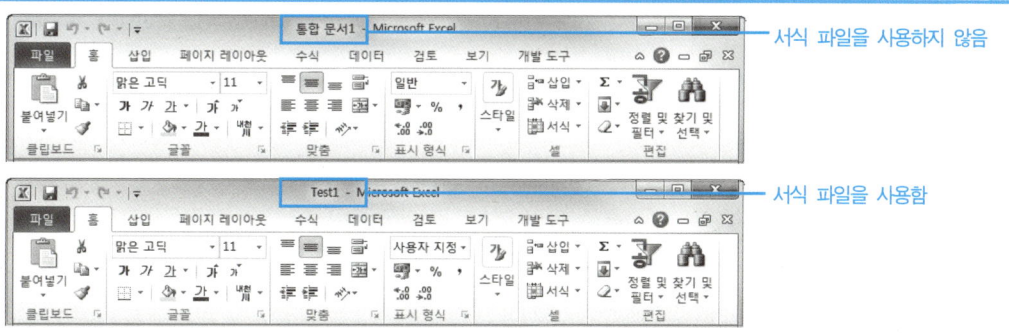

- 서식 파일을 사용하지 않음
- 서식 파일을 사용함

〈구문〉 Workbooks.Add 메서드

Workbooks.Add(Template)

- Template : 지정한 파일을 서식 파일로 사용하여 새 통합 문서를 만듭니다. 생략할 경우 몇 개의 빈 시트가 있는 새 통합 문서가 만들어집니다.

CHAPTER 워크북 다루기

161 새 통합 문서의 시트 수

Workbooks.Add 메서드로 새 통합 문서를 만들 때 최초로 포함되는 시트의 개수를 조정할 수 있습니다. Application.SheetsInNewWorkbook 속성을 사용하는데 워크시트에서 Ctrl+N을 눌러 새 통합 문서를 만들 때도 이 속성에 설정된 값이 그대로 사용됩니다.

예제 코드

```
Sub Sample161( )
    Dim strMsg As String, varSh As Variant
    strMsg = "현재 새 문서의 시트 수 : " & Application.SheetsInNewWorkbook & "개" & _
            vbCr & vbCr & "새 시트 수를 입력하세요."
    varSh = Application.InputBox(prompt:=strMsg, Type:=1)
    If Not varSh = "False" Then Application.SheetsInNewWorkbook = varSh

    Workbooks.Add
End Sub
```

실행 결과

※ 입력 상자에서 [취소] 단추를 클릭하면 varSh 변수에 False가 반환됨
※ varSh 변수가 False가 아닐 때만 새 시트 수를 다시 설정함

CHAPTER 162 통합 문서 저장하기

통합 문서를 저장할 때는 두 가지 메서드를 사용할 수 있습니다. 이미 파일 이름이 정해져 있을 때는 Workbook.Save 메서드를 사용하고, 최초로 저장하는 파일이거나 다른 이름으로 저장하는 경우에는 Workbook.SaveAs 메서드를 사용합니다.

예제 코드

```
Sub Sample162( )
    Workbooks.Add                                              // 새 통합 문서 만들기 //
    Range("A1") = "Excel"                                      // [A1] 셀에 데이터 입력 //
    ActiveWorkbook.SaveAs ThisWorkbook.Path & "\Sample123"     // Sample123으로 저장하기 //
    ActiveWorkbook.Close                                       // 파일 닫기 //
End Sub
```

〈구문〉 Workbook.SaveAs 메서드

Workbook.SaveAs(FileName, FileFormat, Password, WriteResPassword)

- **FileName** : 파일을 저장할 경로 및 파일 이름을 지정합니다. 경로를 지정하지 않으면 현재 폴더에 파일이 저장됩니다.
- **FileFormat** : 파일 저장 형식을 지정합니다. 생략할 경우 마지막으로 지정한 파일 형식이 사용됩니다. 주로 사용하는 파일 형식은 다음과 같습니다.

xlFileFormat 상수	확장자	설명
xlOpenXMLWorkbook	.xlsx	Excel 통합 문서
xlOpenXMLWorkbookMacroEnabled	.xlsm	Excel 매크로 사용 통합 문서
xlExcel8	.xls	Excel 97-2003 통합 문서

- **Password** : 필요할 경우 열기 암호를 지정합니다. 암호는 15자 이내의 문자열로 지정합니다.
- **WriteResPassword** : 필요할 경우 파일의 쓰기 암호를 지정합니다.

CHAPTER 워크북 다루기
163 복사하여 저장하기

Workbook.SaveCopyAs 메서드는 통합 문서의 복사본을 지정한 파일 이름으로 저장하면서 열려 있는 통합 문서는 변경하지 않습니다. 예를 들어 A라는 이름의 통합 문서 복사본을 B라는 이름으로 저장할 수 있으며, 화면에는 계속 A라는 이름의 통합 문서가 열려 있습니다.

예제 코드

```vb
Sub Sample163( )
    Dim strFile As String
    strFile = ActiveWorkbook.Path & "\" & ActiveWorkbook.Name & "_Copy.xlsm"
    ActiveWorkbook.SaveCopyAs strFile         // 파일 복사본 저장하기 //
End Sub
```

TIP 매크로 포함 여부 알아내기

Workbook.HasVBProject 속성은 통합 문서에 VBA 코드가 포함되어 있는지 여부를 True 또는 False로 알려줍니다. 이 속성을 사용하면 특정 통합 문서의 확장자를 '.xlsx'로 지정해야 하는지, 아니면 '.xlsm'으로 지정해야 하는지 결정하기가 쉬워집니다.

```vb
If ActiveWorkbook.HasVBProject then
        strFile = "Sample.xlsm"
Else
        strFile = "Sample.xlsx"
End If
```

CHAPTER 164 모든 파일을 한 번에 저장하기

워크북 다루기

Workbook.Save 메서드는 파일 이름이 정해져 있는 통합 문서를 그 이름 그대로 저장할 때 사용합니다. 여러 개의 통합 문서가 열려 있을 때 현재 파일을 제외한 모든 통합 문서를 저장하는 과정을 살펴봅니다. 파일 저장과 관련된 몇 가지 속성을 새로 배우게 됩니다.

예제 코드

```
Sub Sample164( )
    Dim wkbTemp As Workbook, blnCheck As Boolean
    For Each wkbTemp In Workbooks
        blnCheck = (wkbTemp.Name = ThisWorkbook.Name)      // 현재 통합 문서인가? //
        blnCheck = blnCheck Or (wkbTemp.Path = "")          // 한 번도 저장되지 않았는가? //
        blnCheck = blnCheck Or wkbTemp.Saved                // 마지막 저장 후 변경되지 않았는가? //
        If Not blnCheck Then wkbTemp.Save                   // 3가지 중 하나가 아니면 저장하기 //
    Next
End Sub
```

wkbTemp 개체 변수는 워크북 컬렉션(Workbooks)을 구성하고 있는 각각의 워크북을 순환하면서 조건을 비교하고, 워크북을 저장할 것인지를 결정합니다.

blnCheck = (wkbTemp.Name = ThisWorkbook.Name)

wkbTemp의 이름과 현재 워크북의 이름이 같으면 blnCheck 변수는 True가 됩니다. 같지 않다면 blnCheck 변수는 False가 됩니다. blnCheck 변수는 Boolean 형식으로 선언했기 때문에 True 또는 False 값만 지정할 수 있습니다.

blnCheck = blnCheck Or (wkbTemp.Path = "")

wkbTemp가 아직 저장한 적이 없는 워크북이면 Path 속성은 빈 문자열(" ")을 반환합니다. 즉, 두 번째 조건은 아직 파일 이름이 정해지지 않은 워크북일 때 blnCheck를 True로 설정합니다.

blnCheck = blnCheck Or wkbTemp.Saved

Saved 속성은 워크북을 마지막으로 저장한 다음 변경 내용이 없을 때 True를 반환하고, 변경 내용이 있을 때 False를 반환합니다. wkbTemp의 Saved 속성이 True이면 다시 저장할 필요가 없게 됩니다.

If Not blnCheck Then wkbTemp.Save

세 가지 조건 중 하나라도 True이면 blnCheck 변수의 최종 값은 True가 됩니다. blnCheck의 값이 True가 아니면(Not blnCheck) 워크북을 저장합니다.

blnCheck = (wkbTemp.Name = ThisWorkbook.Name) Or &_
           (wkbTemp.Path = "") Or wkbTemp.Saved

세 가지 조건을 한꺼번에 위와 같이 비교할 수도 있습니다. 세 가지 조건 중 하나라도 True이면 blnCheck 변수는 True가되고, 세 가지 조건이 모두 False일때만 blnCheck 변수는 False가 됩니다.

> **TIP 워크북을 저장하지 않고 닫는 두 가지 방법**
>
> Workbook.Close 메서드는 워크북을 닫을 때 변경 내용을 저장할 것인지 아닌지 여부를 매개 변수로 지정할 수 있습니다. SaveChanges 매개 변수를 False로 지정하면 저장하지 않고 워크북을 닫습니다.
>
> ActiveWorkbook.Close False
>
> Workbook.Saved 속성을 이용해서 워크북을 저장하지 않고 닫을 수도 있습니다. Saved 속성을 True로 지정하면 마지막 저장 후 변경 내용이 없다는 뜻이 됩니다.
>
> ActiveWorkbool.Saved = True
>
> ActiveWorkbook.Close

CHAPTER 워크북 다루기

165 통합 문서 보호하기

통합 문서를 보호할 때 Workbook.Protect 메서드를 사용합니다. 통합 문서를 보호하면서 선택적으로 암호를 지정하거나 구조 및 창을 함께 보호할 수 있습니다. 보호된 통합 문서의 보호를 해제할 때는 Workbook.UnProtect 메서드를 사용합니다.

예제 코드

```
Sub Sample165( )
    ActiveWorkbook.Protect Password:="12345", Structure:=True, Windows:=True
    ActiveWorkbook.Save
End Sub
```

실행 결과

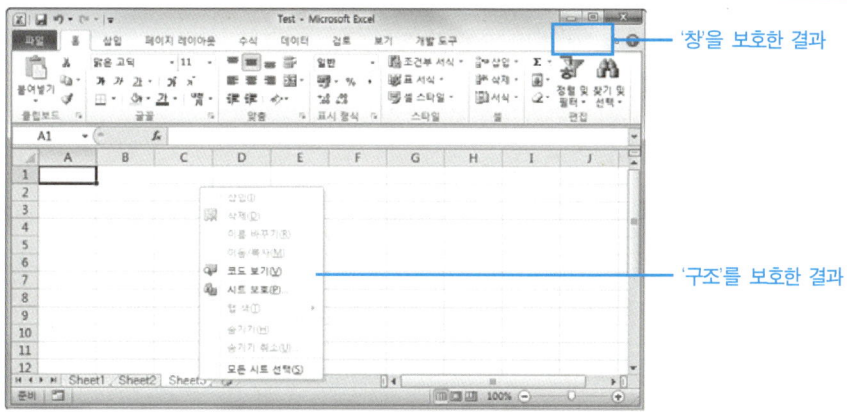

'창'을 보호한 결과

'구조'를 보호한 결과

 참고

- 통합 문서를 보호한 다음 통합 문서를 저장해야 합니다.

〈구문〉 Workbook.Protect 메서드

Workbook개체.Protect(Password, Structure, Windwos)

- Password : 대소문자를 구분하여 암호를 지정합니다. 생략할 수 있으며, Password를 사용할 경우 보호를 해제할 때 암호를 지정해야 합니다.
- Structure : True로 지정하면 구조를 보호합니다. 생략할 경우 False로 처리합니다. 구조를 보호하면 시트의 삽입과 삭제, 이동과 복사 등 구조 변경 작업이 모두 불가능해집니다.
- Windows : True로 지정하면 창을 보호합니다. 생략할 경우 False로 처리합니다. 창을 보호하면 해당 통합 문서 창의 최소화 및 최대화 등의 작업이 불가능해집니다.

〈구문〉 Workbook.UnProtect 메서드

Workbook개체.Protect(Password, Structure, Windwos)

- Password : 통합 문서 보호를 해제하기 위해 사용하는 암호를 지정합니다. 보호 암호가 설정되어 있지 않은 통합 문서에서 이 매개 변수는 무시되고, 보호 암호가 설정되어 있는데 이 매개 변수를 생략하면 다음과 같이 오류가 발생합니다.

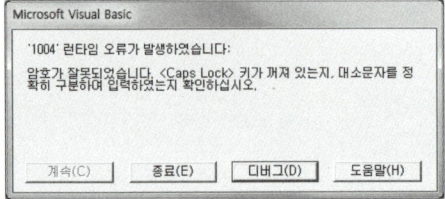

TIP 통합 문서 보호와 관련된 속성

- Workbook.Password 속성 : 통합 문서를 열 때 사용할 암호를 지정합니다.
- Workbook.ProtectStructure 속성 : 통합 문서의 구조가 보호되어 있으면 True, 보호되어 있지 않으면 False를 반환합니다.
- Workbook.ProtectWindows 속성 : 통합 문서의 창이 보호되어 있으면 True, 보호되어 있지 않으면 False를 반환합니다.

CHAPTER 166 대화 상자로 파일 열기(1)

워크북 다루기

통합 문서를 열 때 사용하는 Workbook.Open 메서드를 사용할 때 파일 경로와 파일 이름을 잘못 지정하면 오류가 발생합니다. 이 문제를 해결하기 위해 Application.Get OpenFilename 메서드로 표준 열기 대화상자를 표시하여 선택한 파일 이름을 가져오는 과정을 알아봅니다.

예제 코드

```
Sub Sample166( )
    Dim strFile As String
    strFile = Application.GetOpenFilename("엑셀 파일, *.xls*")
    If strFile = "False" Then Exit Sub
    Workbooks.Open strFile
End Sub
```

실행 결과

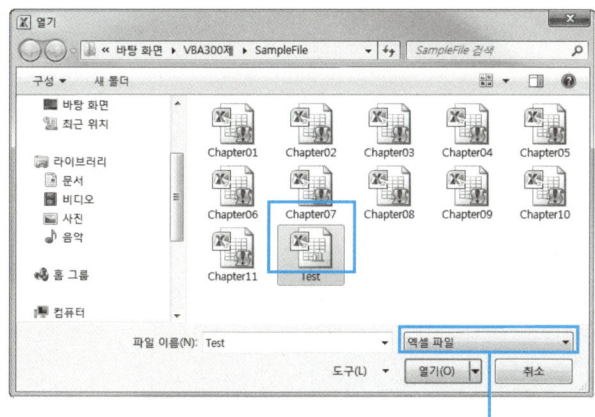

① 표준 열기 대화상자를 표시하고 사용자가 선택한 파일을 strFile 변수에 할당
(C:\Users\Dodream\Desktop\VBA300제\SampleFile\Test.xlsx)

② [취소] 단추를 클릭했을 때 프로시저 종료(strFile="False")

③ strFile 변수에 할당된 파일 이름으로 파일 열기(Open)

FileFilter 매개 변수에 의해 파일 형식 결정

237

〈구문〉 Application.GetOpenFilename 메서드

Application.GetOpenFilename(FileFilter, FilterIndex, Title, ButtonText, MultiSelect)

- 표준 열기 대화 상자를 표시하고 사용자가 선택한 파일 이름을 가져옵니다. 열기 대화 상자에서 [취소] 단추를 클릭하면 'False'가 반환됩니다. 실제로 파일을 열지는 않기 때문에 변수에 GetOpenFilename의 결과를 저장한 다음 Workbook.Open 메서드로 변수에 저장된 파일 경로와 이름을 사용하여 파일을 열어야 합니다.
- FileFilter : 대화 상자에 표시할 파일을 결정하기 위한 필터링 조건을 지정하는 문자열입니다. 파일 필터 문자열과 파일 필터 형식을 쌍으로 지정해주어야 합니다. 파일 필터 문자열은 열기 대화 상자의 파일 형식에 표시됩니다. 파일 필터 형식은 실제로 표시할 파일을 필터링하기 위한 조건으로 와일드카드 문자를 이용하여 지정합니다. 하나의 파일 필터 문자열에 대해 여러 개의 파일 필터 형식을 지정하려면 파일 필터 형식을 세미콜론(;)으로 구분합니다. 생략할 경우 "모든 파일(*.*), *.*"로 지정됩니다.

FileFilter	설명
모든 파일(*.*), *.*	모든 파일 표시
엑셀 파일, *.xls*	모든 엑셀 파일 표시
텍스트 파일, *.txt, 엑셀 파일, *.xls*	텍스트 파일과 엑셀 파일 표시
Visual Basic Files, *.bas; *.txt	확장자가 .bas 또는 .txt인 파일

- FilterIndex : FileFilter에서 지정한 필터링 조건이 여러 개일 때 기본 조건으로 사용할 인덱스 번호를 지정합니다. 1부터 FileFilter에서 지정한 필터 개수 사이로 지정할 수 있으며, 생략할 경우 첫 번째 파일 필터가 사용됩니다.
- Title : 대화 상자의 제목에 표시할 문자열을 지정합니다. 생략하면 '열기'가 표시됩니다.
- ButtonText : Macintosh 전용입니다.
- MultiSelect : 파일을 여러 개 선택할 수 있는지 여부를 True 또는 False로 지정합니다. 생략할 경우 False로 처리되어 파일을 한 개만 선택할 수 있습니다.

CHAPTER 167 대화 상자로 파일 열기(2)

Application.GetOpenFilename 메서드를 사용하여 파일을 열 때 사용자가 선택한 파일이 이미 열려 있는 경우 해결 방법을 알아봅니다. 이미 파일이 열려 있으면 해당 워크북을 활성화하고 프로시저를 종료하게 합니다.

예제 코드

```
Sub Sample167( )
    Dim strFile1 As String, strFile2 As String, intWkb As Integer
    strFile1 = Application.GetOpenFilename("엑셀 파일, *.xls*")
    If strFile1 = "False" Then Exit Sub
    
    For intWkb = 1 To Workbooks.Count
        strFile2 = Workbooks(intWkb).FullName
        If Workbooks(intWkb).Name = Dir(strFile1) Then
            If strFile1 <> strFile2 Then
                MsgBox "다른 폴더에 있는 같은 이름의 파일이 열려 있어 파일을 열 수 없습니다."
                Exit Sub
            Else
                Workbooks(intWkb).Activate
                Exit Sub
            End If
        End If
    Next
    
    Workbooks.Open strFile1
End Sub
```

01 대화 상자에서 파일 선택하기

GetOpenFileName 메서드로 표준 열기 대화 상자를 표시하고 사용자가 선택한 파일의 경로와 파일 이름을 strFile1 변수에 저장합니다. 대화 상자에서 [취소] 단추를 클릭하면 strFile1 변수에 'False'가 저장되어 프로시저를 종료합니다. 사용자가 파일을 선택한 경우 For...Next 반복문을 통해 현재 열려 있는 워크북의 개수(Count)만큼 코드를 반복하게 됩니다. For...Next의 카운터 변수 intWkb는 열려 있는 워크북을 가리키는 인덱스 번호가 됩니다.

```
strFile1 = Application.GetOpenFilename("엑셀 파일, *.xls*")
If strFile1 = "False" Then Exit Sub
For intWkb = 1 To Workbooks.Count ... Next
```

02 열려 있는 워크북과 선택한 파일 비교하기

strFile2 변수에 intWkb 카운터 변수가 가리키는 워크북(현재 열려 있는 워크북 중의 하나)의 경로와 파일 이름을 저장한 다음 열려 있는 워크북의 이름(Name)과 사용자가 선택한 파일 이름이 같으면, 다시 strFile1과 strFile2가 완전히 같은지 비교합니다. 같지 않다면, 즉 파일 이름만 같고 경로가 다르다면 메시지를 표시하고 프로시저를 종료합니다. 하지만 같다면 이미 열려 있는 파일이므로 열려 있는 워크북을 활성화(Activate)하고 프로시저를 종료합니다. 프로시저가 종료되지 않고 For...Next 문이 끝난다면 마지막 코드에 의해 strFile1 변수에 저장된 경로와 이름으로 파일을 엽니다(Open).

```
strFile2 = Workbooks(intWkb).FullName
If Workbooks(intWkb).Name = Dir(strFile1) Then
    If strFile1 <> strFile2 Then
        〈파일 이름이 같고 경로가 다르면 메시지 표시 후 프로시저 종료〉
    Else
        〈워크북을 활성화하고 프로시저 종료〉
    End If
End If
```

Dir(strFile1)은 Dir 함수를 사용하여 strFile1(파일 경로와 이름)에서 파일 이름만 반환합니다.

CHAPTER

168 여러 개의 파일 열기(1)

Application.GetOpenFilename 메서드에서 MultiSelect 매개 변수를 True로 설정하면 열기 대화 상자에서 여러 개의 파일을 선택하여 열 수 있습니다. 선택한 여러 개의 파일은 배열로 저장됩니다.

예제 코드

```
Sub Sample168( )
    Dim strFile As Variant, intKey As Integer
    strFile = Application.GetOpenFilename("엑셀 파일, *.xls*", MultiSelect:=True)
    If Not IsArray(strFile) Then Exit Sub

    For intKey = 1 To UBound(strFile)
        Workbooks.Open strFile(intKey)
    Next
End Sub
```

01 대화 상자에서 파일 선택하기

열기 대화 상자에서 Ctrl 또는 Shift를 사용하여 선택한 여러 개의 파일을 strFile 변수에 배열로 저장합니다. IsArray(strFile)은 strFile 변수가 배열인지 여부를 판단하는데 배열이 아니면 파일을 선택하지 않고 [취소] 단추를 누른 것이므로 프로시저를 종료합니다.

02 선택한 파일 열기

UBound(strFile)은 strFile 배열의 최대 범위를 의미합니다. 파일을 3개 선택했다면 intKey 변수의 범위는 1부터 3까지입니다. 이렇게 선택한 파일의 개수만큼 반복하면서 해당 파일을 엽니다. strFile(intKey)가 선택한 파일을 차례로 가리키게 됩니다.

CHAPTER

169 여러 개의 파일 열기(2)

열기 대화 상자에서 여러 개의 파일을 선택하여 열 때 해당 파일이 이미 열려 있을 수 있습니다. 선택한 파일 중 이미 열려 있는 파일이면 열지 않고 나머지 파일만 열면 됩니다. 이 처리를 위해 두 개의 For...Next 문을 겹쳐서 사용합니다.

예제 코드

```
Sub Sample169( )
    Dim strFile As Variant, blnCheck As Boolean
    Dim intWkb As Integer, intKey As Integer

    strFile = Application.GetOpenFilename("엑셀 파일, *.xls*", MultiSelect:=True)
    If Not IsArray(strFile) Then Exit Sub

    For intKey = 1 To UBound(strFile)
        blnCheck = True
        For intWkb = 1 To Workbooks.Count
            If Workbooks(intWkb).FullName = strFile(intKey) Then blnCheck = False: Exit For
        Next
        If blnCheck Then Workbooks.Open strFile(intKey)
    Next
End Sub
```

intKey 변수는 1부터 strFile 배열의 최대 범위까지 순환하면서 사용자가 선택한 파일을 가리키게 됩니다(strFile(intKey)). intWkb 변수는 1부터 열려 있는 워크북의 개수까지 순환하면서 열려 있는 워크북의 경로와 파일 이름(FullName)이 strFile(intKey)의 값과 동일하면 blnCheck 변수를 False로 설정합니다. 두 번째 For...Next 문을 빠져나온 후 blnCheck 변수가 True이면 즉, 열려 있는 워크북이 아니면 해당 파일을 Open 메서드로 엽니다.

CHAPTER 워크북 다루기

170 대화 상자를 통해 저장하기

GetSaveAsFilename 메서드는 표준 다른 이름으로 저장 대화상자를 표시합니다. 이 대화 상자를 통해 사용자는 파일을 저장할 폴더를 지정하고 파일 이름을 입력할 수 있습니다. 대화 상자를 통해 획득한 파일 경로와 파일 이름을 이용하여 Workbook.SaveAs 메서드로 파일을 저장합니다.

예제 코드

```
Sub Sample170( )
    Dim strFile As String
    Workbooks.Add
    strFile = Application.GetSaveAsFilename("Excel Files (*.xls*), *.xls")
    If strFile = "False" Then ActiveWorkbook.Close False: Exit Sub
    ActiveWorkbook.SaveAs strFile
    ActiveWorkbook.Close
End Sub
```

실행 결과

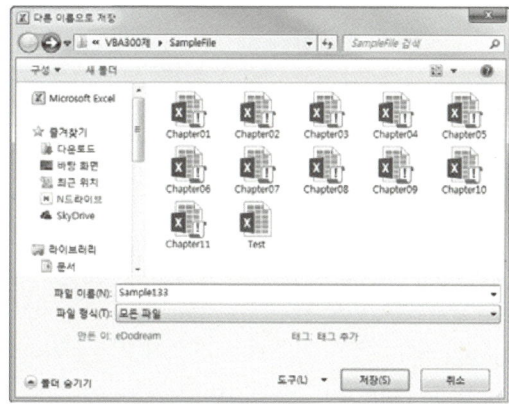

① 새 워크북 추가(Add)

② 다른 이름으로 대화상자를 표시하고 사용자가 지정한 경로와 파일 이름을 strFile 변수에 할당

③ [취소] 단추를 클릭했을 때 새 워크북을 저장하지 닫고 프로시저 종료

④ strFile 변수에 할당된 파일 이름으로 파일을 저장(SaveAs)하고 닫기(Close)

CHAPTER 파일 관리

171 작업 폴더 변경하기

GetOpenFilename 또는 GetSaveAsFilename 메서드 등을 사용할 때 대화상자에 최초로 표시되는 폴더를 제어하기 위해 현재 폴더를 변경하는 방법입니다. 현재 작업 폴더와 변경하려는 폴더가 서로 다른 드라이브에 있다면 폴더를 변경하기 전에 먼저 드라이브를 변경해야 합니다.

예제 코드

```
Sub Sample171( )
    MsgBox "현재 작업 폴더 : " & CurDir
    ChDrive "C"
    ChDir "C:\Myroom"
    MsgBox "변경된 작업 폴더 : " & CurDir
End Sub
```

실행 결과

여러 개의 드라이브를 사용하는 경우 각 드라이브마다 현재 폴더가 따로 설정됩니다. 따라서 드라이브와 폴더를 모두 변경해야 실제 사용할 작업 폴더(현재 폴더)가 완전해집니다.

- **CurDir("드라이브문자")** : 지정한 드라이브의 현재 폴더를 반환합니다. 드라이브 문자를 생략할 경우 현재 드라이브의 현재 폴더를 반환합니다.
- **ChDrive "드라이브문자"** : 현재 드라이브를 변경합니다.
- **ChDir 경로** : 현재 폴더를 변경합니다. 현재 드라이브를 변경하지는 않습니다.

CHAPTER 172 폴더 및 파일의 존재 여부

파일 관리

어떤 폴더나 파일이 저장 위치에 존재하는지를 알아내기 위해 사용하는 Dir 함수에 대해 살펴봅니다. Dir 함수는 와일드카드 문자를 사용한 패턴이나 파일 속성을 사용하여 파일 이름이나 폴더 이름 등을 반환합니다.

예제 코드

```
Sub Sample172( )
    Dim strFolder As String, strFile As String
    strFolder = "C:\Test"
    strFile = "Sample.xlsx"
    
    If Dir(strFolder, vbDirectory) = "" Then
        MsgBox strFolder & " 폴더는 존재하지 않습니다."
    ElseIf Dir(strFolder & "\" & strFile) = "" Then
        MsgBox strFolder & " 폴더에 " & vbCr & strFile & " 파일이 존재하지 않습니다."
    Else
        MsgBox strFolder & " 폴더에 " & vbCr & strFile & " 파일이 존재합니다."
    End If
End Sub
```

실행 결과

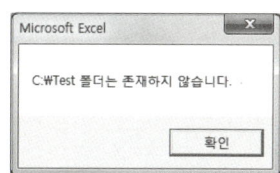

〈폴더가 없을 때〉

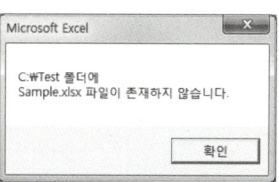

〈폴더는 있고 파일은 없을 때〉

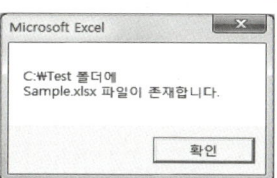

〈폴더와 파일이 모두 있을 때〉

Dir(strFolder, vbDirectory)는 strFolder(C:\Test) 폴더(vbDirectory)가 있는지 알아냅니다. 이 폴더가 존재하면 함수는 'Test'를 반환하지만, 찾지 못하면 빈 문자열("")을 반환합니다. 따라서 다음 If 문의 조건은 Dir 함수가 해당 폴더를 발견하지 못했을 때 True를 반환합니다.

```
If Dir(strFolder, vbDirectory) = "" Then
```

Dir(strFolder & "\" & strFile)은 'C:\Test\Sample.xlsx' 파일이 존재하는지를 알아냅니다. 이 파일이 Test 폴더에 존재한다면 Dir 함수는 'Sample.xlsx'를 반환하고, 존재하지 않으면 빈 문자열("")을 반환합니다. 따라서 다음 ElseIf 문의 조건은 Dir 함수가 해당 파일을 발견하지 못했을 때 True를 반환합니다.

```
ElseIf Dir(strFolder & "\" & strFile) = "" Then
```

Dir 함수를 처음 사용할 때는 반드시 찾고자 하는 폴더나 파일 등 pathname 매개 변수를 지정해야 합니다. 두 번째부터 pathname를 생략하고 'Dir()'과 같이 사용할 수 있는데 이렇게 하면 이전에 지정한 값을 그대로 이어받아 두 번째 일치하는 폴더나 파일을 찾습니다.

〈구문〉 Dir 함수

Dir(pathname, attributes)

- **pathname** : 파일 이름을 지정하는 문자열로 드라이브나 폴더 등이 포함될 수 있습니다. 와일드카드 문자(*와 ?)를 사용할 수 있습니다. 지정한 pathname을 찾을 수 없을 때 빈 문자열("")이 반환됩니다.
- **attributes** : 파일 속성을 가리키는 상수나 값을 지정합니다.

상수	값	설명
vbNormal	0	속성이 없는 일반적인 파일(기본값)
vbReadOnly	1	읽기 전용 파일
vbHidden	2	숨김 파일
vbSystem	4	시스템 파일
vbVolume	8	볼륨 레이블. 다른 속성이 지정되면 무시됨
vbDirectory	16	폴더

CHAPTER **파일 관리**

173 특정 폴더의 파일 목록 알아내기

Dir 함수를 사용하면 특정 폴더 안에 어떤 파일들이 있는지 알아낼 수 있습니다. Dir 함수를 처음 사용할 때 어떤 파일을 찾을 것인지 지정하여 일치하는 첫 번째 파일을 찾고, 두 번째 Dir 함수는 Do While...Loop 순환문 안에 두어 다음 파일들을 순차적으로 찾습니다.

예제 코드

```
Sub Sample173( )
    Dim strFolder As String, strFile As String, intRow As Integer
    strFolder = ThisWorkbook.Path & "₩"
    strFile = Dir(strFolder & "*.xls*")          // 첫 번째 파일 찾기 //
    intRow = 3
    Do While strFile <> ""
        Cells(intRow, "B") = strFile
        Cells(intRow, "C") = FileLen(strFolder & strFile)
        Cells(intRow, "D") = FileDateTime(strFolder & strFile)
        intRow = intRow + 1
        strFile = Dir( )                          // 다음 파일 찾기 //
    Loop
End Sub
```

실행 결과

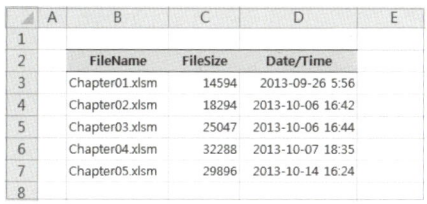

① strFile 변수에 strFolder에서 첫 번째 엑셀 파일을 찾은 결과 저장

② intRow 행의 B, C, D 열에 결과 표시

③ strFile 변수에 두 번째 찾은 결과 저장

④ strFile 변수가 빈 문자열이 아니면 ②, ③번 반복

01 첫 번째 파일 찾기

Dir 함수로 strFolder 폴더에서 엑셀 파일(*.xls*)을 찾아 strFile 변수에 저장합니다. 해당 폴더에 여러 개의 엑셀 파일이 들어 있다면 여기서 strFile 변수에 저장되는 파일은 첫 번째 엑셀 파일입니다. 첫 번째 Dir 함수에서는 찾을 폴더나 파일의 패턴을 생략할 수 없습니다.

```
strFolder = ThisWorkbook.Path & "\"
strFile = Dir(strFolder & "*.xls*")
```

02 다음 파일 찾기

Do While...Loop 구조에서 첫 번째 찾은 결과가 빈 문자열이라면 파일을 찾지 못한 것이므로 Loop 다음으로 코드가 진행됩니다. 하지만 찾았다면 찾은 파일(strFile)과 파일 길이(FileLen), 파일의 날짜와 시간(FileDateTime)을 셀에 입력합니다. 그리고 마지막으로 다시 strFile 변수에 Dir 함수로 두 번째 파일을 찾아 저장합니다. 이때 Dir 함수의 인수를 생략하여 이전에 사용한 Dir 함수와 같은 패턴의 파일을 찾도록 합니다.

여기서 strFile 변수에 파일 이름이 저장되어 있다면 역시 찾은 결과를 셀에 입력하고 다음 파일을 계속해서 찾게 되지만, strFile 변수가 빈 문자열이라면 Do...Loop 문이 끝나게 됩니다.

```
Do While strFile <> ""
    〈파일 이름, 파일 길이, 날짜와 시간 입력〉
    strFile = Dir( )
Loop
```

참고

- **FileLen(pathname) 함수** : 파일 길이를 바이트 수로 반환합니다. 지정한 파일이 열려 있으면 파일을 열기 전의 길이를 반환합니다.
- **FileDateTime(pathname) 함수** : 파일이 만들어졌거나 마지막으로 수정된 날짜와 시간을 반환합니다.

CHAPTER 174 파일 복사하기

FileCopy 문은 파일을 복사합니다. 사용 방법은 간단합니다. 'FileCopy 원본, 대상' 형식으로 원본 파일과 대상 파일을 지정합니다. 파일을 복사할 때 주의할 점은 원본 파일과 대상 파일의 존재 여부를 미리 점검하는 것입니다.

예제 코드

```vb
Sub Sample174( )
    Dim strFile1 As String, strFile2 As String
    strFile1 = ThisWorkbook.Path & "\Test.xlsx"
    strFile2 = "C:\Test\Sample.xlsx"
    If Dir(strFile1) = "" Then              //원본 파일 찾기 //
        MsgBox "원본 파일이 존재하지 않습니다."
    ElseIf Dir(strFile2) <> "" Then         // 대상 파일 찾기 //
        MsgBox "대상 파일이 이미 존재합니다."
    Else
        FileCopy strFile1, strFile2         // strFile1 파일을 strFile2 파일로 복사 //
        MsgBox "파일을 복사했습니다."
    End If
End Sub
```

〈구문〉 FileCopy 문

FileCopy source, destination

- **source** : 복사할 파일 이름을 지정합니다. 드라이브, 폴더 등의 경로를 함께 지정할 수 있습니다. 생략할 수 없습니다.
- **destination** : 대상 파일 이름을 지정합니다. 드라이브, 폴더 등의 경로를 함께 지정할 수 있으며 생략할 수 없습니다.

CHAPTER 175 파일 삭제하기

특정 파일을 삭제할 때 Kill 문을 사용합니다. Kill 문을 사용할 때는 삭제하고자 하는 하나 이상의 파일 이름을 지정해야 하는데 와일드카드 문자(* 또는 ?)를 사용하면 여러 개의 파일을 한 번에 삭제할 수도 있습니다.

예제 코드

```
Sub Sample175( )
    Dim strFile1 As String, strFile2 As String
    strFile1 = ThisWorkbook.Path & "\Test.xlsx"
    strFile2 = ThisWorkbook.Path & "\Sample.xlsx"
    If Dir(strFile1) = "" Then                      // 원본 파일 찾기 //
        MsgBox "원본 파일이 존재하지 않습니다."
        Exit Sub
    End If

    If Dir(strFile2) <> "" Then Kill strFile2       // 대상 파일이 있으면 대상 파일 삭제(Kill) //

    FileCopy strFile1, strFile2                     // strFile1 파일을 strFile2 파일로 복사 //
    MsgBox "파일을 복사했습니다."
End Sub
```

 참고

- Kill pathname : pathname에 지정한 파일을 삭제합니다.
- Name oldpathname As newpathname : oldpathname 파일을 newpathname으로 변경합니다. oldpathname과 newpathname이 모두 동일한 드라이브에 있어야하고, 와일드카드 문자를 사용할 수 없습니다.

CHAPTER 176 새 폴더 만들기

파일 관리

MkDir 문은 새로운 폴더를 만들 때 사용합니다. 폴더를 만들 때 주의할 점은 해당 폴더가 이미 만들어져 있는 경우입니다. Dir 함수를 사용하여 만들려는 폴더가 이미 존재하는지를 미리 알아보고 폴더 생성 여부를 결정해야 합니다.

예제 코드

```
Sub Sample176( )
    Dim strFolder As String
    strFolder = ThisWorkbook.Path & "\Test"
    If Dir(strFolder, vbDirectory) <> "" Then          // 만들려는 폴더가 존재하면 //
        MsgBox "해당 폴더가 이미 존재합니다."
        Exit Sub
    Else
        MkDir strFolder                                 // strFolder 만들기 //
        MsgBox Dir(strFolder, vbDirectory) & " 폴더를 만들었습니다."
    End If
End Sub
```

 참고

- **MkDir path** : path에 지정한 폴더를 새로 만듭니다. path에는 드라이브가 포함될 수 있으며, 드라이브를 지정하지 않은 경우 현재 드라이브에 폴더를 생성합니다.

- **RmDir path** : path에 지정한 폴더를 삭제합니다. 파일이나 하위 폴더가 들어 있는 폴더를 지정하면 오류가 발생합니다.

CHAPTER 파일 관리

177 폴더 삭제하기

RmDir 문으로 폴더를 삭제할 수 있습니다. 폴더를 삭제할 때는 해당 폴더 안에 파일이 들어 있는지 또는 하위 폴더가 들어 있는지 확인해야 합니다. 즉, 비어 있는 폴더만 삭제할 수 있습니다. 이번 예제에서는 지정한 폴더에 파일이 있을 때 파일을 모두 삭제한 다음 폴더를 삭제합니다.

예제 코드

```
Sub Sample177( )
    Dim strFolder As String, intReply As Integer
    strFolder = ThisWorkbook.Path & "\Test"

    If Dir(strFolder & "\*.*") <> "" Then          // strFolder에 파일이 있으면 //
        intReply = MsgBox("폴더에 파일이 존재합니다. 파일을 지울까요?", vbYesNo)
        If intReply = vbYes Then
            Kill strFolder & "\*.*"                // strFolder에 있는 모든 파일 삭제 //
        Else
            MsgBox "파일이 있는 폴더는 삭제할 수 없습니다." & _
                vbCr & "폴더 삭제 작업을 취소합니다."
            Exit Sub
        End If
    End If

    RmDir strFolder                                // strFolder 폴더 삭제 //
End Sub
```

Dir(strFolder & "*.*")로 지정한 폴더에 파일이 있는지 검사하여 파일이 있다면 사용자로부터 파일을 삭제할 것인지 묻는 메시지 상자를 표시합니다. 사용자가 [예] 단추를 클릭하면 해당 폴더의 파일을 모두 삭제합니다. 그리고 RmDir 문으로 해당 폴더를 삭제합니다. 해당 폴더에 파일이 없을 때는 바로 RmDir 문으로 폴더를 삭제합니다.

CHAPTER 178 폴더 선택창 사용하기

파일 관리

FileDialog 개체는 파일 대화 상자 기능을 제공합니다. 원하는 FileDialog 개체를 반환하기 위해 Applicaation.FileDialog 속성을 사용하는데 모두 4종류의 파일 대화 상자 중에서 어떤 대화 상자를 반환할 것인지 종류를 지정할 수 있습니다.

예제 코드

```
Sub Sample178( )
    Dim strFolder As String
    With Application.FileDialog(msoFileDialogFolderPicker)    // 폴더 선택 대화 상자 //
        .Show                                                  // 대화 상자를 화면에 표시 //
        If .SelectedItems.Count = 0 Then Exit Sub              // 선택한 항목이 없으면 프로시저 종료 //
        strFolder = .SelectedItems(1)                          // strFoler 변수에 선택한 첫 번째 항목 저장 //
    End With
    ChDrive Left(strFolder, 1)                                 // 드라이브와 폴더 변경 //
    ChDir strFolder
    MsgBox "변경된 작업 폴더 : " & CurDir
End Sub
```

실행 결과

 →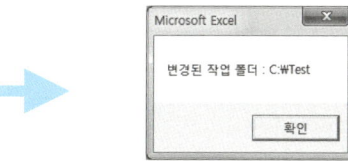

Application.FileDialog(msgFileDialogFolerPicker)는 폴더 선택 대화 상자 개체를 의미하는데 이 개체의 Show 메서드를 사용하면 이 대화 상자가 화면에 나타나고 사용자의 선택을 기다리게 됩니다. 사용자가 대화 상자에서 [확인] 또는 [취소] 단추를 누르기 전까지 이후 코드가 실행되지 않습니다.

> Application.FileDialog(msoFileDialogFolderPicker).Show

Show 메서드로 표시된 대화 상자에서 선택한 폴더 목록(SelectedItems)의 개수(Count)가 0이면 [취소] 단추를 클릭한 것을 의미합니다. 이런 경우 프로시저를 종료합니다.

> If .SelectedItems.Count = 0 Then Exit Sub

선택한 폴더 목록은 SelectedItems(인덱스) 형태로 참조합니다. 따라서 다음 문은 첫 번째 선택한 폴더 경로를 strFolder 변수에 저장합니다. 폴더 선택 대화 상자에서는 하나의 폴더만 선택이 가능하므로 선택한 폴더는 항상 SelectedItems(1)로 참조합니다.

> strFolder = .SelectedItems(1)

〈구문〉 Application.FileDialog 속성

> Application.FileDialog(fileDialogType)

- 파일 대화 상자의 기능을 제공하는 FileDialog 개체를 반환합니다.
- fileDialogType : 파일 대화 상자의 유형을 지정하는 MsgFileDialogType 상수 중 하나를 지정합니다.

fileDialogType	대화 상자의 유형
msoFileDialogFilePicker	파일 선택 대화 상자
msoFileDialogFolderPicker	폴더 선택 대화 상자
msoFileDialogOpen	열기 대화 상자
msoFileDialogSaveAs	다른 이름으로 저장 대화 상자

CHAPTER 　파일 관리

179 파일 선택창 사용하기

Application.FileDialog 속성에서 파일 대화 상자의 유형을 msoFileDialogFilePicker로 지정하면 하나 이상의 파일을 선택할 수 있습니다. 선택한 파일 목록은 SelectedItems 컬렉션에 저장되므로 이 컬렉션을 이용하여 원하는 파일 작업을 처리합니다.

예제 코드

```
Sub Sample179( )
    Dim varFile As Variant
    With Application.FileDialog(msoFileDialogFilePicker)    // 파일 선택 대화 상자 //
        .Title = "파일 삭제"                                 // 대화 상자의 제목 설정 //
        .Show                                               // 대화 상자 표시 //
        If .SelectedItems.Count = 0 Then Exit Sub           // 선택 파일이 없으면 프로시저 종료 //
        For Each varFile In .SelectedItems                  // SelectedItems 컬렉션의 파일 삭제 //
            Kill varFile
        Next
        MsgBox .SelectedItems.Count & "개의 파일 삭제 완료"
    End With
End Sub
```

실행 결과

255

CHAPTER 윈도우 다루기

180 윈도우 참조하기

Workbook 개체는 통합 문서 창만 참조하지만, Window 개체는 열려 있는 모든 창을 참조합니다. 특정 창의 크기와 스크롤, 화면 구성 요소 등을 제어하기 위해 Window 개체의 참조가 필요합니다. Window 개체는 Windows 컬렉션의 구성원입니다.

예제 코드

```vba
Sub Sample180( )
    Dim intWin As Integer, strMsg As String
    For intWin = 1 To Windows.Count                    // 1부터 윈도우 개수만큼 반복 //
        strMsg = strMsg & vbCr & "Windows(" & intWin & ") : " & _
                vbTab & Windows(intWin).Caption
    Next

    MsgBox strMsg & vbCr & vbCr & "ActiveWindow : " & vbTab & ActiveWindow.Caption
End Sub
```

실행 결과

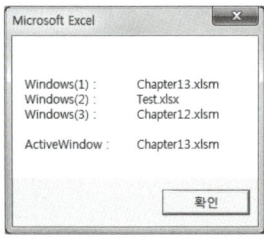

① Windows.Count : 윈도우 컬렉션의 개수(현재 열려 있는 창의 개수)

② Windows(intWin).Caption : 인덱스 번호(intWin)로 참조한 특정 윈도우의 제목 표시줄에 표시되는 제목(Caption)

③ ActiveWindow.Caption : 활성화되어 있는 윈도우(ActiveWindow)의 제목 표시줄에 표시되는 제목(Caption)

CHAPTER 181 화면 구성 요소 숨기기

원도우 다루기

Window 개체의 몇 가지 속성은 화면을 구성하고 있는 요소들을 표시하거나 숨길 때 사용됩니다. 예를 들어 눈금선, 행 머리글과 열 머리글, 스크롤 막대, 시트 탭 등의 표시 여부를 Window 개체의 속성을 사용하여 제어할 수 있습니다.

예제 코드

```
Sub Sample181( )
    With ActiveWindow
        .DisplayGridlines = Not .DisplayGridlines          // 눈금선의 표시 여부 //
        .DisplayHeadings = Not .DisplayHeadings            // 행/열 머리글의 표시 여부 //
        .DisplayWorkbookTabs = Not .DisplayWorkbookTabs    // 시트 탭의 표시 여부 //
    End With
End Sub
```

눈금선의 표시 여부(DisplayGridlines) 속성을 True로 설정하면 눈금선을 표시하고, False로 설정하면 표시하지 않습니다. 여기서는 Not 연산자를 사용하여 현재 해당 속성의 값을 반대로 설정했습니다. 따라서 현재 표시되어 있으면 표시하지 않고, 표시되어 있지 않으면 표시하는 방식입니다. 이렇게 화면의 구성 요소에 대한 표시 여부를 설정하기 위해 주로 사용되는 Window 개체의 속성은 다음과 같습니다.

속성	설명	속성	설명
DisplayGridlines	눈금선	DisplayWorkbookTabs	시트 탭
DisplayHeadings	행/열 머리글	DisplayOutline	윤곽선 기호
DisplayRuler	눈금자	DisplayFormulas	수식
DisplayHorizontalScrollBar	가로 스크롤 막대	DisplayZeros	0값
DisplayVerticalScrollBar	세로 스크롤 막대	DisplayWhitespace	공백

CHAPTER 윈도우 다루기

182 화면의 확대 및 축소

Window.Zoom 속성은 윈도우의 크기를 백분율로 설정하거나 반환합니다. Zoom 속성은 현재 활성화되어 있는 시트에만 영향을 줍니다. 배율을 100%로 지정하면 실제 크기로 나타나며 200%로 지정하면 실제 크기의 두 배로 화면을 확대 표시할 수 있습니다.

예제 코드

```
Sub Sample182( )
    Sheets("Sheet1").Select
    Range("B2").CurrentRegion.Select
    ActiveWindow.Zoom = True
    MsgBox "창의 확대/축소 배율 : " & ActiveWindow.Zoom & "%"
End Sub
```

실행 결과

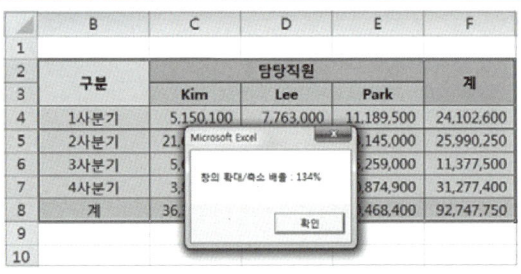

① [B2] 셀이 들어 있는 현재 영역 선택

② 현재 선택 영역에 맞게 창 크기 조정

③ 현재 창의 확대/축소 배율을 메시지 상자로 표시

- Window.Zoom 속성을 True로 설정하면 현재 선택 영역에 창 크기를 자동으로 맞춰줍니다.
- 확대/축소 배율은 10%~400% 범위에서 지정해야 합니다.

CHAPTER 윈도우 다루기

183 창 정렬하기

Windows.Arrange 속성은 열려 있는 창을 바둑판식, 가로, 세로, 계단식 등으로 정렬할 때 사용합니다. 기본적으로 열려 있는 모든 창을 지정한 방식으로 정렬합니다. 정렬 방식을 지정하지 않으면 바둑판식 정렬이 기본 값으로 사용됩니다.

예제 코드

```
Sub Sample183( )
    Workbooks.Open ThisWorkbook.Path & "\Test.xlsx"
    ThisWorkbook.Activate
    Windows.Arrange xlArrangeStyleVertical      // 세로 창 정렬 //
End Sub
```

실행 결과

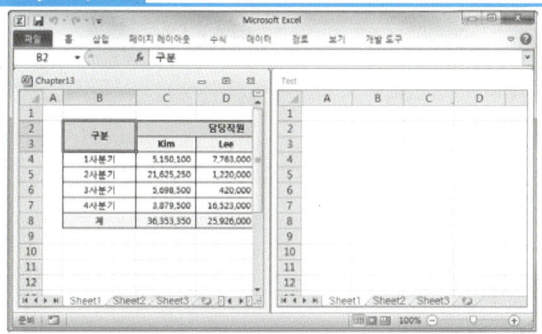

① Test.xlsx 파일 열기

② 현재 통합 문서 활성화

③ 세로 창 정렬

※ xlArrangeStyleHorizontal(가로)
　xlArrangeStyleVertical(세로)
　xlArrangeStyleTiled(바둑판식)
　xlArrangeStyleCascade(계단식)

〈구문〉 Windows.Arrange 메서드

Windows.Arrange(ArrangeStyle, ActiveWorkbook)

- ArrangeStyle : 창이 정렬되는 방식을 지정합니다.
- ActiveWorkbook : True이면 현재 통합 문서 창만 정렬하고, 생략하거나 False로 지정하면 모든 창을 정렬합니다.

CHAPTER 184 현재 통합 문서 창만 정렬하기

윈도우 다루기

Workbook.NewWindow 메서드를 사용하면 통합 문서 창의 복사본을 만들어 각 창마다 같은 통합 문서의 서로 다른 시트를 표시할 수 있습니다. Windows.Arrange 속성의 ActiveWorkbook 매개 변수를 True로 설정하여 현재 통합 문서 창만 정렬합니다.

예제 코드

```
Sub Sample184( )
    ThisWorkbook.NewWindow                              // 새 창 만들기 //
    Sheets("Sheet1").Activate


    Windows.Arrange xlArrangeStyleVertical, True        // 현재 통합 문서 창만 세로로 정렬 //


    Windows(2).Activate
    Sheets("Sheet2").Select
End Sub
```

실행 결과

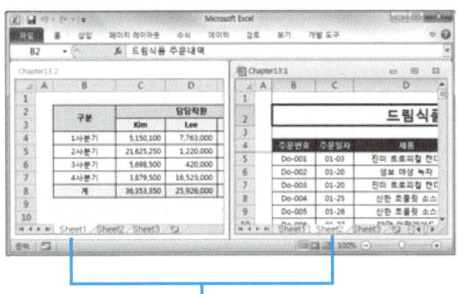

같은 통합 문서의 서로 다른 시트 표시

① 사용 중인 워크북의 새 창을 만들고 Sheet1 활성화
② 현재 통합 문서 창만 세로로 정렬
③ 두 번째 창을 활성화하고 Sheet2 선택

CHAPTER

185 틀 고정

윈도우 다루기

Window.FreezePanes 속성을 True로 설정하면 현재 셀의 위쪽과 왼쪽을 화면에서 고정시킵니다. Window.ScrollRow 속성은 특정 행이 창의 맨 위에 나타나도록 행을 이동합니다. 틀 고정이 된 영역은 Window.ScrollRow 속성에서 제외됩니다.

예제 코드

```vba
Sub Sample185( )
    Dim rngData As Range, rngCell As Range
    Range("B5").Select
    ActiveWindow.FreezePanes = True                                    '' 틀 고정 설정 ''
    Set rngData = Range("B4").CurrentRegion.Columns(2)
    Set rngCell = rngData.Find(What:=#3/20/2013#, LookIn:=xlFormulas)   '' 셀 찾기 ''
    ActiveWindow.ScrollRow = rngCell.Row                               '' rngCell이 맨 위에 오도록 행 이동 ''
    rngCell.Select
End Sub
```

실행 결과

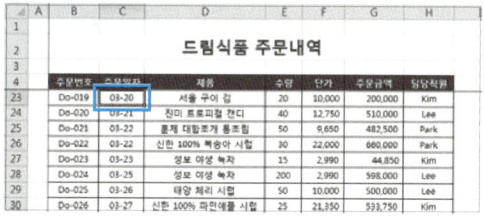

① [B5] 셀을 선택하고 틀 고정

② rngData에서 Find 메서드로 '2013-3-20'이 들어 있는 셀을 찾아 rngCell 변수에 할당

③ rngCell의 행이 맨 위에 나타나도록 행 이동

참고

- Window.ScrollRow 속성 : 창의 맨 위에 나타나는 행 번호를 반환하거나 설정합니다.
- Window.ScrollColumn 속성 : 창의 맨 왼쪽에 있는 열 번호를 반환하거나 설정합니다.

CHAPTER 186 데이터 정렬(1)

 Range.Sort 메서드는 지정한 범위를 최대 3개의 정렬 필드를 사용하여 순서대로 정렬합니다. 실제 Range.Sort 메서드의 구문은 여기서 소개하는 것보다 훨씬 복잡하지만 Sort 개체에서 자세하게 다루게 될 것이므로 간단한 형식으로만 알아봅니다.

예제 코드

```
Sub Sample186( )
    Range("B2").Sort key1:=Range("H2"), Order1:=xlAscending, _    // 첫 번째 정렬 필드와 정렬 순서 //
                    Key2:=Range("G2"), Order2:=xlDescending, _    // 두 번째 정렬 필드와 정렬 순서 //
                    Header:=xlYes                                  // 머리글 정보 있음(xlYes) //
End Sub
```

실행 결과

	A	B	C	D	E	F	G	H	I
1									
2		주문번호	주문일자	제품	수량	단가	주문금액	담당직원	
3		Do-031	04-29	콜롬비아산 원두커피	300	46,000	13,800,000	Kim	
4		Do-049	08-06	콜롬비아산 원두커피	90	46,000	4,140,000	Kim	
5		Do-040	06-11	유림 사과 통조림	55	53,000	2,915,000	Kim	
6		Do-028	04-11	대양 특선 블루베리 잼	90	25,000	2,250,000	Kim	
7		Do-010	02-13	한성 통밀가루	100	19,500	1,950,000	Kim	
8		Do-059	10-19	신한 100% 복숭아 시럽	80	22,000	1,760,000	Kim	
9		Do-066	11-11	대관령 특제 버터	50	34,800	1,740,000	Kim	
10		Do-007	02-11	태일 라이트 맥주	87	14,000	1,218,000	Kim	

담당직원의 오름차순(xlAscending) 으로 정렬하고, 담당직원이 같으면 주문금액의 내림차순(xlDescending) 으로 정렬

〈구문〉 Range.Sort 메서드

Range개체.Sort(Key1, Order1, Key2, Order2, Key3, Order3, Header)

- **Key1, Order1** : 첫 번째 정렬 필드와 정렬 순서를 지정합니다. 같은 방식으로 두 번째와 세 번째 정렬 필드 및 순서를 Key2, Order2, Key3, Order3에 지정할 수 있습니다.
- **Header** : 첫 행에 머리글 정보가 있으면 xlYes, 없으면 xlNo(기본값)를 지정합니다. xlGuess로 지정하면 엑셀이 머리글이 있는지 여부를 자동으로 판단합니다.

CHAPTER 데이터 분석

187 데이터 정렬(2)

 Sort 개체는 Worksheet.Sort 속성으로 반환되는데, Sort 개체의 여러 속성을 사용하여 특정 범위의 데이터를 크기 순서대로 정렬할 수 있습니다. 정렬의 기준이 되는 필드와 정렬 방식을 결정하고 정렬 범위, 머리글 행의 포함 여부 등을 Sort 개체의 속성으로 지정합니다.

예제 코드

```
Sub Sample187( )
    With ActiveSheet.Sort
        .SortFields.Clear
        .SortFields.Add Key:=Range("D2")
        .SortFields.Add Key:=Range("E2"), Order:=xlDescending
        .SetRange Range("B2").CurrentRegion
        .Header = xlYes
        .Apply
    End With
End Sub
```

실행 결과

① 현재 시트의 정렬 필드 모두 지우기

② 새 정렬 필드 추가(제품의 오름차순)

③ 새 정렬 필드 추가(수량의 내림차순)

④ 정렬 범위를 [B2] 셀이 들어 있는 영역으로 지정(SetRange)

⑤ 첫 행의 머리글 정보 설정(Header)

⑥ 현재 설정된 정렬 상태를 기준으로 정렬 실행(Apply)

〈구문〉 SortFields.Add 메서드

SortFields.Add(Key, SortOn, Order, CustomOrder, DataOption)

- **Key** : 정렬의 기준이 되는 필드를 지정합니다. 생략할 수 없는 유일한 매개 변수입니다.
- **SortOn** : xlSortOnValues(값), xlSortOnCellColor(셀 색), xlSortOnFontColor(글꼴 색), xlSortOnIcon(셀 아이콘) 중 하나로 정렬 기준을 지정합니다. 기본 값은 xlSortOnValues입니다.
- **Order** : 정렬 순서를 xlAscending(오름차순), xlDescending(내림차순)으로 지정합니다. 생략하면 오름차순으로 정렬합니다.
- **CustomOrder** : 사용자 지정 정렬 순서를 지정합니다.
- **DataOption** : 데이터 옵션을 지정합니다. xlSortNormal(기본값)은 숫자와 텍스트 데이터를 별도로 정렬하고, xlSortTextAsNumbers는 텍스트를 숫자 데이터로 취급하여 정렬합니다.

- SortFields.Clear 메서드로 이전의 정렬 필드(SortFields)를 모두 지운 다음 새로운 정렬 필드를 추가합니다.
- 정렬 필드의 추가, 정렬 범위 지정, 머리글 정보 등의 설정이 모두 끝난 다음 Sort.Apply 메서드로 실제 정렬을 수행합니다.

Sort 개체의 주요 속성 및 메서드

속성 및 메서드	설명
SetRange 메서드	정렬 범위를 지정합니다.
Apply 메서드	현재 적용된 정렬 상태를 기준으로 실제 정렬을 실행합니다.
Header 속성	정렬 범위의 첫 번째 행에 머리글 정보가 있는지 여부를 xlGuess(자동 설정), xlYes(머리글 있음), xlNo(머리글 없음) 중 하나로 지정합니다.
MatchCase 속성	대소문자 구분 여부를 지정합니다. True로 설정하면 대소문자를 구분하여 정렬하고, False로 설정하면 대소문자를 구분하지 않고 정렬합니다.
Orientation 속성	정렬 방향을 xlSortColumns(열), xlSortRows(행) 중 하나로 지정합니다. 기본 값은 xlSortRows입니다.

CHAPTER 데이터 분석

188 사용자 지정 목록으로 정렬

SortFields.Add 메서드를 사용할 때 CustomOrder 매개 변수를 이용하면 사용자가 정렬 순서를 직접 지정할 수 있습니다. 예를 들어 Kim, Lee, Park 순서로 정렬되는 필드에서 임의로 순서를 바꾸어 Lee, Park, Kim 순서로 정렬할 수 있습니다.

예제 코드

```
Sub Sample188( )
    With ActiveSheet.Sort
        .SortFields.Clear
        .SortFields.Add Key:=Range("H2"), CustomOrder:="Lee,Park,Kim"    // 사용자 지정 정렬 순서 //
        .SortFields.Add Key:=Range("C2")
        .SetRange Range("B2").CurrentRegion
        .Header = xlYes
        .Apply
    End With
End Sub
```

실행 결과

Lee, Park, Kim 순서대로 정렬(사용자 지정 정렬)

CHAPTER 데이터 분석

189 자동 필터

자동 필터는 목록을 특정 필드의 값을 기준으로 필터링합니다. Range.AutoFilter 메서드를 사용하여 자동 필터를 구현할 수 있습니다. 자동 필터에서 두 개 이상의 필드에 조건을 지정하는 경우 해당 조건을 모두 만족하는 레코드(행)만 화면에 표시되고 나머지는 일시적으로 숨겨집니다.

예제 코드

```
Sub Sample189( )
    Range("B2").AutoFilter 7, "Park"          // 7번 필드의 값이 Park인 레코드만 필터링 //
    Range("B2").AutoFilter 4, ">=50"          // 4번 필드의 값이 50 이상인 레코드만 필터링 //
End Sub
```

실행 결과

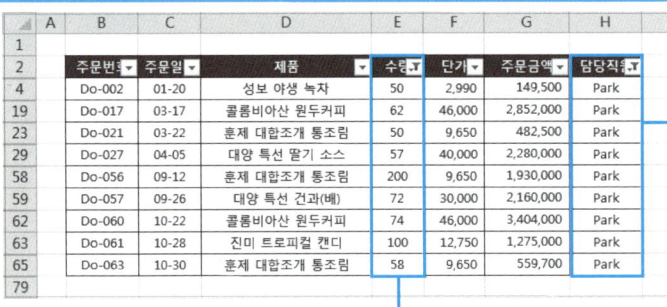

7번 필드 : 'Park'인 레코드 필터

4번 필드 : 50 이상인 레코드 필터

참고

- 데이터 목록에서 첫 번째 필드부터 마지막 필드까지 정수로 필드를 참조합니다.
- 목록의 첫 번째 필드가 1번 필드가 됩니다.

〈구문〉 Range.AutoFilter 메서드

Range.AutoFilter(Field, Criteria1, Operator, Criteria2, VisibleDropDown)

- Field : 필터를 적용할 필드 번호(정수)입니다. 목록의 첫 번째 필드 번호는 1입니다.
- Criteria1 : 찾을 조건을 나타내는 문자열입니다.
- Operator : 필터의 종류를 xlAutoFilterOperator 상수 중 하나로 지정합니다.

xlAutoFilterOperator	설명
xlAnd	Criteria1과 Criteria2의 And 연산
xlOr	Criteria1과 Criteria2의 Or 연산
xlTop10Items	가장 높은 값을 Criteria1에 지정한 항목 수대로 표시
xlTop10Percent	가장 높은 값을 Criteria1에 지정한 백분율로 표시
xlBottom10Items	가장 낮은 값을 Criteria1에 지정한 항목 수대로 표시
xlBottom10Percent	가장 낮은 값을 Criteria1에 지정한 백분율로 표시
xlFilterValues	값으로 필터링
xlFilterCellColor	셀 색으로 필터링
xlFilterFontColor	글꼴 색으로 필터링
xlFilterIcom	셀 아이콘으로 필터링
xlFilterDynamic	동적 필터

- Criteria2 : 두 번째 찾을 조건을 나타내는 문자열입니다. Criteria1과 Operator를 함께 사용해야 합니다.
- VisibleDropDown : True로 지정하면 자동 필터 드롭다운 화살표를 표시하고, False로 지정하면 자동 필터 드롭다운 화살표를 숨깁니다. 생략하면 True로 지정됩니다.

> **TIP** 자동 필터 드롭다운 화살표 표시의 토글
>
> Range.AutoFilter 메서드에서 모든 매개 변수는 생략이 가능합니다. 매개 변수를 모두 지정하지 않으면 지정한 범위에서 자동 필터 드롭다운 화살표 표시를 토글합니다. 즉, 해당 범위에 자동 필터가 설정되어 있으면 해제하고, 자동 필터가 설정되어 있지 않으면 새로 설정하는 역할을 합니다.

CHAPTER 데이터 분석

190 필터링된 데이터의 개수

Range.AutoFilter 메서드를 사용하여 목록에서 필터링된 데이터의 개수를 세는 방법입니다. 이 방법은 자동 필터가 조건을 만족하는 레코드만 화면에 표시하고, 그렇지 않은 레코드는 화면에서 일시적으로 숨기는 방식을 이용한 것입니다.

예제 코드

```
Sub Sample190( )
    Dim intAll As Integer, intFilter As Integer
    Range("B2").AutoFilter 7, "Park"
    Range("B2").AutoFilter 4, ">=50"
    intAll = Range("B2").CurrentRegion.Rows.Count - 1
    intFilter = Range("B2").CurrentRegion.Columns(1).SpecialCells(xlCellTypeVisible).Count - 1
    MsgBox intAll & "개의 데이터 중 " & intFilter & "개의 데이터가 검색되었습니다."
End Sub
```

실행 결과

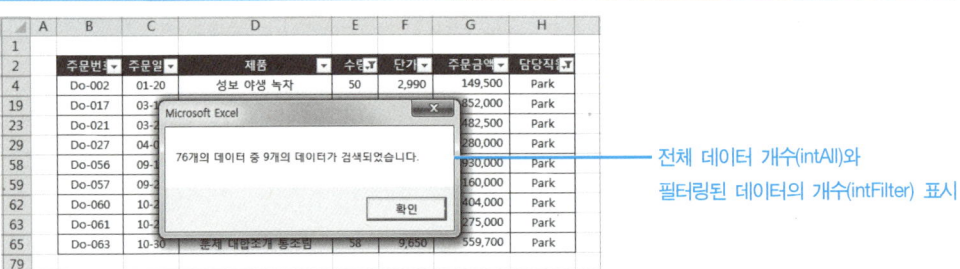

전체 데이터 개수(intAll)와
필터링된 데이터의 개수(intFilter) 표시

① 7번 필드와 4번 필드에 조건을 지정하여 데이터 필터링

② intAll : [B2] 셀이 들어 있는 영역의 행 개수(Rows.Count)에서 1을 뺌(머리글 행)

③ intFilter : 1번 열에서 화면에 보이는 셀 개수(SpecialCells(xlCellTypeVisible).Count)를 구하고 머리글 행을 제외하기 위해 1을 뺌

CHAPTER 메이터 분석

191 자동 필터 해제하기

Worksheet.AutoFilterMode 속성은 True 또는 False로 시트에 자동 필터가 적용되어 있는지 여부를 반환합니다. 이 속성을 사용하여 자동 필터가 적용되어 있을 때 Range.AutoFilter 메서드로 자동 필터를 해제하는 방법입니다.

예제 코드

```
Sub Sample191( )
    If ActiveSheet.AutoFilterMode Then    // 현재 시트에 자동 필터 드롭다운 화살표가 표시되어 있으면 //
        Range("B2").AutoFilter            // 자동 필터 해제 //
        MsgBox "자동 필터가 해제되었습니다."
    End If
End Sub
```

실행 결과

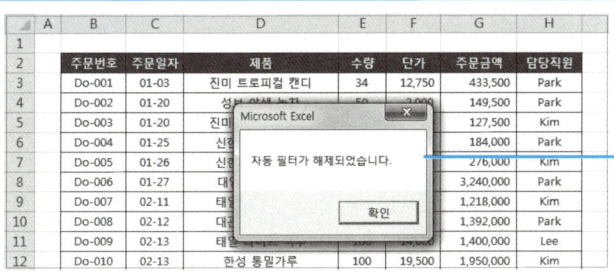

자동 필터를 해제하고 메시지 표시
(자동 필터가 설정되어 있지 않으면 아무 것도 실행되지 않음)

참고

- Worksheet.AutoFilterMode 속성 : 시트에 자동 필터 드롭다운 화살표가 표시되어 있으면 True, 아니면 False를 반환합니다.
- Range.AutoFilter 메서드 : 매개 변수를 지정하지 않으면 자동 필터 드롭다운 화살표를 토글합니다.

CHAPTER 데이터 분석

192 상위 7개 항목의 필터링

Range.AutoFilter 메서드의 Operator 매개 변수를 xlTopItems로 지정하면 목록에서 특정 필드의 가장 높은 값을 원하는 개수만큼 표시할 수 있습니다. 표시할 항목의 수는 Criteria1에서 지정합니다. 가장 낮은 값을 표시할 때는 xlBottomItems를 사용합니다.

예제 코드

```
Sub Sample192( )
    If ActiveSheet.AutoFilterMode Then ActiveSheet.ShowAllData    // 모든 데이터 표시 //
    Range("B2").AutoFilter 6, Criteria1:=7, Operator:=xlTop10Items    // 6번 필드에서 상위 7개 항목 필터링 //
End Sub
```

실행 결과

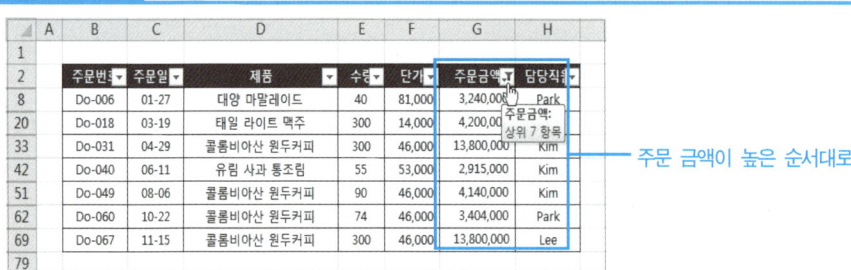

주문 금액이 높은 순서대로 7개 항목 표시

 참고

- ActiveSheet.ShowAllData 메서드 : 필터링 된 목록의 모든 행을 표시합니다. 즉, 모든 필드에서 필터 조건을 해제합니다. 자동 필터가 설정되어 있지 않을 경우 오류가 발생하므로 AutoFilterMode 속성이 True일 때만 사용해야 합니다.
- Range.AutoFilter 6 : 필드 번호만 지정할 경우 해당 필드에서만 필터 조건을 해제합니다.

CHAPTER 메이터 분석

193 동적 필터 조건 사용하기

Range.AutoFilter 메서드의 Operator 매개 변수를 xlDynamic으로 지정하면 동적 필터를 사용할 수 있는데, 이때 Criteria1 매개 변수에는 xlDynamicFilterCriteria 상수로 필터 조건을 지정해야 합니다.

예제 코드

```
Sub Sample193( )
    If ActiveSheet.AutoFilterMode Then ActiveSheet.ShowAllData    // 모든 데이터 표시 //
    Range("B2").AutoFilter 6, xlFilterAboveAverage, xlFilterDynamic    // 평균 초과 데이터 필터링 //
End Sub
```

실행 결과

주문 금액의 평균을 초과하는 데이터 필터링

참고

- 주요 xlDynamicFilterCriteria 상수 : xlFilterAboveAverage(평균 초과), xlFilterBelowAverage(평균 미만), xlFilterAllDatesInPeriodQuarter1(1분기의 날짜), xlFilterAllDatesInPeriodJanuary(1월의 날짜), xlFilterToday(오늘 날짜), xlFilterThisYear(올해 날짜) 등

CHAPTER 데이터 분석

194 자동 필터 드롭다운 화살표 숨김

자동 필터를 설정하면 기본적으로 모든 필드의 머리글에 자동 필터 드롭다운 화살표가 표시됩니다. 여기서는 모든 필드의 자동 필터 드롭다운 화살표를 숨긴 다음, 특정 필드에 필터 조건을 설정하면서 자동 필터 드롭다운 화살표를 유일하게 표시되도록 합니다.

예제 코드

```
Sub Sample194( )
    Dim intField As Integer
    If ActiveSheet.AutoFilterMode Then ActiveSheet.ShowAllData    // 모든 데이터 표시 //
    For intField = 1 To 7                                          // 1~7번 필드까지 화살표 숨김 //
        Range("B2").AutoFilter intField, VisibleDropDown:=False
    Next
    Range("B2").AutoFilter 3, "*신한*", VisibleDropDown:=True       // 3번 필드 필터링, 화살표 표시 //
End Sub
```

실행 결과

	A	B	C	D	E	F	G	H
1								
2		주문번호	주문일자	제품	수량	단가	주문금액	담당직원
6		Do-004	01-25	신한 초콜릿 소스	20	9,200	184,000	Park
7		Do-005	01-26	신한 초콜릿 소스	30	9,200	276,000	Kim
24		Do-022	03-22	신한 100% 복숭아 시럽	30	22,000	660,000	Park
28		Do-026	03-27	신한 100% 파인애플 시럽	25	21,350	533,750	Kim
40		Do-038	06-10	신한 초콜릿 소스	10	9,200	92,000	Kim
47		Do-045	07-08	신한 초콜릿 소스	35	9,200	322,000	Kim
52		Do-050	08-11	신한 100% 복숭아 시럽	10	22,000	220,000	Kim
56		Do-054	09-03	신한 초콜릿 소스	25	9,200	230,000	Lee
61		Do-059	10-19	신한 100% 복숭아 시럽	80	22,000	1,760,000	Kim
70		Do-068	11-17	신한 초콜릿 소스	12	9,200	110,400	Kim
78		Do-076	12-27	신한 초콜릿 소스	6	9,200	55,200	Park
79								

3번 필드에서 '신한'이 들어 있는 데이터를 필터링하고, 드롭다운 화살표 표시

CHAPTER 데이터 분석

195 고급 필터로 검색하기

고급 필터는 자동 필터에 비해 더 복잡한 조건을 사용하여 데이터를 필터링 할 수 있다는 장점이 있는데 이를 위해 먼저 워크시트의 특정 위치에 조건 범위를 작성해 두어야 합니다. 고급 필터를 VBA에서 구현할 때 Range.AdvancedFilter 메서드를 사용합니다.

예제 코드

```
Sub Sample195( )
    Dim rngC As Range, rngData As Range

    Set rngC = Range("B2").CurrentRegion        // rngC 변수에 찾을 조건 범위 설정 //
    Set rngData = Range("B6").CurrentRegion     // rngData 변수에 목록 범위 설정 //
                                                // rngC의 조건으로 고급 필터 수행(결과를 현재 위치에 표시) //
    rngData.AdvancedFilter xlFilterInPlace, rngC
End Sub
```

실행 결과

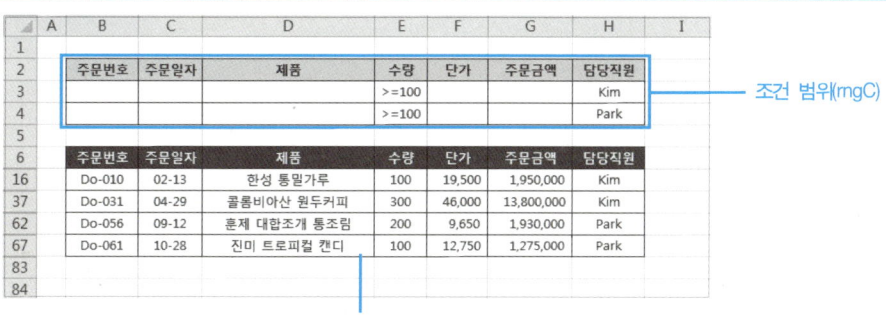

273

> **참고**
> - 고급 필터를 수행하기 위해서는 먼저 찾을 조건 범위를 작성해야 합니다. 조건 범위의 첫 행에는 목록 범위와 동일한 필드(열) 이름이 있어야 하고, 다음 행부터 해당 필드에 대한 조건을 입력합니다.
> - 조건 범위에서 같은 행에 있는 조건은 AND 연산으로 처리되어 모든 조건을 만족하는 레코드(행)만 필터링 됩니다.
> - 조건 범위에서 서로 다른 행에 있는 조건은 OR 연산으로 처리되어 지정한 조건 중 하나 이상을 만족하는 모든 레코드(행)가 필터링 됩니다.
> - 이번 예제에서는 수량이 100 이상이면서 담당 직원이 Kim 또는 Park과 같은 레코드를 필터링하여 현재 위치 즉, 목록 범위에 표시합니다. 조건을 만족하지 않는 나머지 레코드들은 일시적으로 숨겨집니다.

〈구문〉 Range.AdvancedFilter 메서드■ 리본 메뉴에서 [데이터] 탭의 [정렬 및 필터] 그룹에 있는 [고급]을 클릭하면 다음과 같은 [고급 필터] 대화상자가 나타납니다. AdvancedFilter 메서드의 매개 변수들이 대화상자의 각 부분에 대응됩니다.

Range개체.AdvancedFilter(Action, CriteriaRange, CopyToRange, Unique)

- Action : 필터링 결과를 현재 위치에 나타내려면 xlFilterInPlace로 지정하고, 결과를 다른 위치에 복사하려면 xlFilterCopy로 지정합니다.
- CriteriaRange : 찾을 조건 범위를 지정합니다. 생략할 경우 찾을 조건이 사용되지 않습니다.
- CopyToRange : Action 매개 변수를 xlFilterCopy로 지정한 경우 결과를 복사할 대상 범위를 지정합니다.
- Unique : True로 지정하면 고유한 레코드만 필터링하고, False로 지정하면 찾을 조건을 만족하는 모든 레코드를 필터링 합니다. 생략할 경우 False로 처리합니다.

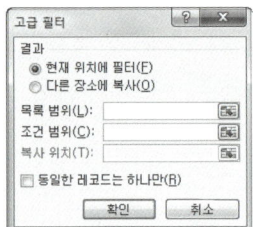

- 결과 옵션(Action) : 현재 위치에 복사(xlFilterInPlace), 다른 장소에 복사(xlFilterCopy)
- 목록 범위 : Range 개체
- 조건 범위 : CriteriaRange
- 복사 위치 : CopyToRange
- 동일한 레코드는 하나만 : Unique

CHAPTER 196 고급 필터 결과 복사하기

Range.AdvancedFilter 메서드의 Action 매개 변수를 xlFilterCopy로 지정하면 필터링 결과를 다른 위치에 복사한다는 의미가 됩니다. 이때 CopyToRange(복사 위치) 매개 변수에 결과를 복사할 새 범위를 지정해야 합니다.

예제 코드

```
Sub Sample196( )
    Dim rngC As Range, rngData As Range
    Set rngC = Range("B2").CurrentRegion      // rngC 변수에 찾을 조건 범위 설정 //
    Set rngData = Range("B6").CurrentRegion   // rngData 변수에 목록 범위 설정 //

    Sheets("Sheet3").Select                    // Sheet3 시트에서 [B2] 셀이 포함된 영역 지우기 //
    Range("B2").CurrentRegion.Clear
    rngData.AdvancedFilter xlFilterCopy, rngC, Range("B2")  // 고급 필터 수행 결과를 [B2] 셀에 복사 //
End Sub
```

실행 결과

	A	B	C	D	E	F	G	H	I
1									
2		주문번호	주문일자	제품	수량	단가	주문금액	담당직원	
3					>=100			Kim	
4					>=100			Park	
5									
6		주문번호	주문일자	제품	수량	단가	주문금액	담당직원	
7		Do-001	01-03	진미 트로피컬 캔디	34	12,750	433,500	Park	
8		Do-002	01-20	성보 야생 녹차	50	2,990	149,500	Park	
9		Do-003	01-20	진미 트로피컬 캔디	10	12,750	127,500	Kim	
10		Do-004	01-25	신한 초콜릿 소					
11		Do-005	01-26	신한 초콜릿 소					

— 조건 범위
— 목록 범위

	A	B	C	D	E	F	G	H	I
1									
2		주문번호	주문일자	제품	수량	단가	주문금액	담당직원	
3		Do-010	02-13	한성 통밀가루	100	19,500	1,950,000	Kim	
4		Do-031	04-29	콜롬비아산 원두커피	300	46,000	13,800,000	Kim	
5		Do-056	'09-12	훈제 대합조개 통조림	200	9,650	1,930,000	Park	
6		Do-061	10-28	진미 트로피컬 캔디	100	12,750	1,275,000	Park	
7									

복사 위치

CHAPTER 데이터 분석

197 원하는 필드만 복사하기

Range.AdvancedFilter 메서드에서 CopyToRange 매개 변수에 비어 있는 단일 셀을 지정하면 목록 범위의 모든 필드가 복사됩니다. 하지만 특정 필드 이름을 미리 작성해 두고 지정하면 원하는 범위만 골라 복사할 수 있습니다.

예제 코드

```
Sub Sample197( )
    Dim rngC As Range, rngData As Range
    Set rngC = Range("B2").CurrentRegion
    Set rngData = Range("B6").CurrentRegion

    Sheets("Sheet4").Select
    Range(Range("B3"), Range("E3").End(xlDown)).Clear
    rngData.AdvancedFilter xlFilterCopy, rngC, Range("B2:E2")
End Sub
```

실행 결과

CHAPTER 메이터 분석

198 부분합 계산하기

Range.SubTotal 메서드를 사용하여 범위에 대한 부분합을 계산합니다. 부분합을 계산하기 전에는 기준이 되는 그룹 필드로 데이터를 오름차순 또는 내림차순으로 정렬해 두어야 올바른 부분합 결과를 얻을 수 있습니다.

예제 코드

```
Sub Sample198( )
    Range("B2").Sort key1:=Range("G2"), Header:=xlYes        // 담당직원의 오름차순으로 정렬 //
    Range("B2").Subtotal GroupBy:=6, Function:=xlSum, TotalList:=Array(3, 4)   // 부분합 계산 //
End Sub
```

실행 결과

277

- Range.Subtotal 메서드에서 Range 개체에 단일 셀을 지정할 경우 해당 셀이 포함되어 있는 현재 영역에 대한 부분합을 구합니다.
- Range.RemoveSubtotal 메서드를 사용하여 지정한 범위에 있는 부분합을 제거할 수 있습니다.

〈구문〉 Range.Subtotal 메서드

Range개체.Subtotal(GroupBy, Function, TotalList, Replace, PageBreaks, SummaryBelowData)

- GroupBy : 그룹을 지정할 필드를 가리키는 번호로 목록 범위의 첫 번째 필드가 1부터 시작합니다.
- Function : 부분합 함수를 다음 중 하나로 지정합니다.

함수	설명	함수	설명
xlSum	합계	xlProuduct	곱하기
xlAverage	평균	xlStDev	표본을 기반으로 한 표준 편차
xlCount	개수	xlStDevP	전체 모집단 기반의 표준 편차
xlCountNums	숫자 개수	xlVar	표본을 기반으로 한 분산
xlMax	최댓값	xlVarP	전체 모집단 기반의 분산
xlMin	최솟값	xlUnknown	부분합 함수를 지정하지 않음

- TotalList : 부분합을 추가할 필드 번호를 지정합니다. Array 함수를 사용하여 여러 개의 필드를 지정할 수 있습니다. Total:=3과 같이 지정하면 3번 필드의 부분합을 구하고, Total:=Array(2, 3)과 같이 Array 함수를 사용하면 2번과 3번 필드에 대한 부분합을 계산합니다.
- Replace : True로 지정하면 기존 부분합을 현재 부분합으로 대치합니다. False로 지정하면 기존 부분합을 그대로 유지하고 현재 부분합을 중첩하여 표시합니다. 생략할 경우 True로 처리합니다.
- PageBreaks : True로 지정하면 각 그룹 다음에 페이지 나누기를 추가합니다. 생략하면 False로 처리됩니다.
- SummaryBelowData : 요약 데이터의 표시 위치로 xlSummaryAbove로 지정하면 데이터 위쪽에, xlSummaryBelow로 지정하면 데이터 아래쪽에 요약 데이터를 표시합니다.

CHAPTER 데이터 분석

199 피벗 테이블 만들기

피벗 테이블을 만드는 과정은 기본적으로 크게 세 가지로 구분합니다. 먼저 캐시 영역에 원본 데이터를 올린 다음, 캐시 영역의 데이터를 이용하여 피벗 테이블을 생성합니다. 마지막 중요한 세 번째 과정은 이해를 돕기 위해 여기서는 생략합니다.

예제 코드

```
Sub Sample199( )
    Dim rngData As Range, rngOutput As Range
    Dim pCache As PivotCache, pTable As PivotTable

    Sheets("Sheet6").Select
    Set rngData = Range("B2").CurrentRegion         // 피벗 테이블의 원본 데이터 범위 //

    Sheets("Sheet7").Select
    Set rngOutput = Range("B4")                     // 피벗 테이블의 시작 위치 //

    Set pCache = ThisWorkbook.PivotCaches.Create( _ // 피벗 캐시 생성/ /
            SourceType:=xlDatabase, SourceData:=rngData)

    Set pTable = pCache.CreatePivotTable( _         // 피벗 캐시를 기반으로 피벗 테이블 생성 //
            TableDestination:=rngOutput, TableName:="Pivot1")

    MsgBox pTable.Name & " 피벗 테이블 생성"        // 생성된 피벗 테이블의 이름 표시 //
End Sub
```

실행 결과

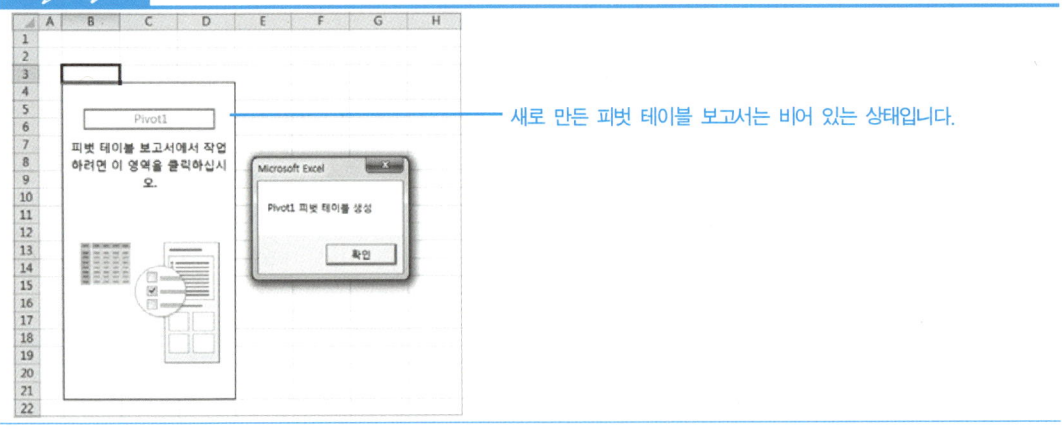

— 새로 만든 피벗 테이블 보고서는 비어 있는 상태입니다.

〈구문〉 PivotCaches.Create 메서드

PivotCaches.Create(SourceType, SourceData, Version)

- 새로운 피벗 테이블 캐시(PivotChche)를 생성합니다.
- SourceType : 원본 데이터의 유형을 지정합니다. xlDatabase(표 또는 범위), xlExternal(외부 데이터 원본), xlConsolidation(다중 통합 범위) 등으로 지정합니다.
- SourceData : 새 피벗 테이블 캐시의 원본 데이터를 지정합니다.
- Version : 피벗 테이블의 버전을 지정합니다. 생략하면 현재 엑셀 버전과 동일한 버전의 피벗 테이블이 만들어집니다.

〈구문〉 PivotCache.CreatePivotTable 메서드

PivotCache개체.CreatePivotTable(TableDestination, TableName)

- 피벗 테이블 캐시(PivotChche) 개체를 기반으로 새 피벗 테이블 보고서를 생성합니다.
- TableDestination : 피벗 테이블 보고서를 넣을 대상 범위의 시작 셀을 지정합니다.
- TableName : 새 피벗 테이블 보고서의 이름을 지정합니다. 생략이 가능합니다.

CHAPTER 메이터 분석

200 피벗 테이블 필드 설정

피벗 테이블 캐시와 피벗 테이블 보고서를 새로 생성하는 두 단계를 거쳐서 우리가 얻을 수 있는 피벗 테이블 보고서는 아무 내용도 담고 있지 않은 비어 있는 보고서 입니다. 이제 세 번째 단계로 피벗 테이블 보고서의 각 영역에 원하는 필드를 할당 해야 합니다.

예제 코드

```
Sub Sample200( )
    Dim pTable As PivotTable
    Sheets("Sheet7").Select
    Set pTable = ActiveSheet.PivotTables("Pivot1")        // pTable 변수에 피벗 테이블 설정 //
    With pTable
        .PivotFields("담당직원").Orientation = xlPageField    // 담당직원 필드를 페이지 필드로 설정 //
        .PivotFields("공급업체").Orientation = xlRowField     // 공급업체 필드를 행 필드로 설정 //
        .PivotFields("제품분류").Orientation = xlColumnField  // 제품분류 필드를 열 필드로 설정 //
                                                            // 수량 필드를 데이터 필드에 추가 //
        .AddDataField Field:=.PivotFields("수량"), Caption:="수량합계", Function:=xlSum
    End With
End Sub
```

실행 결과

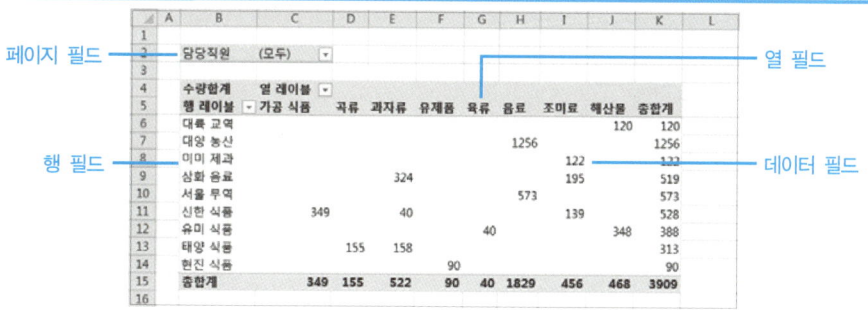

〈구문〉 PivotField.Orientation 속성

> PivotField개체.Orientation

- 피벗 테이블 보고서에서 피벗 테이블 필드의 위치를 반환하거나 설정합니다.
- 피벗 테이블 필드는 PivotTable개체.PivotFields("필드명")으로 참조합니다.
- 필드 위치를 설정하려면 다음과 같은 내장 상수를 사용합니다.

상수	설명	상수	설명
xlPageField	페이지 필드	xlDataField	데이터 필드
xlRowField	행 필드	xlHidden	숨김 필드
xlColumnField	열 필드		

〈구문〉 PivotTable.AddDataField 메서드

> PivotTable개체.AddDataField(Field, Caption, Function)

- 피벗 테이블 보고서에서 데이터 필드를 추가합니다. PivotFields.Orientation 속성을 사용하여 데이터 필드를 설정할 수도 있지만 AddDataField 메서드를 사용하면 필드 레이블과 사용 함수까지 한 번에 설정할 수 있어 편리합니다.
- Field : 추가할 필드 이름을 PivotTable개체.PivotFields("필드명") 형식으로 지정합니다.
- Caption : 데이터 필드를 식별하는 데 사용되는 레이블을 지정합니다.
- Function : 데이터 필드에서 실행되는 함수를 xlConsolidationFunction 상수 중 하나로 지정합니다.

함수	설명	함수	설명
xlSum	합계	xlProuduct	곱하기
xlAverage	평균	xlStDev	표본을 기반으로 한 표준 편차
xlCount	개수	xlStDevP	전체 모집단 기반의 표준 편차
xlCountNums	숫자 개수	xlVar	표본을 기반으로 한 분산
xlMax	최댓값	xlVarP	전체 모집단 기반의 분산
xlMin	최솟값	xlUnknown	함수를 지정하지 않음(자동)

CHAPTER 201 피벗 테이블 서식 지정

피벗 테이블의 행 필드와 열 필드는 각각 '행 레이블', '열 레이블'로 캡션(Caption)이 표시되는데, 이를 알아보기 쉽게 변경해봅니다. 또 피벗 테이블의 전체 스타일을 새로 설정하고, 글꼴 크기와 숫자 표시 형식을 설정하는 과정을 살펴봅니다.

예제 코드

```
Sub Sample201( )
    Dim pTable As PivotTable
    Sheets("Sheet7").Select
    Set pTable = ActiveSheet.PivotTables("Pivot1")      // pTable 변수에 피벗 테이블 설정 //
    With pTable
        .CompactLayoutRowHeader = "공급업체"              // 행 레이블 설정 //
        .CompactLayoutColumnHeader = "제품분류"           // 열 레이블 설정 //
        .TableStyle2 = "PivotStyleMedium12"              // 피벗 테이블 스타일 설정 //
        .TableRange2.Font.Size = 10                      // 피벗 테이블의 글꼴 크기 설정 //
        .DataFields("수량합계").NumberFormat = "#,##0_ "  // 데이터 필드의 숫자 표시 형식 설정 //
    End With
End Sub
```

실행 결과

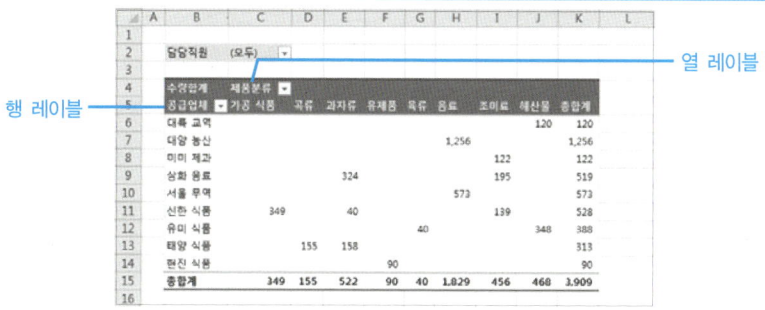

피벗 테이블의 스타일은 TableStyle2 속성을 사용하여 설정합니다. TableStyle 속성이 이미 존재하기 때문에 피벗 테이블의 스타일을 설정할 때는 TableStyle2 속성을 사용해야 합니다. 리본 메뉴를 사용할 때는 [피벗 테이블 도구]의 [디자인] 탭에서 피벗 테이블 스타일을 선택하는데, 피벗 테이블 스타일은 밝게, 보통, 어둡게의 3가지 영역으로 구분되어 있습니다. TableStyle2 속성을 [피벗 스타일 밝게 3]으로 설정하려면 다음과 같은 코드를 사용합니다. [피벗 스타일 보통 3]은 PivotStyleMedium3, [피벗 스타일 어둡게 3]은 PivotStyleDark3으로 설정할 수 있습니다. 각 영역마다 1부터 28까지 스타일이 제공됩니다. 이 코드에서 개체 변수 pTable은 특정 피벗 테이블 보고서를 의미합니다.

pTable.TableStyle2 = "PivotStyleLight3"

피벗 테이블에 글꼴 서식 등을 지정하기 위해 피벗 테이블의 전체 또는 일부 범위를 참조하려면 다음 방법 중 하나를 사용합니다.

PivotTable개체.TableRange1 : 페이지 필드를 제외한 피벗 테이블 보고서 전체
PivotTable개체.TableRange2 : 페이지 필드를 포함한 피벗 테이블 보고서 전체
PivotTable개체.PageRange : 페이지 영역이 들어 있는 범위
PivotTable개체.RowRange : 행 영역이 들어 있는 범위
PivotTable개체.ColumnRange : 열 영역이 들어 있는 범위
PivotTable개체.DataLabelRange : 데이터 필드에 대한 레이블이 들어 있는 범위
PivotTable개체.DataBodyRange : 데이터 필드의 값 범위

피벗 테이블은 페이지 필드, 행 필드, 열 필드, 데이터 필드를 포함합니다. 이러한 피벗 테이블 필드를 참조하려면 다음과 같은 속성을 사용합니다. Index 매개 변수는 참조하려는 필드의 이름이나 인덱스 번호를 의미합니다.

PivotTable개체.PageFields(Index) : 페이지 필드
PivotTable개체.RowFields(Index) : 행 필드
PivotTable개체.ColumnFields(Index) : 열 필드
PivotTable개체.DataFields(Index) : 데이터 필드

CHAPTER 데이터 분석

202 피벗 항목의 표시 위치 지정

PivotTable.PivotFields 메서드는 필드 이름이나 인덱스 번호를 사용하여 특정 피벗 테이블 필드를 참조합니다. 피벗 테이블 필드의 PivotItems 컬렉션은 특정 필드에서 특정 항목을 참조합니다. 이렇게 특정 항목을 참조한 다음 Position 속성으로 항목의 표시 위치를 지정합니다.

예제 코드

```vba
Sub Sample202( )
    Dim pTable As PivotTable
    Sheets("Sheet7").Select
    Set pTable = ActiveSheet.PivotTables("Pivot1")
    With pTable.PivotFields("제품분류")        // 피벗 테이블의 '제품분류' 필드 참조 //
        .PivotItems("과자류").Position = 1      // 특정 항목의 위치 설정 //
        .PivotItems("유제품").Position = 2
        .PivotItems("음료").Position = 3
        .PivotItems("가공 식품").Position = 4
        .PivotItems("조미료").Position = 5
    End With
End Sub
```

실행 결과

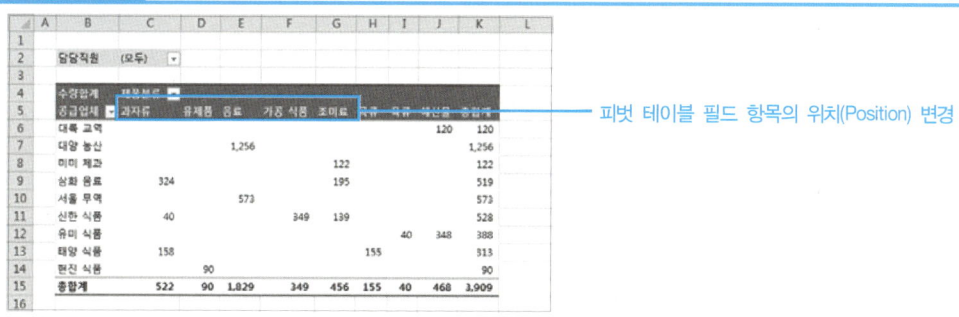

피벗 테이블 필드 항목의 위치(Position) 변경

CHAPTER 데이터 분석

203 페이지 필드 필터링

피벗 테이블의 페이지 필드는 피벗 테이블 보고서 전체에 영향을 줍니다. 예를 들어 담당직원 페이지 필드의 값을 'Park'으로 지정하면 피벗 테이블 보고서는 담당직원이 Park인 데이터로만 재구성됩니다.

예제 코드

```
Sub Sample203( )
    Dim pTable As PivotTable
    Sheets("Sheet7").Select
    Set pTable = ActiveSheet.PivotTables("Pivot1")
    pTable.PivotFields("담당직원").CurrentPage = "Park"    // 담당직원 필드의 현재 페이지 설정 //
End Sub
```

실행 결과

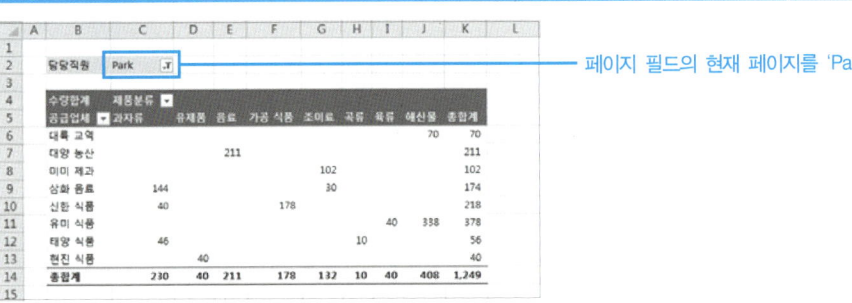

페이지 필드의 현재 페이지를 'Park'으로 설정

참고

- PivotField개체.CurrentPage 속성 : 페이지 필드의 현재 페이지를 반환하거나 설정합니다.
- PivotField개체.ClearAllFilters 메서드 : 피벗 테이블 필드에 적용된 필터를 해제합니다.

CHAPTER 데이터 분석

204 다중 항목으로 필터링

피벗 테이블 필드의 EnableMultiplePageItems 속성을 True로 설정하면 페이지 필드에서 두 개 이상의 항목으로 피벗 테이블 보고서를 필터링할 수 있습니다. 이때는 CurrentPage 속성 대신 PivotItems 컬렉션의 Visible 속성을 사용합니다.

예제 코드

```
Sub Sample204( )
    Dim pTable As PivotTable
    Sheets("Sheet7").Select
    Set pTable = ActiveSheet.PivotTables("Pivot1")
    With pTable.PivotFields("담당직원")
        .ClearAllFilters                        // 담당직원 필드에 적용된 필터 삭제 //
        .EnableMultiplePageItems = True         // 페이지 필드의 [여러 항목 선택] 설정 //
        .PivotItems("Park").Visible = False     // 'Park'의 표시 여부를 False로 설정(숨김) //
    End With
End Sub
```

실행 결과

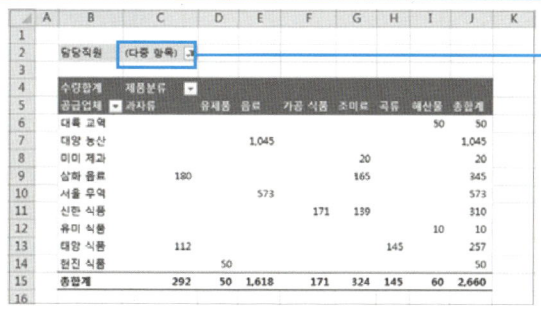

다중 항목 선택
(Park만 제외하고 나머지 항목 모두 선택)

CHAPTER 데이터 분석

205 필드 레이블로 필터링

피벗 테이블 보고서의 행 필드나 열 필드에 있는 레이블을 사용하여 피벗 테이블 보고서를 재구성하려면 PivotFilters.Add 메서드를 사용합니다. 예를 들어 공급업체 필드가 '신한 식품'과 같은 데이터만 피벗 테이블 보고서에 나타나게 할 수 있습니다.

예제 코드

```
Sub Sample205( )
    Dim pField As PivotField
    Sheets("Sheet7").Select
    Set pField = ActiveSheet.PivotTables("Pivot1").PivotFields("공급업체")

    pField.ClearAllFilters    // 공급업체 필드에 적용된 필터 삭제 //
    pField.PivotFilters.Add Type:=xlCaptionContains, Value1:="식품"    // 필터 추가
                                                                      레이블이 '식품'을 포함하는 경우 //
End Sub
```

실행 결과

'식품'이 포함되어 있는 레이블만 필터링

〈구문〉 PivotFilters.Add 메서드

PivotFilters.Add(Type, DataField, value1, Value2)

- PivotFilters 컬렉션에 새로운 필터를 추가합니다.
- Type : 필터 형식을 나타내는 xlPivotFilterType 상수를 지정합니다. 이 중에서 레이블과 관련된 필터 형식은 다음과 같습니다.

xlPivotFilterType 상수	설명	사용되는 필터 값
xlCaptionEquals	같음	Value1
xlCaptionDoesNotEqual	같지 않음	Value1
xlCaptionBeginsWith	시작 문자	Value1
xlCaptionDoesNotBeginWith	제외할 시작 문자	Value1
xlCaptionEndsWith	끝 문자	Value1
xlCaptionDoesNotEndWith	제외할 끝 문자	Value1
xlCaptionContains	포함	Value1
xlCaptionDoesNotContain	포함하지 않음	Value1
xlCaptionIsGreaterThan	보다 큼	Value1
xlCaptionIsGreaterThanOrEqualTo	크거나 같음	Value1
xlCaptionIsLessThan	보다 작음	Value1
xlCaptionIsLessThanOrEqualTo	작거나 같음	Value1
xlCaptionIsBetween	해당 범위	Value1, Value2
xlCaptionIsNotBetween	제외 범위	Value1, Value2

- DataField : 필터가 연결된 필드를 지정합니다. 레이블과 관련된 필터에서는 사용할 수 없습니다.
- Value1 : 첫 번째 필터 값입니다. 레이블과 관련된 필터에서 Value1은 생략할 수 없습니다.
- Value2 : 두 번째 필터 값입니다.

TIP 레이블 필터의 제거

PivotField.ClearLabelFilters 메서드 : 피벗 필드에 있는 모든 레이블 필터와 날짜 필터를 제거합니다.

CHAPTER 데이터 분석

206 데이터 필드 값으로 필터링

PivotFilters.Add 메서드의 필터 형식(Type) 중 일부는 데이터 필드의 값으로 피벗 테이블을 필터링 합니다. 값 필터를 수행하기 위해서는 반드시 DataField 매개 변수에 데이터 필드를 지정해야 합니다.

예제 코드

```
Sub Sample206( )
    Dim pField1 As PivotField, pField2 As PivotField
    Sheets("Sheet7").Select
    Set pField1 = ActiveSheet.PivotTables("Pivot1").PivotFields("공급업체")
    Set pField2 = ActiveSheet.PivotTables("Pivot1").PivotFields("수량합계")

    pField1.ClearAllFilters     // 공급업체 필드에 적용된 필터 삭제 //
    pField1.PivotFilters.Add Type:=xlValueIsGreaterThanOrEqualTo, _    // 공급업체 필드에 값 필터 추가 //
        DataField:=pField2, Value1:=500
End Sub
```

실행 결과

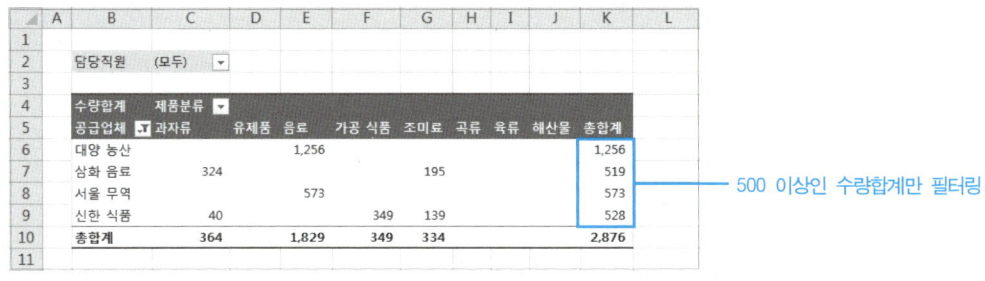

500 이상인 수량합계만 필터링

PivotFilters.Add 메서드에서 Type 매개 변수에 다음과 같은 xlPivotFilterType 상수를 사용하면 DataFild 매개 변수에 지정한 필드의 값으로 필터링이 이루어집니다.

xlPivotFilterType 상수	설명	사용되는 필터 값
xlValueEquals	같음	Value1
xlValueDoesNotEqual	같지 않음	Value1
xlValueIsGreaterThan	보다 큼	Value1
xlValueIsGreaterThanOrEqualTo	크거나 같음	Value1
xlValueIsLessThan	보다 작음	Value1
xlValueIsLessThanOrEqualTo	작거나 같음	Value1
xlValueIsBetween	해당 범위	Value1, Value2
xlValueIsNotBetween	제외 범위	Value1, Value2
xlTopCount	상위 항목	Value1
xlBottomCount	하위 항목	Value1
xlTopPercent	상위 백분율	Value1
xlBottomPercent	하위 백분율	Value1
xlTopSum	상위 합계	Value1
xlBottomSum	하위 합계	Value1

> **TIP 필드 정렬 규칙 만들기**
>
> PivotField.AutoSort 메서드로 필드의 정렬 규칙을 만들어 행 레이블이나 열 레이블을 오름차순 또는 내림차순으로 정렬할 수 있습니다. 다음 코드는 "공급업체"를 내림차순으로 정렬합니다. Order 매개 변수는 xlAscending 또는 xlDescending으로 지정하고, Field 매개 변수는 정렬의 기준이 되는 필드의 이름을 지정합니다.
>
> ActiveSheet.PivotTables(1).PivotField("공급업체").AutoSort Order:=xlDescending, Field:="공급업체"
>
> 다음 코드는 "공급업체"를 "수량합계"의 오름차순으로 정렬합니다.
>
> ActiveSheet.PivotTables(1).PivotField("공급업체").AutoSort Order:=xlAscending, Field:="수량합계"

CHAPTER 데이터 분석

207 날짜로 필터링

피벗 테이블의 행 필드나 열 필드에 날짜 필드가 포함되어 있으면 PivotFilters.Add 메서드를 사용하여 날짜로 필터링을 수행할 수 있습니다. 날짜 필터에서 특정 날짜를 기준으로 지정할 때만 Value1 매개 변수를 사용하고, 대부분은 다른 매개 변수 없이 Type만 지정합니다.

예제 코드

```vba
Sub Sample207( )
    Dim pField As PivotField
    Sheets("Sheet8").Select
    Set pField = ActiveSheet.PivotTables("Pivot2").PivotFields("주문일자")

    pField.ClearAllFilters                              // 주문일자 필드에 적용된 필터 삭제 //
    pField.PivotFilters.Add Type:=xlDateThisMonth       // 주문일자가 이번 달인 데이터로 필터링 //
End Sub
```

실행 결과

	A	B	C	D	E	F	G	H	I	J
1										
2		합계 : 수량	제품분류							
3		주문일자	과자류	유제품	음료	가공 식품	조미료	육류	총합계	
4		11-01			46				46	
5		11-06					3		3	
6		11-11		50					50	
7		11-15			300				300	
8		11-17	12						12	
9		11-21				15	39		54	
10		11-25						40	40	
11		11-28			90	30			120	
12		총합계	12	50	436	45	42	40	625	
13										

주문일자가 이번 달인 데이터로 필터링

날짜 필드의 경우 Filters.Add 메서드의 Type 매개 변수에 다음과 같은 xlPivotFilterType 상수를 사용합니다. 날짜 필터는 DataField 매개 변수를 사용할 수 없으며 대개의 경우 Value1, Value2 매개 변수도 사용하지 않습니다.

xlPivotFilterType 상수	설명
xlSpecificDate / xlNotSpecificDate	지정한 날짜와 같음 / 같지 않음
xlBefore	지정한 날짜 이전의 모든 날짜
xlBeforeOrEqualTo	지정한 날짜와 이전의 모든 날짜
xlAfter	지정한 날짜 이후의 모든 날짜
xlAfterOrEqualTo	지정한 날짜와 이후의 모든 날짜
xlFilterToday / xlFilterYesterday / xlFilterTomorrow	오늘 / 어제 / 내일
xlFilterThisWeek / xlFilterLastWeek / xlFilterNextWeek	이번 주 / 지난 주 / 다음 주
xlFilterThisMonth / xlFilterLastMonth / xlFilterNextMonth	이번 달 / 지난 달 / 다음 달
xlFilterThisQuarter / xlFilterLastQuarter / xlFilterNextQuarter	이번 / 지난 / 다음 분기
xlFilterThisYear / xlFilterLastYear / xlFilterNextYear	올해 / 작년 / 내년
xlFilterYearToDate	연간 누계
xlFilterAllDatesInPeriodQuarter1 ~ xlFilterAllDatesInPeriodQuarter4	해당 분기의 모든 날짜 (1분기 ~ 4분기)
xlFilterAllDatesInPeriodJanuary ~ xlFilterAllDatesInPeriodDecember	해당 월의 모든 날짜 (1월 ~ 12월)

CHAPTER 208 날짜 필드의 그룹

피벗 테이블에서 날짜 필드를 월, 분기, 연도 등의 그룹으로 만드는 방법입니다. 필드 그룹화를 위해 Range.Group 메서드를 사용합니다. 이 메서드에서 주의할 점은 Range 개체를 단일 셀로 지정해야 한다는 것입니다.

예제 코드

```
Sub Sample208( )
    Sheets("Sheet8").Select
    Range("B4").Group Periods:=Array(False, False, False, False, False, True, False)
End Sub
```

실행 결과

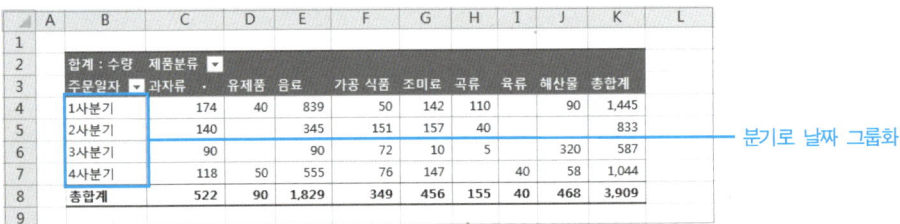

분기로 날짜 그룹화

참고

- Range.Gropp 메서드의 Periods 매개 변수는 그룹의 기간을 지정하는 Boolean 값의 배열입니다. 배열 요소가 True이면 해당 기간의 그룹이 만들어지고, False이면 그룹이 만들어지지 않습니다.

- Periods 매개 변수에 배열을 전달하기 위해 Array 함수가 사용되는데 모두 7개의 Boolean 값을 배열 요소로 지정해야 합니다. 배열 요소는 차례대로 초, 분, 시간, 날짜, 월, 분기, 연도를 의미합니다.

CHAPTER 데이터 분석

209 총합계의 표시 여부 설정

피벗 테이블 보고서에 행의 총합계나 열의 총합계 표시 여부를 설정하는 방법입니다. 행의 총합계는 PivotTable.RowGrand 속성으로, 열의 총합계는 PivotTable.ColumnGrand 속성을 사용합니다. 이 속성들에 True 또는 False를 지정하여 표시 여부를 결정합니다.

예제 코드

```
Sub Sample209( )
    Dim pTable As PivotTable
    Sheets("Sheet8").Select
    Set pTable = ActiveSheet.PivotTables(1)

    pTable.RowGrand = False        // 행의 총합계를 표시하지 않음 //
    pTable.ColumnGrand = True      // 열의 총합계를 표시함 //
End Sub
```

실행 결과

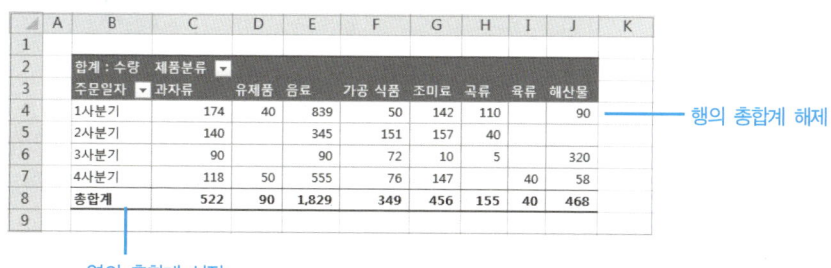

행의 총합계 해제

열의 총합계 설정

CHAPTER 210 피벗 테이블의 갱신

피벗 테이블 보고서는 원본 데이터와 연결되어 있는데, 원본 데이터의 변경 사항을 자동으로 보고서에 반영하지 않습니다. 원본 데이터가 변경되었을 때 피벗 테이블을 새로 고쳐야 합니다. VBA 코드로 피벗 테이블의 피벗 캐시을 새로 고치면 피벗 테이블이 갱신됩니다.

예제 코드

```vba
Sub Sample210( )
    Dim pTable As PivotTable
    Sheets("Sheet8").Select
    Set pTable = ActiveSheet.PivotTables("Pivot2")
    pTable.PivotCache.Refresh      // 피벗 테이블의 피벗 캐시 새로 고치기 //
End Sub
```

PivotCache.Refresh 메서드는 특정 피벗 테이블의 피벗 캐시를 새로 고쳐 피벗 테이블 보고서에 원본 데이터가 다시 반영되도록 합니다. 현재 사용 중인 통합 문서에 있는 모든 피벗 테이블 보고서를 갱신하려면 다음과 같은 코드가 필요합니다.

```vba
Sub Sample173_2( )
    Dim wsOne As Worksheet, pTable As PivotTable
    For Each wsOne In ThisWorkbook.Worksheets      // wsOne : 통합 문서의 워크시트를 차례로 순환 //
        For Each pTable In wsOne.PivotTables       // pTable : 워크시트의 피벗 테이블을 차례로 순환 //
            pTable.PivotCache.Refresh              // 피벗 테이블의 피벗 캐시 새로 고치기 //
        Next
    Next
End Sub
```

CHAPTER 데이터 분석

211 피벗 테이블 삭제하기

피벗 테이블의 삭제는 피벗 테이블의 TableRange2.Delete 메서드를 사용합니다. TableRange2는 페이지 필드를 포함한 전체 범위를 의미합니다. Delete 메서드로 피벗 테이블을 삭제하기 전에 해당 피벗 테이블이 존재하는지 검증하는 과정이 필요합니다.

예제 코드

```
Sub Sample211( )
    Dim pTable As PivotTable
    On Error Resume Next
    Set pTable = ActiveSheet.PivotTables("Pivot1")
    On Error GoTo 0
    If Not (pTable Is Nothing) Then pTable.TableRange2.Delete      // 피벗 테이블 삭제 //
End Sub
```

다음 코드는 현재 시트에 'Pivot1'이라는 이름의 피벗 테이블이 존재하면 pTable 개체 변수에 할당하지만, 존재하지 않으면 런타임 오류를 발생시킵니다.

```
Set pTable = ActiveSheet.PivotTables("Pivot1")
```

위 코드에서 런타임 오류가 발생했을 때 실행이 중단되지 않고 오류가 발생한 다음 문으로 실행이 계속될 수 있도록 On Error Resume Next 문을 사용합니다. 이렇게 하면 pTable 개체 변수에는 지정한 피벗 테이블이 할당되거나 초기 상태(Nothing)로 실행이 계속됩니다. 런타임 오류를 무시할 문의 실행이 끝난 후 On Error GoTo 0 문을 사용하여 오류 처리기가 정상적으로 동작되게 합니다. 마지막으로 pTable 개체 변수가 초기 상태(Nothing)가 아닐 때 pTable 개체의 TableRange2.Delete 메서드로 피벗 테이블을 삭제합니다.

```
If Not (pTable Is Nothing) Then pTable.TableRange2.Delete
```

CHAPTER 212 항목 선택 보호하기

피벗 테이블 필드의 EnableItemSelection 속성은 필드에 드롭다운 화살표가 표시되어 있는지 여부를 True 또는 False로 반환합니다. 이 속성을 False로 지정하면 드롭다운 화살표가 숨겨져 해당 필드에서 항목 선택을 할 수 없게 됩니다.

예제 코드

```vba
Sub Sample212( )
    Dim pTable As PivotTable
    Sheets("Sheet8").Select
    Set pTable = ActiveSheet.PivotTables(1)

    With pTable
        .PivotFields("주문일자").EnableItemSelection = False   // 필드 드롭다운을 사용할 수 없도록 설정 //
        .PivotFields("제품분류").EnableItemSelection = False
    End With
End Sub
```

실행 결과

필드 드롭다운이 숨겨짐

CHAPTER 213 차트 만들기(1)

ChartObject 개체는 ChartObjects 컬렉션의 구성원으로 Chart 개체의 컨테이너 역할을 합니다. ChartObjects.Add 메서드로 크기를 지정하여 워크시트에 차트를 추가할 수 있습니다. 차트를 추가한 다음 Chart 개체의 SetSourceData 메서드로 원본 데이터를 지정합니다.

예제 코드

```vb
Sub Sample213( )
    With ActiveSheet.ChartObjects.Add(300, 10, 300, 180)    // 차트 추가 //
        .Name = "Chart1"                                    // 차트 이름 지정 //
        .Chart.SetSourceData Range("B2:F6")                 // 차트의 원본 데이터 범위 지정 //
        .Chart.ChartType = xlColumnClustered                // 차트 종류를 세로 막대형으로 지정 //
    End With
End Sub
```

실행 결과

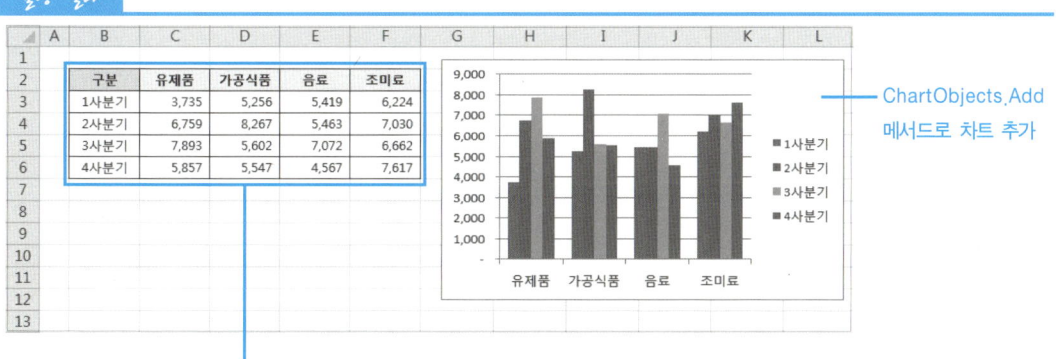

ChartObjects.Add 메서드로 차트 추가

Chart.SetSourceData 메서드로 지정한 차트의 원본 데이터 범위

〈구문〉 ChartObjects.Add 메서드

ChartObjects.Add(Left, Top, Width, Height)

- 워크시트에 새로 포함된 차트를 만듭니다. ChartObjects.Add 메서드가 반환하는 것은 새로 추가한 차트입니다.
- Left : 차트의 왼쪽 위치를 포인트 단위로 지정합니다.
- Top : 차트의 위쪽 위치를 포인트 단위로 지정합니다.
- Width : 차트의 너비를 포인트 단위로 지정합니다.
- Height : 차트의 높이를 포인트 단위로 지정합니다.

〈구문〉 Chart.SetSourceData 메서드

Chart.SetSourceData(Source, PlotBy)

- 차트의 원본 데이터 범위를 지정합니다.
- Source : 원본 데이터가 들어 있는 범위를 지정합니다. 생략할 수 없습니다.
- PlotBy : xlColumns 또는 xlRows로 데이터 계열에 해당하는 값이 행에 있는지 열에 있는지를 지정합니다. 생략하면 엑셀이 판단하여 자동으로 설정됩니다.

TIP Chart 개체 모델의 이해

워크시트에 포함되어 있는 차트의 개체를 참조하기 위해서는 다음과 같은 Chart 개체 모델을 이해해야 합니다. ChartObject 개체는 워크시트에서 Chart 개체의 컨테이너 역할을 합니다. ChartObject 개체를 통해 실제 여러분이 제어할 Chart 개체에 접근할 수 있습니다.

Application - Workbook - Worksheet - ChartObject - Chart

워크시트에 포함된 차트와는 다르게 차트 시트는 Worksheet 개체와 ChartObject 개체가 없습니다.

Application - Workbook - Chart

다음은 차트의 이름(Name)을 메시지 상자로 표시하는 두 가지 예제입니다. 첫 번째는 워크시트에 포함된 차트, 두 번째는 차트 시트에 있는 차트의 이름을 표시합니다.

MsgBox Activesheet.ChartObject(1).Chart.Name

MsgBox Charts("차트시트").Name

CHAPTER 214 차트 만들기(2)

ChartObjects.Add 메서드로 차트를 추가할 때 새로 추가할 차트의 크기를 지정할 수 있는데, 왼쪽 위 모서리의 위치(Left와 Top)와 너비(Width), 높이(Height)를 포인트 단위로 지정합니다. 이때 특정 셀 범위의 크기에 딱 맞게 차트 크기를 조정하는 방법입니다.

예제 코드

```
Sub Sample214( )
    Dim rngSize As Range
    Set rngSize = Range("G2:L12")
    ActiveSheet.ChartObjects.Add rngSize.Left, rngSize.Top, rngSize.Width, rngSize.Height
    ActiveSheet.ChartObjects(1).Chart.SetSourceData Range("B2:F6")
End Sub
```

실행 결과

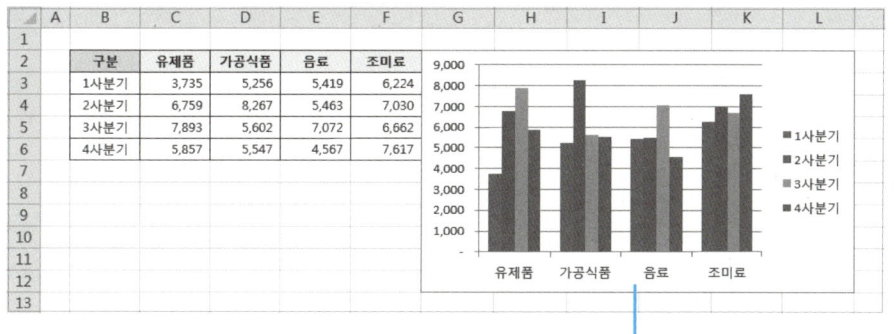

rngSize 범위의 왼쪽, 위쪽, 너비, 높이로 차트의 Left, Top, Width, Height 매개 변수 설정

CHAPTER 215 차트 종류 바꾸기

Chart.ChartType 속성은 차트 종류를 반환하거나 설정합니다. 차트 종류는 xlChartType 상수로 반환되거나 설정합니다. 여기서는 묶은 세로 막대형(xlColumnClustered) 차트를 누적 세로 막대형(xlColumnStacked) 차트로 변경합니다.

예제 코드

```
Sub Sample215( )
    ActiveSheet.ChartObjects(1).Chart.ChartType = xlColumnStacked
End Sub
```

실행 결과

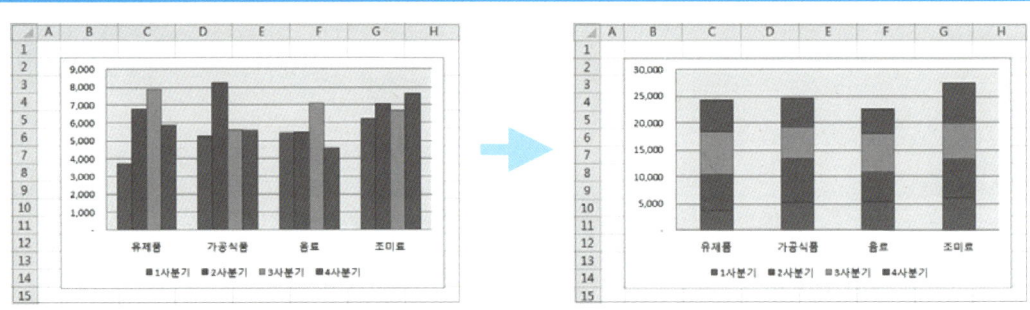

참고

- 차트 전체의 차트 종류를 바꿀 때는 Chart.ChartType 속성을 사용합니다.
- 특정 계열만 차트 종류를 바꾸려면 Chart.SeriedCollection(인덱스 번호).ChartType 속성을 사용합니다. 다음은 4번째 계열의 차트 종류를 표식이 있는 꺾은선형 차트로 변경합니다.
  `Chart.SeriesCollection(4).ChartType = xlLineMarkers`

Chart.ChartType 속성을 이용하여 차트 종류를 변경할 때 사용하는 xlChartType 상수는 다음과 같습니다. 여기서 소개하는 대표적인 차트 종류 이외에도 분산형, 방사형, 주식형, 거품형, 표면형 등이 더 있습니다.

구분	xlChartType 상수	차트 종류
세로 막대형	xlColumnClustered	묶은 세로 막대형
	xlColumnStacked	누적 세로 막대형
	xlColumnStacked100	100% 기준 누적 세로 막대형
가로 막대형	xlBarClustered	묶은 가로 막대형
	xlBarStacked	누적 가로 막대형
	xlBarStacked100	100% 기준 누적 가로 막대형
꺾은 선형	xlLine	꺾은선형
	xlLineStacked	누적 꺾은선형
	xlLineStacked100	100% 기준 누적 꺾은선형
	xlLineMarkers	표식이 있는 꺾은선형
	xlLineMarkersStacked	표식이 있는 누적 꺾은선형
	xlLineMarkersStacked100	표식이 있는 100% 기준 누적 꺾은선형
원형	xlPie	원형
	xl3DPie	3차원 원형
	xlPieExploded	쪼개진 원형
	xl3DPieExplod	쪼개진 3차원 원형
	xlPieOfPie	원형 대 원형
	xlBarOfPie	원형 대 가로 막대형
영역형	xlArea	영역형
	xlAreaStacked	누적 영역형
	xlAreaStacked100	100% 기준 누적 영역형

CHAPTER 차트

216 차트 스타일과 레이아웃

Chart.ChartStyle 속성으로 차트 스타일을 변경합니다. 차트 스타일은 1~48 범위의 숫자로 지정합니다. 차트의 기본 레이아웃을 지정할 때는 Chart.ApplyLayout 메서드를 사용하는데 1~11 사이의 숫자로 지정할 수 있습니다.

예제 코드

```
Sub Sample216( )
    With ActiveSheet.ChartObjects(1).Chart
        .ChartStyle = 37                    // 차트 스타일 37 적용 //
        .ApplyLayout 3                      // 차트 레이아웃 3 적용 //
        .ChartTitle.Text = "매출현황"        // 차트 제목의 문자열을 '매출현황'으로 지정 //
    End With
End Sub
```

실행 결과

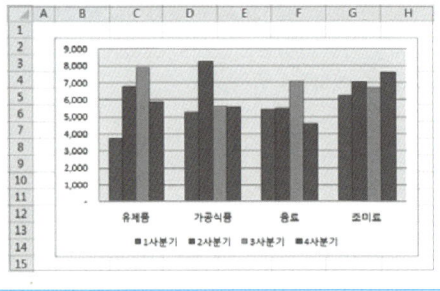 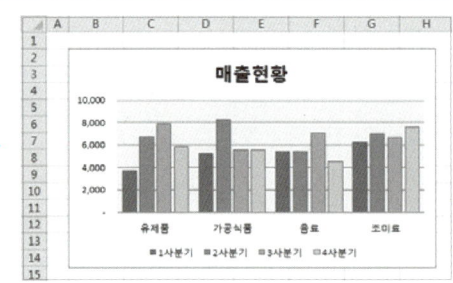

참고

- [차트 도구]의 [디자인] 탭, [차트 스타일] 갤러리에서 차트 스타일의 번호를 확인할 수 있습니다.
- [차트 도구]의 [디자인] 탭, [차트 레이아웃] 갤러리에서 차트 레이아웃의 번호를 확인할 수 있습니다.

CHAPTER 217 차트 제목 추가하기

차트에 차트 제목이 이미 추가되어 있으면 Chart.ChartTitle.Text 속성을 사용하여 차트 제목의 문자열을 지정합니다. 아직 차트 제목이 추가되어 있지 않으면 Chart.HasTitle 속성을 True로 지정하여 일단 차트 제목을 추가한 후 차트 제목의 문자열을 지정해야 합니다.

예제 코드

```
Sub Sample217( )
    With ActiveSheet.ChartObjects(1).Chart
        .HasTitle = True                        // 차트 제목 추가 //
        .ChartTitle.Text = "매출 현황"           // 차트 제목 문자열을 '매출 현황'으로 지정 //
        .ChartTitle.Font.Size = 13              // 차트 제목의 글꼴 크기를 13 포인트로 지정 //
    End With
End Sub
```

실행 결과

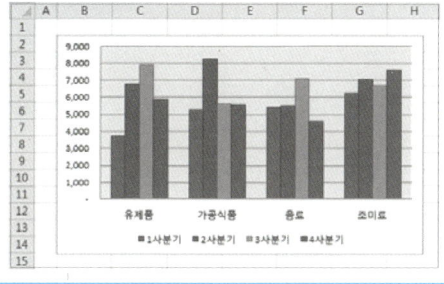 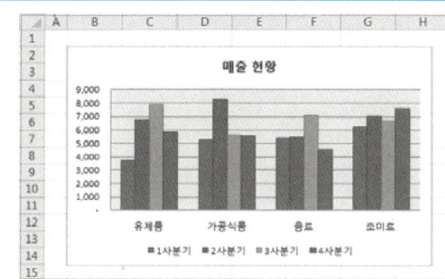

참고

- Chart.HasTitle 속성을 True로 설정하지 않고 차트 제목 문자열(Chart.ChartTitle.Text)을 지정하면 '이 개체는 제목이 없습니다.'라는 런타임 오류가 발생합니다.

CHAPTER 차트

218 축 제목 추가하기

Chart.Axes 메서드로 항목 축이나 값 축 등 차트의 단일 축 개체를 참조할 수 있습니다. 참조된 축에 대해 HasTitle 속성을 True로 설정하여 축 제목을 추가하고, AxisTitle.Text 속성으로 축 제목의 문자열을 설정합니다.

예제 코드

```vba
Sub Sample218( )
    Dim chartSales As Chart
    Set chartSales = ActiveSheet.ChartObjects(1).Chart
    With chartSales.Axes(xlCategory)          '// 항목 축에 축 제목 추가 //
        .HasTitle = True
        .AxisTitle.Text = "제품분류"
    End With
    With chartSales.Axes(xlValue)             '// 값 축에 축 제목 추가, 세로 방향으로 표시 //
        .HasTitle = True
        .AxisTitle.Text = "매출량"
        .AxisTitle.Orientation = xlVertical
    End With
End Sub
```

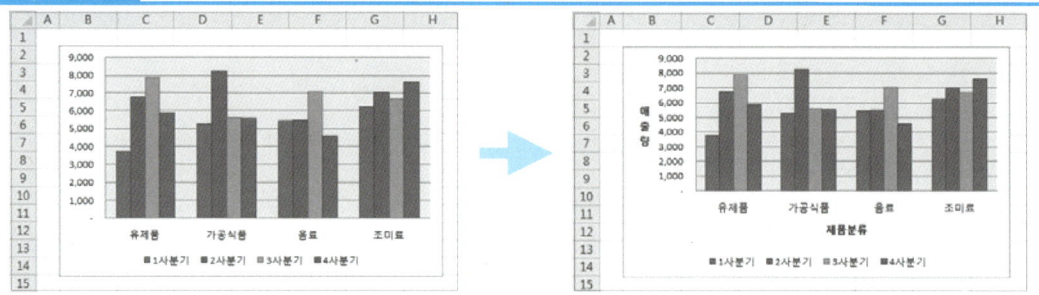

〈구문〉 Chart.Axes 메서드

> Chart.Axes(Type, AxisGroup)

- 차트에 있는 단일 축(Axis) 개체를 반환합니다.
- Type : 반환할 축의 종류를 xlVale(값 축), xlCategory(항목 축), xlSeriesAxis(계열 축) 중 하나로 지정합니다. xlSeriesAxis는 3차원 차트에만 사용할 수 있습니다.
- AxisGroup : 축 그룹을 xlPrimary(기본 축 그룹), xlSecondary(보조 축 그룹) 중 하나로 지정합니다. 생략하면 기본 축 그룹이 사용됩니다.

Axis 개체의 주요 속성

속성	설명
HasTitle	축 제목의 표시 여부를 True 또는 False로 반환/설정
AxisTitle	지정한 축의 제목을 나타내는 AxisTitle 개체 반환
AxisTitle.Text	축의 제목을 나타내는 문자열 설정
AxisTitle.Orientation	축 제목의 텍스트 방향을 반환/설정
HasMajorGridlines	축의 주 눈금선의 포함 여부를 True 또는 False로 반환/설정
HasMinorGridlines	축의 보조 눈금선의 포함 여부를 True 또는 False로 반환/설정
MajorGridlines	축에 대한 주 눈금선을 나타내는 Gridlines 개체 반환
MajorGridlines.Border	주 눈금선의 서식 지정(Color, LineStyle 속성 등 사용)
MinorGridlines	축에 대한 보조 눈금선을 나타내는 Gridlines 개체 반환
MajorUnit	값 축의 주 단위를 반환/설정
MinorUnit	값 축의 보조 단위를 반환/설정
MaximumScale	값 축에 대한 최댓값을 반환/설정
MinimumScale	값 축에 대한 최솟값을 반환/설정
TickLabels	지정한 축의 눈금 레이블을 나타내는 TickLabels 개체 반환
TickLabels.NumberFormat	눈금 레이블의 서식 코드를 나타내는 문자열을 반환/설정

CHAPTER 차트

219 눈금 단위 조정하기

차트 값 축의 눈금에 관련된 속성은 Axis 개체의 MaximumScale(최댓값), MinimumScale(최솟값), MajorUnit(주 단위), MinorUnit(보조 단위) 속성 등입니다. 값 축(Axis) 개체를 참조하려면 Chart.Axes(xlValue) 속성을 사용합니다.

예제 코드

```
Sub Sample219( )
    Dim chartSales As Chart
    Set chartSales = ActiveSheet.ChartObjects(1).Chart
    With chartSales.Axes(xlValue)              // 값 축 참조 //
        .MaximumScale = 10000                  // 값 축의 최댓값 설정 //
        .MajorUnit = 2000                      // 값 축의 주 단위 설정 //
    End With
End Sub
```

실행 결과

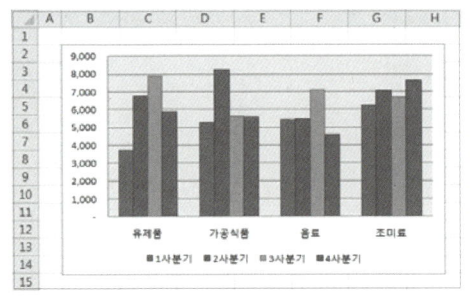 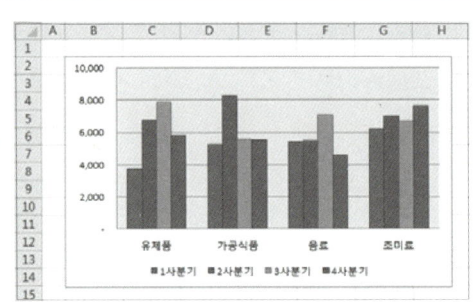

CHAPTER 차트

220 축의 단위 레이블 설정

차트 값 축의 눈금 표시 단위를 설정할 때는 Axis 개체의 DisplayUnit 속성을 사용합니다. 그리고 HasDisplayUnitLabel 속성을 True로 설정하여 단위 레이블을 표시하고, DisplayUnitLabel 개체의 Caption 속성으로 레이블 내용을 설정합니다.

예제 코드

```
Sub Sample220( )
    Dim chartSales As Chart
    Set chartSales = ActiveSheet.ChartObjects(1).Chart
    With chartSales.Axes(xlValue)
        .DisplayUnit = xlThousands          // 단위를 '천' 단위로 설정 //
        .HasDisplayUnitLabel = True         // 단위 레이블 표시 //
        With .DisplayUnitLabel              // 값 축의 단위 레이블 참조 //
            .Caption = "(Thousands)"        // 단위 레이블의 내용 설정 //
            .Font.Name = "맑은 고딕"          // 단위 레이블의 글꼴 설정 //
        End With
    End With
End Sub
```

실행 결과

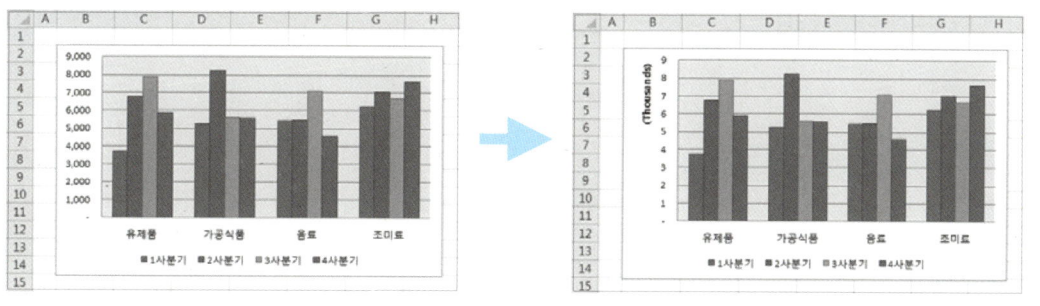

축의 표시 단위는 축(Axis)의 DisplayUnit 속성을 사용하여 백, 천, 만, 십만, 백만, 천만 등으로 지정할 수 있습니다. 축의 표시 단위를 지정할 때 사용하는 xlDisplayUnit 상수는 다음과 같습니다.

xlDisplayUnit 상수	설명	xlDisplayUnit 상수	설명
xlHundreds	백 단위	xlTenMillions	천만 단위
xlThousands	천 단위	xlHundredMillions	억 단위
xlTenThousands	만 단위	xlThousandMillions	십억 단위
xlHundredThousands	십만 단위	xlMillionMillions	조 단위
xlMillions	백만 단위	xlNone	사용하지 않음

예를 들어 다음과 같은 코드는 값 축의 눈금 레이블을 억 단위로 표시합니다. 이렇게 표시 단위를 사용하면 매우 큰 값을 차트로 만들 때 눈금 레이블을 더 읽기 쉽게 작은 숫자로 나타낼 수 있습니다. 축의 표시 단위를 사용하지 않으려면 DisplayUnit 속성을 xlNone로 지정합니다.

```
ActiveSheet.ChartObjects(1).Chart.Axes(xlValue).DisplayUnit = xlHundredMillions
```

HasDisplayUnitLabel 속성은 축의 표시 단위를 변경한 다음 이를 설명하는 단위 레이블의 표시 여부를 True 또는 False로 지정합니다. 예를 들어 표시 단위를 천(xlThousands)으로 지정한 다음 HasDisplayUnitLabel 속성을 True로 지정하면 '천'으로 단위 레이블이 표시됩니다. 이렇게 자동 설정된 내용이 아니라 사용자가 임의로 단위 레이블 내용을 지정하려면 DisplayUnitLabel 개체의 Caption 속성을 변경합니다.

```
With ActiveSheet.ChartObjects(1).Chart.Axes(xlValue)
    .DisplayUnit = xlThousands
    .HasDisplayUnitLabel = True
    .DisplayUnitLabel.Caption = "(Thousands)"
End With
```

CHAPTER 221 범례 지정하기

Chart.Legend 속성은 차트의 범례 개체(Legend 개체)를 참조합니다. Chart.HasLegend 속성을 True로 설정하여 차트에 범례를 표시한 다음, Lengend 개체의 여러 속성을 사용하여 차트의 위치, 글꼴 크기, 테두리 서식 등을 지정합니다.

예제 코드

```vb
Sub Sample221( )
    Dim chartSales As Chart
    Set chartSales = ActiveSheet.ChartObjects(1).Chart
    With chartSales
        .HasLegend = True                                  // 범례 표시 //
        .Legend.Position = xlLegendPositionRight           // 범례의 위치 설정 //
        .Legend.Font.Size = 9                              // 범례의 글꼴 크기 설정 //
        .Legend.Border.Color = RGB(150, 150, 150)          // 범례 테두리 색 설정 //
        .Legend.Border.LineStyle = xlDash                  // 범례 테두리의 선 스타일 설정 //
    End With
End Sub
```

실행 결과

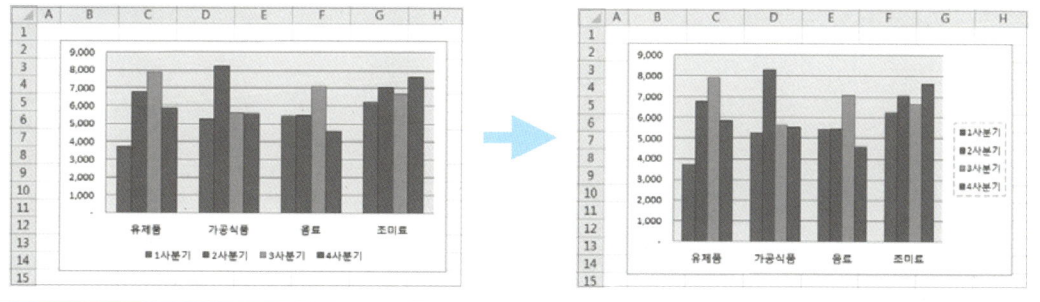

CHAPTER 222 — 차트

데이터 레이블 지정하기

Chart.SeriesCollection(인덱스 번호) 속성으로 특정 데이터 계열을 참조하고, HasDataLabels 속성을 True로 설정하여 데이터 레이블을 표시합니다. 그런 다음 계열의 DataLabels.Position 속성으로 데이터 레이블의 표시 위치를 지정합니다.

예제 코드

```vba
Sub Sample222( )
    Dim chartSales As Chart
    Set chartSales = ActiveSheet.ChartObjects(1).Chart
    With chartSales.SeriesCollection(1)              // 첫 번째 계열 참조 //
        .HasDataLabels = True                        // 데이터 레이블 표시 //
        .DataLabels.Position = xlLabelPositionAbove  // 데이터 레이블의 위치 설정 //
    End With
End Sub
```

실행 결과

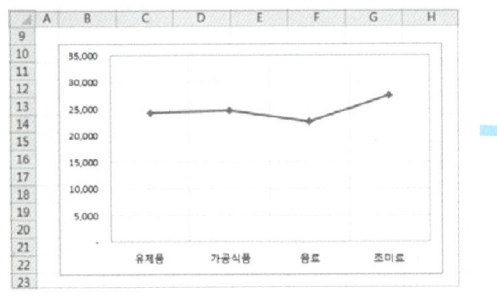 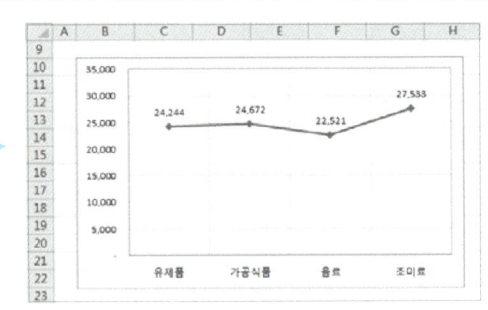

데이터 레이블의 위치

xlDataLabelPosition 상수	포함하는 셀
xlLabelPositionAbove	데이터 요소 위에 표시
xlLabelPositionBelow	데이터 요소 아래에 표시
xlLabelPositionLeft	데이터 요소 왼쪽에 표시
xlLabelPositionRight	데이터 요소 오른쪽에 표시
xlLabelPositionCenter	데이터 요소 가운데에 표시(막대형/원형 차트에서는 내부에)
xlLabelPositionBestFit	엑셀에서 자동으로 데이터 레이블의 표시 위치 설정
xlLabelPositionCustom	사용자 지정 위치에 표시
xlLabelPositionMixed	여러 위치에 표시
xlLabelPositionInsideBase	데이터 요소 안의 아래쪽 가장자리에 표시
xlLabelPositionInsideEnd	데이터 요소 안의 위쪽 가장자리에 표시
xlLabelPositionOutsideEnd	데이터 요소 밖의 위쪽 자장자리에 표시

> **TIP 데이터 레이블의 종류**
>
> 데이터 레이블은 기본적으로 계열의 값으로 표시되지만 다음과 같은 코드를 사용하여 계열 이름, 항목 이름 등을 표시할 수 있습니다. 다음 코드 앞에는 차트의 특정 계열이 참조되어야 합니다.
>
> - .DataLabels.ShowValue = True : 값 표시
> - .DataLabels.ShowSeriesName = True : 계열 이름 표시
> - .DataLabels.ShowCategoryName = True : 항목 이름 표시
> - .DataLabels.Separator = ":" : 데이터 레이블 사이의 구분 기호 설정

CHAPTER 223 계열 요소의 데이터 레이블

Chart.SeriesCollection(인덱스 번호).Points(인덱스 번호) 속성으로 특정 계열의 특정 계열 요소를 참조할 수 있습니다. 이렇게 계열 요소를 참조한 다음 Point.ApplyDataLabels 메서드로 데이터 요소에 데이터 레이블을 적용합니다.

예제 코드

```vb
Sub Sample223( )
    Dim ptsSales As Point
    Set ptsSales = ActiveSheet.ChartObjects(1).Chart.SeriesCollection(1).Points(3)    // 계열 요소 참조 //
    With ptsSales
        .ApplyDataLabels Type:=xlDataLabelsShowValue    // 계열 요소에 데이터 레이블 적용 //
        .DataLabel.Position = xlLabelPositionAbove      // 데이터 레이블의 위치 설정 //
        .DataLabel.Font.ColorIndex = 3                  // 데이터 레이블의 색 번호 설정 //
        .DataLabel.Font.Bold = True                     // 데이터 레이블을 굵게 표시 //
        .DataLabel.Font.Size = 12                       // 데이터 레이블의 글꼴 크기 설정 //
    End With
End Sub
```

실행 결과

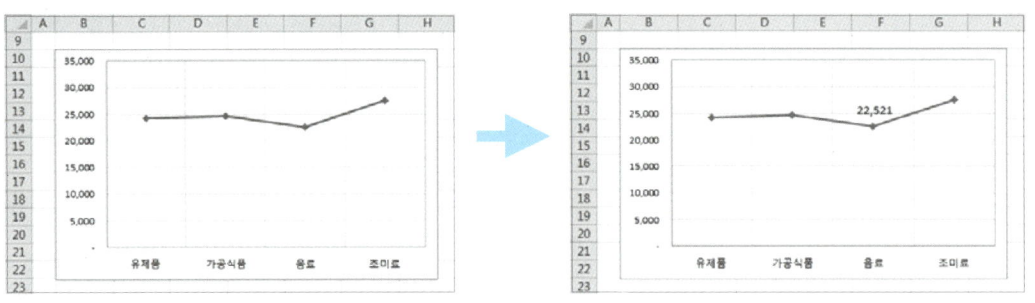

> **참고**
>
> - Point.DataLabel 속성을 사용하면 데이터 요소와 관련된 데이터 레이블을 나타내는 DataLabel 개체를 참조할 수 있습니다.
> - DataLabel.Position 속성으로 데이터 레이블의 위치를 지정합니다.
> - DataLabel.Font 속성으로 Font 개체를 참조하여 데이터 레이블의 글꼴 서식을 지정할 수 있습니다.

〈구문〉 Point.ApplyDataLabels 메서드

> Point개체.ApplyDataLabels(Type, LegendKey, AutoText, HasLeaderLines, ShowSeriesName, ShowCategoryName, ShowValue, ShowPercentage, ShowBubbleSize, Separator)

- **Type** : 적용할 데이터 레이블의 유형을 다음 중 하나로 지정합니다.

xlDataLabelsType 상수	설명
xlDataLabelsShowNone	데이터 레이블을 표시하지 않음
xlDataLabelsShowValue	데이터 레이블에 값 표시(이 매개 변수를 사용하지 않으면 자동으로 추정된 값 표시)
xlDataLabelsShowPercent	전체에 대한 백분율로 표시(원형 및 도넛형 차트)
xlDataLabelsShowLabel	데이터 요소의 항목으로 표시
xlDataLabelsShowLabelAndPercent	전체에 대한 백분율과 데이터 요소의 항목으로 표시
xlDataLabelsShowBubbleSizes	절대 값을 참조하여 거품 크기 표시

- **LegendKey** : True로 지정하면 데이터 요소 옆에 범례 표식이 나타납니다(기본값은 False).
- **AutoText** : True로 지정하면 적절한 텍스트를 자동으로 만들어 표시합니다.
- **HasLeaderLines** : True로 지정하면 지시선을 표시합니다(Chart와 Series 개체의 경우).
- **ShowSeriesName** : True/False로 계열 이름의 사용 여부를 지정합니다.
- **ShowCategoryName** : True/False로 항목 이름의 사용 여부를 지정합니다.
- **ShowValue** : True/False로 값의 사용 여부를 지정합니다.
- **ShowPercentage** : True/False로 백분율의 사용 여부를 지정합니다.
- **ShowBubbleSize** : True/False로 거품 크기의 사용 여부를 지정합니다.
- **Separator** : 두 개 이상의 데이터 레이블을 사용할 때 구분 기호를 지정합니다.

CHAPTER 차트

224 최댓값만 레이블로 표시하기

계열 요소마다 데이터 레이블을 표시하는 것이 아니라 최댓값인 계열 요소에만 데이터 레이블을 표시하려면 먼저 원본 범위에서 최댓값을 구해야합니다. 그런 다음 원본 범위의 각 셀을 최댓값과 비교하여 같을 때만 계열 요소에 데이터 레이블을 추가합니다.

예제 코드

```vba
Sub Sample224( )
    Dim rngData As Range, lngMax As Long, i As Integer
    Set rngData = Range("C7:F7")
    lngMax = WorksheetFunction.Max(rngData)        // rngData 범위의 최댓값 계산 //
    For i = 1 To 4
        If rngData(i) = lngMax Then                // rngData의 i번째 셀이 최댓값과 같으면 //
            With ActiveSheet.ChartObjects(1).Chart.SeriesCollection(1).Points(i)   // i번째 계열 요소 참조 //
                .ApplyDataLabels Type:=xlDataLabelsShowValue    // 계열 요소에 데이터 레이블 추가 //
                .DataLabel.Position = xlLabelPositionAbove      // 데이터 레이블의 위치 설정 //
            End With
        End If
    Next
End Sub
```

실행 결과

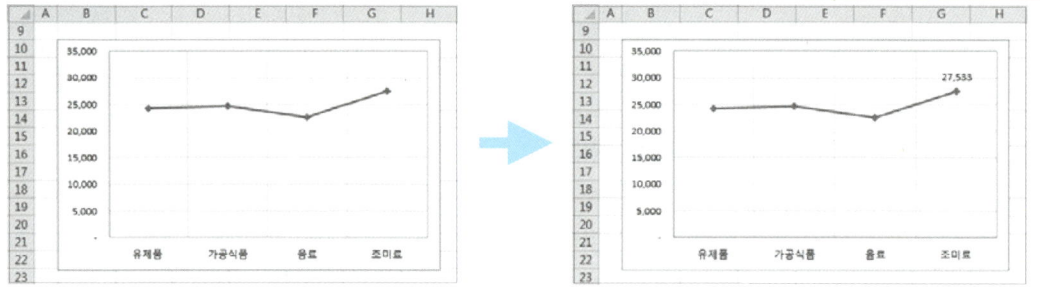

CHAPTER 225 데이터 계열의 서식 지정

차트에서 특정 데이터 계열을 참조하려면 Chart.SeriesCollection(인덱스 번호)로 특정 계열을 참조합니다. 그런 다음 참조한 계열에 대해 여러 서식을 지정할 수 있습니다. 여기서는 꺾은선 차트에서 계열 서식을 지정하는 과정을 알아봅니다.

예제 코드

```
Sub Sample225( )
    Dim seriesOne As Series
    Set seriesOne = ActiveSheet.ChartObjects(1).Chart.SeriesCollection("합계")
    With seriesOne                                  // '합계' 데이터 계열 참조 //
        .Border.ColorIndex = 3                      // 선 색 설정 //
        .Border.Weight = xlThin                     // 선 두께 설정 //
        .MarkerStyle = xlMarkerStyleCircle          // 표식 스타일 설정 //
        .MarkerSize = 7                             // 표식의 크기 설정 //
        .MarkerForegroundColorIndex = 3             // 표식의 전경색 설정 //
        .MarkerBackgroundColorIndex = 4             // 표식의 배경색 설정 //
    End With
End Sub
```

실행 결과

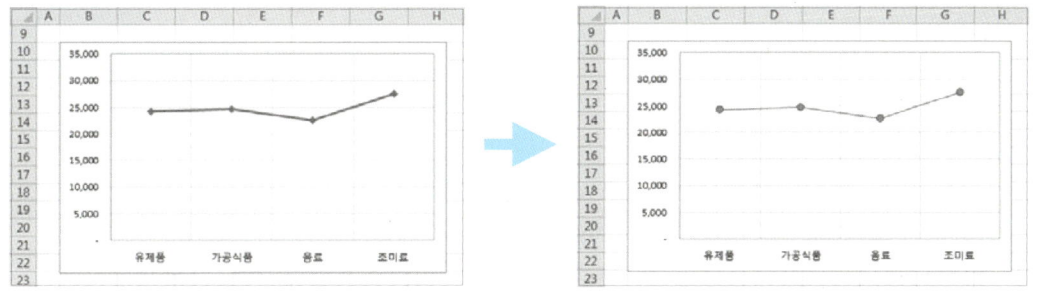

CHAPTER **Function 프로시저**

226 사용자 정의 함수 만들기

사용자 정의 함수는 Function...End Function 구조로 만듭니다. 자주 사용하는 계산 과정이나 복잡하고 긴 계산식을 사용자 정의 함수로 만들어 두고 Sub 프로시저나 워크시트에서 호출하여 사용할 수 있습니다. 먼저 간단한 Function 프로시저를 만들고 구조를 익히도록 합니다.

예제 코드

```
Function Grade(intScore As Integer) As String      // Function 프로시저의 시작 //
    Select Case intScore                            // 인수 intScore에 따라 Grade의 값 결정 //
        Case Is >= 85: Grade = "A등급"
        Case Is >= 60: Grade = "B등급"
        Case Else: Grade = "C등급"
    End Select
End Function                                        // Function 프로시저의 끝 //
```

Function 프로시저는 Function 다음에 함수 이름, 그리고 괄호 안에 필요한 인수를 지정하면서 시작합니다. 인수는 Function 프로시저를 호출할 때 값이 결정되며, 데이터 형식을 함께 지정할 수 있습니다. 데이터 형식을 지정하지 않으면 Variant 형식으로 처리합니다. 인수와 마찬가지로 함수 이름에도 반환할 데이터 형식을 지정합니다. 다음 Function 프로시저는 정수형의 인수를 전달받아 필요한 계산을 수행한 다음 계산 결과를 함수 이름 Grade에 담아 반환합니다.

```
Function Grade(intScore As Integer) As String
    함수 이름 Grade에 반환될 값을 결정하기 위한 명령문 집합
End Function
```

이렇게 만들어진 사용자 정의 함수 Grade는 intScore 인수의 값에 따라 A등급, B등급, C등급 중 하나를 반환합니다. Grade 함수는 워크시트의 수식에서 호출하거나 Sub 프로시저에서 호출합니다.

CHAPTER Function 프로시저

227 워크시트에서 함수 호출

Function 프로시저로 만든 사용자 정의 함수를 워크시트에서 호출하는 방법은 엑셀 내장 함수와 동일합니다. 함수 마법사를 이용한다면 범주를 [사용자 정의]로 지정하고 현재 통합 문서에 정의되어 있는 사용자 정의 함수를 선택할 수 있습니다.

앞에서 작성한 Grade 사용자 정의 함수를 워크시트에서 사용할 수 있습니다. Grade 함수는 정수 형식의 숫자 인수 1개가 필요한 함수입니다. 다음과 같이 [D3] 셀에 「=Grade(C3)」을 입력한 다음 [D3] 셀의 채우기 핸들을 [D7] 셀까지 드래그하여 수식을 복사하면 됩니다.

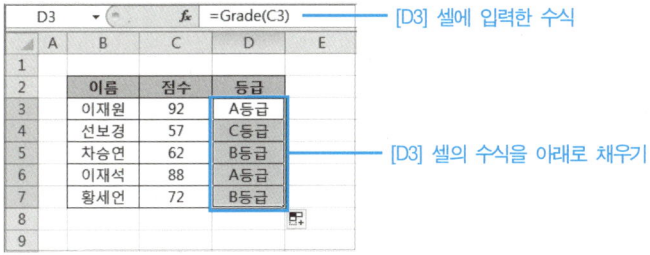

현재 통합 문서에서 정의한 사용자 정의 함수는 위와 같이 함수 이름만으로 사용할 수 있지만 다른 통합 문서에 있는 사용자 정의 함수를 사용하려면 함수 위치까지 지정해야 합니다. 예를 들어 Test.xlsm 파일에 Grade 사용자 정의 함수가 정의되어 있다면(VBA 코드로 개발되어 있다면) 다른 통합 문서에서 다음과 같이 함수를 사용할 수 있습니다.

=Test.xlsm!Grade(C3)

Test.xlsm 파일이 열려 있을 때 함수 마법사를 통해 Grade 함수를 입력하면 자동으로 파일 참조가 삽입됩니다.

CHAPTER 228 · Function 프로시저
VBA 프로시저에서 함수 호출

Sub 프로시저에서 같은 계산을 여러 번 반복해야 하고, 그 과정이 비교적 복잡하다면 계산 과정을 Function 프로시저로 작성해 두고 Sub 프로시저에서 호출하여 사용합니다. 이렇게 하면 코드 중복이 최소화되어 알아보기 쉽고 수정이 간편한 프로시저를 만들 수 있습니다.

예제 코드

```
Sub Sample228( )
    Dim varMark
    varMark = InputBox("점수 입력 :")
    If varMark = "" Then Exit Sub          // 입력 상자에서 [취소] 단추를 클릭했을 때 //
    MsgBox "당신의 등급은 " & Grade(Val(varMark))   // Grade 함수 호출 //
End Sub
```

실행 결과

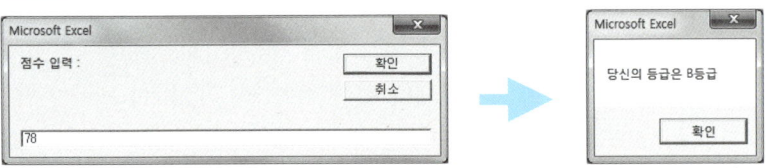

※ 입력 상자(InputBox)에서 입력 받은 점수를 Val 함수로 숫자화 하여 Grade 함수의 인수로 전달합니다.

> **참고**
>
> • Function 프로시저의 이름, 즉 함수 이름은 변수 이름을 정할 때와 동일한 규칙으로 정해야 합니다.
> • Function 프로시저를 강제로 종료할 때는 Exit Function 문을 사용합니다.

CHAPTER Function 프로시저

229 Sub 프로시저와 Function 프로시저의 차이

Sub 프로시저도 Function 프로시저와 같이 다른 Sub 프로시저에서 호출하여 사용할 수 있고, 필요하면 Sub 프로시저를 호출할 때 인수를 전달할 수도 있습니다. Function 프로시저를 호출하면 함수 이름에 계산 결과를 담아 반환하지만, Sub 프로시저는 값을 반환하지 않습니다.

예제 코드

```
Sub Sample229( )                         Sub TestA( )
    MsgBox "호출 프로시저"                    MsgBox "호출된 TestA 프로시저"
    Call TestA                           End Sub
    TestB "두 번째 호출"
End Sub                                  Sub TestB(strTemp As String)
                                             MsgBox "전달된 인수 값 : " & strTemp
                                         End Sub
```

실행 결과

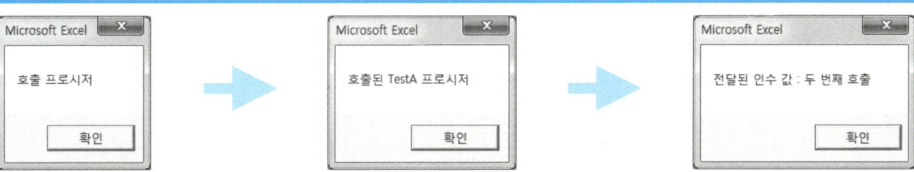

- Sub 프로시저를 Call 문을 사용하여 호출하거나, 프로시저 이름만 입력하여 호출할 수 있습니다.
- 인수가 필요한 프로시저를 호출할 때는 프로시저 이름 다음에 한 칸을 띄우고 인수에 전달할 값을 입력합니다. Call 문을 사용하여 호출하는 경우 인수를 괄호로 묶어 Call TestB("두 번째 호출")과 같이 사용합니다.

CHAPTER **Function 프로시저**

230 사용자 정의 함수의 범주

Function 프로시저로 작성한 사용자 정의 함수를 함수 마법사를 사용하여 워크시트에 입력할 때 기본적으로 사용자 정의 범주에 해당 함수 이름이 나타납니다. 사용자 정의 함수를 원하는 다른 범주에 나타나게 하려면 Application.MacroOptions 메서드를 사용합니다.

예제 코드

```
Sub Sample230( )
    Application.MacroOptions Macro:="Grade", Category:="MyFunction"
End Sub
```

실행 결과

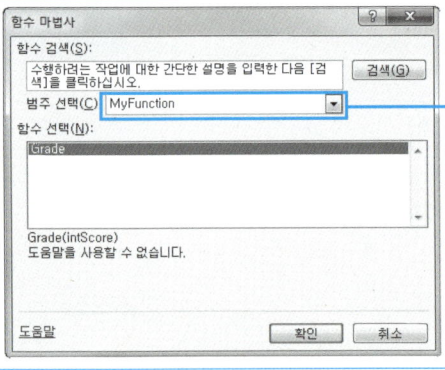

— MyFunction 범주를 생성하고
Grade 사용자 정의 함수를 이 범주에 표시함

※ 사용자 정의 범주에 Grade 함수만 있었다면 이 함수가 새로 생성된 범주로 이동되었으므로 더 이상 사용자 정의 범주는 표시되지 않음

참고

- MacroOptions 메서드의 Category 매개 변수에 기존에 존재하는 범주(수학/삼각, 통계, 정보 등) 이름을 지정할 수도 있습니다.
- 새로운 범주를 생성했을 경우 해당 범주에 함수가 존재하는 동안에만 새로운 범주가 표시됩니다.

CHAPTER 231 사용자 정의 함수의 설명 추가

Function 프로시저

Application.MacroOptions 메서드의 Description 매개 변수에 함수 마법사에서 함수를 선택했을 때 나타나는 설명문을 지정합니다. MacroOptions 메서드는 [매크로 옵션] 대화상자와 같은 역할을 하므로 [매크로 옵션] 대화상자를 통해서도 설명문을 추가하거나 수정할 수 있습니다.

예제 코드

```
Sub Sample231( )
    Application.MacroOptions Macro:="Grade", _
            Description:="점수에 따라 등급 표시"
End Sub
```

실행 결과

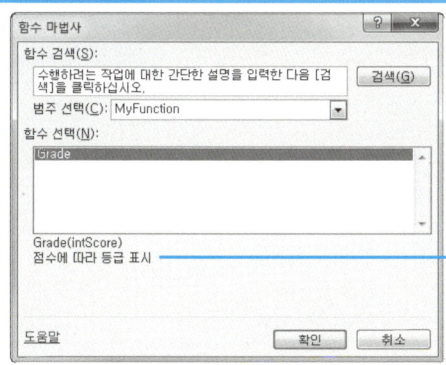

———— Grade 사용자 정의 함수를 선택했을 때 표시되는 설명문

참고

- [개발 도구] 탭 → [코드] 그룹 → [매크로]를 클릭한 다음 [매크로] 대화상자의 매크로 이름에 사용자 정의 함수 이름을 입력하고 [옵션] 버튼을 클릭합니다. [매크로 옵션] 대화상자의 설명 상자에 직접 사용자 정의 함수에 대한 설명문을 입력하거나 수정할 수 있습니다.

CHAPTER 232 인수를 사용하지 않는 함수

Function 프로시저

대부분의 경우 Function 프로시저는 몇 개의 인수를 통해 값을 전달받아 계산을 수행입니다. 하지만 Now, Date, Time 등의 VBA 함수처럼 인수가 필요하지 않은 경우도 있습니다. 인수가 없는 사용자 정의 함수를 호출할 때는 함수 이름만 입력하거나 빈 괄호를 함께 입력합니다.

예제 코드

```
Function Greet( ) As String                       //인수가 없는 Function 프로시저//
    Select Case Time
        Case Is < 0.5: Greet = "Good Morning"
        Case 0.5 To 0.75: Greet = "Good Afternoon"
        Case Else: Greet = "Good Evening"
    End Select
End Function


Sub Sample232( )
    MsgBox Greet         // 인수가 없는 Greet 함수 호출 //
End Sub
```

실행 결과

① Sub 프로시저 : 인수가 없는 Greet 함수 호출하여 반환된 값으로 메시지 상자 표시

② Function 프로시저 : 현재 시간(Time)에 따라 함수 이름 Greet에 문자열 지정

※ MsgBox Greet( ) : 함수를 호출한다는 것을 알아보기 쉽도록 인수가 없는 함수를 호출할 때 빈 괄호를 함께 입력할 수도 있음

CHAPTER 233 인수를 사용하는 함수

Function 프로시저

Function 프로시저의 이름 다음에 오는 괄호 안에 계산에 필요한 인수를 하나 이상 지정할 수 있습니다. 인수가 있는 함수를 호출하려면 역시 함수 이름 다음의 괄호 안에 정의된 인수의 데이터 형식에 맞게 원하는 값을 전달합니다.

예제 코드

```
Function ExtraPay(intYear As Integer, Sales As Long) As Long
    Dim Rate As Single
    Select Case Sales                            // Sales 인수 값에 따라 Rate 변수에 비율 지정 //
        Case Is < 5000000: Rate = 0.05
        Case 5000000 To 7000000: Rate = 0.07
        Case Is > 7000000: Rate = 0.09
    End Select
    ExtraPay = Sales * (Rate + intYear / 100)    // 판매수당 = 판매액 * ( Rate + 근무년수 / 100 ) //
End Function
```

실행 결과

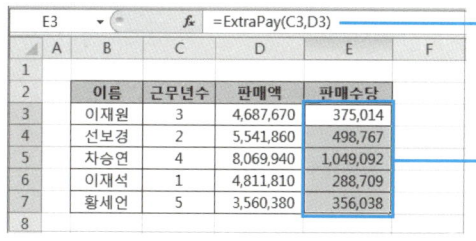

ExtraPay(intYear, Sales) 함수 입력

근무년수와 판매액을 사용한 ExtraPay 함수의 계산 결과

CHAPTER 234 옵션 인수를 사용하는 함수

Function 프로시저

Function 프로시저로 사용자 정의 함수를 만들 때 인수 앞에 Optional 키워드를 추가하면 해당 인수는 생략이 가능한 옵션 인수가 됩니다. 옵션 인수가 생략되었는지 여부를 판단하기 위하여 IsMissing 함수가 필요합니다.

예제 코드

```
Function Charge(Price, Optional Rate)      // 1개의 필수 인수와 1개의 옵션 인수가 있는 Discount 함수 //
    If IsMissing(Rate) Then Rate = 0       // Rate 인수에 값이 전달되지 않았으면 Rate를 0으로 지정 //
    Charge = Price * (1 - Rate)            // 청구금액 계산 //
End Function
```

실행 결과

	A	B	C	D	E	F	G
1							
2		상품코드	단가	수량	청구금액	청구금액	
3		A	10,000	50	450,000	500,000	
4		B	47,500	70	2,992,500	3,325,000	
5		C	53,800	30	1,452,600	1,614,000	
6		D	25,200	10	226,800	252,000	
7		E	30,900	50	1,390,500	1,545,000	
8							

옵션 인수 생략 : =Charge(C3*D3)

옵션 인수 지정 : =Charge(C3*D3, 0.1)

 참고

- 여러 개의 옵션 인수를 사용하려면 각 인수마다 Optional 키워드를 사용합니다.
- Optional 키워드를 사용하는 인수는 항상 맨 뒤에 지정해야 합니다.
- IsMissing 함수는 특정 인수에 어떤 값도 전달되지 않았으면 True, 값이 전달되었으면 False를 반환합니다.

CHAPTER 235 배열을 인수로 사용하는 함수

Function 프로시저

Function 프로시저의 인수에 배열을 사용할 수도 있습니다. 함수는 배열로 계산을 수행한 다음 하나의 결과 값을 반환합니다. 여기서는 List 배열 인수와 Key 옵션 인수를 사용하는 사용자 정의 함수의 작성 방법을 살펴봅니다.

예제 코드

```
Function SumNum(List, Optional Key As Boolean = True) As Long
    Dim Item, SumEven, SumOdd
    SumEven = 0: SumOdd = 0
    For Each Item In List                              // 배열 인수 List의 각 항목을 Item 변수에 담아 순환 //
        If WorksheetFunction.IsEven(Item) Then SumEven = SumEven + Item    // 짝수 합계 계산 //
        If WorksheetFunction.IsOdd(Item) Then SumOdd = SumOdd + Item       // 홀수 합계 계산 //
    Next
    SumNum = IIf(Key, SumEven, SumOdd)       // Key가 True이면 짝수의 합계, False이면 홀수의 합계 반환 //
End Function
```

실행 결과

	A	B	C	D	E	F	G
1							
2		48	17	50	41	5	
3		8	64	75	43	21	
4		23	37	39	15	20	
5		48	66	71	91	75	
6		93	81	20	15	25	
7							
8				짝수의 합계 :		324	
9				홀수의 합계 :		767	
10							

F4: =SumNum(B2:F6)
F9: =SumNum(B2:F6,FALSE)

※ 옵션 인수를 생략할 경우 기본값은 True로 처리함

CHAPTER **Function 프로시저**

236 배열을 반환하는 함수

Array 함수는 일련의 값을 배열로 만들어 변수에 할당합니다. 이때 만들어지는 배열의 인덱스는 항상 0부터 시작합니다. Array 함수로 만들어진 배열의 이름만 사용하여 배열 전체를 반환하거나, 인덱스를 지정하여 배열의 특정 요소만 반환하는 함수를 만들 수 있습니다.

예제 코드

```
Function DayOfWeek(Optional Key)
    Dim Temp As Variant
    Temp = Array("Sunday", "Monday", "Tuesday", "Wednesday", _        // Temp 변수에 배열 값 지정 //
                 "Thursday", "Friday", "Saturday")
    If IsMissing(Key) Then                  // Key 인수가 생략되었으면 7개의 요소로 된 수평 배열 반환 //
        DayOfWeek = Temp
    Else
        Key = (Key - 1) Mod 7               // Key 인수를 1을 뺀 다음 7로 나눈 나머지 값으로 조정 //
        DayOfWeek = Temp(Key)               // Temp 배열에서 Key번째 요소 반환 //
    End If
End Function
```

실행 결과

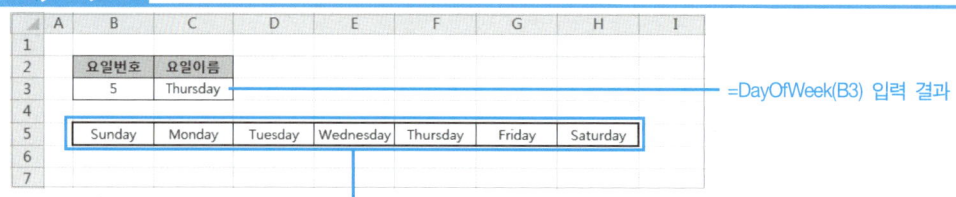

※ Temp 변수는 배열 값을 갖게 되어 Temp(0)~Temp(6)까지 요소로 구성됩니다.
※ Ctrl+Shift+Enter를 눌러 배열 수식으로 함수를 입력하면 중괄호({ })가 자동으로 삽입됩니다.

CHAPTER 237 인수의 개수가 불확실한 함수(1)

Function 프로시저

Function 프로시저에서 배열 인수를 지정하면서 앞에 ParamArray 키워드를 사용하면 원하는 개수로만 인수를 지정할 수 있습니다. ParamArray 키워드는 항상 Variant형으로 마지막 인수에만 사용할 수 있습니다. 또 Optional 키워드를 사용하지 않아도 항상 옵션 인수가 됩니다.

예제 코드

```
Function SumOne(ParamArray NumList( )) As Long      // NumList 배열로 임의 개수의 인수 지정 //
    Dim Item
    For Each Item In NumList      // NumList 배열의 각 요소를 Item 변수로 순환하면서 합계 계산 //
        SumOne = SumOne + Item
    Next
End Function
```

실행 결과

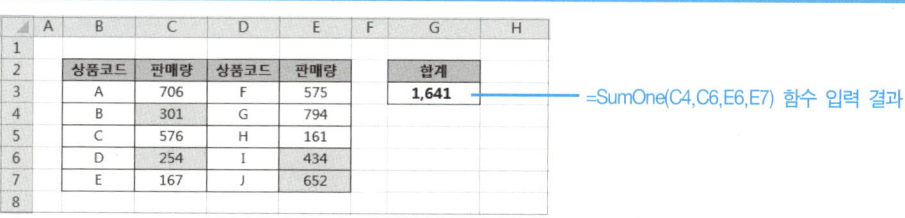

=SumOne(C4,C6,E6,E7) 함수 입력 결과

- ParamArray 키워드로 지정한 인수는 단일 셀로만 지정할 수 있습니다. 복수 범위를 인수로 지정할 경우 #VALUE! 오류가 발생합니다.
- ParamArray 키워드는 유일한 인수 또는 인수 목록의 마지막 인수에만 사용할 수 있습니다.

CHAPTER 238 인수의 개수가 불확실한 함수(2)

Function 프로시저

ParamArray 키워드로 지정한 인수에 복수 범위를 지정할 경우 나타나는 #VALUE! 오류를 해결하는 과정을 살펴봅니다. TypeName 함수로 배열 인수에 셀 범위가 지정되어 있는지 확인하여 Range 개체 변수로 셀 범위의 각 셀을 순환하면서 합계를 구하는 방식입니다.

예제 코드

```vb
Function SumTwo(ParamArray NumList( )) As Long
    Dim Item, rngCell As Range
    
    For Each Item In NumList              // NumList 배열의 각 요소를 Item 변수로 순환 //
        If TypeName(Item) = "Range" Then  // Item이 복수 범위(Range)이면 //
            For Each rngCell In Item      // Item의 각 셀을 rngCell 변수로 순환하면서 합계 계산 //
                SumTwo = SumTwo + rngCell
            Next
        Else
            SumTwo = SumTwo + Item        // Item이 단일 셀이면 Item을 합계에 더하기 //
        End If
    Next
End Function
```

실행 결과

	A	B	C	D	E	F	G	H
1								
2		상품코드	판매량	상품코드	판매량		합계	
3		A	706	F	575		4,620	
4		B	301	G	794			
5		C	576	H	161			
6		D	254	I	434			
7		E	167	J	652			
8								

=SumTwo(C3:C7,E3,E4:E7) 함수 입력 결과

CHAPTER 239 수식 오류를 반환하는 함수

Function 프로시저

 사용자 정의 함수의 결과 값을 정상적으로 반환할 수 없을 때 #VALUE!, #DIV/0!, #N/A 등의 수식 오류를 대신 반환하려면 CVErr 함수를 사용합니다. 함수가 정상적인 반환 값 또는 수식 오류를 반환할 수 있기 때문에 함수의 데이터 형식은 지정하지 않습니다.

예제 코드

```
Function FindScore(strName, rngRegion)
    Dim rngCell As Range
    For Each rngCell In rngRegion      // rngRegion 범위의 각 셀을 rngCell 변수에 담아 순환 //
        If rngCell = strName Then      // rngCell이 strName과 같으면 오른쪽 셀의 값을 반환 //
            FindScore = rngCell.Offset(0, 1)
            Exit Function
        End If
    Next
    FindScore = CVErr(xlErrNA)         // strName과 같은 값을 찾을 수 없을 때 #N/A 오류 반환 //
End Function
```

실행 결과

	A	B	C	D	E	F	G
1							
2		이름	점수		이름	점수	
3		이재원	92		홍길동	#N/A	← =FindScore(E3,B3:B7) 함수 입력 결과
4		선보경	57				
5		차승연	62				
6		이재석	88				
7		황세언	72				
8							

※ rngRegion 범위에서 strName 값을 찾지 못할 경우 #N/A 오류를 반환합니다.
※ CVErr(오류값) 함수는 사용자 지정 오류를 만들기 위해 사용합니다.
※ 오류값은 xlErrDiv0, xlErrNA, xlErrName, xlErrNull, xlErrRef, xlErrValue 등으로 지정합니다.

CHAPTER Function 프로시저

240 함수 마법사에 나타나지 않는 함수

Function 프로시저로 작성한 사용자 정의 함수는 기본적으로 함수 마법사의 사용자 정의 범주에 나타납니다. 하지만 Private 키워드를 사용하여 작성한 Function 프로시저는 함수 마법사에 표시되지 않고 같은 모듈에 있는 프로시저에서만 사용할 수 있게 됩니다.

예제 코드

```vba
Private Function MaxAddress(rngRegion As Range)        // 동일한 모듈에서만 사용 가능한 함수 선언 //
    Dim maxNum, rngCell As Range
    maxNum = WorksheetFunction.Max(rngRegion)          // rngRegion에서 최댓값 구함 //
    For Each rngCell In rngRegion                      // rngRegion의 각 셀을 rngCell 변수로 순환 //
        If rngCell = maxNum Then                       // rngCell이 최댓값과 같으면 rngCell의 셀 주소 반환 //
            MaxAddress = rngCell.Address
            Exit Function
        End If
    Next
End Function


Sub Sample240( )                                       // MaxAddress 함수와 같은 모듈에 있는 프로시저 //
    Dim rngData As Range
    Set rngData = Range("B2:F7")
    rngData.Interior.ColorIndex = xlColorIndexNone     // rngData 영역을 채우기 없음으로 설정 //
    With Range(MaxAddress(rngData))                    // MaxAddress 함수가 반환한 셀 주소로 해당 셀 참조 //
        .Select                                        // 참조한 셀 선택 //
        .Interior.ColorIndex = 7                       // 참조한 셀의 채우기 색 설정 //
    End With
End Sub
```

CHAPTER 241 입력한 수식 구하기

Range.Formula 속성은 셀에 입력한 수식을 문자열 형태로 반환합니다. Formula 속성이 반환하는 수식은 맨 앞에 등호(=)가 포함되어 있는 형태입니다. 여기서는 맨 앞의 등호(=)를 제거한 수식을 반환하는 사용자 정의 함수를 만듭니다.

예제 코드

```
Function FormulaText(rngCell As Range)
    Dim Temp As String
    Temp = rngCell.Formula                          // rngCell의 수식을 문자열로 반환 //
    FormulaText = Right(Temp, Len(Temp) - 1)        // Temp의 오른쪽에서 'Temp 길이-1' 만큼의 문자열 반환 //
End Function
```

실행 결과

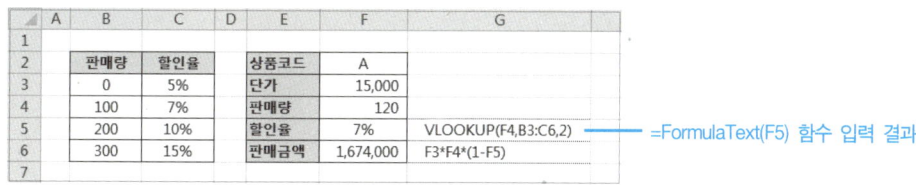

=FormulaText(F5) 함수 입력 결과

TIP 문자열 수식을 원래대로 되돌리기

위의 FormulaText 함수가 반환한 VLOOKUP(F4,B3:C6,2) 형태의 문자열 수식을 다시 원래의 기능을 하는 수식으로 되돌리려면 다음과 같이 Evaluate 메서드를 사용하여 Function 프로시저를 작성합니다.

```
Function TextFormula(rngCell As Range)
    TextFormula = Evaluate(rngCell.Value)
End Function
```

CHAPTER 242 괄호 안의 숫자 합계 구하기

Function 프로시저

단일 셀에서 괄호 안에 들어 있는 숫자들의 합계를 구하는 사용자 정의 함수입니다. 이 함수는 문자열을 인수로 전달받아 '('를 구분 기호로 문자열을 분리하여 배열로 만듭니다. 그런 다음 배열의 각 요소를 Val 함수로 숫자화하여 합계를 구합니다.

예제 코드

```
Function SumBracket(strNum As String)
    Dim Temp, intA As Integer
    If InStr(strNum, "(") Then              // strNum에 괄호가 포함되어 있을 때만 실행 //
        Temp = Split(strNum, "(")           // 여는 괄호를 기준으로 문자열을 분리하여 Temp 배열 생성 //
        For intA = 1 To UBound(Temp)        // 1부터 Temp 배열의 최대 범위까지 반복 //
            SumBracket = SumBracket + Val(Temp(intA))   // Temp 배열 요소를 숫자화하여 합계 계산 //
        Next
    End If
End Function
```

실행 결과

	A	B	C	D	E
1					
2		요일	코드(판매량)	판매량	
3		월	A(5), B(12), C(20), D(7)	44	
4		화	B(8), C(15), D(25), F(5)	53	
5		수	A(12), C(45), E(88)	145	
6		목	A(8), B(25), D(32), F(17)	82	
7		금	C(18), D(22), E(36)	76	
8		토	A(33), D(38), E(25), F(12)	108	
9		일	B(25), C(11), D(35), E(27)	98	
10					

=SumBracket(C3) 함수 입력 결과

CHAPTER 243 열려 있는 통합 문서 확인하기

Function 프로시저

열려 있는 다른 통합 문서를 대상으로 어떤 작업을 수행하기 전에 해당 통합 문서가 열려 있는지 여부를 확인해야 할 때 사용할 수 있는 사용자 정의 함수입니다. WorkbookOpen 함수는 확인할 통합 문서 이름을 인수로 전달 받아 True 또는 False로 결과를 반환합니다.

예제 코드

```
Function WorkbookOpen(strName As String) As Boolean
    Dim Temp As Workbook
    WorkbookOpen = False                            // 기본값으로 False 설정(열려 있지 않음) //
    On Error Resume Next                            // 오류가 발생하면 무시하고 계속 실행하도록 설정 //
    Set Temp = Workbooks(strName)                   // Temp 변수에 strName 통합 문서 할당 //
    If Err.Number = 0 Then WorkbookOpen = True      // 오류가 발생하지 않았으면 True 반환 //
End Function
```

WorkbookOpen 함수의 결과는 False로 시작합니다. 그런 다음 Temp 개체 변수에 인수로 전달받은 strName 워크북을 할당하는데, 만약 해당 워크북이 열려 있지 않으면 Set 문에서 런타임 오류가 발생하게 됩니다. 이를 무시하기 위해 On Error Resume Next 문이 필요합니다. 런타임 오류가 발생하지 않았다면(Err.Number 값이 0과 같으면) WorkbookOpen 함수의 결과값을 True로 수정합니다.

다음 코드는 WorkbookOpen 함수의 결과가 True이면 해당 워크북이 열려 있으므로 워크북을 활성화(Activate) 시킵니다.

```
strFile = "Test"
If WorkbookOpen(strFile) Then Workbooks(strFile).Activate
```

CHAPTER 244 특정 시트가 존재하는지 확인하기

Function 프로시저

SheetExist 함수는 시트 이름을 인수로 지정해야 합니다. 이 함수는 현재 활성화 되어 있는 통합 문서에 특정 시트가 존재하면 True, 존재하지 않으면 False를 반환합니다. VBA 코드 구성은 앞에서 살펴본 WorkbookOpen 함수와 같습니다.

예제 코드

```
Function SheetExist(strName As String) As Boolean
    Dim Temp As Worksheet
    SheetExist = False                              // 기본값으로 False 설정(시트가 존재하지 않음) //
    On Error Resume Next                            // 오류가 발생하면 무시하고 계속 실행하도록 설정 //
    Set Temp = ActiveWorkbook.Sheets(strName)       // 현재 통합 문서의 특정 시트 할당 //
    If Err.Number = 0 Then SheetExist = True        // 오류가 발생하지 않았으면 True 반환 //
End Function
```

다음 코드는 strSheet 변수에 지정한 시트 이름을 SheetExist 함수의 인수로 사용합니다. 만약 현재 통합 문서에 strSheet 변수에 지정한 이름을 가진 시트가 있다면 SheetExist 함수는 True를 반환하고, If 문에 의해 해당 시트를 선택하게 됩니다. Boolean 형식(True 또는 False)으로 결과 값을 반환하는 함수는 If 함수의 조건으로 자주 사용됩니다.

```
strSheet = "Sheet3"
If SheetExist(strSheet) Then Sheets(strSheet).Select
```

통합 문서나 시트 등의 개체를 확인할 때 On Error Resume Next 문으로 오류를 무시하도록 설정하고, Set 키워드로 개체 변수에 개체를 할당하고, Err.Number 속성으로 오류가 발생했는지 여부를 결정하는 형식이 많이 사용됩니다.

CHAPTER
이벤트 처리

245 이벤트 프로시저 만들기

이벤트는 키보드를 누를 때, 마우스를 누를 때, VBA 코드에 대해 응답하는 동작 등 어떤 개체가 인식할 수 있는 동작을 의미합니다. 이런 동작이 발생했을 때 실행되는 프로시저를 이벤트 프로시저라고 합니다. 여기서는 이벤트 프로시저를 만드는 가장 간단한 과정을 살펴봅니다.

01 코드 창 열기

바로 가기 키 Alt +F11을 눌러 VBE를 실행하면 프로젝트 탐색기에 현재 통합 문서에 포함되어 있는 시트와 [현재_통합_문서] 개체가 표시됩니다. 현재 통합 문서에 대한 이벤트 프로시저를 작성하려면 [현재_통합_문서] 개체를 더블클릭합니다. 이렇게 하면 코드 창이 표시됩니다.

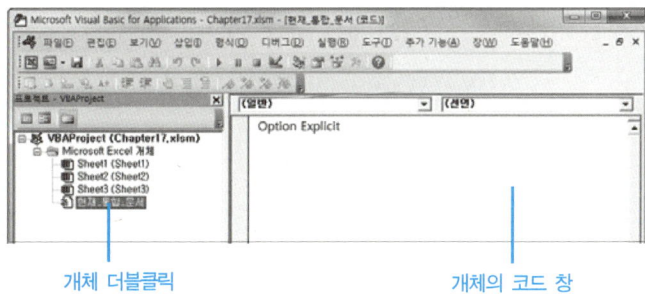

개체 더블클릭 / 개체의 코드 창

02 개체 선택하기

개체 코드 창 위에 두 개의 콤보 상자가 있습니다. 개체 목록을 의미하는 왼쪽 콤보 상자의 드롭다운 화살표를 클릭하고 'Workbook'을 선택하면 자동으로 해당 개체의 기본 이벤트 프로시저 구조가 만들어집니다. Workbook 개체의 기본 이벤트는 Open 이벤트입니다.

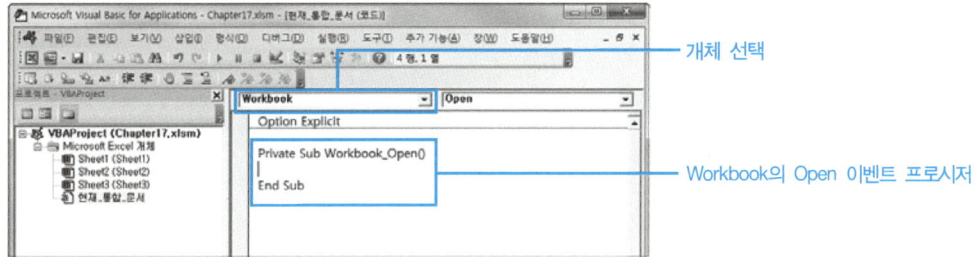

개체 선택 / Workbook의 Open 이벤트 프로시저

03 이벤트 선택하기

개체 코드 창 위의 오른쪽 콤보 상자는 개체의 이벤트 목록을 가지고 있습니다. 드롭다운 화살표를 클릭하고 Workbook 개체의 이벤트 목록에서 원하는 이벤트를 선택합니다. 여기서는 워크북을 닫기 전에 일어나는 BeforeClose 이벤트를 선택합니다.

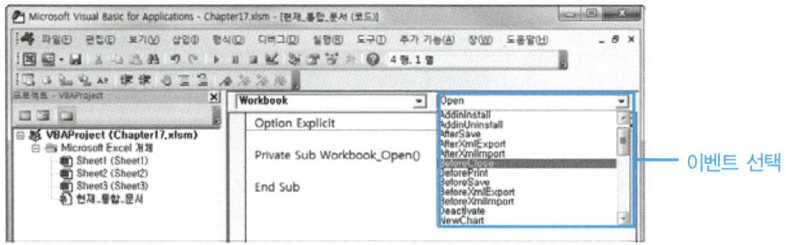

이벤트 선택

04 이벤트 프로시저 작성

다음과 같이 새로 선택한 이벤트에 대한 프로시저 구조가 만들어집니다. 이벤트 프로시저는 항상 Private 키워드로 시작됩니다. Sub 다음에 오는 프로시저 이름은 '개체_이벤트' 형식으로 만들어지며 필요에 따라 괄호 안에 사용 가능한 인수 목록이 나타납니다.

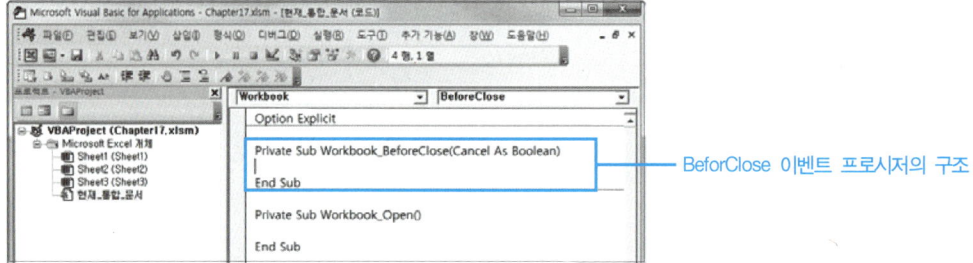

BeforClose 이벤트 프로시저의 구조

이제 다음과 같이 Workbook의 BeforeClose 이벤트 프로시저 구조에 필요한 코드를 입력합니다. 사용하지 않는 이벤트 프로시저는 마우스로 드래그하여 블록을 지정한 다음 지워도 됩니다.

```
Private Sub Workbook_BeforeClose(Cancel As Boolean)
    MsgBox "수고하셨습니다."
End Sub
```

위와 같이 이벤트 프로시저를 작성한 후 통합 문서 닫기 명령을 수행하면 '수고하셨습니다.'라는 메시지 상자가 표시될 것입니다.

CHAPTER 246 Workbook 개체의 이벤트

이벤트 처리

현재 통합 문서에서 발생하는 Workbook 개체의 이벤트는 '현재_통합_문서' 개체의 코드 모듈에 저장됩니다. 해당 개체의 코드 모듈이 아닌 다른 모듈에서 동일한 구조로 이벤트 프로시저를 작성해도 실행이 되지 않습니다. Workbook 개체와 관련된 주요 이벤트에 대해 알아봅니다.

워크북 단위로 발생되는 주요 이벤트는 다음과 같습니다. '현재_통합_문서'의 코드 모듈에서 원하는 이벤트를 선택하여 자동으로 이벤트 프로시저 구조를 만든 다음, VBA 코드를 입력합니다.

이벤트	이벤트가 발생되는 시점
Open	통합 문서를 열 때
Activate	통합 문서가 활성화될 때
Deactivate	통합 문서가 비활성화될 때
AfterSave	통합 문서가 저장된 후에
BeforeSave	통합 문서가 저장되기 바로 직전에
BeforeClose	통합 문서를 닫기 바로 직전에(변경 내용의 저장 여부를 묻기 전에)
BeforePrint	통합 문서 또는 통합 문서의 개체가 인쇄되기 바로 직전에
NewChart	통합 문서에 새로운 차트를 만들 때
NewSheet	통합 문서에 새로운 시트를 만들 때
SheetActivate	통합 문서의 어떤 시트를 활성화할 때
SheetDeactivate	통합 문서의 어떤 시트가 비활성화 될 때
SheetBeforeDoubleClick	워크시트를 두 번 클릭했을 때
SheetBeforeRightClick	워크시트를 마우스 오른쪽 단추로 클릭했을 때
SheetSelectionChange	워크시트에서 선택 영역을 변경할 때
SheetChange	어떤 워크시트의 셀이 사용자나 외부 연결에 의해 변경될 때
SheetCalculate	어떤 워크시트가 다시 계산될 때

CHAPTER 이벤트 처리

247 Workbook_Open 이벤트

Workbook 개체의 Open 이벤트는 통합 문서가 열릴 때 자동으로 실행됩니다. 파일을 열 때 환영 메시지를 표시하거나 특정 워크시트를 선택할 때, 관련된 파일을 함께 열 때 등 매우 자주 이용됩니다.

예제 코드

```vba
Private Sub Workbook_Open( )
    Dim rngData As Range
    Worksheets("Sheet1").Select                          // Sheet1 시트 선택 //
    Set rngData = Cells(Rows.Count, 2).End(xlUp)         // 2열 마지막 셀에서 맨 위의 셀 지정 //
    ActiveWindow.ScrollRow = rngData.Row                 // rngData 셀이 있는 행을 창의 맨 위로 이동 //
    rngData.Offset(1).Select                             // rngData 셀의 1행 아래쪽 셀 선택 //
End Sub
```

실행 결과

	A	B	C	D	E	F	G	H
1								
2		Date	상품코드	단가	수량	금액	판매원	
9		12/4	B	18,700	23	430,100	Kim	
10								
11								
12								

- 2열의 마지막 셀에서 맨 위의 셀(B9)
- 9행이 창이나 틀의 맨 위에 오도록 이동(ScrollRow)
- rngData 셀의 아래 셀 선택(다음 데이터를 입력할 셀로 셀 포인터 이동)

참고

- 워크북을 열 때 [Shift]를 누르고 있으면 Workbook_Open 프로시저가 실행되지 않습니다.

CHAPTER 248 Workbook_BeforeClose 이벤트

이벤트 처리

워크북을 닫기 바로 직전에 BeforeClose 이벤트가 발생하는데, 변경 내용이 있을 때 워크북의 저장 여부를 묻는 메시지는 BeforeClose 이벤트를 처리한 후에 나타납니다. 여기서는 워크북을 닫기 전에 사용자 이름과 날짜 등의 정보를 자동으로 기록하고 워크북을 닫도록 프로시저를 작성합니다.

예제 코드

```
Private Sub Workbook_BeforeClose(Cancel As Boolean)
    Dim strSheet As String
    Application.ScreenUpdating = False
    strSheet = ActiveSheet.Name       // 현재 시트 이름 저장 //
    Sheets("Sheet2").Select           // Sheet2 시트를 선택하고 사용자 이름과 날짜 기록 후 메시지 표시 //
    Cells(2, "C") = Application.UserName
    Cells(3, "C") = Date
    Application.ScreenUpdating = True
    MsgBox "사용 정보를 기록하고 파일을 닫습니다."
    Sheets(strSheet).Select           // strSheet 시트를 선택하고 현재 개체(Me=워크북) 저장 //
    Me.Save
End Sub
```

실행 결과

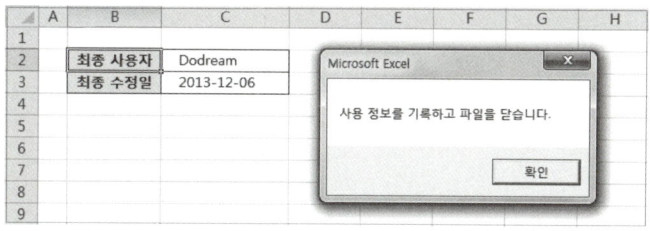

※ Workbook_BeforeClose 이벤트 프로시저에서 Cancel 인수를 True로 지정하면 닫기가 취소됩니다.

CHAPTER 이벤트 처리

249 Workbook_BeforeSave 이벤트

워크북을 저장하기 전에 BeforeSave 이벤트가 발생합니다. BeforeSave 이벤트 프로시저는 두 개의 인수를 갖고 있는데 SaveAsUI 인수는 True 또는 False로 [다른 이름으로 저장] 대화상자가 나타나는지 여부를 의미하고, Cancel 인수는 이벤트 발생 여부를 의미합니다.

예제 코드

```
Private Sub Workbook_BeforeSave(ByVal SaveAsUI As Boolean, Cancel As Boolean)
    Dim intSave As Integer
    If SaveAsUI Then Exit Sub        // [다른 이름으로 저장] 대화상자가 나타는 경우는 프로시저 강제 종료 //
    intSave = MsgBox("통합 문서를 저장할까요?", vbYesNo)   // 저장 여부 확인 //
    If intSave = vbNo Then Cancel = True      // [아니요] 단추를 클릭하면 이벤트 취소 //
End Sub
```

BeforeSave 이벤트 프로시저의 첫 번째 인수 SaveAsUI는 [다른 이름으로 저장] 대화상자가 나타나는 경우 True로 설정됩니다. 이걸 이용해서 [다른 이름으로 저장] 대화상자가 나타나는 경우에는 아래 코드를 실행하지 않고 프로시저를 종료하게 했습니다.

두 번째 인수 Cancel은 이벤트 발생을 취소할 때 사용합니다. 메시지 상자에서 누른 단추가 [아니요]이면 intSave 변수에 vbNo 값이 저장되는데, 저장하지 않으려는 것이니까 Cancel 인수의 값을 True로 바꿔서 이벤트를 취소했습니다. 이렇게 하면 문서가 저장되지 않습니다.

다른 프로시저에서 통합 문서를 저장할 때 BeforeSave 이벤트 프로시저가 실행되지 않게 하려면 다음과 같이 Application.EnableEvents 속성을 사용하여 통합 문서를 저장하기 전에 이벤트를 사용할 수 없도록 만들고, 저장이 끝난 후 다시 이벤트를 사용 가능한 상태로 되돌려줍니다.

```
Application.EnableEvents = False
ThisWorkbook.Save
Application.EnableEvents = True
```

CHAPTER 250 Workbook_BeforePrint 이벤트

이벤트 처리

통합 문서에서 인쇄가 이루어지기 바로 전에 BeforePrint 이벤트가 발생합니다. 여기서는 인쇄 바로 직전에 통합 문서의 모든 워크시트에 바닥글을 설정하는 예제를 다룹니다. 현재 통합 문서의 경로와 파일 이름(FullName)을 가운데 바닥글 영역에 9포인트의 굵은 글자로 설정합니다.

예제 코드

```
Private Sub Workbook_BeforePrint(Cancel As Boolean)
    Dim intA As Integer
    For intA = 1 To Worksheets.Count         // 모든 워크시트의 가운데 바닥글 설정 //
        Worksheets(intA).PageSetup.CenterFooter = "&9&B" & ThisWorkbook.FullName
    Next
End Sub
```

PageSetup 개체는 페이지 설정 특성을 나타냅니다. 여기서는 CenterFooter 속성으로 가운데 영역의 바닥글을 파일 경로와 이름(ThisWorkbook.FullName)으로 설정합니다. 글자 크기와 스타일(굵게)을 설정하기 위해 앞에 '&9&B' 서식 코드를 함께 사용했습니다.

통합 문서에서 어떤 내용도 인쇄할 수 없도록 설정하려면 다음과 같이 BeforePrint 이벤트 프로시저에서 이벤트 발생 여부를 제어하는 Cancel 인수에 True를 설정하면 됩니다. 모든 이벤트 프로시저에서 Cancel 인수가 제공되면 이 인수는 이벤트를 취소하는 용도로 사용됩니다.

```
Private Sub Workbook_BeforePrint(Cancel As Boolean)
    Cancel = True
    MsgBox "인쇄 작업은 허용되지 않습니다."
End Sub
```

CHAPTER 이벤트 처리

251 Workbook_NewSheet 이벤트

통합 문서에 새로운 시트가 삽입될 때 발생하는 NewSheet 이벤트는 새로 삽입한 시트를 인수로 갖고 있습니다. 새로 삽입한 시트인 Sh 인수를 사용하여 시트를 삽입하자마자 시트 이름을 입력받아 변경하는 이벤트 프로시저를 구현할 수 있습니다.

예제 코드

```
Private Sub Workbook_NewSheet(ByVal Sh As Object)
    Dim strName As String
    On Error GoTo Err_Line                        // 이름 변경 도중 에러가 발생하면 Err_Line 행으로 이동 //
    strName = InputBox("새로 만든 시트 이름 입력")   // 새로운 시트 이름 입력 //
    If strName = "" Then Exit Sub                  // [취소] 단추를 클릭하면 프로시저 종료 //
    Sh.Name = strName                              // 새 시트(Sh)의 이름을 바꾸고 프로시저 종료 //
    Exit Sub
Err_Line:                                          // 에러가 발생했을 때 메시지 표시 //
    MsgBox "시트 이름에 사용할 수 없는 문자가 " & _
           "포함되어 있습니다." & vbCr & "이름 변경을 취소합니다."
End Sub
```

실행 결과

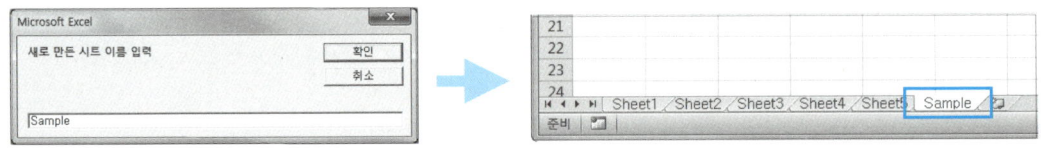

※ 시트 이름에 허용되지 않는 문자가 포함되어 있으면 Sh.Name = strName 문에서 에러가 발생합니다. 에러가 발생했을 때 Err_Line: 행으로 이동하여 메시지를 표시하고 프로시저가 종료됩니다.

※ Sh.Name = strName 문에서 에러가 발생하지 않았다면 메시지가 표시되지 않도록 바로 Exit Sub 문으로 프로시저를 종료합니다.

CHAPTER 252　Worksheet 개체의 이벤트

특정 워크시트에 관련된 이벤트 프로시저는 자동화 작업에서 매우 유용하게 사용됩니다. 프로젝트 탐색기에서 워크시트 개체를 더블클릭하여 코드 창을 연 다음 워크시트와 관련된 이벤트 프로시저를 작성합니다.

워크시트 코드 창의 개체 목록 콤보 상자에서 [Worksheet]를 선택하고, 이벤트 목록에서 원하는 이벤트를 선택하면 이벤트 프로시저 구조가 만들어집니다.

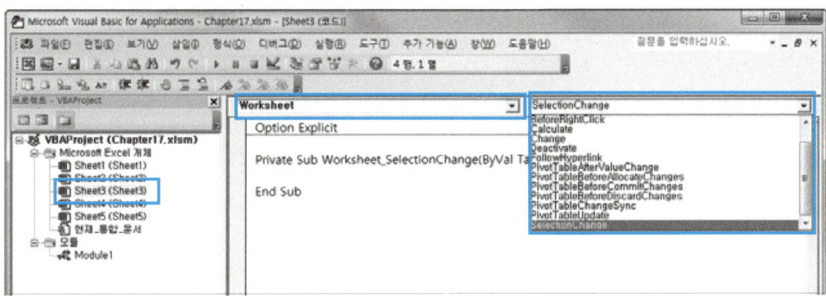

워크시트 단위로 발생되는 주요 이벤트는 다음과 같습니다.

이벤트	이벤트가 발생되는 시점
Activate	워크시트가 활성화 될 때
Deactivate	워크시트가 비활성화 될 때(다른 시트로 이동할 때)
Calculate	워크시트가 재계산될 때
Change	워크시트에서 셀 값이 변경될 때
SelectionChange	워크시트에서 선택 영역을 변경할 때
BeforeDoubleClick	워크시트를 두 번 클릭했을 때
BeforeRightClick	워크시트를 마우스 오른쪽 단추로 클릭했을 때
FollowHyperlink	워크시트에서 하이퍼링크를 클릭했을 때
PivotTableUpdate	워크시트에서 피벗 테이블 보고서를 업데이트 한 후에

CHAPTER 253

Worksheet_Activate 이벤트

'Sheet3' 워크시트를 선택하여 활성화할 때 동작하는 Activate 이벤트 프로시저를 작성합니다. 이 워크시트에는 여러 개의 레코드가 입력되어 있는데 워크시트를 선택할 때마다 3행이 틀의 맨 위에 표시되도록 스크롤하고, 데이터가 시작되는 [B3] 셀을 선택합니다.

예제 코드

```vba
Private Sub Worksheet_Activate( )
    Dim lngCount As Long
    lngCount = Range("B2").CurrentRegion.Rows.Count - 1   // [B2] 셀이 포함된 영역의 행 개수 - 1 //
    ActiveWindow.ScrollRow = 3                             // 3행이 틀의 맨 위에 오도록 설정 //
    Range("B3").Select                                     // [B3] 셀 선택 //
    MsgBox "총 " & lngCount & "개의 레코드가 있습니다."      // 총 레코드 개수 표시 //
End Sub
```

실행 결과

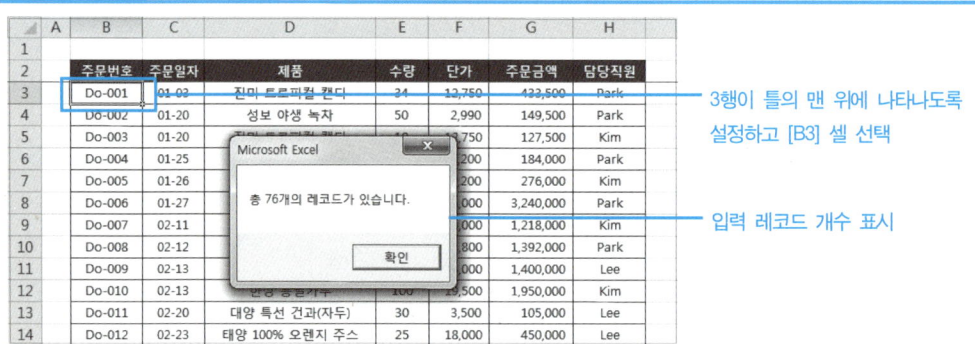

3행이 틀의 맨 위에 나타나도록 설정하고 [B3] 셀 선택

입력 레코드 개수 표시

※ 'Sheet3' 워크시트는 1~2행이 틀 고정되어 있습니다. 따라서 3행이 틀의 맨 위에 표시됩니다.

CHAPTER 254

Worksheet_BeforeRightClick 이벤트

워크시트에서 마우스 오른쪽 버튼을 클릭하면 기본적으로 바로 가기 메뉴가 표시됩니다. 만약 워크시트에서 마우스 오른쪽 버튼을 눌렀을 때 바로 가기 메뉴가 나타나지 않게 하려면 기본 동작 바로 직전에 실행되는 BeforeRightClick 이벤트 프로시저를 이용합니다.

예제 코드

```
Private Sub Worksheet_BeforeRightClick(ByVal Target As Range, Cancel As Boolean)
    Cancel = True           // 이벤트 취소 //
    MsgBox "바로 가기 메뉴를 사용할 수 없습니다."
End Sub
```

BeforeRightClick 이벤트는 마우스 오른쪽 버튼을 클릭했을 때 실행되는 기본 동작의 바로 직전에 발생합니다. BeforeRightClick 이벤트에 포함되어 있는 두 개의 인수 중 Cancel 인수의 값을 True로 지정하면 이 이벤트가 취소됩니다. 즉, 마우스 오른쪽 버튼을 클릭했을 때 실행되는 기본 동작(바로 가기 메뉴 표시)을 취소합니다.

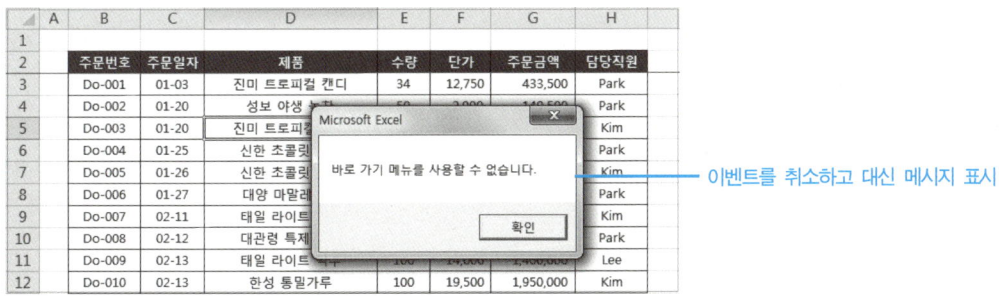

이벤트를 취소하고 대신 메시지 표시

Target 인수는 마우스 오른쪽 버튼을 클릭한 셀 또는 범위를 가리키는 Range 개체를 프로시저에 전달합니다. 다음 코드를 프로시저에 포함시키면 Range 개체의 셀 주소를 표시합니다.

```
MsgBox Target.Address
```

CHAPTER 255 — Worksheet_SelectionChange 이벤트

이벤트 처리

선택 영역이 변경될 때마다 발생하는 SelectionChange 이벤트를 이용하여 사용자가 선택한 셀이 들어 있는 행의 채우기 색을 변경해보겠습니다. 이 작업은 SelectionChange 이벤트에 전달되는 Target 인수를 이용합니다.

예제 코드

```vb
Private Sub Worksheet_SelectionChange(ByVal Target As Range)
    Dim rngData As Range
    Set rngData = Range("B3").CurrentRegion                                      ' rngData 설정 '
    Set rngData = rngData.Offset(1, 0).Resize(rngData.Rows.Count - 1)            ' rngData 크기 조정 '
    If Union(Target, rngData).Address = rngData.Address Then                     ' Target이 rngData에 들어 있으면 '
        rngData.EntireRow.Interior.ColorIndex = xlNone                           ' rngData 행을 채우기 없음으로 설정 '
        Target.EntireRow.Interior.ColorIndex = 35                                ' Target 행의 채우기 색 설정 '
    End If
End Sub
```

rngData 개체 변수는 처음에 [B3] 셀이 들어 있는 영역으로 설정되고, 제목행(2행)을 제외시키기 위해 다시 1행 아래의 셀부터 시작되도록 크기가 조정(Resize)됩니다.

새로 선택한 범위인 Target과 rngData의 합집합(Union 메서드)의 셀 주소와 rngData의 셀 주소가 같으면, 즉 선택한 범위가 rngData에 포함되어 있으면 rngData가 들어 있는 행을 채우기 없음으로 설정하고, Target이 들어 있는 행의 채우기 색을 35번으로 지정합니다.

A	B	C	D	E	F	G	H
1							
2	주문번호	주문일자	제품	수량	단가	주문금액	담당직원
3	Do-001	01-03	진미 트로피컬 캔디	34	12,750	433,500	Park
4	Do-002	01-20	성보 야생 녹차	50	2,990	149,500	Park
5	Do-003	01-20	진미 트로피컬 캔디	10	12,750	127,500	Kim
6	Do-004	01-25	신한 초콜릿 소스	20	9,200	184,000	Park
7	Do-005	01-26	신한 초콜릿 소스	30	9,200	276,000	Kim
8	Do-006	01-27	대양 마말레이드	40	81,000	3,240,000	Park
9	Do-007	02-11	태일 라이트 맥주	87	14,000	1,218,000	Kim
10	Do-008	02-12	대관령 특제 버터	40	34,800	1,392,000	Park

CHAPTER 이벤트 처리

256 Worksheet_Change 이벤트

Change 이벤트는 셀이 변경될 때마다 발생합니다. Change 이벤트 프로시저에서 변경된 셀을 나타내는 Target 인수와 특정 범위가 겹치는지를 Intersect 메서드로 확인하여 모든 셀이 아닌 제한된 범위에 있는 셀에서만 변경 사항을 감지하고 원하는 작업을 처리할 수 있습니다.

예제 코드

```
Private Sub Worksheet_Change(ByVal Target As Range)
    Dim rngIn As Range, rngCell As Range
    Set rngIn = Range("C3:C7")                          // rngIn 설정(판매량 입력 범위) //
    If Intersect(Target, rngIn) Is Nothing Then Exit Sub
                                                        // 변경된 셀(Target)과 rngIn이 겹치지 않으면 프로시저 종료 //
    Application.EnableEvents = False                    // 이벤트 불가능 상태로 설정 //
    For Each rngCell In Target                          // Target의 각 셀을 rngCell로 순환 //
        rngCell.Offset(0, 1) = rngCell.Offset(0, 1) + rngCell  // rngCell의 오른쪽 셀에 rngCell 더하기 //
        rngCell.ClearContents                           // rngCell의 내용 지우기 //
        rngCell.Select                                  // rngCell 선택 //
    Next
    Application.EnableEvents = True                     // 이벤트 가능 상태로 설정 //
End Sub
```

실행 결과

	A	B	C	D
1				
2		상품코드	판매량	누적 판매량
3		A		1,523
4		B	85	600
5		C		452
6		D		18
7		E		2,841
8				

셀에 값 입력

→

	A	B	C	D
1				
2		상품코드	판매량	누적 판매량
3		A		1,523
4		B		685
5		C		452
6		D		18
7		E		2,841
8				

입력 셀의 오른쪽 셀에 더하기

Change 이벤트는 워크시트에 있는 어떤 셀에서든 변경사항이 감지되면 발생합니다. 워크시트에서 특정 범위에 있는 셀만 변경사항을 감지하여 코드가 실행되도록 하려면 변경된 셀이 특정 범위에 포함되어 있는가를 먼저 확인해야 합니다. 이때 Applicaion.Intersect 메서드가 사용됩니다. Intersect 메서드는 인수로 지정한 두 개 이상의 범위가 겹치는 부분을 Range 개체로 반환합니다. 겹치는 부분이 없다면 Intersect 메서드는 Nothing 값을 갖게 됩니다. 따라서 다음 코드는 변경 셀(Target)과 rngIn 범위가 겹치지 않으면 이벤트 프로시저를 종료합니다.

```
If Intersect(Target, rngIn) Is Nothing Then Exit Sub
```

Target 인수에 전달되는 Range 개체는 단일 셀일 수도 있고 셀 범위일 수도 있습니다. Target의 각 셀에 대해 누계를 구하기 위해 다음과 같이 For Each...Next 문을 사용합니다. 그런데 여기서 주의해야 할 점이 누계를 구하고 rngCell의 내용을 지우는 과정이 다시 Change 이벤트를 호출하게 된다는 것입니다.

```
For Each rngCell In Target
    rngCell.Offset(0, 1) = rngCell.Offset(0, 1) + rngCell    // rngCell의 오른쪽 셀에 rngCell의 값 더하기 //
    rngCell.ClearContents                                     // rngCell의 내용 지우기 //
    rngCell.Select
Next
```

Change 이벤트 프로시저가 다시 Change 이벤트 프로시저를 호출하는 상황, 즉 Change 이벤트가 연속적으로 발생하는 것을 막기 위하여 이벤트 프로시저 안에서 워크시트 셀이 변경되기 전에 EnableEvents 속성을 False로 지정하여 이벤트를 사용 불가능한 상태로 만들어야 합니다. 그리고 모든 작업이 끝난 후 다시 EnableEvents 속성을 True로 지정하여 이벤트 사용 가능 상태로 되돌립니다.

```
Application.EnableEvents = False
    ...Change 이벤트를 발생시키는 코드...
Application.EnableEvents = True
```

CHAPTER 257 이벤트 처리

특정 시각에 발생하는 OnTime 이벤트

OnTime 이벤트는 워크북이나 워크시트와 같은 개체와 상관없이 특정 시각이 되면 발생하는 이벤트입니다. 하루 중 특정 시각을 정하여 해당 시각이 되면 지정한 프로시저를 실행할 수 있습니다. 또는 현재 시간(Now)을 기준으로 지정한 만큼의 시간이 경과된 후에 프로시저를 실행합니다.

예제 코드

```
Sub Sample257( )
    Application.OnTime TimeValue("17:30:00"), "EndOfJob"    // 17시 30분이 되면 EndOfJob 프로시저 실행 //
End Sub


Sub EndOfJob( )
    MsgBox "작업 종료 30분 전입니다. 백업을 시작하십시오."
End Sub
```

〈구문〉 Application.OnTime 메서드

Application.OnTime(EarliestTime, Procedure, LatestTime, Schedule)

- **EarliestTime** : 지정한 프로시저를 실행할 시간입니다.
- **Procedure** : 실행할 프로시저 이름을 문자열 형태로 지정합니다.
- **LatestTime** : 지정한 프로시저를 실행할 수 있는 마지막 시간입니다. 프로시저를 실행할 시간이 다른 작업이 진행되고 있는 경우 LatestTime이 될 때까지 다른 작업이 끝나지 않는 경우 지정한 프로시저는 실행되지 않습니다. 생략할 경우 프로시저를 실행할 수 있을 때까지 기다려 실행하게 됩니다.
- **Schedule** : True로 지정하면 프로시저 실행이 예약됩니다. False로 지정하면 이전에 예약한 프로시저 실행을 취소합니다. 생략할 경우 True로 처리합니다.

CHAPTER 이벤트 처리

258 OnTime 이벤트 취소하기

OnTime 메서드의 Schedule 매개 변수는 이전에 예약한 프로시저 실행을 취소하는 역할을 합니다. 연속적으로 프로시저 실행이 예약되는 경우 이를 취소하기 위해 Schedule 매개 변수가 이용됩니다.

예제 코드

```
Sub Time_Start( )                    // 현재 시간으로부터 1초 경과했을 때 Time_Set 프로시저 실행 //
    Application.OnTime Now + TimeValue("00:00:01"), "Time_Set"
End Sub


Sub Time_Set( )
    Range("B3") = Format(Now, "h시 m분 s초")    // [B3] 셀에 현재 시간 표시 //
    Call Time_Start                             // Time_Start 프로시저 실행(다시 예약) //
End Sub


Sub Time_Stop( )                     // 1초 후에 예약되어 있는 Time_Set 프로시저의 예약 취소 //
    On Error Resume Next
    Application.OnTime Now + TimeValue("00:00:01"), "Time_Set", Schedule:=False
    On Error GoTo 0
End Sub
```

실행 결과

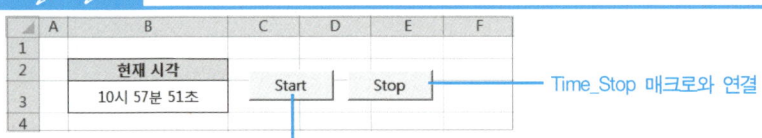

※ [Stop] 단추를 계속해서 클릭할 때 예약된 프로시저가 없어 발생하는 에러를 무시하기 위해 예약을 취소하기 전에 On Error Resume Next 문이 필요합니다.

CHAPTER 259 키 입력에 반응하는 OnKey 이벤트

이벤트 처리

OnKey 이벤트는 사용자가 특정한 키나 키 조합을 눌렀을 때 발생합니다. OnTime 이벤트와 마찬가지로 OnKey 이벤트 역시 개체와 상관없이 동작하는 이벤트입니다. OnKey 이벤트를 사용하면 사용자가 특정 키를 눌렀을 때 지정한 프로시저를 실행할 수 있습니다.

예제 코드

```
Sub Sample222( )
    Application.OnKey "{F1}", "Info"    // F1을 눌렀을 때 Info 프로시저 실행 //
End Sub


Sub Info( )
    MsgBox "Excel Version : " & Application.Version
End Sub
```

〈구문〉 Application.Onkey 메서드

Application.Onkey(Key, Procedure)

- **Key** : 누른 키를 나타내는 문자열입니다. 일반 문자키 A 는 "a"로 지정하고, Enter 와 같은 기능 키는 "{Enter}"와 같이 지정합니다.
- **Procedure** : 실행한 프로시저를 지정합니다. 빈 문자열("")을 지정하면 Key를 눌러도 아무 동작을 하지 않게 됩니다. 생략할 경우 이전에 지정한 키 할당이 지워집니다.

TIP 키 할당 지우기

F1 을 눌렀을 때 OnKey 메서드로 지정한 프로시저가 실행되는 것이 아니라 원래의 기능, 즉 도움말이 표시되게 하려면 다음과 같이 실행할 프로시저가 생략된 코드를 개발해 실행해야 합니다.

Application.OnKey "{F1}"

CHAPTER 260 키 조합 사용하기

Application.OnKey 메서드에서 키 문자열을 지정할 때 Enter와 같이 화면에 표시되지 않는 키는 "{Enter}"와 같이 중괄호로 키 이름을 묶어 지정합니다. 또 Ctrl , Shift , Alt 와 다른 키의 조합을 사용하여 키를 지정할 수도 있습니다.

예제 코드

```
Sub Sample260( )
    Application.OnKey "^{Left}", "ScrollLeft"     // Ctrl + ← 을 눌렀을 때 ScrollLeft 프로시저 실행 //
    Application.OnKey "^{Right}", "ScrollRight"   // Ctrl + → 을 눌렀을 때 ScrollRight 프로시저 실행 //
    Application.OnKey "^{Up}", "ScrollUp"         // Ctrl + ↑ 을 눌렀을 때 ScrollUp 프로시저 실행 //
    Application.OnKey "^{Down}", "ScrollDown"     // Ctrl + ↓ 을 눌렀을 때 ScrollDown 프로시저 실행 //
End Sub
```

키를 눌렀을 때 화면에 표시되지 않는 키는 다음과 같은 코드를 사용하여 표현할 수 있습니다.

Key	코드	Key	코드
왼쪽 화살표	{LEFT}	Enter	~ (물결표)
오른쪽 화살표	{RIGHT}	Enter(숫자 키패드)	{ENTER}
위쪽 화살표	{UP}	Home	{HOME}
아래쪽 화살표	{DOWN}	End	{END}
Page Up	{PGUP}	Insert	{INSERT}
Page Down	{PGDN}	Delete	{DEL}
Backspace	{BS}	Caps Lock	{CAPSLOCK}
Esc	{ESC}	Num Lock	{NUMLOCK}
Tab	{TAB}	F1 ~ F15	{F1} ~ {F15}

⌜Ctrl⌟, ⌜Shift⌟, ⌜Alt⌟ 등의 특수 키는 보통 다른 키와의 조합으로 사용합니다. 다른 키 코드 앞에 특수 키를 나타내는 기호를 함께 사용합니다. 예를 들어 "%{TAB}"은 ⌜Alt⌟와 함께 ⌜Tab⌟을 누른 것을 의미합니다. 특수 키를 다른 키와 조합하지 않고 사용하려면 중괄호로 해당 기호를 묶어서 지정해야 합니다.

조합할 특수 키	다른 키 코드 앞에 오는 기호
Ctrl	^ (캐럿)
Shift	+ (더하기 기호)
Alt	% (백분율 기호)

앞에서 사용한 예제에 대응할 4개의 프로시저가 필요합니다. 다음과 같이 ScrollLeft 프로시저를 작성하면 해당 키 조합을 눌렀을 때 왼쪽으로 열을 스크롤합니다. 현재 A열이 화면에 표시되어 있을 때 더 이상 왼쪽으로 스크롤할 수 없어 에러가 발생하기 때문에 이를 무시하기 On Error Resume Next 문을 사용했습니다. 같은 방법으로 ScrollRight 프로시저는 '-1'을 '+1'로 수정하여 작성할 수 있는데 이렇게 하면 오른쪽으로 열을 스크롤합니다.

```
Sub ScrollLeft( )
    On Error Resume Next
    ActiveWindow.ScrollColumn = ActiveWindow.ScrollColumn - 1
End Sub
```

ScrollUp 프로시저는 ActiveWindow.ScrollRow 값을 '-1'하여 위쪽으로 행을 스크롤합니다. 이 경우에도 1행까지 스크롤되었을 때 에러 발생을 무시하기 위한 문이 필요합니다. 또 ScrollRow 값을 '+1'하는 ScrollDown 프로시저도 유사하게 작성할 수 있습니다.

```
Sub ScrollUp( )
    On Error Resume Next
    ActiveWindow.ScrollRow = ActiveWindow.ScrollRow - 1
End Sub
```

CHAPTER 사용자 정의 폼

261 사용자 정의 폼 만들기

UserForm(사용자 정의 폼) 개체는 사용자와 엑셀이 서로 소통할 수 있는 다양한 형태의 대화상자를 의미합니다. VBE에서 새로운 사용자 정의 폼을 삽입하고, 기본적인 속성과 크기를 설정하고, 폼을 실행하는 과정까지 알아봅니다.

실행 결과

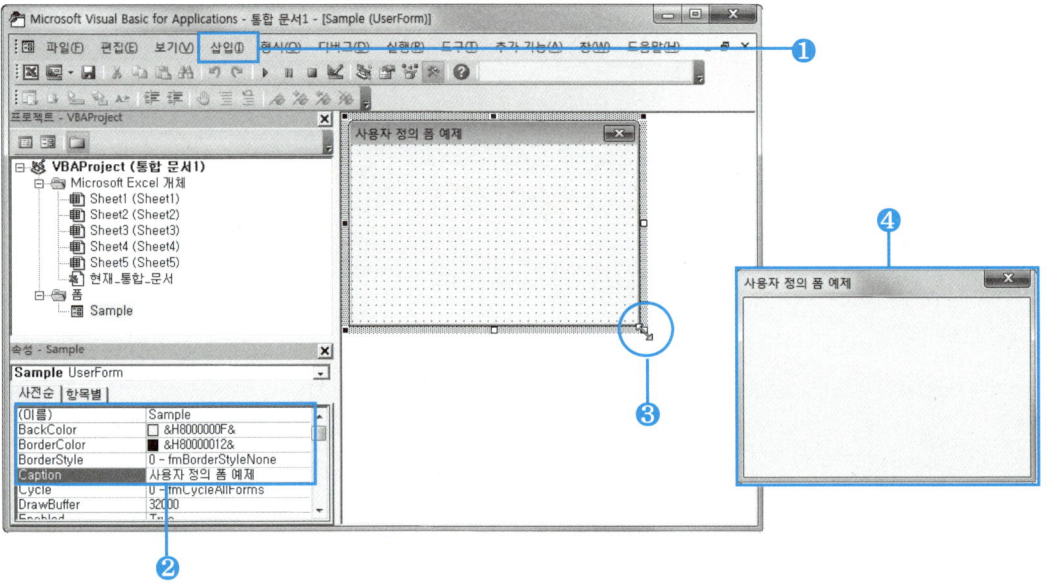

01 사용자 정의 폼 삽입

`Alt`+`F11`을 눌러 VBE를 실행한 다음 [삽입]-[사용자 정의 폼] 메뉴를 선택하면 UserForm 개체가 새로 추가됩니다. 사용자 정의 폼의 이름은 기본적으로 UserForm1, UserForm2, …와 같이 정해지며 변경할 수 있습니다.

02 폼의 이름과 캡션 설정

속성 창에서 사용자 정의 폼의 이름을 'Sample'로 변경하고, Caption 속성을 '사용자 정의 폼 예제'로 지정하여 대화상자의 제목 표시줄에 나타날 텍스트를 지정합니다. 폼의 디자인은 코드를 통해 제어할 수도 있습니다. 예를 들어 다음과 같은 코드는 'Sample'이라는 폼의 Caption 속성을 변경합니다.

```
Sample.Caption = "Welcome"
```

03 폼 크기 조정하기

폼의 크기 조정 핸들을 마우스로 드래그하여 폼의 크기를 조정합니다. 속성 창에서 폼의 크기를 조정하려면 Width(너비)와 Height(높이) 속성에 원하는 값을 입력합니다.

04 폼 실행하기

폼을 디자인하는 과정에서 임시로 폼을 실행시켜 디자인을 확인하고 싶다면 [실행]-[Sub/사용자 정의 폼 실행] 메뉴를 선택하거나 바로 가기 키 F5를 누릅니다. 폼에 기본적으로 표시되는 [닫기] 단추를 클릭하여 폼을 닫을 수 있습니다.

> **TIP** 사용자 정의 폼 작성의 기본 과정
>
> 사용자 정의 폼을 디자인하고 필요한 코드를 개발하는 과정은 개인의 취향에 따라 달라질 수 있습니다. 하지만 가장 기본적인 과정을 정리하자면 다음과 같습니다.
>
> ① [삽입]-[사용자 정의 폼] 메뉴로 새로운 사용자 정의 폼을 삽입합니다.
> ② 사용자 정의 폼에 도구 상자에 있는 컨트롤들을 추가합니다.
> ③ 속성 창을 이용하여 사용자 정의 폼이나 컨트롤의 속성을 지정합니다.
> ④ 사용자 정의 폼의 코드 모듈에서 사용자 정의 폼이나 컨트롤에 대한 이벤트 프로시저를 작성합니다.
> ⑤ 사용자 정의 폼의 코드 모듈이 아닌 일반 모듈에 사용자 정의 폼을 화면에 표시하는 프로시저를 작성합니다.

CHAPTER 262 사용자 정의 폼 표시하기

UserForm 개체를 실제로 실행하기 위해서는 표준 모듈에서 폼을 표시하는 코드를 개발해야 합니다. 폼을 화면에 표시하려면 UserForm.Show 메서드를 사용합니다. 폼에는 기본적으로 닫기 단추가 표시되므로 폼의 닫기 단추를 클릭해서 사용자 정의 폼을 닫을 수 있습니다.

예제 코드

```
Sub Sample262( )
    Sample.Show        // Sample 폼을 화면에 표시 //
End Sub
```

사용자 정의 폼을 화면에 나타낼 때 폼 개체의 Show 메서드를 사용하는데, Show 메서드는 폼을 메모리에 로드(Load)하고 화면에 표시합니다. 사용자 정의 폼이 매우 복잡하여 화면에 표시되기까지 시간이 많이 걸리는 경우 Load 명령문을 사용할 수 있습니다. Load 명령문은 폼을 메모리에 로드하지만 Show 메서드를 사용하기 전까지 표시되지는 않습니다.

Load Sample

사용자 정의 폼을 닫을 때는 Unload 명령문을 사용합니다. Unload 명령문은 사용자 정의 폼을 메모리에서 제거하고 화면에서 닫습니다. 사용자 정의 폼에서 [닫기] 단추를 클릭하는 경우 기본적으로 폼이 언로드 됩니다.

Unload Sample

사용자 정의 폼의 코드 창에서 Unload 명령문을 사용하는 경우 Me 키워드를 사용해도 됩니다.

Unload Me

CHAPTER 263 폼 개체의 이벤트

사용자 정의 폼

폼 개체가 화면에 표시되기 전, 활성화 되거나 비활성화 될 때, 폼을 닫기 직전이나 닫은 후 등 폼 개체에 발생하는 여러 이벤트에 대해 이벤트 프로시저를 만들 수 있습니다. 여기서는 폼이 화면에 표시되기 전에 발생하는 Initialize 이벤트 프로시저를 작성합니다.

예제 코드

```
Private Sub UserForm_Initialize( )        // 폼이 화면에 표시되기 전에 실행되는 이벤트 프로시저 //
    With Me
        .Width = 300                       // 폼의 너비와 높이 지정 //
        .Height = 200
        .StartUpPosition = 2               // 폼의 초기 위치를 전체 화면의 가운데로 지정 //
    End With
End Sub
```

사용자 정의 폼의 코드 창은 폼을 더블클릭하거나, 프로젝트 탐색기에서 폼 개체를 선택한 다음 코드 보기()를 클릭하면 열립니다. 코드 창의 상단에 있는 이벤트 목록에서 이벤트를 선택하면 자동으로 이벤트 프로시저 구조가 만들어집니다.

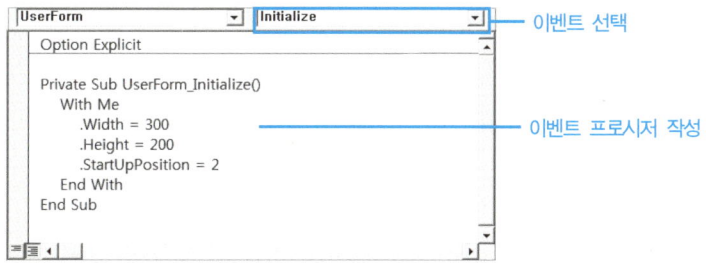

코드 보기 상태에서 다시 개체 보기로 돌아가려면 프로젝트 탐색기에서 폼 개체를 더블클릭하거나, 개체 보기(□)를 클릭합니다. 개체 보기 상태에서 F5를 눌러 폼을 테스트할 수 있습니다.

Show 메서드를 사용하면 Initialize 이벤트와 Activate 이벤트가 순서대로 발생합니다. Unload 명령문으로 폼을 닫을 때 QueryClose 이벤트와 Terminate 이벤트가 순서대로 발생합니다. 사용자 정의 폼 개체를 화면에 표시하거나 닫을 때 발생하는 주요 이벤트는 다음과 같습니다.

이벤트	발생 시점
Initialize	폼이 화면에 표시되기 전
Activate	폼이 활성화 될 때
Deactivate	폼이 비활성화 될 때
QueryClose	폼이 닫히기 전
Terminate	폼이 닫힌 후

여러 가지 폼의 속성은 이벤트 프로시저의 코드에서 프로그래밍 하여 설정하거나 디자인 과정에서 속성 창을 통해 설정할 수 있습니다. 폼의 여러 속성 중 크기와 위치와 관련된 속성은 다음과 같습니다.

- Left, Top 속성 : 폼의 왼쪽(Left)과 위쪽(Top)의 표시 위치를 지정합니다.
- Width, Height 속성 : 포인트 단위로 폼의 너비(Width)와 높이(Height)를 지정합니다.
- StartUpPosition 속성 : 폼이 처음에 표시될 때 위치를 지정합니다. 폼이 표시되고 나서는 제목 표시줄을 드래그하여 폼의 위치를 임의로 조정할 수 있습니다. StartUpPosition 속성에 지정할 수 있는 값은 다음과 같습니다.

값	설명
0	수동. 폼의 Left, Top 속성 값에 따라 표시 위치가 정해짐
1	소유자 가운데. 폼이 속한 소유자 즉, 엑셀 화면의 가운데에 표시
2	화면 가운데. 전체 화면의 가운데 표시
3	Windows 기본 값. 화면의 왼쪽 위 모서리 위치에 표시

CHAPTER 264 폼에 컨트롤 추가하기

사용자 정의 폼

 도구 상자에는 여러 종류의 ActiveX 컨트롤이 있습니다. 도구 상자에서 폼에 추가할 컨트롤을 선택한 다음 폼에서 마우스 왼쪽 버튼을 누른 채 드래그 하여 원하는 크기로 컨트롤을 추가합니다. 또는 컨트롤을 선택하고 폼에서 클릭하여 기본 크기로 컨트롤을 추가합니다.

도구 상자에서 명령 단추(CommandButton) 컨트롤을 선택한 다음 폼에서 마우스 왼쪽 버튼을 누른 채 드래그 하여 원하는 크기로 컨트롤을 그립니다.

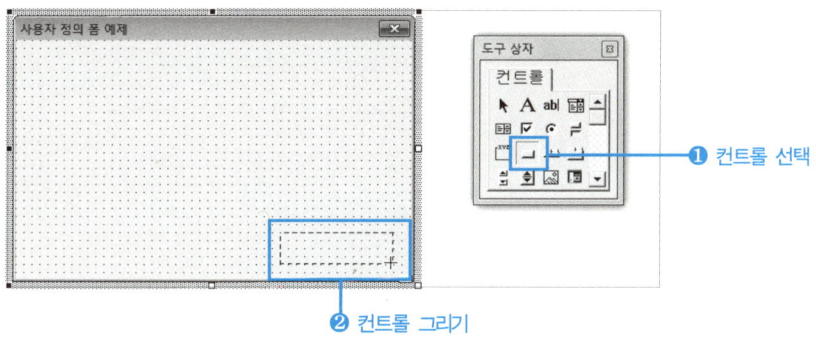

❶ 컨트롤 선택
❷ 컨트롤 그리기

속성 창에서 컨트롤의 이름을 변경하고 Caption 속성을 지정합니다. 컨트롤 이름은 명령 단추 컨트롤인 경우 CommandButton1, CommandButton2, …와 같이 설정되는데 다른 작업을 하기 전에 미리 의미 있는 이름으로 변경하는 것이 좋습니다. 명령 단추의 Caption 속성은 단추 위에 표시되는 텍스트를 의미합니다. 컨트롤을 추가하고 속성을 지정한 다음 F5를 눌러 폼을 실행합니다.

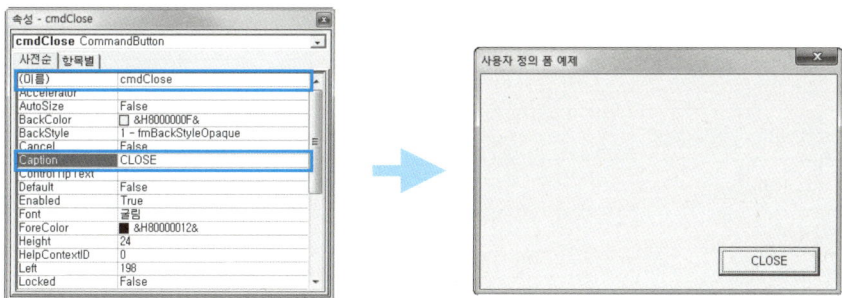

CHAPTER 사용자 정의 폼

265 ActiveX 컨트롤의 종류

도구 상자에 포함되어 있는 ActiveX 컨트롤은 각각 목적에 맞게 사용해야 합니다. 여기서는 폼에 추가할 수 있는 컨트롤의 종류와 어떤 용도로 사용되는지 간략하게 살펴봅니다. 도구 상자가 표시되지 않으면 VBE에서 [보기]-[도구 상자] 메뉴를 선택합니다.

도구 상자에 기본적으로 표시되는 ActiveX 컨트롤은 모두 15개입니다. 각 컨트롤의 이름과 사용 목적에 대해 간단하게 알아봅니다.

아이콘	이름	사용 목적
A	레이블(Label)	단순하게 폼에 문자열을 표시할 때
ab|	텍스트 상자(TextBox)	사용자로부터 텍스트를 입력받을 때
⌐	명령 단추(CommandButton)	단추를 클릭하여 특정 동작을 실행할 때
☑	확인란(CheckBox)	둘 중 한 가지 선택을 할 때(Yes/No, True/False)
⊙	옵션 단추(OptionButton)	여러 항목 중 하나를 선택할 때
⇄	토글 단추(ToggleButton)	단추를 클릭해서 두 가지 상태를 번갈아 표시할 때
▦	콤보 상자(ComboBox)	여러 항목 중 하나를 선택하거나 입력할 때
▤	목록 상자(ListBox)	목록에 있는 항목 중 하나 또는 여러 개를 선택할 때
⇕	스크롤 막대(ScrollBar)	연결된 컨트롤의 값을 넓은 범위에서 조정할 때
⇑	스핀 단추(SpinButton)	연결된 컨트롤의 값을 짧은 범위에서 조정할 때
⊔	연속 탭(TabStrip)	여러 탭으로 된 대화상자를 만들 때
⊔	다중 페이지(MultiPage)	여러 페이지로 된 대화상자를 만들 때
xyz	프레임(Frame)	다른 컨트롤을 그룹으로 묶어 둘러쌀 때
🖼	이미지(Image)	폼에 그래픽 이미지를 표시할 때
📄	RefEdit	사용자가 워크시트에서 범위를 선택할 때

CHAPTER 266 컨트롤의 이벤트 프로시저

사용자 정의 폼

폼 개체에 이벤트가 있는 것처럼 ActiveX 컨트롤에도 여러 가지 이벤트가 있습니다. 폼 코드 창에서 컨트롤에 대한 이벤트 프로시저를 작성할 수 있습니다. 폼에 추가한 컨트롤에 이벤트 프로시저를 만들지 않으면 아무런 역할도 하지 못합니다.

예제 코드

```
Private Sub cmdClose_Click( )        // cmdClose 컨트롤을 클릭했을 때 실행되는 이벤트 프로시저 //
    Unload Me                        // 폼 닫기 //
End Sub
```

폼에 명령 단추(CommandButton) 컨트롤이 추가되어 있고 컨트롤의 이름을 cmdClose로 변경한 경우 cmdClose 컨트롤을 더블클릭합니다. 이렇게 하면 폼 코드 창이 열리고 명령 단추의 기본 이벤트인 Click 이벤트에 대한 프로시저 구조가 만들어집니다. 폼에 여러 개의 컨트롤이 추가되어 있는 경우 코드 창 상단의 개체 목록에서 이벤트 프로시저를 작성할 개체(UserForm 또는 컨트롤)를 선택하고, 이벤트 목록에서 작성할 이벤트 프로시저를 선택할 수 있습니다. 이벤트 프로시저의 이름은 '개체이름_이벤트' 형태로 설정됩니다.

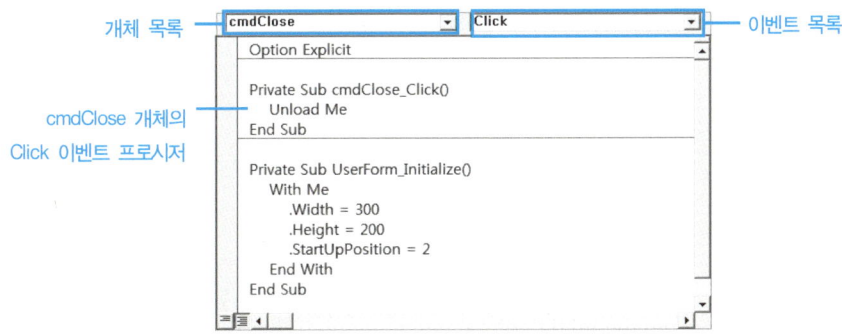

CHAPTER 267 컨트롤의 속성 설정하기

 폼을 디자인하는 과정에서 속성 창을 이용하여 컨트롤의 속성을 설정합니다. 또는 필요에 따라 코드 안에 컨트롤 속성을 변경하는 문을 포함시켜 폼이 실행되는 동안 속성이 설정되도록 할 수 있습니다. 각 컨트롤마다 고유한 속성이 있고, 다른 컨트롤과 같은 몇 가지 공통 속성이 있습니다.

폼에서 컨트롤을 선택한 다음 속성 창에서 속성을 지정합니다. 다음과 같이 3가지 유형으로 속성을 설정하는 방법을 구분할 수 있습니다.

- Caption, Width, Height 등의 속성은 해당 속성을 클릭하고 새로운 속성 값을 입력합니다.
- Enabled, Default, Locked 등의 속성은 속성 값에 ▼ 단추가 표시됩니다. 이 단추를 클릭하고 목록에서 새로운 속성 값을 선택할 수 있습니다.
- Font, Picture와 같은 속성은 ... 버튼이 표시됩니다. 이 버튼을 클릭하면 속성을 지정할 수 있는 대화상자가 표시됩니다.

대부분의 컨트롤이 포함하고 있는 공통 속성 몇 가지를 살펴보겠습니다. 어떤 속성이 어떤 역할을 하는지 자세하게 알고 싶다면 속성 창에서 해당 속성을 클릭하고 F1을 눌러 도움말을 살펴봅니다.

속성	설명
Name	컨트롤의 이름. 속성 창에는 '(이름)'으로 표시됨
Caption	컨트롤에 표시될 문자열
Font	컨트롤의 글꼴
ForeColor, BackColor	컨트롤의 전경색과 배경색
Left, Top	폼의 왼쪽/위쪽으로부터의 거리
Width, Height	컨트롤의 너비와 높이
Visible	컨트롤을 화면에 표시할 것인지의 여부(True/False)
Enable	컨트롤을 사용할 수 있는 있는지 여부(True/False)
ControlTipText	컨트롤 위에 마우스 포인터를 놓을 때 나타나는 텍스트

CHAPTER 사용자 정의 폼

268 여러 컨트롤 다루기

폼에 여러 개의 컨트롤을 추가하는 경우 컨트롤을 알맞게 배열하고, 크기를 조정하고, 일정한 기준에 따라 서로 위치를 맞추는 등의 작업이 필요합니다. 이러한 대부분의 작업은 [형식] 메뉴를 통해 이루어집니다.

폼에 있는 여러 개의 컨트롤을 한 번에 선택하려면 [Shift]를 누른 상태에서 컨트롤을 차례로 클릭합니다. 또는 폼 바탕에서 마우스 왼쪽 버튼을 누른 채 드래그하여 컨트롤들이 포함되도록 점선 사각형을 그립니다. 선택한 여러 개의 컨트롤 중에 나머지 선택 컨트롤의 기준이 되는 컨트롤을 기준 컨트롤이라고 하는데, 기준 컨트롤의 크기 조정 핸들은 하얀 핸들로 표시됩니다. 기준 컨트롤을 바꾸고 싶으면 원하는 컨트롤을 다시 클릭하면 됩니다.

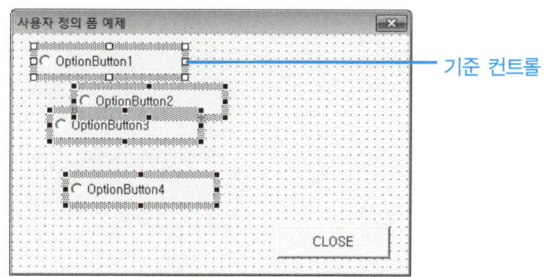

여러 개의 컨트롤을 선택한 다음 [형식]-[맞춤]-[왼쪽] 메뉴를 선택하면 기준 컨트롤의 왼쪽에 맞춰 컨트롤이 모두 재배치됩니다. 계속해서 [형식]-[수직 간격 조정]-[모두 같게] 메뉴를 선택하면 선택한 컨트롤의 수직 간격이 가장 위쪽과 가장 아래쪽의 컨트롤을 기준으로 모두 동일하게 조정됩니다. 이와 같이 [형식] 메뉴를 통해 여러 컨트롤을 제어할 수 있습니다.

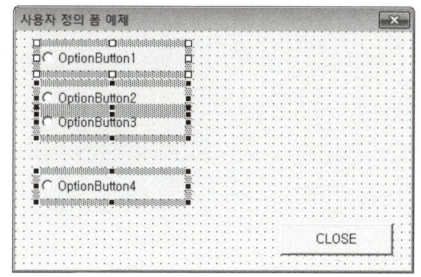  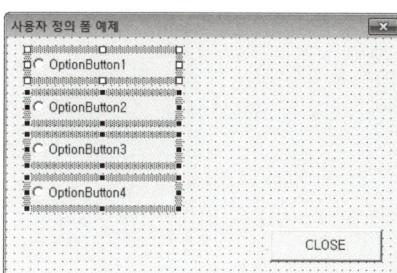

CHAPTER 269 텍스트 상자로 입력하기

 두 개의 레이블, 두 개의 텍스트 상자, 한 개의 명령 단추로 이루어진 frmSample1 폼을 이용하여 워크시트에 데이터를 입력하는 과정을 살펴봅니다. 이번 예제의 목적은 텍스트 상자의 속성을 이해하고 명령 단추로 특정 작업을 처리하는데 있습니다.

01 폼에 컨트롤 추가하고 속성 지정하기

예제 파일에 frmSample1 폼이 만들어져 있습니다. 이 폼에는 모두 5개의 컨트롤이 추가되어 있는데 각 컨트롤에는 디자인 과정에서 다음과 같이 몇 개의 속성이 설정되어 있습니다.

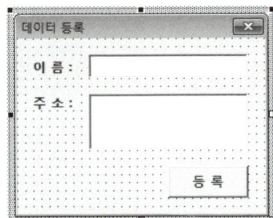

컨트롤	이름	속성 설정
레이블 1	Label1 (기본값)	Caption(이 름 :)
레이블 2	Label2 (기본값)	Caption(주 소 :)
텍스트 상자 1	txtName	IMEMode(fmIMEModeHangul)
텍스트 상자 2	txtAddress	IMEMode(fmIMEModeHangul), MultiLine(True)
명령 단추	cmdInput	Caption(등 록)

- **IMEMode 속성** : 컨트롤의 입력 시스템(IME)을 지정합니다. 여기서는 텍스트 상자에서 기본적으로 한글 입력 상태가 되도록 fmIMEModeHangul로 지정했습니다.
- **MultiLine 속성** : True로 지정하면 텍스트 상자에 여러 줄의 텍스트를 입력하고 표시할 수 있습니다. False로 지정하면 한 줄로만 입력하고 표시합니다.

02 명령 단추의 Click 이벤트 처리하기

[등 록] 단추를 클릭했을 때 텍스트 상자에 입력된 내용을 워크시트의 셀에 기록합니다. 명령 단추 컨트롤을 더블클릭하고 다음과 같이 Click 이벤트 프로시저를 작성합니다.

예제 코드

```
Private Sub cmdInput_Click( )
    Sheets("Sample1").Select
    With Cells(Rows.Count, 2).End(xlUp).Offset(1)   // B열의 마지막 입력 셀에서 1행 아래의 셀 참조 //
        .Value = txtName                             // 참조 셀에 txtName 컨트롤의 값 입력 //
        .Offset(0, 1) = txtAddress                   // 참조 셀의 오른쪽 셀에 txtAddress 컨트롤의 값 입력 //
    End With
    txtName = ""                                     // txtName, txtAddress 컨트롤의 입력 값 지우기 //
    txtAddress = ""
    txtName.SetFocus                                 // txtName 컨트롤로 포커스(커서) 이동 //
End Sub
```

03 frmSample1 폼 테스트하기

프로젝트 탐색기에서 frmSample1 개체를 더블클릭하여 폼 보기 상태가 되면 F5를 눌러 폼을 실행합니다. 두 개의 텍스트 상자에 다음과 같이 데이터를 입력하고 [등 록] 단추를 클릭하면 워크시트에 데이터가 입력되고 텍스트 상자의 내용이 지워집니다.

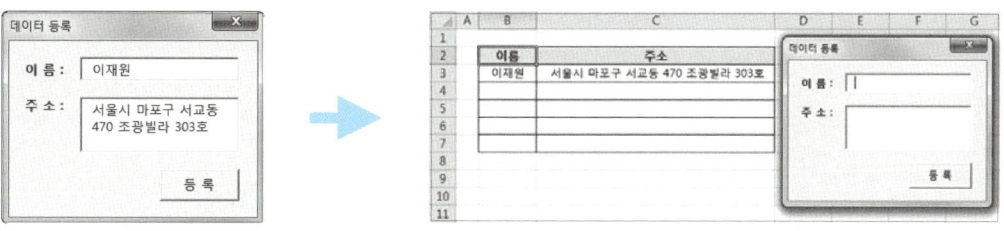

- **SetFocus 메서드** : 포커스를 특정 컨트롤로 이동합니다. 포커스란 마우스 누르기나 키보드 입력을 받을 수 있는 상태를 의미합니다. 여기서는 새로운 데이터를 입력하기 위해 txtName 텍스트 상자로 포커스를 이동했습니다. 텍스트 상자이기 때문에 포커스를 받게 되면 커서가 나타납니다.

CHAPTER **사용자 정의 폼**

270 텍스트 상자의 유효성 검사

텍스트 상자는 사용자로부터 데이터를 입력받기 위한 용도로 사용됩니다. 텍스트 상자에 데이터를 입력할 때 값의 범위를 지정하거나 입력 가능한 문자를 제한하는 등 유효한 데이터가 입력되었는지 검사하는 과정이 필요할 수 있습니다. 이를 위해 KeyPress 이벤트를 이용합니다.

01 컨트롤 속성 지정하기

frmSample2 폼은 3개의 텍스트 상자와 한 개의 명령 단추 컨트롤을 포함하고 있습니다. 텍스트 상자는 모두 TextAlign 속성이 frmTextAlignCenter로 설정되어 있고, 금액을 표시할 텍스트 상자는 특별히 Enabled 속성이 False로 설정되어 있습니다.

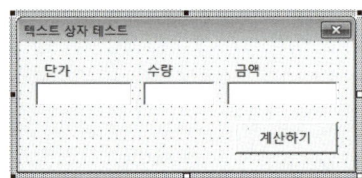

- **TextAligh 속성** : 컨트롤에서 텍스트를 맞추는 방법을 지정합니다. frmTextAlignLeft(1), frmTextAlignCenter(2), frmTextAlignRight(3) 중 하나로 지정합니다.
- **Enabled 속성** : 컨트롤이 포커스를 받고 이벤트에 반응할 수 있는지 여부를 True 또는 False로 지정합니다. 기본값인 True는 사용 가능한 상태를 의미합니다. False로 지정하면 사용자가 컨트롤과 상호 작용할 수 없게 됩니다. 또한 컨트롤을 사용할 수 없게 되면 컨트롤이 흐리게 표시됩니다.

02 텍스트 상자의 KeyPress 이벤트 처리하기

KeyPress 이벤트는 텍스트 상자에 키를 입력할 때 발생합니다. 사용자가 입력한 키는 KeyAscii 인수로 이벤트 프로시저에 전달됩니다. 단가와 수량을 입력할 텍스트 상자에 숫자(0~9)만 입력할 수 있도록 KeyPress 이벤트 프로시저를 다음과 같이 작성합니다. KeyAscii 값이 Asc(0)보다 작거나 Asc(9)보다 크면 즉, 숫자 0~9 이외의 키가 입력될 경우 KeyAscii 값을 0으로 만들어 입력을 취소합니다.

예제 코드

```
Private Sub txtNum1_KeyPress(ByVal KeyAscii As MSForms.ReturnInteger)
    If KeyAscii < Asc(0) Or KeyAscii > Asc(9) Then KeyAscii = 0
End Sub


Private Sub txtNum2_KeyPress(ByVal KeyAscii As MSForms.ReturnInteger)
    If KeyAscii < Asc(0) Or KeyAscii > Asc(9) Then KeyAscii = 0
End Sub
```

03 명령 단추의 Click 이벤트

명령 단추 컨트롤의 이름은 cmdCalc입니다. cmdCalc 컨트롤을 클릭하면 txtNum1과 txtNum2를 서로 곱한 값에 Format 함수로 서식을 지정하여 txtPrice 컨트롤에 표시합니다. 이를 처리하는 Click 이벤트 프로시저는 다음과 같습니다.

예제 코드

```
Private Sub cmdCalc_Click( )
    txtPrice = Format(txtNum1 * txtNum2, "#,##0")
End Sub
```

04 frmSample2 폼 테스트하기

frmSample2 폼을 실행한 다음 단가와 수량 텍스트 상자에 숫자를 입력합니다. 숫자가 아닌 다른 키를 누르면 입력이 취소됩니다. 단가와 수량을 모두 입력하고 [계산하기] 단추를 클릭하면 금액 텍스트 상자에 단가와 수량을 곱한 값이 표시됩니다.

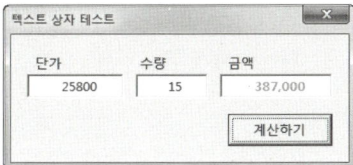

CHAPTER 271 텍스트 상자의 서식 지정하기

 텍스트 상자에 숫자를 입력할 때 자동으로 천 단위 구분 기호(,)를 삽입한다거나 통화 기호 등이 나타난다면 입력 작업에 도움이 될 것입니다. 텍스트 상자가 변경될 때마다 발생하는 Change 이벤트를 사용하면 이 작업을 구현할 수 있습니다.

frmSample2 폼에 추가되어 있는 txtNum1 컨트롤과 txtNum2 컨트롤의 Change 이벤트 프로시저를 다음과 같이 작성합니다. Change 이벤트는 텍스트 상자의 텍스트가 변경될 때 발생합니다.

예제 코드

```
Private Sub txtNum1_Change( )

    txtNum1 = Format(txtNum1, "#,##0")

End Sub


Private Sub txtNum2_Change( )

    txtNum2 = Format(txtNum2, "#,##0")

End Sub
```

실행 결과

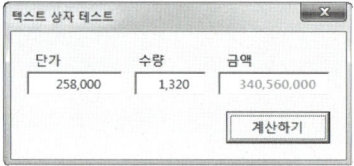

※ Change 이벤트 프로시저 : txtNum1, txtNum2 텍스트 상자의 값이 변경될 때 Format 함수로 숫자에 서식을 지정해 표시합니다.

CHAPTER 272 텍스트 상자로 암호 입력하기

암호를 입력해야 하는 가장 대표적인 경우는 로그인 대화상자를 만들 때입니다. 텍스트 상자는 암호 입력을 도와주는 PasswordChar 속성이 있습니다. 이 속성에서 사용자가 암호를 입력할 때 실제 누른 키 대신 표시될 문자를 지정합니다.

frmSample3 폼의 명령 단추 컨트롤(cmdLogin)의 Click 이벤트 프로시저를 다음과 같이 작성합니다. txtPW 컨트롤은 암호를 입력할 텍스트 상자로 PasswordChart 속성이 '*'로 지정되어 있습니다.

예제 코드

```
Private Sub cmdLogin_Click( )
    If txtPW = "loginpw" Then          // txtPW에 입력된 값이 loginpw와 같으면 폼을 닫고 메시지 표시 //
        Unload Me
        MsgBox "성공적으로 로그인되었습니다!"
    Else                                // 암호가 틀릴 경우 삑 소리를 내고
        Beep                            txtPW 컨트롤에 입력된 값을 지운 다음 포커스 이동 //
        txtPW = ""
        txtPW.SetFocus
    End If
End Sub
```

실행 결과

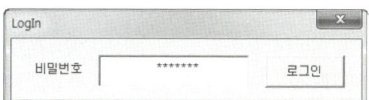

※ txtPW 텍스트 상자의 PasswordChar 속성을 '*'를 지정하여 실제 입력한 문자 대신 * 문자가 표시되도록 합니다.

CHAPTER 사용자 정의 폼

273 확인란 컨트롤 사용하기

확인란(CheckBox) 컨트롤은 Yes/No, True/False, On/Off 등 두 가지 값 중 하나를 선택할 때 사용합니다. 확인란 컨트롤을 클릭하여 체크 표시가 나타난 상태는 True, 그렇지 않은 상태는 False를 의미합니다.

frmSample4 폼은 앞에서 이미 다루었던 frmSample2 폼에 확인란 컨트롤만 추가한 것입니다. 다른 컨트롤에 대한 이벤트 프로시저는 frmSample2 폼의 컨트롤과 완전히 같고, cmdCalc 명령 단추 컨트롤의 Click 이벤트 프로시저만 일부 수정합니다. 확인란 컨트롤(chkSale)을 선택하면 확인란 컨트롤의 값이 True가 됩니다. 이를 이용하여 확인란을 선택했을 때 금액의 90%가 계산 결과로 표시되게 합니다.

예제 코드

```
Private Sub cmdCalc_Click( )
    Dim lngPrice As Long
    lngPrice = txtNum1 * txtNum2          // 단가(txtNum1)와 수량(txtNum2)을 곱한 값 계산 //

    If chkSale Then lngPrice = lngPrice * 0.9    // 확인란(chkSale)이 True이면 lngPrice의 90%로 다시 계산 //

    txtPrice = Format(lngPrice, "#,##0")  // txtPrice에 lngPrice의 값을 서식을 지정하여 표시 //
End Sub
```

실행 결과

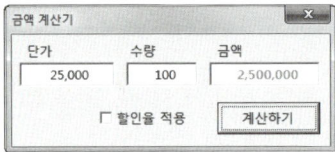

확인란을 선택하지 않은 경우

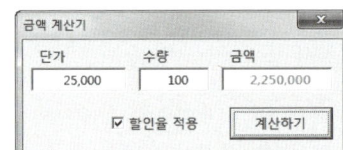

확인란을 선택한 경우

CHAPTER 274 옵션 단추 컨트롤 사용하기

옵션 단추(OptionButton) 컨트롤은 여러 개의 선택 항목 중 단 하나만 선택해야 할 때 사용되는 컨트롤입니다. 선택 항목이 3~4개 이하일 때 유용합니다. 여러 개의 옵션 단추 중 하나를 클릭하여 선택하면 그 값이 True가 되고 나머지 옵션 단추의 값은 모두 False가 됩니다.

frmSample5 폼은 세 개의 옵션 단추 컨트롤과 한 개의 명령 단추 컨트롤로 구성되어 있습니다. 옵션 단추의 이름은 각각 optKim, optLee, optPark이고, 명령 단추의 이름은 cmdSearch입니다. optKim 옵션 단추의 Value 속성을 True로 설정하여 폼이 처음 실행될 때 세 개의 옵션 단추 중 첫 번째 옵션 단추가 선택 상태로 나타납니다.

명령 단추 컨트롤(cmdSearch)의 Click 이벤트 프로시저를 다음과 같이 작성합니다. 어떤 옵션 단추가 선택 상태(True)인지를 확인하여 strKey 변수에 검색 조건으로 사용할 문자열을 지정합니다. 그런 다음 'Sample2' 시트에서 strKey 변수의 값으로 자동 필터(AutoFilter)를 수행하는 코드입니다.

예제 코드

```
Private Sub cmdSearch_Click( )
    Dim strKey As String
    If optKim Then strKey = "Kim"      // 옵션 단추가 선택 상태일 때 strKey에 문자열 지정 //
    If optLee Then strKey = "Lee"
    If optPark Then strKey = "Park"

    Sheets("Sample2").Select
    Range("B2").AutoFilter Field:=8, Criteria1:=strKey    // 8번 필드의 값이 strKey와 같은 데이터 필터링 //
End Sub
```

폼을 실행한 다음 세 개의 옵션 단추 컨트롤 중 하나를 선택하고 [검색] 단추를 클릭하면 다음과 같이 담당직원이 선택한 옵션 단추를 조건으로 필터링 됩니다. 옵션 단추는 특성상 여러 개 중 단 하나만 선택할 수 있습니다. 다른 옵션 단추를 클릭하면 나머지 옵션 단추의 선택이 모두 해제됩니다.

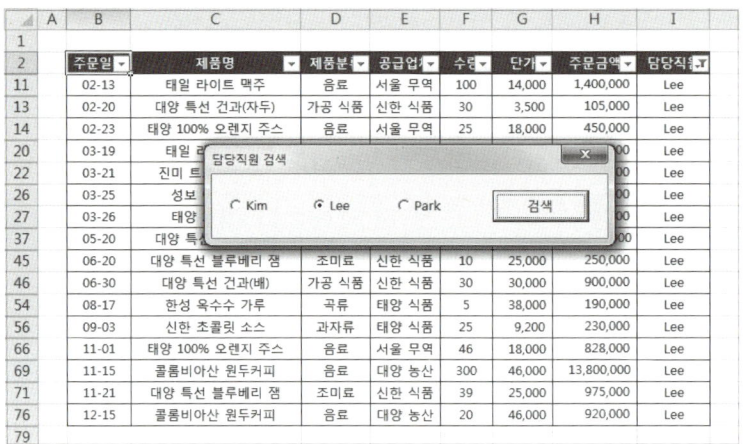

폼을 닫을 때, 즉 [닫기] 단추를 클릭했을 때 워크시트에 적용된 자동 필터(AutoFilter)를 해제하기 위하여 UserForm 개체의 Terminate 이벤트 프로시저를 다음과 같이 작성합니다. Terminate 이벤트는 폼을 닫은 다음에 발생합니다. 현재 시트의 AutoFilterMode 속성이 True이면 현재 시트에 자동 필터가 설정되어 있는 것이므로, AutoFilter 메서드에 어떤 매개 변수도 지정하지 않아 자동 필터를 해제하는 역할을 하게 합니다.

예제 코드

```
Private Sub UserForm_Terminate( )
    If ActiveSheet.AutoFilterMode Then Range("B2").AutoFilter
End Sub
```

 참고

- 일반적으로 옵션 단추는 프레임(Frame) 컨트롤을 사용하여 하나의 그룹으로 묶어 줍니다. 프레임으로 묶인 그룹에 있는 여러 개의 옵션 단추 중 하나만 선택할 수 있습니다.
- 프레임을 사용하지 않은 경우 폼에 있는 모든 옵션 단추는 같은 그룹이라고 볼 수 있습니다.

CHAPTER 사용자 정의 폼

275 옵션 단추 그룹

하나의 폼에서 서로 다른 목적으로 사용하는 두 종류의 옵션 단추들이 존재할 경우 목적에 따라 옵션 단추들을 각각 다른 그룹으로 구분해야 합니다. 이때 사용하는 컨트롤이 프레임(Frame) 컨트롤입니다. 같은 프레임에 들어 있는 옵션 단추들은 다른 프레임에 있는 옵션 단추들과 구분됩니다.

frmSample6 폼은 두 개의 프레임(Frame) 컨트롤을 사용하여 옵션 단추들을 각각의 그룹으로 묶은 형태입니다. 첫 번째 프레임(Frame1)에는 옵션 단추가 4개, 두 번째 프레임(Frame2)에는 옵션 단추가 3개 포함되어 있습니다. 프레임 컨트롤의 좌측 상단에 표시되는 제목은 Caption 속성을 통해 지정합니다.

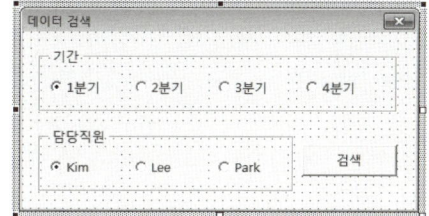

cmdSearch 명령 단추 컨트롤의 Click 이벤트 프로시저를 다음과 같이 작성합니다.

예제 코드

```
Private Sub cmdSearch_Click( )
    Dim intKey As Integer, strKey As String
    Sheets("Sample2").Select

    For intKey = 0 To 3                    // Frame1의 컨트롤이 True이면 intKey 값을 설정하고 순환문 강제 종료 //
        If Frame1.Controls(intKey) Then intKey = 17 + intKey: Exit For
    Next
    Range("B2").AutoFilter 1, intKey, xlFilterDynamic       // 1번 필드에 대해 intKey 값으로 자동 필터 //

    If optKim Then strKey = "Kim"          // 옵션 단추 선택 상태로 strKey에 문자열 지정 //
    If optLee Then strKey = "Lee"
    If optPark Then strKey = "Park"
    Range("B2").AutoFilter Field:=8, Criteria1:=strKey      // 8번 필드에 대해 strKey 값으로 자동 필터 //
End Sub
```

옵션 단추 그룹이 2개이므로 각각에 대한 프로그래밍이 필요합니다. 첫 번째 그룹은 선택한 기간(분기)에 따라 자동 필터의 조건을 조정해야 합니다. 프레임 안의 컨트롤들을 참조할 때 '0'부터 시작하는 인덱스 번호를 이용합니다. 'Frame1.Controls(0)'은 Frame1 프레임 컨트롤의 첫 번째 컨트롤(옵션 단추)을 의미합니다. Frame1의 세 번째 옵션 단추가 True인 경우 다음 코드는 intKey가 '2'일 때 intKey의 값을 17+2로 계산한 후 For...Next 문을 빠져 나가게 됩니다.

```
For intKey = 0 To 3
    If Frame1.Controls(intKey) Then intKey = 17 + intKey: Exit For
Next
```

자동 필터의 종류가 xlFilterDynamic일 때 조건을 xlFilterAllDatesInPeriodQuarter1~4로 지정하여 1분기, 2분기, 3분기, 4분기 날짜 데이터를 필터링할 수 있는데 이에 대한 숫자 값이 17~20입니다. 세 번째 옵션 단추가 True여서 intKey 변수가 '17+2' 즉, '19'로 계산되었다면 다음 코드는 xlFilterAllDatesInPeriodQuarter3으로 자동 필터의 조건을 지정한 것과 같은 의미가 됩니다. 즉, 1번 필드(주문일자)의 값이 3분기에 해당되는 데이터만 필터링합니다.

```
Range("B2").AutoFilter 1, intKey, xlFilterDynamic
```

두 번째 그룹(담당자)의 옵션 단추에 대해서는 개수가 적어 각각 If 문을 사용하여 strKey 값을 정하고, strKey 값을 조건으로 8번 필드에 대한 자동 필터를 수행합니다. 결국 두 개의 자동 필터를 통해 주문일자와 담당직원으로 데이터가 필터링 됩니다. 실행 결과는 다음과 같습니다.

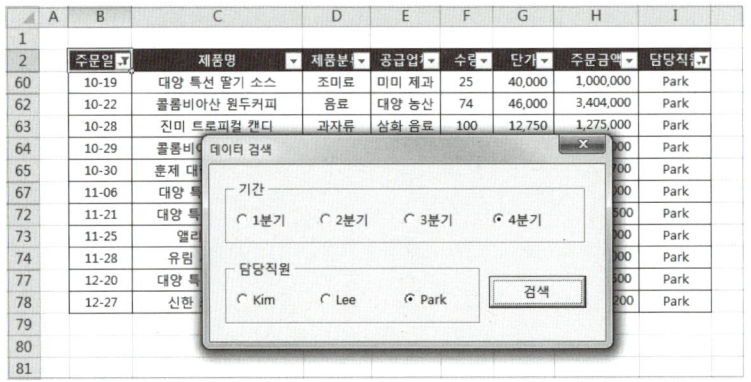

CHAPTER 사용자 정의 폼

276 스크롤 막대 컨트롤

스크롤 막대(ScrollBar) 컨트롤은 두 개의 화살표 중 하나를 클릭하거나, 화살표 사이에 있는 막대를 드래그하거나, 또는 화살표와 막대 사이의 공간을 클릭하는 방법으로 컨트롤 값을 선택할 때 사용합니다. 크기 조절 핸들로 수평 또는 수직 방향의 스크롤 막대를 폼에 추가할 수 있습니다.

frmSample7 폼에는 스크롤 막대와 레이블 컨트롤이 포함되어 있습니다. 스크롤 막대에는 Min(10), Max(400), SmallChange(5), LargeChange(20) 속성이 설정되어 있습니다.

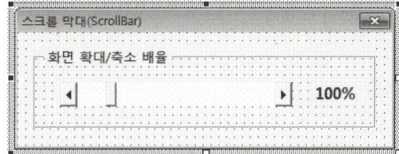

- **Min, Max 속성** : 스크롤 막대의 최소 값과 최대 값을 지정합니다.
- **SmallChange 속성** : 스크롤 화살표를 클릭했을 때 변화하는 값의 크기입니다.
- **LargeChange 속성** : 스크롤 상자와 화살표 사이를 클릭했을 때 변화하는 값의 크기입니다.

먼저 폼이 표시되기 전에 실행되는 UserForm의 Initialize 이벤트 프로시저를 작성합니다.

예제 코드

```
Private Sub UserForm_Initialize( )
    scrollZoom = ActiveWindow.Zoom          // 스크롤 막대의 값을 현재 창의 확대 배율로 설정 //
    labelZoom.Caption = scrollZoom & "%"    // 레이블에 스크롤 막대의 값과 % 기호 표시 //
End Sub
```

다음으로 스크롤 막대의 Change 이벤트 프로시저를 작성합니다. 스크롤 막대의 값이 변경될 때마다 현재 창의 확대 배율을 변경하고, 레이블에 변경된 확대/축소 배율을 표시합니다.

예제 코드

```
Private Sub scrollZoom_Change( )
    ActiveWindow.Zoom = scrollZoom          // 현재 창의 확대 배율을 스크롤 막대의 값으로 설정 //
    labelZoom.Caption = scrollZoom & "%"    // 레이블에 스크롤 막대의 값과 % 기호 표시 //
End Sub
```

CHAPTER 사용자 정의 폼

277 스핀 단추 컨트롤

 스핀 단추(SpinButton) 컨트롤은 화살표를 클릭하여 값을 증가시키거나 감소시킵니다. 스크롤 막대와 매우 유사한 컨트롤입니다. 여기서는 1~56까지 범위의 값을 스핀 단추 컨트롤로 조정하면서 선택 범위의 채우기 색을 변경하는 폼을 살펴봅니다.

frmSample8 폼의 스핀 단추 컨트롤에는 스크롤 범위를 위해 Min(1), Max(56), SmallChange(1)로 속성이 설정되어 있습니다. 스크롤 단추가 변경될 때마다 스크롤 단추의 값이 텍스트 상자에 표시됩니다. 이를 위해 다음과 같이 두 개의 이벤트 프로시저가 필요합니다.

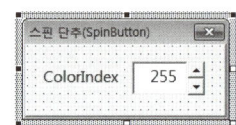

예제 코드

```
Private Sub UserForm_Initialize( )        // 폼이 표시되기 전에 실행 //
    On Error Resume Next                  // 에러 무시(현재 셀이 채우기 없음일 때 에러 발생) //
    spinColor = ActiveCell.Interior.ColorIndex   // 스핀 단추의 값을 현재 셀의 채우기 색 번호로 지정 //
    txtColor = spinColor                  // 텍스트 상자에 스핀 단추의 값 입력 //
End Sub


Private Sub spinColor_Change( )           // 스핀 단추가 변경될 때 실행 //
    txtColor = spinColor                  // 텍스트 상자에 스핀 단추의 값 입력 //
    Selection.Interior.ColorIndex = spinColor   // 선택 영역의 채우기 색 번호를 스핀 단추의 값으로 지정 //
End Sub
```

폼을 실행하고 스핀 단추를 클릭하면 텍스트 상자에 스핀 단추의 값이 그대로 표시 됩니다 또 스핀 단추의 값으로 선택 영역의 채우기 색이 변경됩니다.

CHAPTER 사용자 정의 폼

278 스핀 단추와 연결된 텍스트 상자

frmSample8 폼에서 텍스트 상자는 스핀 단추의 값이 변경될 때마다 그 값을 표시하는 역할을 합니다. 그런데 텍스트 상자는 직접 입력이 가능한 컨트롤입니다. 텍스트 상자에 직접 값을 입력할 때 스핀 단추도 함께 값이 변경되어야 하는데, 이때 발생하는 문제를 처리해 봅니다.

frmSample8 폼의 텍스트 상자 컨트롤(txtColor)에 직접 값을 입력할 때 이 값이 스핀 단추 컨트롤(spinColor)에도 영향을 주어야 합니다. 스핀 단추는 1~56까지 범위의 값만 허용하므로 텍스트 상자도 똑같이 1~56까지 숫자만 입력할 수 있도록 해야 합니다.

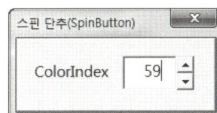

텍스트 상자 컨트롤에 값을 입력한 후 Enter 를 누르거나 다른 컨트롤을 클릭하여 이동할 때 즉, 텍스트 상자가 포커스를 잃게 될 때 Exit 이벤트가 발생합니다. 텍스트 상자의 Exit 이벤트 프로시저에서 텍스트 상자에 입력된 값을 검사하여 조치를 취해야 합니다.

예제 코드

```
Private Sub txtColor_Exit(ByVal Cancel As MSForms.ReturnBoolean)
    If Not IsNumeric(txtColor) Then        // 텍스트 상자의 값이 숫자가 아니면 스핀 단추 값으로 변경 //
        txtColor = spinColor
    ElseIf txtColor > spinColor.Max Then   // 스핀 단추의 최댓값보다 크면 //
        txtColor = spinColor.Max           // 텍스트 상자와 스핀 단추를 스핀 단추의 최댓값으로 변경 //
        spinColor = spinColor.Max
    ElseIf txtColor < spinColor.Min Then   // 스핀 단추의 최솟값보다 작으면 //
        txtColor = spinColor.Min           // 텍스트 상자와 스핀 단추를 스핀 단추의 최솟값으로 변경 //
        spinColor = spinColor.Min
    Else
        spinColor = txtColor               // 바른 입력이면 스핀 단추를 텍스트 상자의 값으로 변경 //
    End If
    Selection.Interior.ColorIndex = spinColor   // 선택 영역의 채우기 색 번호를 스핀 단추의 값으로 설정 //
End Sub
```

CHAPTER 사용자 정의 폼

279 RefEdit 컨트롤 사용하기

사용자 정의 폼에서 워크시트의 셀 범위를 마우스로 드래그하여 선택할 때 RefEdit 컨트롤을 사용합니다. 여기서는 RefEdit 컨트롤로 셀 범위를 지정한 다음 해당 범위에 채우기 색을 설정하는 간단한 예제를 통해 RefEdit 컨트롤의 기본적인 사용 방법에 대해 살펴봅니다.

frmSample9 폼은 셀 범위를 지정하기 위한 RefEdit 컨트롤과 선택 범위의 채우기 색을 변경하기 위한 명령 단추 컨트롤이 포함되어 있습니다. 명령 단추 컨트롤(cmdRun)의 Click 이벤트 프로시저를 다음과 같이 작성합니다.

예제 코드

```
Private Sub cmdRun_Click( )
    Dim rngData As Range
    On Error Resume Next                        // Set 문에서 에러가 발생하면 무시함 //
    Set rngData = Range(refRange.Text)          // refRange 컨트롤의 텍스트로 rngData 변수에 범위 할당 //
    If Err.Number <> 0 Then                     // 에러가 발생한 경우 컨트롤을 비우고 포커스 이동 후 프로시저 종료 //
        refRange = "": refRange.SetFocus: Exit Sub
    End If
    On Error GoTo 0                             // 에러 처리를 원래대로 되돌림 //
    rngData.Interior.ColorIndex = 6             // rngData 범위의 채우기 색 설정 //
End Sub
```

실행 결과

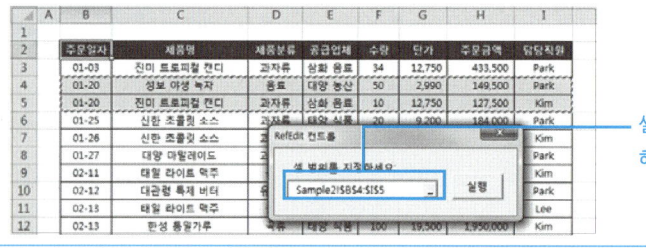

셀 범위를 지정하고 [실행]을 클릭했을 때 해당 범위에 채우기 색 설정

CHAPTER 사용자 정의 폼

280 RefEdit 컨트롤로 난수 입력하기

frmSample10 폼에서 RefEdit 컨트롤(refRange)로 셀 범위를 지정하고, 두 개의 텍스트 상자 컨트롤(txtStart, txtEnd)을 통해 숫자 범위를 지정한 다음 [난수 입력하기] 단추를 클릭하면 선택 범위에 지정한 범위의 난수를 발생시켜 입력하는 폼입니다.

예제 코드

```
Private Sub cmdRandom_Click( )                  // 명령 단추를 클릭했을 때 실행 //
    Dim rngData As Range, rngCell As Range
    On Error GoTo Err_Line                      // 범위를 지정하지 않았거나 숫자를 잘못 입력했을 때 Err_Line으로 이동 //
    Set rngData = Range(refRange.Text)          // refRange 컨트롤에서 지정한 셀 범위 할당 //
    For Each rngCell In rngData                 // rngData 범위의 각 셀에 난수를 발생하여 입력 //
        rngCell = WorksheetFunction.RandBetween(txtStart, txtEnd)
    Next
    Exit Sub                                    // 아래 메시지가 나타나지 않도록 프로시저 종료 //
Err_Line:                                       // 에러가 발생한 경우 메시지 표시 //
    MsgBox "셀 범위 또는 값의 범위를 확인하고 다시 시도하십시오."
End Sub
```

실행 결과

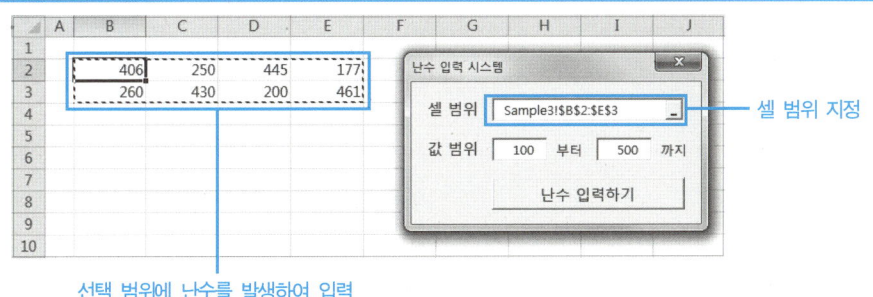

선택 범위에 난수를 발생하여 입력

셀 범위 지정

CHAPTER 사용자 정의 폼

281 이미지 컨트롤 사용하기

이미지(Image) 컨트롤은 폼에 이미지를 삽입할 때 사용합니다. 이미지 컨트롤의 Picture 속성에 LoadPicture 함수로 표시할 이미지 파일을 지정하고, PictureSizeMode 속성에 이미지를 표시하는 방법을 지정합니다. 세 개의 이미지 컨트롤이 포함된 frmSample11 폼에서 작업합니다.

예제 코드

```
Private Sub UserForm_Initialize( )
    Dim strImage As String
    strImage = ThisWorkbook.Path & "₩Penguins.jpg"    // 이미지 파일의 경로와 파일명 //
    Image1.Picture = LoadPicture(strImage)            // Image1 컨트롤에 이미지 및 표시 방법 설정 //
    Image1.PictureSizeMode = fmPictureSizeModeClip
    Image2.Picture = LoadPicture(strImage)            // Image2 컨트롤에 이미지 및 표시 방법 설정 //
    Image2.PictureSizeMode = fmPictureSizeModeStretch
    Image3.Picture = LoadPicture(strImage)            // Image3 컨트롤에 이미지 및 표시 방법 설정 //
    Image3.PictureSizeMode = fmPictureSizeModeZoom
End Sub
```

실행 결과

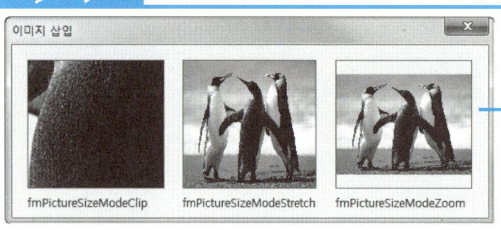

이미지 컨트롤에 같은 이미지를 지정하고(Picture 속성)
세 가지의 다른 방법으로 표시(PictureSizeMode 속성)

※ Image.Picture = LoadPicture(파일의 전체 경로) : 이미지 컨트롤에 표시할 이미지 파일을 지정합니다.
※ Image.PictureSizeMode 속성 : 이미지 컨트롤에 이미지를 표시하는 방법을 지정합니다.
  - fmPictureSizeModeClip : 이미지가 컨트롤보다 크면 잘라냄(기본값)
  - fmPictureSizeModeStretch : 컨트롤 크기에 맞춰 이미지 확대. 원래 가로/세로 비율이 무시됨
  - fmPictureSizeModeZoom : 컨트롤 크기에 맞춰 이미지 확대. 원래 가로/세로 비율을 유지함

CHAPTER 282 이미지의 표시 위치 지정하기

이미지(Image) 컨트롤의 PictureAlignment 속성은 이미지 컨트롤의 어디에 맞춰 이미지를 표시할 것인지를 지정합니다. frmSample12 폼에서 옵션 단추를 이용하여 이미지 표시 위치를 조정해보겠습니다.

frmSample12 폼의 첫 번째 옵션 단추(opt0)를 더블클릭하고 다음과 같이 Click 이벤트 프로시저를 작성합니다. 이 프로시저는 Image1 컨트롤에 설정되어 있는 이미지의 표시 위치를 왼쪽 위 모서리(fmPictureAlignmentTopLeft)에 맞춥니다.

예제 코드

```
Private Sub opt0_Click( )
    Image1.PictureAlignment = fmPictureAlignmentTopLeft
End Sub
```

나머지 4개의 옵션 단추도 같은 형식의 Click 이벤트 프로시저를 작성합니다. 차례대로 이미지 표시 위치를 fmPictureAlignmentTopRight(오른쪽 위 모서리), fmPictureAlignmentCenter(가운데), fmPictureAlignmentBottomLeft(왼쪽 아래 모서리), fmPictureAlignmentBottomRight(오른쪽 아래 모서리)로 지정해야 합니다.

실행 결과

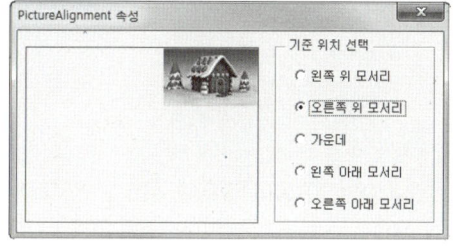
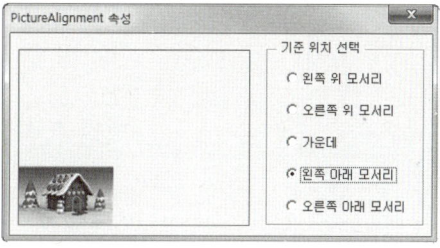

※ 이미지 컨트롤의 PictureSizeMode 속성이 fmSizeModeStretch로 설정되어 있으면 PictureAlignment 속성은 무시됩니다.

CHAPTER 사용자 정의 폼

283 이미지의 바둑판식 배열

이미지(Image) 컨트롤의 PictureTiling 속성은 컨트롤 크기보다 작은 이미지를 표시할 때 이미지를 바둑판식으로 배열할 것인지 여부를 지정합니다. 기본값은 False로 바둑판식으로 배열하지 않습니다. 이 속성에 True를 지정하면 이미지가 바둑판식으로 배열됩니다.

frmSample13 폼의 확인란 컨트롤(checkTiling)에 대해 Click 이벤트 프로시저를 다음과 같이 작성합니다. 확인란 컨트롤의 선택 상태에 따라 바둑판식 배열 여부를 결정합니다.

예제 코드

```
Private Sub checkTiling_Click( )
    If checkTiling Then
        Image1.PictureTiling = True        // 확인란이 선택 상태이면 이미지를 바둑판식으로 배열 //
    Else
        Image1.PictureTiling = False       // 확인란이 선택 상태가 아니면 바둑판식 배열 해제 //
    End If
End Sub
```

실행 결과

※ PictureAlignment 속성이 fmPictureAlignmentTopLeft로 설정되어 있으면 컨트롤의 왼쪽 위에서 이미지가 반복되어 바둑판식 배열을 시작합니다.

※ PictureSizeMode 속성이 fmSizeModeClip으로 설정되어 있으면 마지막 그림이 컨트롤과 꼭 들어맞지 않을 때 맞지 않는 부분을 잘라냅니다.

CHAPTER 284 폼에 차트 나타내기

사용자 정의 폼

폼에 이미지 컨트롤을 배치하여 워크시트에 있는 차트를 표시하려면 먼저 Chart.Export 메서드로 차트를 그래픽 파일로 내보낸 후, 해당 파일을 이미지 컨트롤의 Picture 속성에 LoadPicture 함수를 사용하여 지정합니다.

frmSample14 폼의 Initialize 이벤트 프로시저를 다음과 같이 작성하고 폼을 실행하면 Sample3 시트에 있는 차트가 폼의 이미지 컨트롤에 표시됩니다. 이미지 컨트롤의 PictureSizeMode 속성은 fmPictureSizeModeClip으로 지정했습니다.

예제 코드

```
Private Sub UserForm_Initialize( )
    Dim chartSales As Chart, strFile As String
    Set chartSales = Sheets("Sample3").ChartObjects(1).Chart       // 차트 개체 할당 //
    strFile = ThisWorkbook.Path & "\Chart.gif"                      // 차트를 저장할 파일명 //
    chartSales.Export Filename:=strFile, FilterName:="GIF"          // 차트를 strFile로 내보내기 //
    Image1.Picture = LoadPicture(strFile)                           // 이미지 컨트롤에 차트 파일 지정 //
End Sub
```

실행 결과

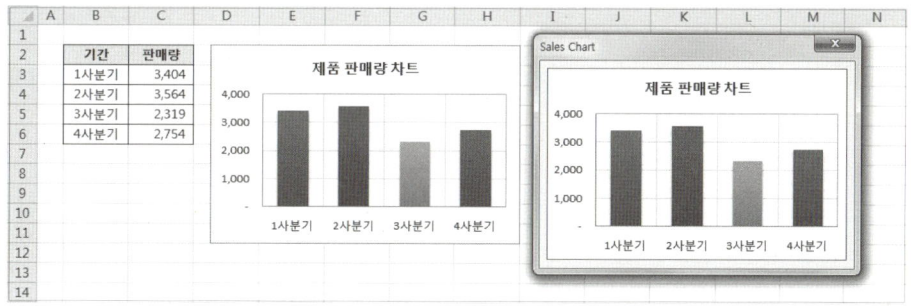

※ Chart.Export(Filename, FilterName) 속성 : 지정한 차트 개체를 그래픽 형식의 파일로 내보냅니다. 내보낼 파일 이름(필수)과 그래픽 필터의 이름(생략 가능)을 지정합니다.

CHAPTER 285 선택한 기간의 차트 나타내기

옵션 단추 컨트롤을 사용하여 1사분기~4사분기 중 하나의 기간을 선택하면 선택한 기간에 대한 차트를 폼의 이미지 컨트롤에 표시합니다. 폼이 맨 처음 표시될 때와 옵션 단추를 클릭했을 때 차트를 그래픽으로 내보낸 후 이미지 컨트롤로 가져오는 과정이 반복됩니다.

Sample4 시트는 [B9] 셀에서 선택한 기간을 기준으로 5개 제품의 매출을 원형 차트로 나타냅니다. [C9:G9]에는 [B9] 셀의 값을 기준으로 매출 데이터를 가져오는 수식이 입력되어 있습니다.

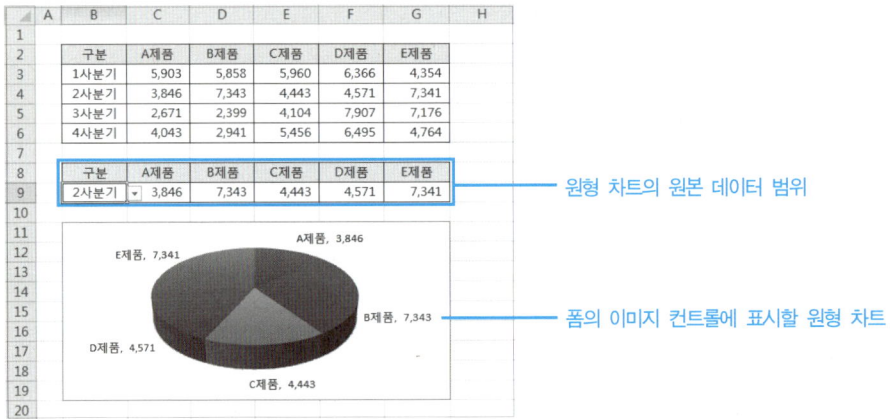

ChartRefresh 프로시저는 Sample4 시트의 차트를 그래픽 파일로 내보낸 후 이미지 컨트롤의 Picture 속성에 해당 파일을 지정하는 역할을 합니다.

예제 코드

```vba
Sub ChartRefresh( )
    Dim chartSales As Chart, strFile As String
    Set chartSales = Sheets("Sample4").ChartObjects(1).Chart
    strFile = ThisWorkbook.Path & "\Chart.gif"
    chartSales.Export Filename:=strFile, FilterName:="GIF"    // 차트를 strFile로 내보내기 //
    Image1.Picture = LoadPicture(strFile)                      // 이미지 컨트롤에 차트 파일 지정 //
End Sub
```

다음은 frmSample15 폼의 Initialize 이벤트 프로시저로, Sample4 시트의 [B9] 셀에 선택되어 있는 기간에 따라 옵션 단추 컨트롤의 값을 결정하고 ChartRefresh 프로시저를 호출합니다.

예제 코드

```
Private Sub UserForm_Initialize( )
    Select Case Left(Range("B9"), 1)    // [B9] 셀의 왼쪽 1문자에 따라 옵션 단추의 값(True/False) 지정 //
        Case 1: opt1 = True
        Case 2: opt2 = True
        Case 3: opt3 = True
        Case 4: opt4 = True
    End Select
    Call ChartRefresh                    //차트를 이미지 컨트롤에 표시하는 프로시저 호출//
End Sub
```

옵션 단추 컨트롤의 Click 이벤트 프로시저를 다음과 같이 작성합니다. [B9] 셀에 클릭한 옵션 단추 컨트롤의 Caption을 그대로 입력하여 워크시트에 있는 차트를 다시 그리고, ChartRefresh 프로시저를 호출하는 것입니다. opt1, opt2, opt3, opt4의 Click 이벤트 프로시저는 모두 같은 형식입니다.

예제 코드

```
Private Sub opt1_Click( )
    Range("B9") = opt1.Caption          // [B9] 셀에 옵션 단추의 Caption 입력(차트가 다시 그려짐) //
    Call ChartRefresh                    // 차트를 이미지 컨트롤에 표시하는 프로시저 호출 //
End Sub
```

실행 결과

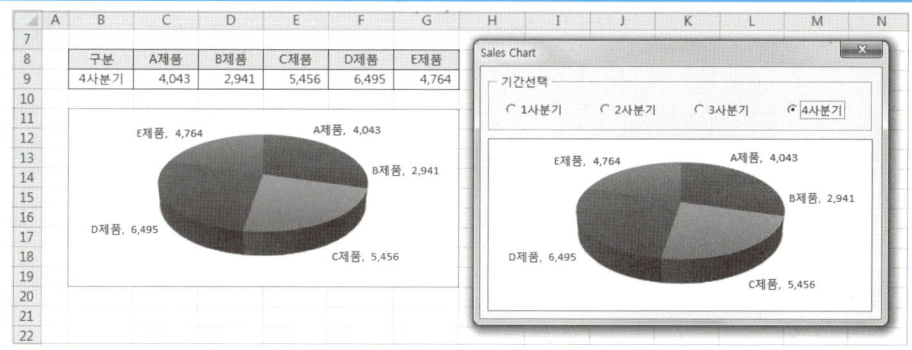

CHAPTER 286 콤보 상자 컨트롤 사용하기

콤보 상자(ComboBox) 컨트롤은 여러 개의 항목 중 하나를 선택할 때 사용합니다. 콤보 상자는 텍스트 상자와 목록 상자가 결합된 형태로 목록에서 항목을 선택할 수도 있지만 텍스트 상자에 직접 입력하는 것도 가능합니다.

frmSample16 폼의 Initialize 이벤트 프로시저에서 cboQuarter 콤보 상자의 목록 원본을 Sample4 워크시트의 [B3:B6] 범위로 지정합니다. RowSource 속성은 문자열로 워크시트 범위에 입력된 내용을 콤보 상자나 목록 상자의 목록 원본으로 지정합니다.

예제 코드

```vba
Private Sub UserForm_Initialize( )
    cboQuarter.RowSource = "Sample4!B3:B6"    // 콤보 상자의 목록 원본 지정 //
End Sub
```

콤보 상자에서 선택 항목이 변경되면 Change 이벤트 프로시저에서 선택한 항목의 인덱스 번호(ListIndex)와 값(Value)을 메시지 상자로 표시합니다.

예제 코드

```vba
Private Sub cboQuarter_Change( )
    MsgBox "ListIndex : " & cboQuarter.ListIndex & vbCr & _    // 인덱스 번호(ListIndex) //
           "Value     : " & cboQuarter                         // 선택한 항목(Value) //
End Sub
```

실행 결과

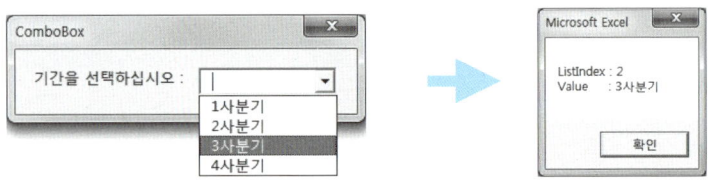

※ 인덱스 번호(ListIndex)는 항상 '0'부터 시작됩니다.
※ Value 속성은 생략이 가능합니다.

CHAPTER 287 콤보 상자에 항목 추가하기

콤보 상자(ComboBox) 컨트롤의 드롭다운 화살표를 클릭했을 때 표시되는 목록의 원본은 RowSource 속성을 사용하거나 AddItem 메서드를 사용하여 지정할 수 있습니다. 여기서는 AddItem 메서드를 사용하여 목록을 지정하는 방법을 살펴봅니다.

frmSample17 폼은 콤보 상자 컨트롤에서 기간을 선택했을 때 이미지 컨트롤에 해당 기간에 대한 차트를 표시하기 위한 것입니다. Sample4 워크시트의 [B9] 셀과 cboQuarter 콤보 상자 컨트롤의 값은 항상 일치합니다.

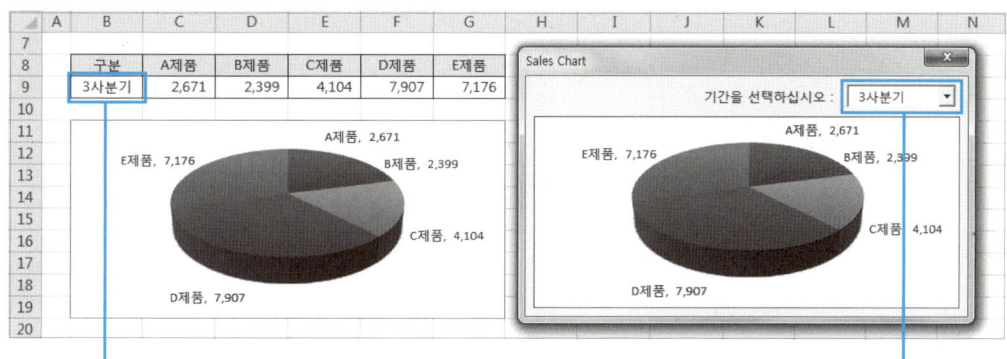

차트 원본을 결정하는 기간

[B9] 셀에 콤보 상자에서 선택한 값이 입력됨

콤보 상자 컨트롤의 Change 이벤트 프로시저는 다음과 같습니다. 콤보 상자에서 선택한 값을 [B9] 셀에 입력하며 그 결과로 워크시트에서 차트의 원본 데이터와 차트가 영향을 받습니다. 그리고 ChartRefresh 프로시저를 호출하여 폼의 이미지 컨트롤에 워크시트의 차트를 표시합니다.

예제 코드

```
Private Sub cboQuarter_Change( )
    Range("B9") = cboQuarter
    Call ChartRefresh
End Sub
```

ChartRefresh 프로시저는 Sample4 시트의 차트를 그래픽 파일로 내보낸 후 이미지 컨트롤의 Picture 속성에 해당 파일을 지정합니다.

예제 코드

```vb
Sub ChartRefresh( )
    Dim chartSales As Chart, strFile As String
    Set chartSales = Sheets("Sample4").ChartObjects(1).Chart
    strFile = ThisWorkbook.Path & "₩Chart.gif"
    chartSales.Export Filename:=strFile, FilterName:="GIF"   ' 차트를 strFile로 내보내기 '
    Image1.Picture = LoadPicture(strFile)                     ' 이미지 컨트롤에 차트 파일 지정 '
End Sub
```

frmSample17 폼의 Initialize 이벤트 프로시저는 맨 처음 폼이 표시될 때 Sample4 워크시트의 [B9] 셀에 따라 콤보 상자의 선택 항목을 결정하고 차트 이미지를 표시하기 위한 것입니다. 여기에서 먼저 cboQuarter 콤보 상자의 목록에 AddItem 메서드로 4개의 항목을 추가합니다. 그리고 [B9] 셀의 값에 따라 콤보 상자의 ListIndex 속성을 계산하여 현재 항목을 결정하고, ChartRefresh 프로시저를 호출합니다.

예제 코드

```vb
Private Sub UserForm_Initialize( )
    With cboQuarter                              ' cboQuarter 컨트롤의 목록에 항목 추가 '
        .AddItem "1사분기"
        .AddItem "2사분기"
        .AddItem "3사분기"
        .AddItem "4사분기"
        .MatchRequired = True                    ' 직접 입력한 텍스트가 목록의 항목과 일치하도록 지정 '
        .ListIndex = Left(Range("B9"), 1) - 1    ' 인덱스 번호를 [B9] 셀의 왼쪽 1글자에서 1을 빼서 계산 '
    End With
    Call ChartRefresh
End Sub
```

여기서 MatchRequired 속성을 True로 설정한 것은 콤보 상자의 텍스트 부분에 직접 값을 입력할 경우 그 텍스트가 목록에 있는 항목과 반드시 일치해야 한다는 것을 의미합니다. 이렇게 하지 않으면 [B9] 셀에 유효하지 않은 값이 입력됩니다.

CHAPTER 288 일치하는 항목을 찾는 방법

사용자 정의 폼

콤보 상자(ComboBox) 컨트롤의 텍스트 입력 부분에 사용자가 직접 항목을 입력할 때 목록에 해당 항목이 있는지 찾아 자동으로 완성시키는 방법을 콤보 상자의 MatchEntry 속성으로 지정합니다. 첫 글자로 일치하는 항목을 찾거나 앞의 몇 글자로 일치하는 항목을 찾을 수 있습니다.

frmSample18 폼은 콤보 상자의 MatchEntry 속성을 테스트하기 위한 것입니다. 옵션 단추를 클릭해서 콤보 상자의 MatchEntry 속성을 변경한 다음, 텍스트 입력 부분에 직접 문자를 입력합니다.

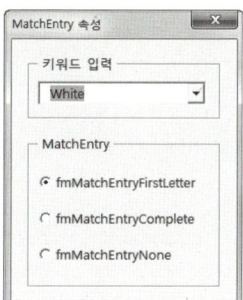  

- fmMatchEntryFirstLetter : 기본 일치로 첫 문자가 일치하는 항목을 찾습니다.
- fmMatchEntryComplete : 확장 일치로 입력하는 문자열로 시작하는 항목을 찾습니다.
- fmMatchEntryNone : 일치하는 항목을 찾지 않습니다.

옵션 단추의 이름은 차례대로 opt1, opt2, opt3입니다. 각 옵션 단추마다 다음과 같이 형식으로 MatchEntry 속성을 설정하는 Click 이벤트 프로시저를 작성해야 합니다.

예제 코드

```
Private Sub opt1_Click( )    // 첫 번째 옵션 단추를 클릭했을 때 콤보 상자의 MatchEntry 속성 설정 //
    cboTest.MatchEntry = fmMatchEntryFirstLetter
End Sub
```

폼의 Initialize 이벤트 프로시저에서는 cboTest 콤보 상자에 4개의 항목을 추가합니다. 그리고 폼에 있는 세 개의 옵션 단추 중 opt1을 True로 지정하고, 이 옵션 단추에 해당하는 MatchEntry 속성을 지정합니다.

예제 코드

```vba
Private Sub UserForm_Initialize( )
    With cboTest                                    // cboTest 컨트롤의 목록에 항목 추가 //
        .AddItem "Black"
        .AddItem "White"
        .AddItem "Blue"
        .AddItem "Yellow"
    End With
    opt1.Value = True                               // opt1 옵션 단추를 선택 상태로 설정 //
    cboTest.MatchEntry = fmMatchEntryFirstLetter    // cboTest 컨트롤의 MatchEntry 속성 설정 //
End Sub
```

> **TIP** 콤보 상자 컨트롤의 주요 속성

속성	설명
RowSource	워크시트 범위를 콤보 상자의 목록 원본으로 지정
ListIndex	현재 선택 항목을 식별하는 인덱스 번호(0부터 시작)
ListCount	콤보 상자 목록의 항목 개수(1부터 시작)
ListRows	목록에 표시할 행의 최대수(기본값은 8)
ListWidth	목록의 너비(0으로 지정하면 콤보 상자와 같은 너비 사용)
MatchEntry	사용자 입력에 따라 목록에서 항목을 찾는 방법
MatchRequired	텍스트 부분에 입력된 값이 목록의 항목과 반드시 일치해야 하는지 여부
MaxLength	텍스트 부분에 입력할 수 있는 문자의 최대수(0이면 제한 없음)

CHAPTER 289 목록 상자 컨트롤 사용하기

사용자 정의 폼

 목록 상자(ListBox) 컨트롤은 콤보 상자(ComboBox) 컨트롤과 매우 유사합니다. 다만 텍스트 입력 부분이 없고 목록이 펼쳐져 있다는 차이가 있습니다. 콤보 상자와 같이 AddItem 메서드로 목록에 항목을 추가하며, ListIndex 속성으로 선택한 항목의 위치를 식별합니다.

frmSample19 폼은 목록 상자 컨트롤에 몇 개의 항목을 추가한 다음, 목록 상자에서 선택한 항목의 인덱스 번호(ListIndex)와 값(Value)을 표시합니다. 다음과 같이 목록 상자는 목록에 어떤 항목들이 들어 있는지 목록 상자의 크기만큼 표시됩니다. 컨트롤의 크기보다 목록이 길 경우 스크롤 막대가 나타납니다.

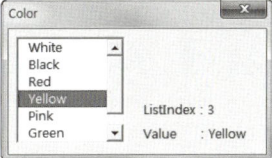

폼의 Initialize 이벤트 프로시저에서 목록 상자에 AddItem 메서드로 항목을 추가합니다. 워크시트에 목록이 있을 경우 RowSource 속성으로 항목을 추가할 수도 있도 있습니다. 목록 상자의 Click 이벤트 프로시저에서는 Label1 컨트롤과 Label2 컨트롤에 각각 목록 상자의 인덱스 번호(ListIndex)와 값(Value)을 표시합니다.

예제 코드

```
Private Sub UserForm_Initialize( )
    With listColor
        .AddItem "White"
        .AddItem "Black"
        .AddItem "Red"
        .AddItem "Yellow"
        .AddItem "Pink"
        .AddItem "Green"
        .AddItem "Blue"
    End With
End Sub

Private Sub listColor_Click( )
    Label1 = "ListIndex : " & listColor.ListIndex
    Label2 = "Value    : " & listColor.Value
End Sub
```

CHAPTER 290 목록 상자의 항목 추가와 삭제

사용자 정의 폼

목록 상자에 항목을 추가할 때는 AddItem 메서드, 기존 항목을 삭제할 때는 RemoveItem 메서드를 사용합니다. frmSample20 폼에는 새 항목을 입력하기 위한 txtNew 텍스트 상자와 cmdAdd 명령 단추, 그리고 선택한 항목을 삭제하는 cmdRemove 명령 단추가 있습니다.

frmSample20 폼의 Initialize 이벤트 프로시저에서 listColor 목록 상자 컨트롤에 AddItem 메서드로 몇 개의 항목을 기본적으로 추가한 다음 폼을 표시합니다. txtNew 텍스트 상자에 새 항목을 입력하고 cmdAdd 명령 단추를 클릭하면 다음과 같은 Click 이벤트 프로시저가 실행되어 목록 상자에 새 항목이 추가됩니다. 목록 상자의 ListCount 속성은 목록 상자의 목록 개수를 반환합니다. ListIndex 속성이 '0'부터 시작하기 때문에 ListCount 속성에서 1을 뺀 값은 마지막 항목의 ListIndex와 같은 값이 됩니다.

예제 코드

```
Private Sub cmdAdd_Click( )
    If txtNew = "" Then Exit Sub              // 텍스트 상자가 비어 있으면 프로시저 종료 //
    listColor.AddItem txtNew                   // 목록 상자에 텍스트 상자에 있는 항목을 추가 //
    listColor.ListIndex = listColor.ListCount - 1   // 목록 상자에 새로 추가한 항목 선택 //
    txtNew = "": txtNew.SetFocus               // 텍스트 상자를 비우고 포커스 이동 //
End Sub
```

실행 결과

항목 입력 후 [항목 추가] 클릭 → 마지막 항목 선택 / 텍스트 상자를 비우고 포커스 이동

목록 상자에서 특정 항목을 선택한 다음 cmdRemove 명령 단추를 클릭하면 다음과 같은 Click 이벤트 프로시저가 실행됩니다. 먼저 목록 상자에서 선택 항목이 없으면 삭제를 진행할 수 없으므로 프로시저를 종료해야 합니다. 목록 상자의 ListIndex 속성이 '-1'이면 선택 항목이 없다는 의미입니다. 선택 항목이 있으면 RemoveItem 메서드로 항목을 삭제하고, ListIndex 속성을 '-1'로 설정하여 선택 항목이 없는 상태로 만듭니다.

예제 코드

```
Private Sub cmdRemove_Click( )
    If listColor.ListIndex = -1 Then Exit Sub        // 목록 상자에서 선택한 항목이 없으면 프로시저 종료 //
    listColor.RemoveItem listColor.ListIndex         // 목록 상자에서 선택한 항목 삭제 //
    listColor.ListIndex = -1                         // 목록 상자의 선택 해제 //
End Sub
```

실행 결과

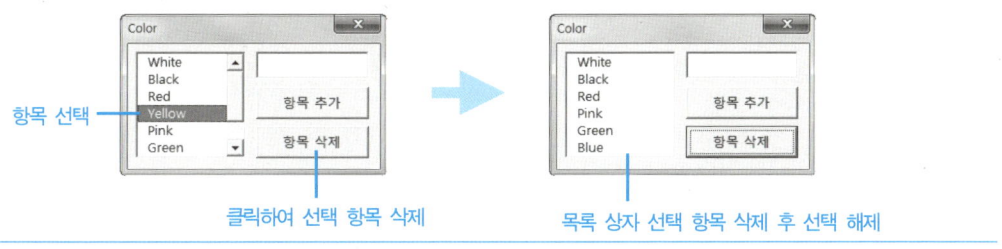

〈구문〉 AddItem 메서드

컨트롤.AddItem item, varIndex

- item : 콤보 상자나 목록 상자 컨트롤에 추가할 항목으로 생략할 수 없습니다.
- varIndex : 새 항목이 추가되는 위치를 지정하는 정수로 생략할 경우 가장 마지막에 추가됩니다.

〈구문〉 RemoveItem 메서드

컨트롤.RemoveItem Index

- index : 콤보 상자나 목록 상자 컨트롤에서 삭제할 항목의 인덱스 번호를 지정합니다. 첫 번째 항목의 인덱스 번호는 0으로 시작합니다.

CHAPTER 사용자 정의 폼

291 중복 없이 목록에 항목 추가하기

목록 상자나 콤보 상자의 목록에 항목을 추가할 때 중복되는 항목을 제외하는 방법입니다. 이를 위해 새로운 컬렉션 개체를 사용하는데, Add 메서드로 컬렉션에 새로운 개체를 추가하면서 중복 항목을 거르게 됩니다. 이렇게 구성한 컬렉션을 AddItem 메서드로 목록 상자의 항목으로 추가합니다.

frmSample21 폼은 목록 상자와 레이블 컨트롤로 구성되어 있습니다. 폼의 Initialize 이벤트 프로시저에서 목록 상자에 중복 없이 항목을 추가하고, 목록 상자의 Click 이벤트 프로시저에서 목록 상자에서 선택한 항목의 총 거래건수를 레이블 컨트롤에 표시합니다.

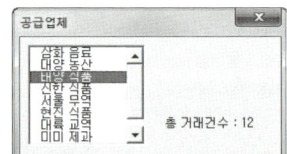

Initialize 이벤트 프로시저에서 DataList 개체 변수를 새로운 컬렉션(New Collection) 형식으로 선언한 다음 For Each...Next 문을 사용하여 [E3:E78]의 각 셀(rngCell)을 DataList 개체 변수 즉, 새 컬렉션을 구성하는 개체로 추가(Add)합니다. 이때 Add 메서드에서 중복 항목이 있는 경우 에러가 발생하게 되므로 For Each...Next 문을 시작하기 전에 에러를 무시하도록 설정하고, Add 메서드가 모두 끝난 다음 에러 기능을 원래대로 복귀시킵니다.

예제 코드

```vb
Private Sub UserForm_Initialize( )
    Dim rngCell As Range, Item As Variant
    Dim DataList As New Collection    // 새로운 컬렉션 형식의 개체 변수 선언 //
    On Error Resume Next              // DataList 컬렉션에 [E3:E78]의 각 셀 값을 구성원으로 추가 //
    For Each rngCell In Sheets("Sample5").Range("E3:E78")
        DataList.Add rngCell, rngCell
    Next
    On Error GoTo 0
    For Each Item In DataList         // DataList 컬렉션의 구성원을 목록 상자의 항목으로 추가 //
        listWith.AddItem Item
    Next
End Sub
```

컬렉션 개체에 새로운 구성원을 추가하는 Add 메서드의 사용 형식은 다음과 같습니다.

〈구문〉 Collection.Add 메서드

Collection개체.Add item, key, before, after

- item : 컬렉션에 추가할 구성원을 지정합니다.
- key : 새로 추가하는 구성원을 참조하기 위해 사용되는 문자열로 기존 구성원의 key 값과 중복될 경우 Add 메서드에서 에러가 발생합니다.
- before, after : 컬렉션 내에서 추가할 구성원의 위치를 숫자로 지정합니다. 이때 숫자는 컬렉션에 5개의 구성원이 존재한다면 1부터 5까지로 지정해야 합니다. before를 지정하면 해당 숫자의 앞에, after를 지정하면 해당 숫자의 뒤에 새 구성원을 추가합니다. before 또는 after 중 하나만 사용해야 합니다. 생략할 경우 마지막에 구성원을 추가합니다.

앞의 코드에서는 'DataList.Add rngCell, rngCell'과 같이 사용하여 rngCell의 값을 DataList 컬렉션의 새 구성원으로 추가합니다. 이때 key 값을 item 값과 똑같이 사용하여 같은 값을 가진 구성원을 추가(Add)할 때 에러가 발생하도록 합니다. 에러를 무시하면서 DataList 컬렉션 구성이 모두 끝난 후 다시 For Each...Next 문을 사용하여 DataList 컬렉션의 구성원을 listWith 목록 상자의 항목으로 추가(AddItem)합니다.

목록 상자에서 특정 항목을 클릭하면 다음과 같은 Click 이벤트 프로시저가 실행되어 레이블 컨트롤에 선택한 항목의 개수를 표시합니다.

예제 코드

```
Private Sub listWith_Click( )
    Dim rngCell As Range, intCount As Integer
                                          // [E3:E78]의 각 셀이 목록 상자의 항목과 같으면 개수 계산 //
    For Each rngCell In Sheets("Sample5").Range("E3:E78")
        If rngCell = listWith Then intCount = intCount + 1
    Next
    Label1 = "총 거래건수 : " & intCount    // 레이블에 intCount 값 표시 //
End Sub
```

CHAPTER 사용자 정의 폼

292 옵션에 따라 목록 구성하기

선택한 옵션 단추에 따라 셀 범위를 다르게 지정하여 목록 상자에 중복 없이 항목을 추가하는 과정을 살펴봅니다. 목록 상자에 항목을 추가하는 부분을 별도의 Sub 프로시저로 작성하여 옵션 단추의 Click 이벤트 프로시저에서 호출하는 방법을 사용합니다.

frmSample22 폼에서 어떤 옵션 단추를 클릭했느냐에 따라 목록 상자를 구성하는 항목이 달라지는 예제입니다.

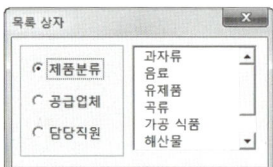 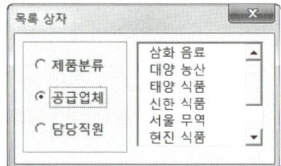 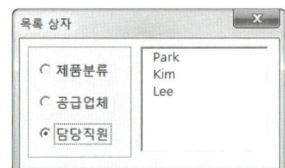

옵션 단추의 Click 이벤트 프로시저를 다음과 같이 NewList 프로시저를 호출하도록 작성합니다. 옵션 단추에 따라 NewList 프로시저를 호출하면서 지정하는 인수가 달라집니다.

예제 코드

```
Private Sub opt1_Click( )
    Call NewList(Sheets("Sample5").Range("D3:D78"))      // NewList 프로시저 호출 //
End Sub


Private Sub opt2_Click( )
    Call NewList(Sheets("Sample5").Range("E3:E78"))
End Sub


Private Sub opt3_Click( )
    Call NewList(Sheets("Sample5").Range("I3:I78"))
End Sub
```

NewList 프로시저는 다음과 같습니다. 새로운 컬렉션(New Collection) 형식으로 DataList 개체 변수를 선언한 다음 rngSource 인수로 전달 받은 범위의 각 셀(rngCell)을 DataList 개체 변수를 구성하는 개체로 중복 없이 추가(Add)합니다. 그런 다음 DataList 컬렉션의 구성원을 목록 상자(listData)의 항목으로 추가(AddItem)합니다. 이때 기존의 항목을 모두 제거하기 위해 Clear 메서드가 필요합니다.

예제 코드

```
Private Sub NewList(rngSource As Range)
    Dim rngCell As Range, Item As Variant
    Dim DataList As New Collection

    On Error Resume Next
    For Each rngCell In rngSource      // DataList 컬렉션에 rngSource의 각 셀 값을 구성원으로 추가 //
        DataList.Add rngCell, rngCell
    Next
    On Error GoTo 0

    listData.Clear                      // 목록 상자의 기존 항목을 모두 제거 //
    For Each Item In DataList           // DataList 컬렉션의 구성원을 목록 상자의 항목으로 추가 //
        listData.AddItem Item
    Next
End Sub
```

CHAPTER

293 다중 선택 목록 상자

목록 상자의 MultiSelect 속성은 목록 상자에서 한 번에 하나 이상의 항목을 선택할 수 있는지를 결정합니다. 기본값은 한 번에 하나의 항목만 선택할 수 있습니다.

frmSample23 폼은 목록 상자의 MultiSelect 속성을 테스트하기 위한 것으로 폼을 실행하면 목록 상자(listData)에 10개의 항목이 추가됩니다. 각 옵션 단추(opt1, opt2, opt3)를 클릭했을 때 목록 상자(listData)의 MultiSelect 속성을 각각 fmMultiSelectSingle, fmMultiSelectMulti, fmMultiSelectExtended로 변경합니다.

예제 코드

```
Private Sub opt1_Click( )
    listData.MultiSelect = fmMultiSelectSingle
End Sub
```

실행 결과

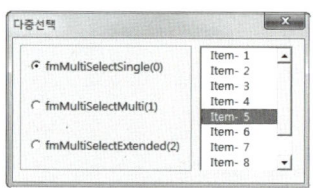 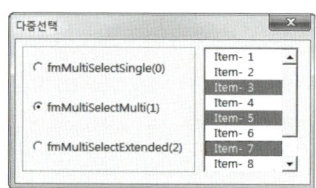 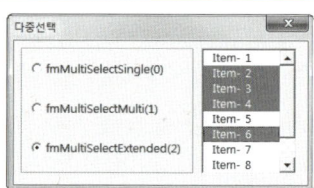

- fmMultiSelectSingle : 항목 하나만 선택할 수 있습니다.

- fmMultiSelectMulti : 여러 항목을 선택할 수 있습니다. 항목을 클릭하여 선택하거나 해제합니다.

- fmMultiSelectExtended : 여러 항목을 선택할 수 있습니다. Ctrl 또는 Shift 를 사용하여 선택할 수 있습니다.

CHAPTER 294 목록 상자의 스타일

목록 상자(ListBox)의 ListStyle 속성을 fmListStyleOption으로 지정하면 목록의 각 항목 앞에 옵션 단추나 확인란이 함께 표시됩니다. 둘 중 어떤 모양을 표시할지는 MultiSelect 속성에 따라 결정됩니다.

frmSample24 폼에 있는 목록 상자(listData)는 폼의 Initialize 이벤트 프로시저에서 10개의 항목으로 채워지고 MultiSelect와 ListStyle 속성이 정해집니다. ListStyle 속성은 fmListStylePlain (기본 값)과 fmListStyleOption(옵션 단추나 확인란 표시) 중 하나로 지정할 수 있습니다.

예제 코드

```
Private Sub UserForm_Initialize( )
    Dim intA As Integer
    For intA = 1 To 10                            // 목록 상자에 항목 추가 //
        listData.AddItem "Item- " & intA
    Next
    listData.MultiSelect = fmMultiSelectMulti     // 여러 항목을 선택할 수 있도록 설정 //
    listData.ListStyle = fmListStyleOption        // 옵션 단추 또는 확인란을 표시하도록 설정 //
End Sub
```

frmSample24 폼에서 명령 단추(cmdReverse)를 클릭하면 목록 상자에서 선택한 항목과 그렇지 않은 항목이 서로 반대로 표시됩니다.

예제 코드

```
Private Sub cmdReverse_Click( )
    Dim intA As Integer
    For intA = 0 To listData.ListCount - 1
        listData.Selected(intA) = Not listData.Selected(intA)    // 항목의 선택 상태를 반대로 설정 //
    Next
End Sub
```

여러 항목을 선택할 수 있는 목록 상자에서 어떤 항목의 선택 상태를 알아내려면 Selected 속성을 이용합니다. Selected 속성은 Selected(인덱스 번호) 형식으로 사용하며 해당 항목이 선택 상태이면 True, 선택 상태가 아니면 False를 반환합니다. For...Next 문으로 Selected 속성을 Not 키워드를 사용하여 반대로 설정하는 과정을 통해 선택 항목과 선택하지 않은 항목의 상태를 반대로 표시할 수 있습니다.

실행 결과

- 목록 상자의 MultiSelect 속성이 fmMultiSelectSingle이고 ListStyle 속성이 fmListStyleOption이면 항목 앞에 옵션 단추가 표시됩니다.

- 목록 상자의 MultiSelect 속성이 fmMultiSelectMulti 또는 fmMultiSelectExtended이고 ListStyle 속성이 fmListStyleOption이면 항목 앞에 확인란이 표시됩니다.

CHAPTER 295 두 개의 목록 상자

사용자 정의 폼

두 개의 목록 상자가 있는 폼에서 왼쪽 목록 상자의 항목을 오른쪽 목록 상자에 추가하거나, 오른쪽 목록 상자에서 선택한 항목을 삭제하는 과정을 알아봅니다. 특정 항목의 선택 상태를 확인하기 위해 Selected 속성이 사용되며, AddItem과 Remove 메서드로 항목을 추가하고 삭제합니다.

frmSample25 폼에는 두 개의 목록 상자(listOne과 listTwo)가 있고, 왼쪽 목록 상자의 항목을 오른쪽 목록 상자에 추가하기 위한 명령 단추(cmdAdd)와 오른쪽 목록 상자에서 특정 항목을 삭제하기 위한 명령 단추(cmdDel)가 있습니다. 폼을 실행하면 Initialize 이벤트 프로시저에서 listOne 목록 상자에 10개의 항목을 추가(AddItem)합니다.

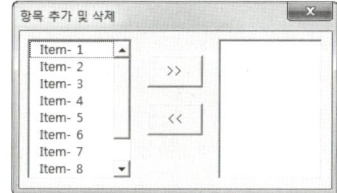

cmdAdd 명령 단추(>>)를 클릭하면 왼쪽 목록 상자(listOne)에서 선택한 항목이 오른쪽 목록 상자(listTwo)에 추가됩니다. 여기서 For...Next 문을 사용하여 선택한 항목이 이미 오른쪽 목록 상자에 추가된 항목이면 다시 추가하지 않고 프로시저를 종료하게 합니다. 오른쪽 목록 상자의 각 항목은 listTwo.List(인덱스 번호)로 지정합니다.

예제 코드

```
Private Sub cmdAdd_Click( )
    Dim intA As Integer
    If listOne.ListIndex = -1 Then Exit Sub        // 선택 항목이 없으면 프로시저 종료 //
    For intA = 0 To listTwo.ListCount - 1          // 오른쪽 목록 상자에 이미 추가된 항목이면 프로시저 종료 //
        If listTwo.List(intA) = listOne Then Exit Sub
    Next
    listTwo.AddItem listOne                        // 오른쪽 목록 상자에 왼쪽 목록 상자의 선택 항목 추가 //
End Sub
```

cmdDel 명령 단추(<<)를 클릭하면 오른쪽 목록 상자(listTwo)에서 선택한 항목을 제거합니다. 항목을 제거할 때는 RemoveItem 메서드를 사용하고, 선택 항목을 지정하기 위해 ListIndex 속성이 사용됩니다.

예제 코드

```
Private Sub cmdDel_Click( )
    If listTwo.ListIndex = -1 Then Exit Sub      //선택 항목이 없으면 프로시저 종료//
    listTwo.RemoveItem listTwo.ListIndex          //오른쪽 목록 상자에서 선택 항목 제거//
End Sub
```

실행 결과

- 왼쪽 목록 상자에서 항목을 선택하고 [>>] 단추를 클릭하면 선택한 항목이 오른쪽 목록 상자에 추가됩니다.

- 오른쪽 목록 상자에서 항목을 선택하고 [<<] 단추를 클릭하면 선택 항목이 제거됩니다.

CHAPTER 296 여러 열이 있는 목록 상자

사용자 정의 폼

목록 상자의 ColumnCount 속성을 사용하여 여러 열이 있는 목록 상자를 구성합니다. 목록 상자에 워크시트의 셀 범위를 원본으로 지정하려면 RowSource 속성을 사용하는데 범위의 위쪽 행에 있는 필드 이름을 각 열의 머리글로 표시할 수 있습니다. frmSample26 폼에서 작업합니다.

예제 코드

```
Private Sub UserForm_Initialize( )
    With listData
        .ColumnCount = 8                                    // 열의 개수 //
        .RowSource = "Sample5!B3:I78"                       // 목록의 원본 범위 //
        .ColumnHeads = True                                 // 열 머리글의 표시 여부 //
        .ColumnWidths = "50;140;70;70;50;50;70;50"          // 각 열의 너비를 세미콜론으로 구분하여 지정 //
    End With
End Sub
```

실행 결과

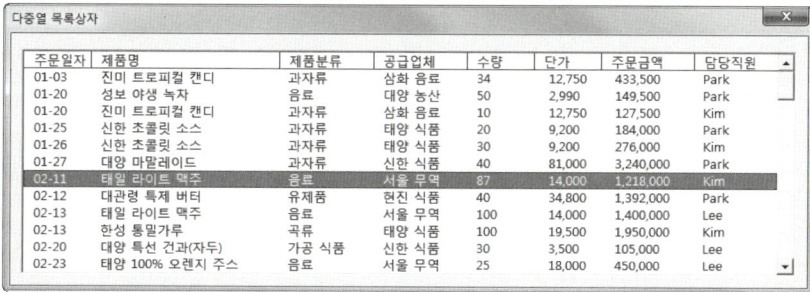

- 8열의 목록 상자에 Sample5 워크시트의 [B3:I78] 범위를 원본으로 지정하고 [B2:I2] 범위를 열 머리글로 표시합니다.

- 각 열의 너비는 ColumnWidths 속성에 세미콜론(;)으로 구분하여 포인트 단위로 지정합니다. 열 너비를 0 포인트로 지정하면 열이 숨겨집니다.

CHAPTER 297 여러 열 목록 상자의 값 할당

여러 열 목록 상자의 여러 속성을 디자인 과정에서 속성 창을 통해 설정한 다음, 목록 상자에서 특정 항목을 클릭했을 때 선택한 행에서 필요한 값을 레이블 컨트롤에 표시하는 과정입니다. 여러 열 목록 상자의 값으로 어떤 열을 사용할 것인지는 BoundColumn 속성에 지정합니다.

frmSample27 폼에 있는 목록 상자(listData)의 속성을 속성 창에서 지정합니다.

BoundColumn(값으로 사용할 열 번호) : 2   ColumnCount(열의 개수) : 8
RowSource(원본 범위) : Sample5!B3:I78   ColumnHeads(열 머리글 사용) : True
ColumnWidths(각 열의 너비) : 50;140;70;70;50;50;70;50

목록 상자(listData)를 클릭했을 때 레이블(Label1) 컨트롤에 목록 상자의 값과 1열의 주문 일자, 7열의 주문금액을 함께 표시합니다. 여러 열 목록 상자의 List(행, 열) 속성으로 선택한 행의 특정 열에 값을 가져오는데 이때 List 속성의 행과 열은 0부터 시작됩니다.

예제 코드

```
Private Sub listData_Click( )

    Dim intRow As Integer, strTemp As String

    intRow = listData.ListIndex         // 목록 상자의 선택 행 번호(0부터 시작됨) //

    strTemp = listData & " / "          // 목록 상자의 값(BoundColumn에 지정된 열의 값) //

    strTemp = strTemp & Format(listData.List(intRow, 0), "m월 d일") & " / "      // 주문 일자 //

    strTemp = strTemp & Format(listData.List(intRow, 6), "#,##0")                // 주문 금액 //

    Label1 = strTemp                    // 레이블에 strTemp의 값 내용 표시 //

End Sub
```

CHAPTER 사용자 정의 폼

298 목록 상자에 배열 전송하기

폼 디자인 과정에서 여러 열 목록 상자에 원본 범위를 지정하는 방법을 대신하여 프로시저에서 배열을 통해 목록 상자에 데이터를 나타내는 과정을 살펴봅니다. 옵션 단추를 이용하여 목록 상자에 표시할 데이터의 조건을 지정한 다음 배열에 표시할 데이터를 수집합니다.

frmSample28 폼은 다음과 같은 컨트롤로 구성되어 있습니다. 옵션 단추를 클릭하면 목록 상자에는 선택한 담당자에 해당하는 데이터, 그리고 레이블에는 데이터의 개수가 표시됩니다.

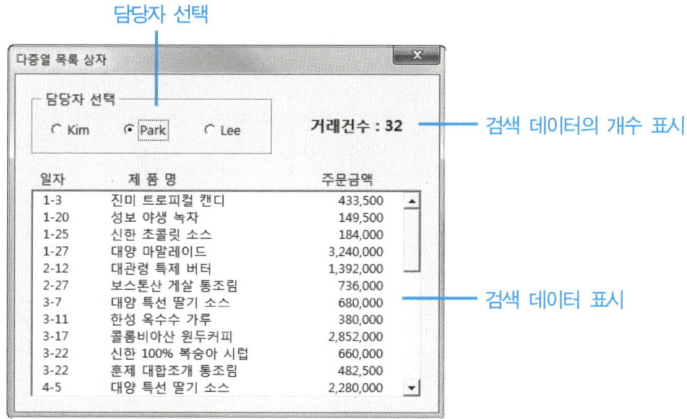

폼이 처음 실행될 때 다음과 같은 이벤트 프로시저가 실행됩니다. 첫 번째 옵션 단추(opt1)를 선택 상태로 만든 다음 DataSearch 프로시저를 호출합니다. 이때 선택한 옵션 단추의 Caption을 인수로 전달합니다.

```
Private Sub UserForm_Initialize( )
    opt1 = True
    Call DataSearch(opt1.Caption)
End Sub
```

첫 번째 옵션 단추(opt1)의 Click 이벤트 프로시저는 다음과 같습니다. 두 번째(opt2)와 세 번째(opt3) 옵션 단추의 Click 이벤트 프로시저도 같은 형식으로 작성합니다. 모두 해당 옵션 단추의 Caption을 인수로 지정하여 DataSearch 프로시저를 호출하고 있습니다.

```
Private Sub opt1_Click( )
    Call DataSearch(opt1.Caption)
End Sub
```

중요한 것은 DataSearch 프로시저입니다. 이 프로시저는 폼이 실행될 때, 옵션 단추를 클릭했을 때 호출되어 실행됩니다. DataSearch 프로시저의 전체적인 구성은 다음과 같습니다.

예제 코드

```
Sub DataSearch(strKey As String)           // 옵션 단추의 Caption을 strKey 인수로 전달 받음 //
    Dim rngCell As Range, rngData As Range, intRec As Integer
    Dim tempData1( ), tempData2( ), intR As Integer, intC As Integer

    Set rngData = Sheets("Sample5").Range("I3:I78")    // rngData 개체 변수에 담당자 범위 할당 //
    ReDim tempData1(1 To rngData.Rows.Count, 1 To 3)   // 데이터 행 수만큼 배열 선언 //

    《 ❶ 데이터를 검색하여 tempData1 배열에 저장 》


    listData.Clear: lblCount = ""          // 목록 상자와 레이블 초기화 //
    If intRec > 0 Then                     // ❶ 과정에서 검색된 데이터 개수가 0보다 크면… //

        《 ❷ tempData1 배열을 tempData2 배열로 옮기기 》
        《 ❸ 목록 상자와 레이블 처리하기 》

    End If
End Sub
```

01 데이터 검색하기

For Each...Next 문으로 rngData(담당자 범위) 개체 변수의 각 셀을 rngCell 변수로 순환하면서 검색을 진행합니다. rngCell의 값이 프로시저의 인수인 strKey 값과 같으면 같은 담당자가 있는 행이므로 intRec 변수의 값을 1씩 증가시킵니다. intRec 변수는 검색된 데이터의 개수가 됩니다. 그런 다음 tempData1 배열에 주문일자, 제품명, 주문금액 열의 값을 저장합니다.

```
For Each rngCell In rngData
    If rngCell = strKey Then
        intRec = intRec + 1
        tempData1(intRec, 1) = Format(rngCell.Offset(0, -7), "m/d")
        tempData1(intRec, 2) = rngCell.Offset(0, -6)
        tempData1(intRec, 3) = Space(15 - Len(Format(rngCell.Offset(0, -1), "#,##0"))) & _
                               Format(rngCell.Offset(0, -1), "#,##0")
    End If
Next
```

> **참고**
>
> - 셀 값을 배열로 저장할 때 Format 함수를 사용하여 표시 형식을 지정합니다.
> - 열의 오른쪽에 맞춰 표시해야 할 숫자의 경우 Space 함수를 사용하여 숫자 앞에 공백을 추가하는 방법을 사용합니다. 여기서는 Format 함수로 표시 형식을 지정한 금액의 글자 수를 Len 함수로 구한 다음 Space 함수로 '15 - Len'의 개수만큼 실제 데이터 앞에 공백을 추가했습니다. tempData1 배열의 3열에는 다음과 같은 구성으로 주문금액이 저장됩니다.
>
> Space(15 - Len(Format)) & Format

02 tempData1 배열을 tempData2 배열로 옮기기

실제 목록 상자로 데이터를 전송하게 될 배열은 검색 결과를 갖고 있는 tempData1 배열이 아니라 tempData2 배열입니다. tempData2 배열을 검색 데이터의 개수와 동일한 행의 수로 선언한 다음 여기에 tempData1 배열의 값을 그대로 전송합니다. 만약 이 과정을 생략하고 tempData1 배열을 그대로 전송할 경우 마지막에 비어 있는 많은 행을 포함할 수 있습니다.

```
ReDim tempData2(1 To intRec, 1 To 3)
For intR = 1 To intRec            // 검색 데이터의 개수만큼만 tempData2 배열로 옮김 //
    For intC = 1 To 3
        tempData2(intR, intC) = tempData1(intR, intC)
    Next
Next
```

03 목록 상자와 레이블 처리하기

배열의 값을 그대로 목록 상자에 전송하는 방법은 매우 간단합니다. 목록 상자의 List 속성에 해당 배열을 그대로 지정하면 됩니다. 다만 목록 상자의 열의 개수와 배열의 열의 개수가 서로 일치하도록 주의하면 됩니다.

```
listData.List = tempData2              // 목록 상자에 배열 전송하기 //
lblCount = "거래건수 : " & intRec       // 레이블에 검색된 데이터의 개수(intRec) 표시 //
```

CHAPTER 299 파일을 열 때 폼 표시하기

사용자 정의 폼은 여러 가지 목적으로 사용될 수 있습니다. 여기서는 통합 문서를 열 때 자동으로 폼을 표시한 다음 특정 시간이 지난 후에 자동으로 폼이 사라지는 과정을 살펴보겠습니다. 이러한 폼은 통합 문서에 대한 간단한 정보를 표시하거나 필요한 메시지를 전달합니다.

frmSample29 폼은 회사 로고와 간단한 텍스트로 이루어져 있습니다. 이 폼을 통합 문서를 열 때 자동으로 표시하고 3초 후에 역시 자동으로 사라지도록 하는 과정을 알아봅니다.

먼저 폼이 활성화될 때 실행되는 Activate 이벤트 프로시저를 다음과 같이 작성합니다. OnTime 메서드를 이용하여 현재 시간(Now) 즉, 폼이 활성화된 시간에서 3초가 지났을 때 frmClose 프로시저를 실행시키기 위한 것입니다.

```
Private Sub UserForm_Activate( )
    Application.OnTime Now + TimeValue("00:00:03"), "frmClose"
End Sub
```

frmClose 프로시저는 일반 모듈 시트에 다음과 같이 작성합니다. 이 프로시저의 역할은 간단합니다. frmSample29 폼을 닫기 위한 한 줄의 명령문으로 구성됩니다.

```
Sub frmClose( )
    Unload frmSample29
End Sub
```

마지막으로 현재 통합 문서의 Open 프로시저를 다음과 같이 작성합니다. 통합 문서가 열릴 때 frmSample29 폼을 표시하기 위한 코드가 포함되어 있습니다.

```
Private Sub Workbook_Open( )
    frmSample29.Show
End Sub
```

이제 통합 문서를 저장한 후 닫고, 다시 열어보면 frmSample29 폼이 표시되고 3초 후에 자동으로 사라지는 것을 확인할 수 있습니다.

CHAPTER 사용자 정의 폼

300 폼만 표시하고 엑셀 숨기기

사용자 정의 폼은 엑셀 창을 배경으로 하여 표시됩니다. 그런데 특별한 경우 엑셀 화면 없이 폼만 표시하길 원할 수도 있습니다. 엑셀 화면의 표시 여부는 Application. Visible 속성을 사용하여 제어합니다.

frmSample30 폼은 이미 앞에서 작성한 frmSample27 폼과 동일합니다. 다른 점은 엑셀 화면을 숨기거나 표시하기 위해 명령 단추(cmdExcel) 컨트롤이 추가된 것입니다.

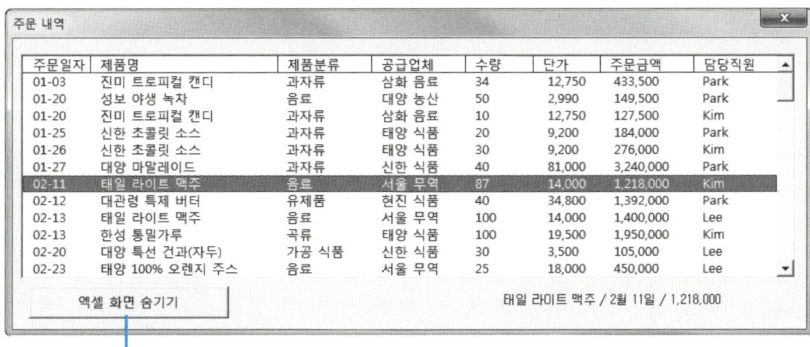
cmdExcel 명령 단추 컨트롤

이 폼을 실행한 다음 [엑셀 화면 숨기기] 명령 단추를 클릭하면 엑셀이 화면에서 사라지고 폼만 남게 됩니다. 그러면 명령 단추 컨트롤의 텍스트가 [엑셀 화면 표시하기]로 변경됩니다. [엑셀 화면 표시하기] 명령 단추를 클릭했을 때는 반대로 숨겨졌던 엑셀 화면이 다시 나타나야 하며 컨트롤의 텍스트도 [엑셀 화면 숨기기]로 다시 변경되어야 합니다.

명령 단추(cmdExcel)의 Click 이벤트 프로시저를 다음과 같이 작성합니다. 엑셀 프로그램, 즉 Application 개체의 Visible 속성을 이용하여 엑셀 화면을 숨기거나 표시합니다.

```
Private Sub cmdExcel_Click( )
    If cmdExcel.Caption = "엑셀 화면 숨기기" Then    // 컨트롤 Caption이 숨기기이면... //
        Application.Visible = False                 // 엑셀 숨기기 //
        cmdExcel.Caption = "엑셀 화면 표시하기"     // 컨트롤의 Caption을 표시로 변경 //
    Else
        Application.Visible = True                  // 엑셀 표시하기 //
        cmdExcel.Caption = "엑셀 화면 숨기기"       // 컨트롤의 Caption을 숨기기로 변경 //
    End If
End Sub
```

한 가지 더 주의할 점이 있습니다. 엑셀 화면이 숨겨져 있는 상태에서 폼을 닫을 경우 자동으로 엑셀 화면이 다시 나타나지 않는다는 것입니다. 따라서 폼을 닫을 때 실행되는 Terminate 이벤트 프로시저에 다음과 같이 엑셀을 표시하는 코드 한 줄이 필요합니다. 엑셀이 이미 표시되어 있는 경우라도 이 코드는 무사히 실행됩니다.

```
Private Sub UserForm_Terminate( )
    Application.Visible = True
End Sub
```

18,000원 / 392페이지 / 215mm×265
978-89-98955-02-1

Chapter 01. 빠르게 엑셀을 배워보자! 대표 기능 70가지를 이용한 다양한 실습

업무를 처리하는데 꼭 알아두어야 할 엑셀의 대표 기능을 선정하여 다양한 예제를 통하여 학습할 수 있도록 유도합니다. 이 기능만 제대로 학습해도 중급 이상의 실력을 갖출 수 있도록 구성하였습니다.

Chapter 02. 워드프로세서는 가라! 다양한 문서 작성 기술 익히기

다양한 실습 문서를 작성해 보면서 1단원에서 배운 단편적인 기능들이 어떻게 어우러지는지 확인하고 배우는 기회를 제공합니다. 이 과정을 마치고 나면 여러분은 더 이상 워드프로세서와 엑셀을 오갈 필요를 느끼지 못할 것입니다.

Chapter 03. 엑셀의 '참맛'을 느껴보자! 수식과 함수를 이용한 문서 만들기

엑셀의 최대 특징인 수식과 함수를 사용하여 단순한 계산만을 위한 문서가 아니라 문서를 제어하고 조건에 따라 능동적인 판단을 내릴 수 있도록 활용하는 기술을 배워나갑니다. 이 단원을 통해 여러분은 엑셀을 사용하는 참맛을 느끼게 될 것입니다.

2014년 5월 10일 1쇄 발행
2018년 4월 1일 3쇄 인쇄
2018년 4월 10일 3쇄 발행

펴낸이 | 김정철
펴낸곳 | (주)아티오
지은이 | 두드림기획
전 화 | 031-983-4092
팩 스 | 0303-3447-5582, 031-983-4093
등 록 | 2013년 2월 22일
정 가 | 20,000원
주 소 | 경기도 김포시 김포한강11로 322(운양동, 더파크뷰테라스) 551호
홈페이지 | www.atio.co.kr
내용문의 | 저자 홈페이지 : www.edodream.com

* 아티오는 Art Studio의 줄임말로 혼을 깃들인 예술적인 감각으로 도서를 만들어 독자에게
   최상의 지식을 전달해 드리고자 하는 마음을 담고 있습니다.

이 도서의 국립중앙도서관 출판시도서목록(CIP)은 서지정보유통지원시스템 홈페이지(http://
seoji.nl.go.kr)와 국가자료공동목록시스템(http://www.nl.go.kr/kolisnet)에서 이용하실 수 있습
니다.(CIP제어번호: CIP2014012098)